AARAVINDHA HIMADRA

Das Tal der unsterblichen Meister

arkana

Aaravindha Himadra

Das Tal der UNSTERBLICHEN MEISTER

Aus dem Englischen von
Aiyanna Diyamayi

arkana

MIX
Papier | Fördert
gute Waldnutzung
FSC® C014496

Penguin Random House Verlagsgruppe FSC® N001967

6. Auflage
Deutsche Ausgabe;
überarbeitete und erweiterte Fassung der deutschen Erstausgabe,
erschienen unter dem Titel »Unsterbliches Selbst« im
Parampara Verlag, München;
Titel der englischen Originalausgabe: Immortal Self

in der Penguin Random House Verlagsgruppe GmbH,
Neumarkter Str. 28, 81673 München
Lektorat: Christian Wolf
Satz: Buch-Werkstatt, Bad Aibling
Umschlaggestaltung: Uno Werbeagentur, München
Umschlagmotiv: Shutterstock.com/GOLFX und
plainpicture/Robert Harding
Motiv Lotosblüte: shutterstock.com/KATE_123
Druck und Bindung: GGP Media GmbH, Pößneck
Printed in Germany
ISBN 978-3-442-34184-9

www.arkana-verlag.de

Besondere Anerkennung gebührt Ashayrah,
die an diesem Buch in fast jeder Phase des Entstehens
unaufhörlich mitgearbeitet hat.
Danke für deine entschlossene und
selbstlose Großzügigkeit, wundervolle und
geliebte Ashayrah!

Inhalt

Ein Brief an den Leser 9
Der Fremde 13
Eine zweite Einladung 21
Der Brief 25
JJ 41
Ein Schatten 55
Jenseits des Schattens 71
Die Azara 81
Die Nachfahren der Sonne 95
Der alte Siddha 103
Ein unüberwindbares Hindernis 111
Der rote Gesandte 121
Der Ruf der Flöte 139
Kubitha 165
Der letzte Wegabschnitt in das verborgene Tal 183
Die Ankunft 199
Das mysteriöse Blau 217
Nil'Amma Taras außergewöhnliche Fähigkeiten 229
Meister Phow Tseng Thak 251
Meister Rambala 269
Deva'bhag 287
Meister Janjuran Guna'sampad Rashanthi 313
Eine sternenhelle Geschichte 335
Auf dem Weg zum Haus des Großvaters 369
Pitamah 383
Glossar 397

*In liebender Erinnerung
an Meister Phow, der 2011
im Alter von 164 Jahren
seinen irdischen Körper
abgelegt hat.*

Ein Brief an den Leser

Ich habe dieses Buch aus der Erinnerung heraus niedergeschrieben und unter Zuhilfenahme der vielen Notizen, die ich während meines Aufenthalts im Tal der Unsterblichen gemacht hatte. Ursprünglich hatte ich beabsichtigt, nicht mehr als eine schriftliche Aufzeichnung meines Besuchs zu verfassen. Doch mit der Zeit änderte sich meine Sichtweise, und ich entschloss mich, meine Erlebnisse offen mit der Welt zu teilen.

Im Jahr 2006 brach ich nach Indien auf, um diese Reise anzutreten, doch ich wartete weitere sechs Jahre, bis ich sie vollständig in Worte fasste. Zweifellos werden viele Leser das hier aufgezeichnete Wissen als sehr umstritten ansehen, gleichzeitig wird es für viele andere ein bestätigender, heilender Balsam sein. Ich habe kein Interesse daran, die Richtigkeit dessen, was ich erlebt habe, zu verteidigen oder zu rechtfertigen. Es bedeutet mir wenig, ob Skeptiker mir zustimmen oder mir widersprechen. Für mich ist es von größerer Bedeutung, meine Erlebnisse mitzuteilen, damit die wenigen, die den Wert sehen können, der in diesen Seiten enthalten ist, ihn in sich aufnehmen und nutzen können, um sich auf ihrem spirituellen Weg weiterzuentwickeln. Denn wenn sie dieses Wissen richtig verstehen, wird es ihre Herzen und ihren Geist öffnen für das, was noch möglich ist.

Die Amartya-Tradition, die Linie der Meister, von der dieses Buch berichtet, ist heutzutage fast völlig unbekannt oder wird allgemein als alte Legende betrachtet. Nur einige vom Glück gesegnete Wesen haben Kenntnis von ihrer Existenz. Doch sie alle verbindet mit Sicherheit das gleiche Maß an persönlicher Verschwiegenheit, was ihren Aufenthaltsort anbelangt, das auch ich verspüre. Sie würden dieses Geheimnis unter keinen Umständen gegen den Willen der Amartya-Meister preisgeben. Durch gewissenhafte Recherche mag es immer noch möglich sein, Spuren ihrer Existenz in Shastras und alten Schriften zu finden und vielleicht auch durch alte Geschichten, in denen von ihnen erzählt wird.

Die Amartya-Tradition ist ebenso meine Tradition, und ich habe das Versprechen gegeben, den Wunsch der Meister nach zurückgezogener Anonymität zu wahren. Diejenigen, die die Schönheit und den Wert sehen, die in diesem Buch enthalten sind, können eine Verbindung zu den Amartya-Meistern herstellen, ohne sie physisch besuchen zu müssen, indem sie aufrichtig nach der Wahrheit in sich selbst suchen.

Das Himalaya-Gebirge ist eine sehr weite und ausgedehnte Region, die größer und abgeschiedener ist als die meisten Länder. Eine Vielzahl an Geheimnissen ruht in diesen Bergen, und für eine Weile wird dies auch noch so bleiben.

Es ist meine Empfehlung an Sie, lieber Leser, sehr langsam zu lesen, ganz besonders die zweite Hälfte des Buches. Indem Sie dies tun, wird das Wissen, das in diesen Zeilen enthalten ist, sehr wahrscheinlich einen versteckten Teil Ihrer eigenen Reise erwecken und womöglich sogar ein paar verlorene Erinnerungen Ihrer eigenen spirituellen Vergangenheit wachrufen. Jene, die in Demut und mit einem offenen Herzen lesen, werden ganz sicher am meisten profitieren und wahrscheinlich fühlen, wie die Meister dieser Tradition im Verborgenen auch in ihrem Leben wirken, um diese heiligen inneren Erkenntnisse zum Leben zu erwecken, Erkenntnisse, nach denen viele von Ihnen sich schon lange sehnen.

Aaravindha Himadra, Oktober 2013

Lausche sorgsam dem zarten Flüstern, jenen fein gesponnenen Impulsen, die verheißen, deine ungesungenen Passionen in ein Lied zu wandeln. Erwecke die drängende Weisheit zum Leben, die versteckt in deinen ergebensten Gefühlen ruht. Denn nur in aufrichtiger Demut wirst du den rechtmäßigen Boden bereiten, auf dem deine Bestimmung erwachen kann.

Der Fremde

Die Luft war feucht und drückend, die Sonne brannte erbarmungslos. Ein Flickenteppich rauchgrauer Schatten und pulsierender Farbtöne schuf eine bunte Kulisse hinter der vor Hitze vergehenden Horde von Wochenendeinkäufern. Ein breiter Vorhang aneinandergereihter pinkfarbener, blauer und safranfarbener Saris hing schlaff in der windstillen Hitze. Jenseits von aufgehäuften grünen Linsen, roten Chilischoten und offenen Reissäcken, in der Ferne, wo sich die Luft zu einem blassen Dunstschleier trübte, entluden zwei übergroße Busse eine energiegeladene Schar von Japanern. Am Hauptausgang des Marktes stauten sich die Touristen. Ich beschloss, mich mit der Menschenflut treiben zu lassen, die zu den weniger überfüllten Bereichen des Platzes strömte. Kaum einen Häuserblock weiter vorne, verborgen hinter einer langen Reihe überdachter Marktbuden und gekrönt von einem Gewirr ramponierter Stromleitungen, versprach eine enge Gasse die nächstgelegene Fluchtmöglichkeit. Nachdem ich meinen gesamten Vormittag damit verbracht hatte, ein endloses Sortiment von Perlenmalas, Musikkassetten und Touristenramsch zu durchkämmen, schien mir ein entspanntes Mittagessen im Schatten der überdachten Piazza meines Hotels nahezu idyllisch. Das heißt, bis mein Blick an einer letzten Verlockung hängen blieb: einer fein gearbeiteten tibetischen Jacke – ein ungewöhnlicher Fund inmitten eines Musikstandes, der sonst nur mit Trommeln und Sitars bestückt war.

Ich war an dem Erwerb der Jacke sehr interessiert, setzte aber eine gleichgültige Miene auf, während ich mir eine mögliche Verhandlungsstrategie durch den Kopf gehen ließ. Doch gerade als ich zum Feilschen ansetzen wollte, zog ein unbestimmtes Gefühl, beobachtet zu werden, meine Aufmerksamkeit zurück zur Menge. Ich brauchte nicht lange, um ihn auszumachen – am anderen Ende des Platzes stand ein hochgewachsener, feingliedriger Mann, der in ein lilafarbenes Leinentuch gehüllt war und seine Augen auf mich gerichtet hatte. Wie auf ein Zeichen begann er in dem Moment, indem sich unsere Blicke begegneten, in meine Richtung zu gehen.

Mit einem weißen amerikanischen Hemd und Bluejeans bekleidet, trug ich hier in Delhi zweifellos die typischen Merkmale eines Touristen zur Schau. Man hatte sich mir an diesem Morgen schon mehrfach in betrügerischer Absicht genähert, und so war ich nicht in Stimmung, mich mit einem weiteren Gauner auseinanderzusetzen. Ich blickte um mich. Die Menschenmenge war dicht und versprach ein leichtes Entkommen in der Masse. Doch ich zögerte; irgendetwas an diesem Mann war auf faszinierende Weise anders. Die Art und Weise, wie er mir entgegenging, hatte etwas fast Übernatürliches: Die sich Schulter an Schulter drängende Menge teilte sich von ganz alleine so einvernehmlich, als würde sie von der unsichtbaren Hand eines Puppenspielers choreografiert. *War ich der Einzige, der das sah?*

Ein einfach geschnitzter schulterhoher Stab schwang, gleich dem Pendel einer Uhr, in vollkommenem Einklang mit dem Schreiten seiner schlanken gebräunten Beine. Sein Tempo ließ die Entfernung zwischen uns im Nu schwinden – was in mir das verärgerte Gefühl auslöste, absichtlich in die Enge getrieben zu werden. Er stand nun hoch aufragend vor mir und verdeckte mit seinem Kopf vollkommen die Sonne. Zarte Lichtschimmer breiteten sich durch die feinen Spitzen seiner schlohweißen Haare aus.

Blaue Augen, dachte ich, *er ist kein gebürtiger Inder.*

Ein Moment der gegenseitigen stillen Einschätzung verstrich.

Dann, als wollte er mir ein Geheimnis enthüllen, neigte er mir sein Gesicht ein wenig zu nahe entgegen und sagte halb flüsternd: »Wenn du bereit bist und wenn du willens bist, dann bin ich gekommen, dich nach Hause zu führen.«

… *Ein seltsames Angebot.*

»Kenne ich Sie?«, fragte ich. »Sind wir uns schon einmal begegnet?«

Ein vielsagendes Lächeln breitete sich in seinem Gesicht aus – doch er sagte nichts.

Unvermittelt trat ich einen Schritt zurück – die Kante des Verkaufsstandes bohrte sich schmerzhaft in meine Hüfte. Ich überlegte, ob ich an ihm vorbeischlüpfen sollte, aber meine Faszination und Neugier hielten an. Da war etwas ungewöhnlich Einnehmendes an ihm: sein Selbstvertrauen, seine ruhige Fokussiertheit, eine subtile Spur von etwas Mysteriösem, das in seinen Augen schimmerte. Ich konnte mich nicht daran erinnern, ihn jemals zuvor getroffen zu haben, aber er kam mir sehr vertraut vor. Und dann passierte etwas Außergewöhnliches: Die Atmosphäre um uns herum änderte sich und wurde leicht elektrisch.

Meine Faszination nahm zu – dies war keine zufällige Begegnung. Er kannte mich zweifellos! Aber woher? Und warum konnte ich mich nicht an ihn erinnern?

Es gibt Zeiten im Leben, in denen sich die Hand des Schicksals unvorhergesehen zeigt. Ich habe Gefallen an diesen raren Momenten, an ihrem plötzlichen und unerwarteten Eintreten. Sie geschehen zu schnell und sind zu schwer fassbar, als dass ich sie einfach ignorieren oder gewohnheitsmäßig reagieren könnte. Meist entdecke ich in ihnen das Werk eines himmlischen Genius. Jetzt gewann ich den Eindruck, dass dies einer jener Momente sein könnte.

Plötzlich überfiel mich das verwirrende Gefühl, dass sich die Zeit aus irgendeinem Grund extrem verlangsamte. Die Abstände zwischen meinen Gedanken waren länger als gewöhnlich. Ich war nun zu fasziniert, um länger zu widerstehen, und ließ willig los, was augenblicklich eine fast übersinnliche Sehnsucht in mir aufkommen ließ, die zugleich schmerzvoll und auf verwirrende Weise hoffnungsweckend war. Es war ein wenig wie ein Gefühl aus meiner Kindheit, das ich einmal gehabt hatte, als ich von einer langen Reise nach Hause zurückgekehrt war.

Das Gesicht des Fremden begann sich zu verändern und wurde unerklärlich surreal, fast traumartig. Es geschah so schnell, dass ich fast mein Gleichgewicht verlor. Ich blickte nach oben in die schwarzen Zentren seiner Augen, was das Surreale noch verstärkte und das seltsame Gefühl erzeugte, in eine andere Welt zu fallen.

Auf einen Schlag wurde es um uns herum vollkommen still – so als hätte jemand einen Hebel umgelegt, der die Welt stumm schaltete. Und dann passierte noch etwas: Ich konnte ihn auf eine neue Weise sehen, eine Weise, die mir vorher nicht zugänglich gewesen war. Sein Gesicht strahlte eine so außergewöhnlich tiefe Güte von so großer Reinheit aus, dass ich mir nicht mehr vorstellen konnte, je an ihm gezweifelt zu haben.

Meine Gedanken wurden weniger und weniger, in mein gewohntes Gedankenchaos kehrte vollkommene Ruhe ein. Eigenartigerweise verschluckte die zurückbleibende Stille jedes Gefühl der Trennung, die uns zuvor als zwei Wesen abgegrenzt hatte. Damit einhergehend stieg das Gefühl auf, seltsam offenbart zu sein. Und doch fühlte ich mich irgendwie in Sicherheit. Ich war genau da, wo ich sein sollte.

Es war nun offensichtlich: Hinter seinem Angebot steckte kein Trick, und es war auch nicht weiter rätselhaft. Seine Frage war nicht lediglich eine Aufforderung, sie war ein Weckruf, eine Art

Stichwort, das etwas in mir wachrufen sollte – etwas, das ich vergessen haben musste. Ein Echo seiner Frage stieg wieder und wieder an die Oberfläche meines Geistes: *Wenn du bereit bist … wenn du bereit bist … wenn du bereit bist …* Es lag Aufrichtigkeit darin, und ich hatte das unleugbare Gefühl, dass meine Antwort auf irgendeine Art lebensverändernd sein würde.

Er hatte beeindruckend strahlende Augen. Dies war kein gewöhnlicher Mann, dies war ein Mensch von außergewöhnlicher spiritueller Entwicklung. Es war nun mehr als offensichtlich: Er war ein wahrer Meister, ein Mystiker.

Etwas begann zu erwachen. Eine sanfte Berührung von etwas Unerklärlichem, ein lichtvolles Flüstern überflutete mich. Es rief mich, forderte mich auf, die Augen zu schließen und mich nach innen zu wenden. In dem Moment, als ich dies tat, öffnete sich ein Fenster. Ein Mosaik von unvollständigen Bildern strömte hindurch: Bruchstücke einer vagen, fernen Erinnerung, nicht aus meiner Kindheit oder einer anderen Zeit in diesem Leben, sondern an etwas Älteres, aus einer früheren Zeit. Ich begann mich an Teile einer lange vergessenen Ära zu erinnern – Momente eines anderen Lebens, jenseits meiner normalen Reichweite an Erinnerungen. Was am deutlichsten herausstach, war das wachsende Gefühl, dass ich in jener Zeit, die so lange her war, ein Versprechen abgegeben hatte – ein Versprechen, das es noch zu erfüllen galt. Ich war nur noch nicht ganz sicher, worum es sich bei diesem Versprechen handelte. Aber ich wusste, dass dies der Hauptgrund für das Kommen dieses Meisters sein musste: Es sollte mir wieder ins Bewusstsein gerufen werden! Mit Ausnahme des gegenwärtigen Augenblicks schien der Ruf dieses erinnerten Versprechens alles verblassen zu lassen, was mir sonst in meinem Leben wichtig schien.

Das Sehnen, das ich verspürt hatte, und der Ruf dieses unerfüllten Versprechens waren ein und dasselbe. Ich hatte nur noch ein Verlangen: den Wunsch, mit ihm zu gehen, zurück in jene Heimat, in die er mich zu geleiten versprochen hatte. Ich wollte alles loslassen, alles aufgeben, was ich in meinem Leben getan hatte. Und obwohl ich mir so sehr wünschte, mit ihm zu gehen, wusste ich, dass ich das nicht konnte – noch nicht. Ich war gerade mal ein junger Mann, und ich hatte noch nicht vollbracht, was ich zu tun versprochen hatte.

Neue Gedanken tauchten auf, begannen sich wild zu drehen und erfüllten die Stille mit einem immer stärker werdenden bedrückenden Schmerz, aber gleichzeitig war ich auch erfüllt mit Dankbarkeit für das, was ich gerade entdeckt hatte. Die Welt um mich herum schien jetzt weiter entfernt zu sein, wie ein vorbeiziehender Traum. Schwindel überkam mich für einen Moment und brachte mich fast aus der Balance. Ich ergriff die Kante des Verkaufsstandes. Ich konzentrierte mich auf meinen Atem und benutzte ihn, um meinen Verstand zur Ruhe zu bringen. Das alles war so schnell und aus heiterem Himmel geschehen.

»Eines Tages…«, flüsterte ich. Dann sprach ich es noch einmal laut: »Eines Tages.«

Ich wusste, dass er die Antwort bereits kannte. Er hatte sie schon gekannt, bevor er seine Frage gestellt hatte. Er wusste, dass ich selbst hören musste, wie ich die Antwort aussprach – um meine Überzeugung zu fühlen und zu fühlen, wie mein Versprechen wieder zum Leben erwachte.

Stockend brachte ich meine endgültige Antwort hervor: »Nein … ich bin nicht bereit … noch nicht.«

Er richtete sich gerade auf, wechselte seinen Stab in die freie Hand und legte mir dann ermutigend seine rechte Hand auf die Schulter. Ein mitfühlender Blick, der nicht von dieser Welt zu sein schien, strahlte durch seine Augen und berührte mein Herz auf eine Weise, die man nur als zeitlos beschreiben kann.

»Danke«, sagte ich leise. »Ich werde diesen Moment nicht vergessen.«

Er nickte. »Gut – wir werden warten.«

Es war vorüber. Ohne ein weiteres Wort drehte er sich um und ging so leicht davon, wie er gekommen war. Der Lärm des Marktes brach tosend wieder auf mich herein.

Ich beobachtete, wie er durch die Menge verschwand. Dieser sanftmütige Meister hatte mir einen Einblick in etwas weitaus Bedeutungsvolleres gewährt, als ich es mir für mein Leben je hätte vorstellen können. Er hatte meine Welt aufgebrochen. Ich stand nun direkt am Puls des Lebens, bereit, allen Anforderungen zu begegnen, die es mit sich bringen mochte.

Ich versprach mir selbst: *Ich werde dies für mich behalten und mit niemandem teilen – zumindest jetzt noch nicht.*

Eine zweite Einladung

Die lebenswärmenden Südwestwinde hatten endlich eingesetzt und färbten die San-Juan-Inseln grün – der Winter war vorüber. Der Frühling hatte die trist wirkenden, wie im Tiefschlaf liegenden Sträucher und Äste wachgeküsst und die Landschaft in ein weißes und himbeerfarbenes Blütenmeer verwandelt – eine Bilderbuchkulisse für meinen Rückzugsort im Wald. Ich schlug mein Zelt auf einem ruhigen bemoosten Hügel auf, unter einem Baldachin aus Douglastannen und dickarmigen Madronabäumen. Ich stattete mein Refugium mit einem Feldbett, einem kleinen Tisch für Kerzen, Weihrauch und einem samtigen lilafarbenen Sessel aus.

Der Morgen war jung und die Luft lieblich frisch. Es roch nach fruchtbarer Erde, Pinien und dem feinen Duft des nahen Meeres. Mit dem Sonnenaufgang hatte ich mich in das erfüllende Gefühl der meditativen Stille gleiten lassen. Die Zeit war dem Zeitlosen gewichen.

Es begann mit nicht mehr als einem pulsierenden Schimmern, einem seidigen Funkeln, das unter meinen geschlossenen Augenlidern kam und ging. Ich gedachte, dem keine Beachtung zu schenken, doch als ich ein ungewöhnliches Knacken in der Luft hörte, unternahm ich die Anstrengung, meine Augen zu öffnen. Ein Schauer durchlief mich, und ich sah das Unmögliche: die geisterhafte Erscheinung eines weiß gekleideten langhaarigen Mannes, der mit gekreuzten Beinen schwerelos in der Luft saß – direkt vor mir.

Seit meiner Kindheit hatte ich sie Tausende Male gespürt: eine in weiter Ferne lebende Gruppe außergewöhnlicher Meister. Nach der Einladung damals auf dem Markt in Neu-Delhi war ihr Einfluss zunehmend größer geworden. Nur selten verging nun ein Tag, an dem ich sie nicht wahrnahm. Doch seit jenem Tag auf dem Markt in Delhi hatte ich keinen von ihnen mit offenen Augen gesehen.

Nicht durch den Gebrauch von Worten, sondern durch eine unmissverständliche und gezielte gedankliche Übertragung sprach er: »*Wir bitten dich, nun in unser Tal im Himalaya zu kommen!*«

Im Nu löste sich seine Erscheinung auf und hinterließ nur diffuses Sonnenlicht, das durch mein Zeltfenster schien. Nach mehr als fünfundzwanzig Jahren hatte ich meine zweite Einladung erhalten – so plötzlich und unerwartet wie die erste.

Anders als die erste brachte diese Einladung eine Vielzahl von Herausforderungen mit sich, die mir vorher nicht in den Sinn gekommen waren: Sie offenbarte mir nicht, wie oder wohin ich gehen sollte. Ich hatte oft daran gedacht, dorthin zu reisen, aber ich hatte nicht die geringste Ahnung, wie ich ihr Zuhause ohne einen Führer oder eine Wegbeschreibung finden könnte. Ich wusste nur, dass ihr Zuhause verborgen irgendwo im entlegenen Himalaya-Gebirge lag.

Diese Meister sind eine fast vergessene Legende, und nur selten hat es jemand geschafft, sie auf eigene Faust zu finden. Ich hoffte, auf irgendeine Weise weitere Informationen zu erhalten, hatte aber auch die Befürchtung, dass ich auf meine eigenen Mittel und Wege angewiesen sein würde – Mittel und Wege, die ich bis jetzt noch nicht kannte.

Jeder Mensch auf dieser Welt ist mit irgendeiner Art von Begabung und Lebensaufgabe gesegnet. Wenn die Begabung und die Lebensaufgabe eines Menschen zusammenfinden, dann scheint sich alles im Leben so zu fügen, wie es sein soll. Ich entdeckte meine Begabung früh, doch rang ich als Kind unaufhörlich mit ihr – in meiner jugendlichen Naivität und Unerfahrenheit konnte ich schwer mit dieser beängstigenden ungewöhnlichen transzendentalen Sicht umgehen, eine Sicht, die weitaus weniger definierbar oder handhabbar war als die anerzogenen Grenzen, die mir durch die Schule, Freunde und meine Familie auferlegt wurden. Ich rang hauptsächlich damit, meine ungewöhnliche Wahrnehmung der Dinge an mein konservativ denkendes soziales Umfeld anzupassen. Schließlich lernte ich, meine Begabung zum Wohle anderer einzusetzen. Daraufhin wurde meine anfängliche Sorge, nicht in die Mainstreamwelt zu passen, irrelevant. Ich hatte das zweite Teilstück gefunden – meine Lebensaufgabe.

Später, während meiner Reise in den Himalaya, erfuhr ich, dass mein besonderes Talent an ein paar sehr alten heiligen Orten im Osten einst als Drishti Saumedhika bezeichnet wurde. Saumedhika ist die Fähigkeit der alten Seher, eine Sensitivität in den Wahrnehmungen, die am besten wie eine Art transzendentale Wünschelrute genutzt wird. Am nützlichsten ist diese Fähigkeit, wenn sie dafür eingesetzt wird, Informationen und Wissen zu erlangen, die der spirituellen Ausrichtung im Leben dienen.

Nie hatte ich meine Begabung auf eine andere Weise angewendet. Nun zog ich in Erwägung, sie wie einen Kompass zu benutzen und auf einen weit entfernten und noch unbekannten Ort auszurichten. Bis jetzt war ich mit meinem Talent zufrieden gewesen – so wie es war. Zum ersten Mal in meinem Leben hatte ich mich nun jedoch mit der sehr realen Möglichkeit auseinanderzusetzen, dass meine Fähigkeiten vielleicht nicht ausreichen würden. Trotz der vielen Unwägbarkeiten, die nun drohend vor mir lagen, war ich davon überzeugt, dass die kommende Reise – ungeachtet ihrer möglichen Herausforderungen – ein wesentlicher Teil meiner Bestimmung war. Ich war fest entschlossen: Auf die eine oder andere Weise würde ich einen Weg finden, um ihrer Einladung nachzukommen. Ich würde diesen Weg gehen – ungeachtet seiner Unwägbarkeiten.

*Ich sah mich selbst in einer grünen
Landschaft stehen, umgeben von hohen
schneebedeckten Bergen.
Es war eine friedvolle, liebliche
Welt, und ich wusste sofort, dass ich
einmal dort gelebt hatte.*

Der Brief

Nach einem ergebnislosen Jahr bruchstückhafter Recherche und Reiseplanungen buchte ich einen Flug nach Delhi. Abgesehen von dem besorgniserregenden Gefühl, dass ich mich nun einzig auf meine Intuition und meine Saumedhika-Fähigkeiten verlassen musste, um den richtigen Weg zu finden, entwickelten sich die ersten Tage weitaus besser als erwartet. Der heutige Tag jedoch war anders.

Nachdem ich meine letzte Reisegenehmigung im House of Sikkim erhalten hatte, schien jeder meiner Schritte auf unerklärliche Weise zunehmend von einem drängenden Gefühl rätselhafter Eile belastet zu sein. Am frühen Nachmittag wurde die daraus resultierende Rastlosigkeit zu offensichtlich, um sie ignorieren zu können. Schon vor langer Zeit hatte ich gelernt, diese intuitiven Zeichen nicht zu verleugnen, und so verwarf ich meine nachmittäglichen Pläne, einige Sehenswürdigkeiten zu besichtigen, und machte mich auf den Weg zurück in mein Hotel.

Als ich das Foyer betrat, schlug mir augenblicklich eine seltsame Welle der Aufmerksamkeit entgegen. Umgeben von ausländischen Geschäftsleuten in Anzügen und reisenden Würdenträgern schien ich allein ein zwar diskretes, aber doch unleugbares Maß an zusätzlicher Aufmerksamkeit auf mich zu ziehen. Die Angestellten zügelten eilig ihr Geflüster und senkten ihre Blicke, als sie mein Unbehagen, beobachtet zu werden, bemerkten, ersetzten es jedoch lediglich durch ungeschickt vorgetäuschte Teilnahmslosigkeit. Neugierig ließ ich meine Augen durch die ganze Länge der Lobby wandern und entdeckte den Concierge, der mich von seinem Empfangspult aus zu sich herüberwinkte und mir so eine günstige Gelegenheit bot, mich der Musterung zu entziehen.

Der Concierge zog vorsichtig einen elfenbeinfarbenen Leinenumschlag aus einer schmalen Schublade, doch verzögerte er dessen Herausgabe gerade lang genug, um mir mitzuteilen, dass ihn ein Baba – ein weiß gekleideter heiliger Mann – für mich hinterlassen habe. Aus einem unbekannten Grund habe er sich entschieden, nicht zu warten.

»Weiß gekleidet?«, fragte ich. Ich dachte, Babas seien normalerweise safranfarben gekleidet – in der Farbe des Feuers –, was das Hinwegbrennen der Unreinheiten symbolisiert.

»Sie sind sicher, dass er ein Baba war?«, fragte ich.

Mit einem leicht anmaßenden Nicken spähte er über den Rand seiner goldgefassten Brille. »Ohne Zweifel, Sir! Weiß gekleidet, aber ganz sicher ein Baba!«

»Er muss einen ziemlich großen Eindruck hinterlassen haben.«

»Wie bitte, Sir?«, fragte er.

»Auf Ihre Mitarbeiter … Sie schienen ein außergewöhnliches Interesse an meiner Rückkehr zu zeigen. Ich vermute, dass dies der Grund dafür war?«

Sein Gesichtsausdruck wandelte sich zu einem tadelnden Blick, den er auf zwei Dienstboten richtete, die gerade vorbeigingen.

Er richtete seine Aufmerksamkeit wieder auf mich und sagte: »Unsere aufrichtige Entschuldigung, Sir. Es ist ein ungewöhnliches Ereignis, wenn ein heiliger Mann mit einer so *bemerkenswerten Ausstrahlung* unser Hotel betritt. Wir sehen selten andere Besucher als die üblichen Geschäftsleute *und dergleichen*.«

»Sie brauchen sich nicht zu entschuldigen. Ich bin sogar erleichtert – all das ergibt nun einen Sinn.«

War dies mein erhoffter Kontakt? Ich war begeistert von dieser Aussicht.

Nachdem ich den ungewöhnlich schmalen und antiquiert wirkenden Umschlag genau untersucht hatte, ließ ich mich in einen weinroten ledernen Klubsessel sinken, der mir zwischen überhängenden Blättern zweier Palmen ein wenig Privatsphäre gewährte. Ich blickte auf und sah, wie der Concierge mich immer noch unauffällig aus den Augenwinkeln studierte. *Bemerkenswerte Ausstrahlung … und dergleichen,* sinnierte ich, während ich mit meinem Zimmerschlüssel die kürzere Seite des Briefumschlages aufschlitzte. Ich nahm den Inhalt heraus: ein einzelnes Blatt Papier, das stark nach Weihrauch duftete.

Shri Aaravindha, Namaste – sei gegrüßt! Wir haben mit den Vorbereitungen für deine Ankunft begonnen. Wir empfehlen dir, dieser sicheren Route zu folgen.

Meine Augen eilten blitzartig zum Ende des Briefes. *Hmm, keine Unterschrift – nur der schlichte Gruß »Jai«.*

Der Rest des Briefes erschien besonders seltsam: Er wirkte ein wenig zurückhaltend, sagte wenig aus und legte lediglich einen rätselhaften neuen Reiseplan dar. Ich hatte im Verlauf des letzten Jahres äußerst gewissenhaft Landkarten von möglichen Gegenden studiert, von denen ich intuitiv annahm – mir jedoch öfter auch nur vorstellte –, dort könnte ihr Aufenthaltsort sein. Ab und an war es mir in Meditationen gelungen, flüchtige Einblicke zu erhaschen – meist von einem verborgenen Tal im Himalaya. Letztendlich konnte ich aber nicht sicher sagen, ob ich irgendetwas wahrgenommen hatte, das wirklich von Wert war. Voller Hoffnung legte ich mich auf eine hypothetische Region fest, doch mir war bewusst, dass ich nicht wirklich etwas Konkretes hatte ermitteln können.

Auch die im Brief vorgeschlagene neue Route offenbarte nicht viel mehr: Sie endete, ohne mir einen Hinweis zu geben, dem ich würde folgen können, wenn ich einmal in den Bergen angekommen war. Allerdings endete sie in ihrem letzten Abschnitt in einer Gegend, in der ich ursprünglich vorhatte, meine Reise zu *beginnen:* in Varanasi. Von dort hatte ich einen Nachtzug nach Sikkim nehmen wollen. Ich hoffte, in Sikkim heimlich in einen östlichen Abschnitt des Himalaya marschieren zu können, wo ich glaubte, die Mittel und Wege zu finden, die mich ungefähr in die Region führen würden, in die ich vorhatte zu gehen. Meine Pläne waren vage, bestenfalls skizzenhaft, ohne einen wirklichen Anknüpfungspunkt an etwas Konkretes. *Vielleicht in Varanasi – vielleicht würden sie mich dort erneut kontaktieren? War das der Grund, warum die Route dort endete?*

Dieser Brief stellte einen sonderlichen neuerlichen Rückschlag dar: Der erste Teil der Route schweifte ein weites Stück nach Süden ab, bevor sie in Richtung Norden verlief. Das ergab keinen Sinn. Ich las den Brief noch einmal, was das beunruhigende Gefühl nur verstärkte, dass etwas Neues und Seltsames im Gange war. Meine Augen wanderten immer wieder zu denselben beiden Worten: *sichere Route.* Es musste einen Grund dafür geben. *Hatte ich etwas übersehen – eine Art Bedrohung? Hatte ich Grund zur Besorgnis?*

Ich verfolgte meine Schritte zurück zum Anfang meiner Reise. Mir war sehr wohl bewusst, dass die Meister im Himalaya in geheimer Abgeschiedenheit leben und nicht wollen, dass Ungebetene ihren genauen Aufenthaltsort kennen. Aber ein Zusammenhang zwischen ihrer Einsiedelei und dieser eigentümlichen

Route erschien mir nicht logisch. Ich war besonders darauf bedacht gewesen, jegliche Details, die meine Pläne betrafen, vertraulich zu halten. Selbst jetzt wussten mit Ausnahme der Meister nur zwei Personen, wo genau ich mich befand. Beide waren in den USA, und beide hatten mir ihr Stillschweigen geschworen.

Doch mit diesem rätselhaften Umweg und dem seltsamen Gebrauch des Wortes »sicher« musste es mehr auf sich haben. Wenn der Brief nicht nur eine Kontaktaufnahme war, sondern ebenso dazu gedacht, eine Warnung zu überbringen, erklärte dies dennoch nicht, warum sie wollten, dass ich dieser weit abgelegenen südlichen Route folgte – gerade jetzt. In Neu-Delhi waren die Temperaturen bereits auf über 41 Grad Celsius gestiegen. Die noch heißere Wüste von Rajasthan zu durchqueren käme einer Fahrt durch einen Backofen gleich. Zweifellos wäre allein das ein höheres Risiko, als sich einfach in den kühleren Norden aufzumachen. Eine viel gelesene Tageszeitung hatte von über einhundert Todesopfern berichtet, die am Wochenende der Hitze anheimgefallen waren – genau in jener Region, in die meine neue Route zeigte.

Ich zog die Möglichkeit in Erwägung, den südlichen Teil der Strecke zu umgehen und direkt nach Varanasi zu reisen. Aber selbst der kleinste Gedanke an eine Abweichung von der vorgegebenen Route fühlte sich beunruhigend falsch an. Die Ankunft dieses Briefes, hier und jetzt, war nichts Geringeres als ein Wunder. Wenn die Meister die Umstände in Kauf genommen hatten, ihn über eine solch weite Strecke überbringen zu lassen, noch dazu durch die Hand eines heiligen Mannes mit solch *»bemerkenswerter Ausstrahlung und dergleichen«*, dann mussten sie einen guten Grund dafür haben, diese seltsame Route vorzugeben.

Nein!, schlussfolgerte ich. *Sie wissen zweifellos, wo ich bin. Sie wissen sicher besser als ich, wohin ich als Nächstes gehen soll – das reicht mir aus!* Ihre Nachricht in den Händen zu halten war alle Gewissheit, die ich brauchte.

Mithilfe des Concierge organisierte ich einen professionellen Fahrer. Atmaraj war ein geeigneter, elegant gekleideter Mann mit einem ölig zurückgekämmten Fünfzigerjahre-Haarschnitt. Auf den ersten Blick erschien er mir ein wenig zu jung und unerfahren – er wirkte wie Anfang zwanzig. Doch nach einem offenen Gespräch versicherte er mir überzeugend, dass er die Strecken durch den Süden Rajasthans bereits seit einigen Jahren fahre und sie besser kenne als die meisten anderen Fahrer. Wir einigten uns auf einen fairen Preis, und ich engagierte ihn für die geplante Fahrt.

Nach ein paar gemächlichen Bahnen im Hotelpool suchte ich nach einem abgelegenen Platz auf der Dachterrasse, einem friedvollen Ort für meine abendliche Meditation. Die aufreibende Geräuschkulisse der Stadt verebbte zu einem Raunen und wurde nahezu hypnotisch – fast als hätten die Götter der Stadt diesen Ort heimlich mit einem beruhigenden Zauber belegt.

Der im Dunst versinkenden Sonne zugewandt setzte ich mich in einem bequemen Korbsessel zurecht. Ich schloss meine Augen und gab mich dem inneren Sog hin. Wie ein Stein sank ich in eine geräuschlose Tiefe.

Doch meine Meditation sollte nicht in der geplanten Form stattfinden, denn nach gerade einmal zehn Minuten wurde ich durch das zarte Flattern von etwas Unbekanntem abgelenkt, das durch mein Gewahrsein streifte. Diese Regung weckte in mir das Gefühl, nicht alleine zu sein. Ich folgte ihr zu ihrem Ursprung und konnte undeutlich jemanden wahrnehmen – eine Präsenz, die mich beobachtete. Nicht in meiner Umgebung, sondern auf verwirrende Weise halb verborgen in den ursächlichen inneren Schichten und dem lautlosen Flüstern, die inmitten der ersten gedanklichen Regungen existieren. Ganz offensichtlich überwand dort jemand eine Grenze, um mein Gewahrsein zu berühren.

In meinen Gedanken blitzte der Augenblick auf, in dem ich meine zweite Einladung erhalten hatte. *Bahnte sich womöglich gerade ein erneuter Kontakt an?*

Ich wartete in ruhiger Gelassenheit, erkannte jedoch bald, dass im Gegensatz zur zweiten Einladung, die mich durch das Phänomen einer Erscheinung erreicht hatte, dieses andere Wesen schwer greifbar, bestenfalls schwach wahrnehmbar blieb – verborgen hinter einem Schleier in der Stille. Indem ich auf die Art beobachtete, wie die Stille beobachtet, erweiterten sich meine Wahrnehmungen und berührten die subtile innere Weite, in der gewöhnliche Gedanken allesamt überflüssig werden.

Dann, so sanft wie ein Seufzen, schwebte etwas zart Verlockendes durch die Stille. Die Anziehung lockte mich zu einer Art von geistigem Portal, das sich in eine andere Welt zu öffnen schien.

Ich war schon einmal hier, dachte ich, *vor mehr als einem Vierteljahrhundert auf dem Markt in Delhi.*

Ich ließ mich selbst los, fiel in eine mühelose Hingabe und tauchte dann als junger Mann in einem vergangenen Leben wieder empor – in einer Zeit, die lange vorüber war. Eine Flut von Bildern flackerte in meinem Gewahrsein auf. Dann sah ich mich selbst in einer grünen Landschaft stehen, umgeben von hohen schneebedeckten Bergen. Es war eine friedvolle, liebliche Welt, und ich wusste sofort, dass ich einmal dort gelebt hatte. Dies war ihr verborgenes Tal, in dem ich als Sohn von einem der Meister aufgewachsen war, zu denen ich nun unterwegs war.

Die Einzelteile fügten sich so perfekt aneinander, dass es schien, als wäre all das gerade erst geschehen. Eine lebendige Reihe von Erinnerungen folgte: Gespräche, Entscheidungen und schließlich tiefe Erkenntnisse, die sich alle ergänzten und meine hauptsächlichen Gründe offenbarten, warum ich damals das Tal verlassen hatte. Einen Moment darauf kam eine noch tiefere Erinnerung zum Vorschein: ein unerfüllter Schwur, ein Versprechen, das ich lange vor meinem Leben in jenem Tal abgegeben hatte. Es war dasselbe Versprechen, an das ich mich mithilfe des Meisters auf dem Markt in Delhi erinnert hatte. Der Kreis meiner Erinnerungen war dabei, sich zu schließen. Eine Welle der Vorfreude und der Aufregung durchflutete meinen Körper, so heftig, dass sie mich fast aus meinem meditativen Zustand wieder an die Oberfläche gezogen hätte.

Ich erkannte nun, dass ich mich damals, als ich als junger Mann in jenem Tal lebte, an dieses Versprechen erinnert hatte und es mich in jenem Leben tief beeinflusst hatte. Irgendwann war der Ruf dieses Versprechens zu überwältigend geworden, um ihn zu ignorieren. Und obwohl ich wusste, dass ich noch nicht im richtigen Leben war, das Versprechen vollständig zu erfüllen, entschied ich mich im Alter von achtzehn Jahren, das Tal zu verlassen, um meine Suche zu beginnen und der Erfüllung entgegenzugehen.

Als mich der Meister auf dem Markt in Delhi auf dieses Versprechen aufmerksam gemacht hatte, hatte ich schemenhaft erkannt, dass ich es noch erfüllen musste. Und obwohl ich es damals noch nicht verstanden hatte, zumindest nicht in seiner Gänze, spürte ich dennoch weiterhin seinen Ruf – selbst in meinem jetzigen Leben.

Meine Gedanken versetzten mich in den Augenblick zurück, als ich dem Meister in Delhi gesagt hatte, dass ich noch nicht bereit sei. Mein intuitiver Antrieb, aus dem heraus ich dies getan hatte, war nun noch offensichtlicher. Damals hatte ich das Gefühl, es sei zu früh, um mit ihm zu gehen. Ich spürte, dass ich noch etwas vervollständigen musste. Nun wusste ich, was dieses *Etwas* war.

Der Schwur hing direkt mit einer alten Weissagung zusammen, einer Prophezeiung, die die Ereignisse unserer heutigen Ära, dem 21. Jahrhundert, voraussagte. Sie kündete von einer Zeit, in der unsere Welt durch eine unvermeidbare stürmische Phase der Umwälzungen und Schwierigkeiten gehen werde, die genährt würden von einer dunklen Wolke aus kollektiver Gier, Korruption und einer Gesellschaft, die die Augen vor diesen Entwicklungen verschlossen halte. Und obwohl dies kein vollkommen neues Thema in unserer Welt war, hätten diese Ereignisse weitaus größere Auswirkungen als jemals zuvor in unserer Geschichte. Sie würden unvermeidlich zu einer Vielzahl globaler katastrophaler Ereignisse führen, die das Überleben der Menschheit auf der ganzen Welt bedrohen würden. Eine beängstigende und äußerst gefährliche Revolution der weltweiten ökonomischen und gesellschaftlichen Verhältnisse wäre die Folge. Die Menschheit wäre gezwungen, einen noch nie da gewesenen Sprung in ihren ethischen Grundsätzen zu machen, und würde dadurch eine weitere Wandlung herbeiführen – eine Wandlung, die im günstigsten Falle den Weg für eine monumentale globale Heilung bereiten und zur möglichen Entstehung eines sehr viel weiter entwickelten Zeitalters führen würde.

Seit dem Besuch dieses Meisters hatte ich den Einsatz meiner Saumedhika-Fähigkeiten hingebungsvoll darauf verwendet, das seit Langem in Vergessenheit geratene spirituelle Wissen unserer Welt wieder hervorzubringen. Doch bis zum jetzigen Zeitpunkt war ich mir der verborgenen Kraft, die mich antrieb, nicht vollständig bewusst gewesen. Jetzt war es mir klar: Das Wiederhervorbringen dieses Wissens war ein wesentlicher Teil meines Schwurs.

Ich wollte gerade meine Meditation beenden, als eine weitere Erinnerung hervorbrach: Ich hörte den Namen *Krishnalila*. Es war, als hätte diese Präsenz, die meiner Meditation beiwohnte, ihn absichtlich in meinem Verstand aufsteigen lassen. Es dauerte nicht lange, bis der Name eine umfassendere Erinnerung wachrief, die rasch bemerkenswert lebendig wurde.

Ungefähr ein Jahr nachdem ich mein Zuhause im Himalaya verlassen hatte, freundete ich mich mit einem sanftmütigen, mitfühlenden Weisen an, der an der westlichen Grenze Sikkims lebte, nahe einer Gegend, die man »Die fünf Schätze des ewigen Schnees« nannte. Als ich ihm zum ersten Mal begegnete, unterrichtete er gerade seine Schüler, eine Gruppe von Einheimischen dieser Bergregion. Er lehrte sie einen vorherrschenden spirituellen Grundsatz, der besagte, dass es die Pflicht eines jeden vom Glück begünstigten Menschen sei, das Leid und die hoffnungslosen Umstände der weniger vom Glück Gesegneten zu lindern. Und obwohl er älter und sehr viel welterfahrener war als ich, wurde er nach einer Reihe von langen Unterhaltungen zu einem meiner ersten Schüler.

Plötzlich zog sich der mysteriöse Beobachter zurück, und sein Einfluss verschwand. Ich war wieder allein in meiner Meditation.

Die ersten paar Tage preschten Atmaraj und ich in südlicher Richtung durch die sonnenverbrannten rotbraunen Städte Rajasthans und erreichten endlich Udaipur. Nach ein oder zwei Tagen Pause würden wir die Fahrtrichtung ändern und der Route weiter nach Nordnordost folgen. Wir würden zuerst durch die blaue Stadt Jodhpur fahren und dann weiter durch Agra. Dort würden wir einen kurzen Zwischenstopp einlegen, um den Taj Mahal zu besichtigen, und dann weiterfahren geradewegs in die für ihre Kamasutratempel berühmte Stadt Khajuraho. Es war mein Plan, in Khajuraho einen Flug nach Varanasi zu nehmen. Dort angekommen, wollte ich erst einmal warten.

Ich hoffte, es würde mich eine weitere Nachricht erreichen, die nähere Anweisungen enthielt. Sollte jedoch aus irgendeinem Grund keine weitere Führung eintreffen, gedachte ich, alternativ meiner zuvor intuitiv erstellten Route zu folgen: Ich würde einen Zug nach Sikkim nehmen, und wenn ich auch in Sikkim keine Nachricht erhielte, würde ich mich von dort aus in die Berge aufmachen und versuchen, den Weg zu ihrem Zuhause intuitiv zu finden. Selbst im günstigsten Fall war dies eine eher beunruhigende Perspektive. Sollten diese besorgniserregenden Umstände wirklich eintreten, so müsste mein Aufbruch in den Himalaya heimlich stattfinden. Denn es ist verboten, über Sikkim hinaus tiefer in die Berge vorzudringen. Dennoch trug ich nun das unerschütterliche Gefühl in mir, dass ich einen Weg finden würde – auf die eine oder andere Weise.

Nach einem zeitigen Frühstück, bestehend aus Chapatis, Kräuterrührei und einer Tasse heißen Masala Chai, beschloss ich, den Vormittag mit einer Tour durch die historischen Viertel von Udaipur zu verbringen. Für den Abend plante ich als Abschluss eine ruhige Bootsfahrt zum berühmten Seepalast, um dort zu Abend zu essen. Davor jedoch wollte ich die ländliche Umgebung erkunden und womöglich ein paar Ruinen besichtigen.

Es war ein brennend heißer Tag, der jedoch schnell verging. Auf unserem Weg zurück nach Udaipur entdeckte ich durch das Beifahrerfenster in der Ferne die Überreste einer Bergzitadelle, die mich magisch anzog. Um der Hitze zu entgehen, entschied sich Atmaraj, beim Wagen zu warten, im Schatten eines großen Jambulbaumes, einer einheimischen Pflaumensorte. Ich ging somit allein los, was mir eigentlich auch lieber war, und kletterte einen brüchigen Steinpfad zum verfallenden vorgelagerten Eingang der Ruine hinauf. Hier, auf dem Gipfel, hatte sich die heiße Luft zu zielgerichteten, nach oben steigenden lauen Luftströmen geformt, die winzige Staubpartikel mit sich zogen und weiter oben gegen die hohe, zerklüftete Außenmauer der Ruine drängten. Der Zahn der Zeit hatte die meisten Festungsmauern abgetragen und sie unter dichtem Dornengestrüpp und Wurzeln begraben. Der Eingang selbst war indessen immer noch begehbar. In der Mitte eines eingesunkenen grauen Innenhofes stand der klägliche Überrest eines verfallenen Tempels ohne Dach. Zweifellos einst ein schöner Bau, war von ihm jetzt nicht mehr übrig als die gespenstische Erinnerung an ein längst vergessenes Reich.

Auf meinen Karten war diese Ruine nicht eingezeichnet. Sie schien sich offenbar nicht als Touristenziel qualifiziert zu haben. Ihrem Zustand nach zu urteilen war seit Langem niemand mehr hier gewesen. Ich folgte dem, was seinerzeit ein durch die gesamte Länge des Tempels verlaufender Gang gewesen war, der sich am Ende in den mutmaßlichen Hauptraum hinein öffnete. Entlang der sonnigen Seite des Raumes verlief eine steinerne Treppe, die zwar abgenutzt, aber immer noch stabil genug war, um mein Gewicht zu tragen. Sie führte zu einer teilweise eingestürzten Wand im zweiten Stock. Dort bot mir ein kleines Fenster einen idealen Sitzplatz – ein großartiger Ort, um den Anblick der untergehenden Sonne in mich aufzunehmen. Der Himmel leuchtete in einem lebendigen Ozeanblau, was eine Seltenheit in Indien ist. Eine dünn bewaldete Landschaft erstreckte sich in den Horizont hinein, so weit das Auge reichte. Auf einer vorstehenden Felsklippe warf eine Reihe hoher schlanker Bäume lange bläuliche Schatten auf eine Gruppe klobiger roter Steinfindlinge. Die über sie hinwegfallenden Schatten bildeten eine Reihe imaginärer Wachposten: hoch aufragende geisterhafte Schatten auf dem nahegelegenen Wall.

Dieser Ort beschwor einen jener unerwarteten Déjà-vu-Momente herauf, die eine Erinnerung versprechen, die sich nicht ganz formen möchte. Die Umgebung war ein idealer Platz, um über meine Pläne nachzudenken. Nach der langen, anstrengenden Fahrt von Delhi hierher beschloss ich, jeglichen Zeitdruck loszulassen. Ich würde mich hier bis zur Dämmerung entspannen, die ersten aufgehenden Sterne begrüßen und mich erst dann aufmachen, den Pfad wieder hinunterzugehen. Atmaraj war unterdessen gut versorgt: Im Kofferraum befanden sich ausreichend Snacks und Wasser.

Während die Temperatur langsam sank, machte sich hie und da ein Stein mit einem Knacken bemerkbar. Als langsam weniger Hitze aufstieg, wandelte sich der Wind in ein Flüstern. Die sorglose Ruhe war zauberhaft. Schwärme Hunderter langschwänziger Schwalben flogen an der äußeren Mauer entlang und vollführten perfekt aufeinander abgestimmte Spiralen in den sanften Aufwinden der warmen Luft. Ihre Flugakrobatik verzauberte mich derart, dass ich mich bald in der euphorischen Anziehungskraft verlor, mit der die Natur die Seele herbeiruft, um sie an ihrer Vorliebe für fantasievolle Schauspiele teilhaben zu lassen. Vielleicht war es nur mein vergessener Sinn von Zeit oder die weite Landschaft, die sich unendlich auszudehnen schien. Doch aus irgendeinem Grund überkam mich ein Gefühl von Nostalgie und rief in mir die Erinnerung an die Zuneigung wach, die ich einst für meinen Freund aus einem vergangenen Leben empfunden hatte – Krishnalila.

Das musste es sein – *Krishnalila!* Einen kurzen Moment später sah ich mich selbst auf einem Hügel über einer steinigen Wüstenoase stehen. Darunter lag ein kleiner Ashram eingebettet unter einem Felsvorsprung. Krishnalila war irgendwo in der Nähe, in der Wüste von Rajasthan. Natürlich – nun ergab auch meine vorherige Vision einen Sinn. Aus irgendeinem Grund wollten die Meister, dass ich ihn fand.

Von Enthusiasmus beflügelt rannte ich den Berg hinab. Doch bevor ich das Auto erreichte, holte mich die Realität wieder ein. Wie würden wir ihn in dieser enorm weiten Wüste und der sengenden Hitze finden können, ohne die geringste Ahnung zu haben, wo wir mit der Suche beginnen sollten?

Es schien, als hätten wir das Ende einer weiteren Sackgasse erreicht. Ich war drauf und dran, den Männern zu danken, kehrtzumachen und zurück zum Auto zu gehen, als sich ein kleiner ältlicher Mann mit einem ölverschmierten ärmellosen orangefarbenen T-Shirt nach vorne drängte. Er hob seinen arthritischen Arm und deutete mit gekrümmten Fingern zu einer kleinen Hütte etwas weiter die Straße hinunter – zu der Hütte gleich neben dem Kamel.

JJ

Es war zu heiß zum Schlafen. Die Nacht verstrich langsam und unerquicklich. Doch die Hitze war nicht der einzige Grund, der mich wach hielt: Ich rang mit einem Gefühl der Vorahnung, das mich verfolgte, seit ich den Brief in Delhi gelesen hatte. Ich war noch nicht ganz davon überzeugt, dass es keine Bedrohung gab, über die ich mir Sorgen machen sollte. Da ich aber auch zu keinem wirklichen Ergebnis gekommen war, entschloss ich mich, meine Gedanken auf die größere Aufgabe zu lenken, die sich jetzt bedrohlich vor mir abzeichnete – eine Aufgabe, die mit beängstigenden Unwägbarkeiten belastet war.

Es gab wenig, auf das ich mich stützen konnte, um Krishnalila zu finden – nicht mehr als einen flüchtigen geistigen Blick auf eine Oase und ein Gefühl, das stark genug war, mich davon zu überzeugen, dass er ganz in der Nähe sein musste. Andererseits war mir diese Art von plötzlichen, drängenden Impulsen auch nichts Neues. Meist hatte es sich am Ende als lohnend erwiesen, ihnen zu folgen – allerdings auch nicht jedes Mal. Und vielleicht handelte es sich hier um einen solchen Fall. Ich war bereit, die Möglichkeit zu akzeptieren, dass ich vielleicht etwas missinterpretiert hatte. Aber ich war entschlossen, es wenigstens zu versuchen. Die Aussicht, dass es sich als wahr erweisen könnte, ließ jeden Gedanken daran verblassen, die Gelegenheit ungenutzt verstreichen zu lassen. Außerdem war ich aufrichtig davon überzeugt, genau dort zu sein, wo mich die Meister haben wollten.

Ich war mir der möglichen Gefahren bewusst, die vor mir lagen. Es erschien töricht, bei diesen extremen Temperaturen durch diese entlegene Wüstengegend zu fahren. Als ich Atmaraj von meinem Vorhaben erzählte, diesen südlichen Teil der Wüste zu durchforsten, hatte er nicht mehr als einen entmutigend finsteren Blick für mich übrig. Sein Plan war gewesen, schnellstmöglich die heißesten Abschnitte der Wüste zu durchqueren und in den verschiedenen Städten auf dem Weg Schonung vor der Hitze zu suchen. Nachdem ich ihn zu einem ausgesprochen luxuriösen Frühstück in meinem Hotel eingeladen hatte, entdeckte er seine abenteuerliche Seite und willigte ein, sein Bestes zu geben. Wir beluden den Wagen mit einer Kühlbox und der Ausrüstung für die Fahrt und machten uns auf Richtung Norden.

Wir erkundeten eine Vielzahl staubiger und von Schlaglöchern zerfurchter Landstraßen, von denen die meisten letztlich im Sande verliefen oder abrupt endeten. Was unsere Suche zusätzlich erschwerte, war ein Netz von Sturzfluten, die während der Regenzeit einen Großteil der Brücken und unbefestigten Landstraßen im Hinterland zerstört hatten.

Zur Mitte des Nachmittags hin begann Atmarajs Sinn für Abenteuer zu schwinden. Nach der stundenlangen Suche in der heißen verödeten Landschaft war er unbewusst in einen Strudel von Emotionen geraten – insbesondere, nachdem er einen platten Reifen gewechselt hatte und wir unsere Fahrt in diesem gefährlichen Territorium nun ohne Ersatzreifen fortsetzen mussten. Er kanalisierte seine Gereiztheit zunehmend, indem er jeden Vorwand nutzte, sich über irgendetwas zu beschweren – nicht jedoch über das Fahren. Er hatte bereits klargestellt, dass er das Fahren liebte. Er beklagte sich über vergangene Querelen mit seinem Chef, der geflissentlich den gealterten und abgenutzten Zustand seines Wagens übersah. Die meisten anderen Fahrer seiner Firma hatten nämlich neuere bekommen.

Unser weißer 68er Ambassador Diesel strotzte vor Flair. Er hatte die Art von Prä-Hightech-Charme, der an einen alten Bogart-Film erinnerte. Dieses Exemplar umgab noch dazu ein

Hauch östlichen Zaubers. Unterhalb einer glitzernden goldenen Quaste, die am Rückspiegel baumelte, war eine kleine weiße Nandi-Kuh auf das ausgeblichene Armaturenbrett geklebt, die unseren Ausblick mit einer schrillen folkloristischen Note segnete. Neben Nandi schaukelte auf einer Sprungfeder der Kopf eines farbenfrohen Krishnas im Einklang mit dem Ticken und Rattern unserer strapazierten Klimaanlage.

»Ganz ehrlich«, warf ich ein, »ich mag diesen Wagen wirklich – sein altmodisches Flair, die runden Kotflügel, selbst diese rissigen roten Ledersitze. Er ist so … Indien.«

Doch Atmaraj war anderer Ansicht. »Zu alt – zu laut!«, murrte er. »Ich sollte einen Bolero fahren oder einen dieser Toyotas mit Panoramadach … so wie die anderen Fahrer!«

Ich beschloss, es dabei zu belassen.

Bald wurde Atmaraj so unduldsam, dass er begann, den Schlaglöchern absichtlich nicht mehr auszuweichen. Auch ich war es langsam leid, zumal ich mich ständig im Wagen festklammern musste. Gerade als wir schon umkehren wollten, tauchte wie eine Fata Morgana ein trostloses und heruntergekommenes Dorf vor uns auf, das planlos in einen Hang hineingebaut war.

Ich stieß Atmaraj leicht am Arm. »Vielleicht bekommen wir hier ein paar Informationen, möglicherweise einen Hinweis – irgendetwas?«, schlug ich vor. »Lass es uns versuchen.«

Es kam mir in den Sinn, dass ich mich womöglich mit dem Namen irrte. Krishnalila war der Name, unter dem ich ihn einst gekannt hatte – *oder doch nicht?* Ich war mir nicht ganz sicher. Wir hatten bereits Dutzende Male nach diesem Namen gefragt: Wir hatten uns an den Teebuden am Straßenrand erkundigt, hatten mit Ziegenhirten gesprochen und Einheimischen, die an der Straße entlangwanderten. Wir hatten selbst angehalten, um einen bekifften Baba zu fragen, der den Tag in der Astgabel eines alten schattigen Baumes verträumte. Aber alle Erkundigungen waren vergebens gewesen. Es schien auch nicht wirklich logisch, dass Krishnalila immer noch diesen Namen trug, aber es war der einzige, der mir zur Verfügung stand. Und es musste einen Grund geben, weshalb ich diesen Namen vernommen hatte.

Vor einigen Stunden war jedoch auch noch ein anderer Name in meinen Gedanken aufgestiegen: Baba Vishram. Meine Gedanken waren umhergeschweift, und mein Verstand war benommen von der farblosen Landschaft gewesen, die sich immer weiter hinein ins Nirgendwo erstreckte, als der Name plötzlich erschien und mich traf wie der Blitz – völlig unerwartet. Als ich ihn jedoch erst einmal in meinem Verstand artikuliert hatte, war er haften geblieben und hinter meinen Gedanken umhergeschwirrt wie eine Fliege, die in einem Honigglas gefangen ist. Er war schnell wieder verklungen gewesen, doch nun surrte er aufs Neue in meinem Kopf herum. Das Surren verloderte jedoch in dem Moment mit dem Rest meiner vorherigen Gedanken zu Asche, als wir aus der Komfortzone unserer Klimaanlage traten. Ein glühend heißer Schwall Wüstenluft schlug uns entgegen. *Es hat keinen Sinn,* dachte ich bei mir.

Atmaraj hatte seine Bedenken erfolgreich gezügelt, aber nun, während er auf ein staubiges Thermometer klopfte, das an seinem zersprungenen Seitenspiegel klebte, verriet ihn sein Gesichtsausdruck ziemlich deutlich. Und zu Recht: *Diese Hitze war gefährlich!*

In einem gequälten Ton verkündete er: »45 Grad Celsius … Sir …« Das Wort »Sir« klang mehr wie eine Frage als eine Aussage.

Ich verstand seine Warnung. Es schien aberwitzig, auf diese Weise durch die Wüste zu fahren, so weitab von allen stärker befahrenen Straßen und ohne Ersatzreifen. Kaum jemand wäre so verrückt, diese abgelegenen Wüstenpisten in solch extremer Hitze zu befahren.

»Also gut«, sagte ich. »Ich hab's kapiert! Das war's, dies ist unser letzter Halt. Danach fahren wir zurück und suchen uns ein klimatisiertes Hotel … eines mit Pool.«

Vor uns stand eine zusammengeschusterte Reihe heruntergekommener Reparaturwerkstätten. Die meisten von ihnen waren aus einem Mischmasch rostbefleckter Lagercontainer zusammengesetzt. Einige standen an einem Ende offen, der Rest war mit unbeholfen montierten Holztüren versehen. Von der Sonne braun verfärbte, verbogene Wellpappe war unter rissigen Plastikplanen aufgeschichtet und überdachte eine wahllose Kollektion von Metallstangen und krummen Holzpfosten. Neben den Hütten befand sich ein Friedhof für ausgemusterte Autoteile, hauptsächlich Reifen und alte Motoren, die allesamt halb vergraben unter einigen verrosteten roten Ölfässern lagen. Näher am Straßenrand, unter einer dürftigen Markise, die der Freilufttheke eines desolaten Teestandes Schatten spendete, hingen drei Männer wie schmelzende Kerzen auf ein paar klapprigen, notdürftig mit Draht zusammengehaltenen Stühlen. Was mein Augenmerk aber am meisten auf sich zog, ruhte etwas weiter die Straße hinauf: ein Kamel, das im Schatten zweier von der Sonne verbrannter Bäume auf dem Bauch lag.

Etwas abseits des Teestandes trat ein kleiner, steifhalsiger Mann mit ledrigem Gesicht aus dem Schatten, um uns zu begrüßen. Er zog eine abgenutzte Coca-Cola-Glasflasche aus einem heruntergekommenen, staubbedeckten Pepsi-Automaten. Mit einem Flaschenöffner, der an der Seite des Automaten angebunden war, entfernte er den Verschluss von der Flasche, wischte mit dem Ärmel seines Shirts sorgfältig etwas Sand vom Flaschenhals und reichte sie mir dann. Ich zögerte, nahm sie aber dennoch an in der Hoffnung, dass meine Bereitschaft, etwas zu kaufen, die Tür zu ein paar Informationen öffnen würde. Ein zahnstummeliges Lächeln breitete sich auf seinem Gesicht aus und formte zwei Grübchen auf seinen stoppeligen Wangen.

Das verschlissene Aussehen und die fühlbar abgenutzte Oberfläche der Flasche erweckten in mir die beunruhigende Vermutung, dass es sich dabei möglicherweise um eine gepanschte Wiederbefüllung handelte. Ein grausig schmeckender Schluck bewahrheitete meinen Verdacht. Der unerträgliche warme, sirupartige Nachgeschmack brachte mich dazu, einen zweiten Fehler zu begehen: nämlich den Versuch, ihn mit etwas hinunterzuspülen, das sich als noch scheußlicher schmeckende Limonenlimonade entpuppte. Diplomatisch reichte ich beide Flaschen an Atmaraj weiter, der sie weit weniger taktvoll in den Sand leerte und mit dem alten Mann einen verbalen Schlagabtausch im örtlichen Dialekt begann.

Die Neugierde hatte ein paar weitere Männer aus ihrem Dösen erweckt. Zweifelsohne hatten diese Männer selten, vielleicht sogar noch nie einen hellhaarigen Ausländer hier anhalten, geschweige denn ein warmes Cola-Imitat aus einem offenbar defekten Automaten kaufen sehen.

Innerhalb weniger Minuten hatten sich insgesamt acht Männer der Hitze gestellt und sich um uns herum versammelt. Atmaraj verbrüderte sich im Handumdrehen mit ihnen – mit Ausnahme des alten Limonadenverkäufers, der sich gegenwärtig grimmig dreinblickend im Hintergrund hielt. Bis auf einen schüchternen Burschen, der nichts als eine schmuddelige schwarze Hose trug, trat ein Mann nach dem anderen vor, um mir dieselbe Frage zu stellen: »Woher kommen?« Anscheinend wollte jeder seine eigene Antwort.

Nachdem ich einen annehmbar schmeckenden Chai bestellt hatte, fragte ich nach einer Oase und einem Mann namens Krishnalila. Zum ersten Mal probierte ich es auch mit dem Namen Baba Vishram. Aber niemand antwortete. Nur eine Runde irritiert verwunderter Blicke hing schal in der Luft. Ich sah zu Atmaraj. Er schien nicht im Geringsten überrascht. Unerfreu-

Er gab keine Antwort.

Seine sprühenden dunklen Augen strahlten eine natürliche Unschuld aus und zeigten die Reinheit eines unverdorbenen Lebens. Glänzendes schwarzes Haar umrahmte die feinen Züge seines schmalen kupferfarbenen Gesichts. Die Zipfel seines zu großen karierten Hemds hingen tief über seine an den Knien zerschlissenen Jeans, deren Hosenbeine auf passende Länge hochgekrempelt waren. Seine Kleider stammten offensichtlich aus zweiter Hand – aber sie waren sauber. Eine dünne Halskette aus roten, blauen und schwarzen Perlen und die Art, wie er sein Haar gekämmt hatte, sagten mir, dass er Wert auf gutes Aussehen legte.

Ich bat ihn, mit seinen Eltern sprechen zu dürfen, und er erzählte mir, dass sie fort seien auf einer Pilgerreise, einer Hanuman Yatra. Als Zeichen ihrer frommen Hingabe an ihren Glauben hätten sie sich entschieden, ihr Kamel zurückzulassen und zu Fuß zu reisen.

»Mit wem kann ich dann sprechen?«, fragte ich. »Ich suche nach Informationen über jemanden, der dort draußen in der Wüste lebt.«

»Ich bin jetzt Chef!«, erklärte er mit einem stolzen Grinsen. »Du kannst fragen mich!«

»Du sprichst recht gut Englisch!«, sagte ich, und er wirkte erfreut.

JJ berichtete mir, dass er durch seine zeitweilige Arbeit als Kameljunge in einem nahegelegenen Resort Englisch gelernt hatte. Er war im Augenblick das einzige arbeitende Mitglied seines Haushalts. Arbeit war rar. Sein Vater ging oft fort, um eine Beschäftigung in den Außenbezirken von Jodhpur zu finden, zurzeit war er jedoch arbeitslos.

Ich fragte ihn, ob er schon einmal von jemandem namens Krishnalila gehört habe, der irgendwo hier in der Nähe in einer Oase lebte.

Er antwortete nicht.

Ich fragte noch einmal, doch er gab wieder keine Antwort.

Ich warf Atmaraj einen Blick zu. »Meinst du, er hat meine Frage verstanden?«

»Weißt du, wo eine *Oase* ist«, wandte ich mich zurück an JJ, »eine Oase, in der ein heiliger Mann lebt? Vielleicht ein Baba? Sein Name ist Krishnalila.«

»Oase?«, fragte er.

Ich bat Atmaraj: »Kannst du mir helfen, ich glaube, er weiß nicht, was das Wort *Oase* bedeutet.«

»Azara!«, warf Atmaraj ein.

JJ nickte. »Ah, Azara!« Doch anstatt meine Frage zu beantworten, fragte er: »Du wollen mieten mein Kamel? Ich kann dir Kamelritt vermieten – sehr guter Preis!«

Ich blickte auf das Kamel, das auf seinem Bauch im Schatten lag. »Dafür ist es gerade ein bisschen zu heiß, JJ.« Ich wiederholte meine Frage: »Krishnalila … Hast du von diesem heiligen Mann gehört, der hier irgendwo in einer *Azara* wohnt?«

»Ja, Sir«, erwiderte er. »Ich machen guten Preis, du wollen mieten Kamel?«

»Was?«, fragte ich. »Habe ich dich richtig verstanden? Hast du eben gesagt, *ja*, du weißt von einem heiligen Mann in der Wüste, oder meintest du *ja*, du hast mich verstanden?«

»Ja, … Mann in Wüste, Sir! Du wollen mieten Kamel? Sir, du sagen mir bitte deinen Namen? Dann du mieten Kamelritt?«

Ich wandte mich wieder an Atmaraj: »Ich glaube, er hat mir gerade gesagt, er weiß es!«

Atmaraj stand der Unglaube ins Gesicht geschrieben – als hätten ihm sein schwindender Enthusiasmus und seine Unwahrscheinlichkeitstheorie gerade eine schallende Ohrfeige verpasst.

»Atmaraj«, fragte ich, »er hat *ja* gesagt, nicht wahr?«

Er befragte JJ auf Hindi.

Mit einem weiteren minimalen Kippen seines Kopfes antwortete JJ: »Ji-han!«

Atmarajs Handflächen richteten sich fragend nach oben. »Ja, Sir, ich denke, das hat er!«

Ich war so erstaunt, dass ich einen Augenblick brauchte, um meine Gedanken wieder vollständig zu sammeln. »JJ, dass du von ihm gehört hast, ist *wirklich* eine gute Nachricht!«, sagte ich und blickte zu dem Kamel. »Ich bin mir noch nicht sicher, ob ich dein Kamel mieten werde. Aber vielleicht mache ich das … wenn Krishnalilas Azara in der Nähe ist. Ist es weit? Kannst du mich mit deinem Kamel dorthin bringen?«

Nachdem er mir aufgeregt versichert hatte, dass er wisse, wo die Azara sei und dass er mich in der Tat dorthin bringen könne, stellten sich die weiteren Geschehnisse sehr schnell ein. Er sagte mir, dass es nicht möglich sei, in nur einem Tag dorthin zu gelangen. Die Reise werde höchstwahrscheinlich eineinhalb oder möglicherweise zwei Tage dauern.

Ich fragte ihn, ob er denn so lange von zu Hause wegkönne, und wenn ja, wer sich um seine Schwestern und seinen kleinen Bruder kümmern werde. Er versicherte mir, dass seine älteste Schwester und jemand aus der Siedlung dies tun würden, und dann tat er sein Bestes, mich zu überzeugen, dass wir so schnell wie möglich aufbrechen sollten, um die kühler werdenden Stunden des Tages zu nutzen. Ich willigte ein.

Während Atmaraj und ich einen Plan schmiedeten, wie wir uns in ein paar Tagen wieder miteinander in Verbindung setzen konnten, sammelte ich aus dem Kofferraum des Wagens an Vorräten und Ausrüstung ein, was mir nützlich erschien. JJ rannte davon, um mit den älteren Nachbarn zu sprechen, und kehrte freudestrahlend und aufgeregt zurück.

»Sie passen auf Haus auf und Bruder und Schwestern. Wir können jetzt gehen!«

Ich musste einen Weg finden, dagegen anzugehen und meine eigenen Gedanken herauszusortieren. Ich musste mich wieder ins Gleichgewicht bringen und mich diesem Ding stellen – jetzt!

Ein Schatten

Während sich mein Körper an die Form des Sattels gewöhnte, gab JJ dem Kamel einen Stoß, um es zum Aufstehen zu bewegen. Nach einer letzten Anpassung meiner Steigbügel kletterte er flink wie ein Äffchen hinter mich auf die zweite Sitzebene des Sattels. JJ lockerte die Zügel und bellte ein Kommando, dann gab er dem Kamel einen leichten antreibenden Kick – und schon waren wir unterwegs.

Ich hatte spärlich gepackt, nur eine kleine Menge an Essen mitgenommen und gerade genug Wasser für ein paar Tage. Als ich sah, dass JJ sogar noch weniger mitgenommen hatte, fragte ich mich, ob ich nicht doch etwas mehr hätte einpacken sollen. JJ trug lediglich eine Plastikflasche mit Wasser und eine halb leer gegessene Packung Bubbaloo-Kaugummi mit sich. Meine Bedenken verringerten sich jedoch, als er sich im Sattel aufrichtete, um ein paar Pflaumen vom nächsten Baum zu pflücken. Diese trostlose Wüstengegend war fremd, rau und bedrohlich für mich, doch JJ war in der Wüste zu Hause.

Dennoch hatte ich meine Bedenken. Es zeugte von wenig Sinn und Verstand, auf diese Weise in die Wüste hinauszureiten. Und JJ war nur ein Junge. Aber dennoch hatte ich das sichere Gefühl, dass er wusste, wie man hier zurechtkam. Er besaß mein Vertrauen.

Die Vorsehung hat die Eigenheit, meist dann in Erscheinung zu treten, wenn man es am wenigsten erwartet. Dieser unvorhergesehene Ausflug in die Wüste ließ nicht viel Raum für Planung. Alles, worauf ich mich berufen konnte, war ein subtiles Gefühl, das Richtige zu tun. Daher war es essenziell, dass ich mich an dieses Gefühl hielt und nichts unbeachtet vorbeiziehen ließ.

Seit meiner Ankunft in Indien entfaltete sich jeder neue Tag auf glückliche Weise, wie die nahtlos aneinandergefügten kunstvollen Drehungen eines Akrobaten. Ich musste noch immer aufmerksam hören, doch mit jeder neuen Wendung schien sich auch meine intuitive Feinfühligkeit weiter zu verstärken. Der Schlüssel war, dem keinen Widerstand entgegenzusetzen und sich dem Drängen, dem Tempo und dem Geschenk eines jeden neuen Tages zu fügen.

Die erste Stunde ritten wir fast schweigend. Die einzigen Laute waren das Grunzen des Kamels, das sanfte Seufzen des Sandes, der scheuernd über den Wüstenboden streifte, und JJs gelegentliche Kommandos: »Billy!«, der Name des Kamels, und ein antreibendes »eh, eh«.

Langsam, während die Sonne sank und sich dem dunstigen, staubverschleierten Horizont näherte, schien mit ihr auch JJs Zuversicht zu schwinden, unseren Weg zu finden. Auf der Kuppe einer kleinen Sanddüne brachte er Billy zum Stehen.

Er zögerte und senkte den Blick, als sei er nicht sicher, was er sagen sollte, und beichtete dann mit vorpubertär brüchiger Stimme sein Geheimnis: »Ich nicht sicher, Sir ... nicht sicher, wo heiliger Mann wohnen.« Er deutete zögernd auf eine entfernte Hügelkette und sagte in einem Ton, der klang wie eine Mischung aus einer Frage und einer Bestätigung: »Vielleicht ... da lang?«

»Ich kann nicht behaupten, überrascht zu sein«, sagte ich und blickte über meine Schulter auf unsere Spuren im Sand. »Wir sind nicht gerade in einer direkten Linie geritten. Warst du jemals in seiner Azara?«

Er vermied es, mir in die Augen zu sehen, und erklärte dann mit einem schüchternen und kurzen seitlichen Neigen seines Kopfes, was ich wissen musste.

»Ist schon gut«, sagte ich. »Wir haben beschlossen, dies hier zu tun, und es ist immer noch möglich – wir werden die Azara vielleicht noch finden!«

JJs Gesicht hellte sich auf. Er begann etwas zu erwidern, doch ich hörte es nicht wirklich. Ich war plötzlich abgelenkt. Ein alarmierendes Gefühl des Unbehagens überfiel mich. Instinktiv richtete ich mich in meinen Steigbügeln auf und suchte sorgfältig den Horizont hinter uns ab. Mit Ausnahme von ein paar verdorrten braunen Büschen und Billys Spuren, die sich in der Weite der Wüste verloren, schien alles völlig leblos zu sein. Und obwohl nichts auf einen Grund zur Beunruhigung hinwies, hatte ich dennoch mehr und mehr das unleugbare Gefühl, dass etwas nicht stimmte.

Ich wollte gerade ansetzen und JJ fragen, ob auch er es wahrnahm, als er mir besorgt zuvorkam: »Du wütend auf mich, Sir?«

Ich ließ meinen Blick erneut über den Horizont gleiten, diesmal noch genauer und in alle Richtungen. *War es hinter uns, vor uns, oder bildete ich es mir nur ein?*

»Nein«, antwortete ich. »Wirklich, JJ – ich bin nicht wütend. Wenn du meinst, es ist in dieser Richtung«, fuhr ich fort und nickte in die Richtung, in die er zuvor gezeigt hatte, »dann lass uns dorthin gehen.«

Ein liebenswertes Lächeln breitete sich auf JJs Gesicht aus. Seine Augen glänzten im Sonnenlicht – der Funke seines Enthusiasmus war zurückgekehrt. In diesem kurzen Moment erinnerte er mich an etwas, das lange zurücklag: an die Zeit, als ich selbst ein Kind war und glaubte, dass ein wenig Hoffnung und ein guter Anfang genug seien, um die Dinge geschehen zu lassen.

Wir ließen jegliche Vegetation hinter uns und ritten die sandige Seite eines Hügels hinab, direkt in ein Meer von Sand mit wellenartigen Dünen, die anzuzeigen schienen, dass wir nun wirklich in der Wüste waren. Billys Füße gruben sich tief in den weichen Sand, und es fühlte sich ein wenig so an, als ritten wir auf einer Wolke. Aber da war etwas anderes, das nun unsere Aufmerksamkeit erforderte: Das Licht schwand. Bald würde es wenig Sinn machen weiterzusuchen.

»Wir sollten einen Platz zum Kampieren suchen – etwas, das uns ein wenig Schutz bietet«, sagte ich. JJ nickte.

Es dauerte nicht lange, weniger als eine Stunde, bis wir eine Gesteinsformation fanden, die wie eine Insel aus Felsbrocken auf dem Sand zu treiben schien. Sie wirkte aus der Ferne wie eine kleine Stadt. Wir waren bereits an ein paar kleineren Felsen vorbeigekommen, doch diese hier schienen bei Weitem die geeignetsten zu sein. In einem Wettlauf mit dem abnehmenden Licht umrundeten wir sie eilig, um irgendeine Art von Nische zu finden, idealerweise eine Einbuchtung, die uns Schutz vor den aufkommenden Winden bieten könnte. Die wichtige Aufgabe vor Augen, übergab mir JJ entschlossen die Zügel, glitt vom Rücken des Kamels und stürmte Sand aufwirbelnd voraus.

Ich erkannte schnell, dass mit Billy fast genauso umzugehen war wie mit einem Pferd. Ich folgte mit ihm JJs Schritten dorthin, wo er hinter einer Gruppe hoher, vom sandigen Wüstenwind abgeschliffener Felsen verschwunden war.

Ein Stück weiter hinten tauchte er bald wieder auf. »Sir!, Sir!«, rief er. »Vielleicht hier? Komm schau, vielleicht hier?« Zu enthusiastisch, um auf mich zu warten, schoss er pfeilschnell außer Sichtweite.

Ich stieg ab, um Billy zwischen zwei rundlich geformten Felsen auf ein teilweise schattiges Fleckchen mit sandiger Erde zu führen, das von kleineren Gesteinsbrocken eingesäumt war und mehrere Zugänge hatte. JJ stand mit heroischem Grinsen am

Eingang einer engen Höhle. Das Innere der Höhle reichte ungefähr zehn Meter weit unter einem gewaltigen Haufen roter Dolomitfelsbrocken in die Tiefe.

Trotz der offenkundigen Vorzüge des Unterschlupfes und JJs Begeisterung war ich nicht ganz überzeugt. Mein vorheriges Gefühl des Unbehagens hielt an. Aufgrund der verbliebenen Besorgnis war ich mir nicht sicher, ob ein Unterschlupf mit nur einem Weg hinein und heraus eine gute Idee war. Ich zog in Erwägung, unser Lager einfach vor dem Höhleneingang unter dem Sternenzelt aufzuschlagen und die Höhle nur zu benutzen, wenn wir sie brauchten. Doch dieses Vorhaben wurde von der ersten Salve stechenden Sandes hinweggefegt, die uns um die Fußgelenke peitschte – unter solchen Umständen war ein Nachtlager an dieser Stelle unmöglich.

JJ entrang dem Boden einen halb vom Sand verschütteten Ast und schwenkte ihn mit großen Augen über dem Kopf. »Können wir in Höhle nehmen, schauen nach Schlangen, vielleicht Skorpione!«

Unsere Suche brachte nichts Angsteinflößenderes zutage als ein paar unscheinbare Felseidechsen und den Geruch staubiger, trockener Erde. JJ versorgte Billy, und ich machte mich auf, für ein wenig Lagerfeueratmosphäre zu sorgen, indem ich Holz sammeln ging. Kaum war ich allein, kehrte mein früheres Gefühl der Beklommenheit noch intensiver wieder und wurde zu stark, um es zu ignorieren. Ich kletterte auf die höchste Felsgruppe, die ich finden konnte, um einen ausgedehnten Weitblick in praktisch jede Richtung zu erlangen. Aber wieder – nichts! Außer einer einsamen dürren Wüstenratte, die planlos zwischen den Felsen umherhuschte, und ein paar verirrten Staubteufeln, die ziellos am Horizont entlangwirbelten, war einfach nichts zu sehen. Allerdings entdeckte ich einen vom Blitz gespaltenen toten Baum – ideal für unser Feuer.

Die Höhle war eigentlich keine Höhle im klassischen Sinne. Sie war eher eine Felskluft. Zwei massive Gesteinsbrocken neigten sich einander entgegen und bildeten einen himmelwärts offenen Spalt, der ein ganzes Stück durch die Höhle verlief und einen schmalen Streifen des sternenhellen Nachthimmels preisgab. Der Spalt eignete sich gut, um den Rauch und die Funken unseres Feuers entweichen zu lassen. Die Abendluft wurde langsam ein wenig kühler, wenn auch nicht viel. Unser Feuer war klein, aber es brannte hell.

Wir breiteten unsere Decken nahe der Wand aus, die vom Eingang am weitesten entfernt war, und lehnten uns entspannt zurück, um ein geruhsames Abendmahl zu teilen: zwei Papayas und etwas Curryreis, den ich in einem wiederverschließbaren Plastikbeutel mitgenommen hatte. JJ erzählte mir alles, was ihm von seinem Job als Kameljunge und seinem brennenden Wunsch nach einem Handy in den Sinn kam. Dann gab er ein paar Geschichten über seine Freunde zum Besten. Als das Licht gemeinsam mit unserem Feuer schwand, lauschte JJ schläfrig, den Kopf an meine Schulter gelehnt, einer Geschichte, die ich um meine Frau Ashayrah herum spann. Ich beschrieb sie ihm als Prinzessin mit grünen Augen und goldenem Haar, die auf einer magischen smaragdgrünen Insel lebte, die vom weiten blauen Ozean umgeben war und sich am anderen Ende der Welt befand.

Bevor JJ einnickte, schaffte er es gerade noch, ein paar letzte Worte zu murmeln: »Ich noch nie sehen Ozean, nur Wüste.« Ich legte seinen Kopf auf die Decke, und ein paar Sekunden später war er eingeschlafen.

Die Nacht hatte bereits den letzten Rest des Dämmerlichts verschlungen, die Dunkelheit hatte alles im Griff. Das Holz war uns ausgegangen, und nur ein letzter Rest Glut glimmte noch im Sand.

»Zeit zu schlafen«, flüsterte ich.

Ich schob eine Hand durch den Sand, um den Rand meiner Decke zu ertasten, als ohne Vorwarnung ein scharf kratzendes Geräusch an der Eingangsseite unserer Höhle die Stille zerriss. Das Geräusch erschreckte mich derart, dass ein unnatürlich heftiger Adrenalinstoß durch meine Adern schoss. Die extreme Unwahrscheinlichkeit, dass etwas oder jemand unbemerkt unsere Höhle betrat, traf mich völlig unvorbereitet.

Licht – ich brauche etwas Licht!, dachte ich. Meine Hände fuhren blitzschnell in meine Taschen, um nach dem Feuerzeug zu suchen. Dann erinnerte ich mich: Ich hatte es in meinen Rucksack gesteckt, der nun außer Reichweite auf einem Felsvorsprung neben dem Eingang lag.

Möglicherweise war nur etwas umgefallen, das an der Wand gelehnt hatte – vielleicht mein Rucksack?

Doch meine Intuition sagte mir etwas anderes. Völlig unfähig, etwas zu sehen, lauschte ich in die Dunkelheit hinein. Ich konnte dort etwas fühlen. Zweifellos war etwas oder jemand in unsere Höhle gekommen! Ich erstarrte in Stille – was mir am vernünftigsten schien.

Ich beruhigte meinen Atem, um besser hören zu können. Etwas war offensichtlich hier, etwas schlich leise an der Eingangsseite der Höhle entlang. Meine Hände tasteten im Sand nach einem Stein oder irgendetwas, das ich zur Verteidigung hätte verwenden können, wenn ein Tier nahe genug an uns herankäme, um uns zu bedrohen. Doch ich hatte kein Glück – ich fand nichts als ein paar Handvoll Sand.

Einen Sekundenbruchteil später durchbrach ein noch lauteres Geräusch die Stille – vielleicht das Nachgeben eines brüchigen Steins unter dem Gewicht meines Fußes. JJ schreckte aus dem Schlaf – auch er hatte es gehört. Er krallte seine Finger in mein Shirt und drückte seinen kleinen Körper ängstlich an mich. Sein Gesicht war so nahe, dass ich seinen Atem in meinem Nacken spüren konnte. Ein riesiger, geisterhafter Schatten schnellte am Höhleneingang vorbei, und wir beide machten einen Satz zurück.

Jede Hoffnung, die ich gehegt hatte, dass diese Kreatur vielleicht harmlos sei, wurde in dem Moment zunichte, als ein erschreckendes tiefes, speicheltriefendes Fletschen die Stille erschütterte. Der kleine JJ drückte sich noch fester in meine Rippen. Das Geräusch war gänzlich anders als jedes Tier, das ich jemals zuvor gehört hatte. Seinem tiefen Ton und seiner Lautstärke nach zu urteilen war es unverkennbar groß, und zweifellos bedeutete groß in diesem Falle auch gefährlich.

Vorsichtig schob ich JJ mit der Rückseite meines Armes hinter mich. Ängstlich zog er an meinem Ärmel, und ich lehnte mich zu ihm, damit er in mein Ohr flüstern konnte: »Sir, vielleicht Leopard, vielleicht Tiger. Sehr böse, *sehr böse*!« Sein Flüstern hallte überdeutlich laut von den harten Steinwänden wider.

»Schhhhh…«, flüsterte ich zurück. »Ich weiß nicht … ich denke nicht. Versuch, keine plötzlichen Bewegungen zu machen! Und bleib hinter mir!«

Ich wusste, dass dies kein Leopard sein konnte. Der Lebensraum von Leoparden war mittlerweile ausschließlich auf die höher gelegenen Aravalli- und Vindhyan-Wälder beschränkt. Tiger waren in diesem Teil Rajasthans schon vor langer Zeit ausgestorben. Und dennoch: Ich konnte diese Möglichkeit nicht gänzlich ausschließen. Dieses Knurren war zweifellos nicht menschlich, aber ebenso wenig klang es auch nur entfernt wie eine große Katze. Für einen kurzen Moment blitzte ein mattes rotes Funkeln in der Dunkelheit auf – *hatte sich das sterbende Leuchten eines letzten Stückes verglimmender Glut in einem Augenpaar widergespiegelt?* Der Einfallswinkel der Reflexion zeugte von einer einschüchternden und überraschenden Größe. Nein, dies war gewiss keine Raubkatze. Es hatte mindestens die Höhe eines sehr großen Mannes.

Ein plötzliches lautes Fauchen durchschnitt die Luft – tief und wild. Meine Muskeln spannten sich und rüsteten sich für das, was vielleicht als Nächstes kommen mochte. Doch was kam, war nahezu unwirklich: Die Temperatur begann zu sinken; die Wärme wandelte sich unglaublich schnell in Kälte. Ein Gefühl des Grauens überkam mich – etwas, das ich seit sehr langer Zeit nicht mehr erlebt hatte. Nicht mehr, seit ich ein kleines Kind gewesen war.

JJ schluchzte vor Angst. Seine warmen Tränen tropften auf meine Schulter und schienen sich in der kalten Luft in Eis zu verwandeln. Dies war nun fast zu sonderbar, um real zu sein. Zwischen seinen Schluchzern konnte ich ein geflüstertes Chanten vernehmen: »Om Ganesh, Om Siva, Shri Ram, Shri Ram.« JJ rief um Hilfe – auf die einzige Art, die er kannte.

Ich wollte ihn trösten und wenn möglich auf eine Flucht vorbereiten, falls sich die Gelegenheit dazu bot. Aber etwas alarmierend Verwirrendes beeinflusste meine Gedanken. Ich hatte etwas Körperliches erwartet, etwas, das einen Sinn ergab, doch stattdessen war etwas dabei, gewaltsam in meine Gedanken einzudringen. Es war eine unerklärliche Empfindung, so als ob sich klamme Finger in meinen Verstand gruben. Doch das war unmöglich, konnte schlicht nicht sein. Ich versuchte, es abzuschütteln und meine Gedanken zu befreien, aber es wurde nur schlimmer und noch heftiger, begleitet von einer Kette seltsamer neuer Wahrnehmungen: Bizarre Sinneserscheinungen überschatteten meine Vernunft mit dunklen Visionen, Bildern dämonischer Fratzen und grotesk verunstalteter Körper. Die Schwärze, die mich umgab, verwandelte sich in einen Kessel des Grauens. Gegen meinen Willen wurde ich in einen formlosen Schlund gezogen, der gefüllt war mit fürchterlichen Vorstellungen – und ich verlor weiter an Boden!

Nichts von alldem ergab einen Sinn, und ich versuchte zu verstehen, was geschah. Mein Verstand raste und suchte verzweifelt nach irgendeiner Erklärung. *Es muss dieses Ding sein, diese Kreatur,* sagte ich mir selbst. *Irgendwie manipuliert sie meine Gedanken – aber was oder wer ist in der Lage, so etwas zu tun?*

Ich wusste, dass ich einen Weg finden musste, mich von ihrem Einfluss zu befreien und all das einfach durch mich hindurchfließen zu lassen. Doch all meine Bemühungen wurden mit noch stärkerer Intensität gekontert. Mein Gewahrsein schoss zurück zu JJ. Ich fühlte plötzlich eine andere Form der Angst aufsteigen, die ich zuvor noch nicht erfahren hatte: JJ brauchte mich! Eine frostige Stimme bahnte sich ihren Weg hindurch in meine Gedanken: *Wie konntest du das geschehen lassen? Das ist deine Schuld!* – Aber am Horizont war nichts zu sehen gewesen … nichts als die Wüste!

Mit einem Mal dämmerte es mir: *Dies waren nicht meine eigenen Gedanken!* Sie waren Teil dieses Angriffs, der mich zu beeinflussen versuchte: eine Ablenkung, die mich schwächen und weiter aus der Balance bringen sollte, ersonnen, um mich in Schuldgefühle darüber zu verwickeln, wie ich zulassen konnte, einen unschuldigen Jungen in Gefahr geraten zu lassen. Und dies genau jetzt, wo ich einen besonders klaren Kopf benötigte.

Ich musste einen Weg finden, dagegen anzugehen und meine eigenen Gedanken herauszusortieren. Ich musste mich wieder ins Gleichgewicht bringen und mich diesem Ding stellen – jetzt! Doch jeder Versuch, mich von dem unbarmherzigen Ansturm düsterer Impressionen zu befreien, wurde mit noch mehr Zweifeln pariert, die mir das Vertrauen stahlen. Sie erkämpften sich ihren Weg in meinen Verstand und brachen mit einer zunehmenden Flut abscheulicher Bilder über mich herein – Bilder, die mich sehr stark an ähnliche Erlebnisse in meiner frühen Kindheit erinnerten, als für mich im Alter zwischen drei und sechs Jahren die Nacht ein Ort war, den es zu fürchten galt.

Ich erinnerte mich an das tiefe Gefühl der Ohnmacht, als ich als Kind versucht hatte, meinen Eltern oder anderen Menschen von meinen Erlebnissen zu berichten. Wieder und wieder hatte man mir das Gleiche gesagt: *»Diese Träume sind nicht echt. Es gibt nichts, wovor du dich fürchten musst – das alles existiert nur in deiner Einbildung. Es sind nur Träume.«* Aber es waren nicht nur Träume gewesen, und die Albträume waren nicht nur Albträume – sie waren real. Aber niemand hatte mir zugehört, niemand glaubte mir, und niemand verstand meine Hilferufe. Ich musste, auf mich alleine gestellt, all diese nächtlichen Heimsuchungen ertragen.

Bis sie schließlich in einer eisigen Vollmondnacht endeten. Mein Vater war fort, um in der regelmäßig anfallenden Nachtschicht zu arbeiten, und der Rest der Familie schlief tief und fest. Ich hatte gerade begonnen zu träumen, als mich, aus dem Blauen heraus*, eine sanfte Berührung am Arm weckte.

Ich öffnete meine Augen und sah die stille Gestalt eines Mannes über mir stehen. Instinktiv zog ich die Decke über meinen Kopf und ließ nur ein Auge unbedeckt. Sein Körper leuchtete – eine geheimnisvolle Vision in der Dunkelheit. Ein überirdischer blauer Glanz umstrahlte seine Silhouette. Das Mondlicht, das

** Anmerkung der Übersetzerin: Die englische Redewendung »out of the blue« würde man im Deutschen normalerweise mit »aus heiterem Himmel« übersetzen, da »aus dem Blauen heraus« keine im Deutschen gebräuchliche Redewendung ist. Es wurde hier jedoch bewusst diese wörtliche Übersetzung gewählt, da sie in unserem Kontext noch eine weitere Bedeutungsebene trägt: Viele in alten Schriften beschriebene Heilige und Avatare und so auch die Amartya-Meister werden zeitweise von einem bläulichen Schimmer umgeben. Dieser blaue Schimmer ruht vom Baishajye-Heilungslicht her, einem heilenden und Ordnung bringenden Einfluss. Dieser Einfluss hat seinen Ursprung in der Maha Loka, der »blauen Loka«, einer höheren Existenzebene.*

durch mein Zimmerfenster schien, erzeugte gerade genügend Licht, um seine Augen zu erhellen. Zuerst fürchtete ich mich, doch ein unvergesslicher Schimmer von Freundlichkeit und Güte strömte aus diesen Augen und brachte all meine Angst zum Schmelzen, sobald sein Blick den meinen berührte. Die Liebe in seinem Blick erfüllte jede Zelle und jede Faser meines Seins mit einer sanften Ruhe. Ich wusste ohne jeden Zweifel, dass er gekommen war, um mir zu helfen. Und obwohl keine Worte gesprochen wurden, konnte ich sein Versprechen deutlich hören: *»Niemals kann dir genommen werden, was diese dunklen Kräfte von dir wollen!«* Von jenem Tag an hörten die Angriffe auf. Das war der erste flüchtige Blick auf einen der mysteriösen Meister gewesen. Eine erste Begegnung, die mich seitdem mein ganzes Leben lang stets begleitet hat.

Nun konnte ich dieselbe Furcht, die ich als Kind gehabt hatte, in JJ sehen, der sich in panischer Angst hinter mir versteckte. Er schluchzte, genau wie ich einst, und war hilflos einer unbekannten Bedrohung ausgesetzt. Ich konnte dies nicht zulassen – und ich *würde* dies nicht zulassen!

Mein Flashback hatte nur ein paar Sekunden gedauert, lange genug jedoch für die Kreatur, um sich näher heranzuschleichen. Ihre Schwärze türmte sich nun bedrohlich vor uns auf. Sie war viel größer als ein Mensch. Dieses Ding war keinem Wesen ähnlich, das ich jemals gesehen hatte. Es war etwas Arglistiges und furchtbar Böses – und es war etwas Übernatürliches.

Sein stechender Blick drang durch den Mantel der Finsternis wie eine verhängnisvolle Klaue, die sich mir höhnisch tastend näherte und ein Gefühl von Gewissheit in mir heraufbeschwor: Dieser Moment war Teil meiner Bestimmung. Etwas Gewaltiges und Lebensveränderndes, vielleicht sogar Lebensbeendendes war dabei zu geschehen. Wie es auch ausgehen mochte, eines war sicher: Ich konnte mich ihm unmöglich im Sitzen stellen.

Ich sprang auf die Füße, JJ hatte sich fest an meine Schulter geklammert. Ich löste seine Hände und legte sie auf mein Bein, da ich sicher sein musste, wo er sich befand. Ich tat mein Bestes, meine Balance wiederzuerlangen und mit dem klarzukommen, was geschah oder gleich geschehen würde. Ich musste die Ungläubigkeit abschütteln und dieses Ding als das sehen, was es war: etwas, das jenseits der Vernunft lag, etwas Andersartiges. Die alptraumhaften Manipulationen gingen indessen unaufhörlich weiter: Die Wände der Höhle schienen aufgelöst, und die Dunkelheit hatte sich in eine weite und drohende Untiefe verwandelt – ein dunkles Loch, aus dem auf mysteriöse Weise das Echo von fernen Schreien und boshaftem Geflüster drang. Ich hatte Mühe, den Boden unter meinen Füßen zu spüren. Vollkommen fremde Emotionen, zusammenhanglos und ungeordnet, durchbrachen auf unberechenbare Weise meine Verteidigungslinien und drängten mich dazu, loszurennen oder irrational zu handeln.

Ich benötigte etwas anderes – etwas, das ich noch nicht verstanden hatte. Auf meinen Atem zu hören half mir. Von meinen Gedanken Abstand zu nehmen war das Nächste. Von jener Stille aus zu beobachten, die jenseits der Welt der Gedanken lag, war am hilfreichsten. Es erlaubte mir, besser zu unterscheiden, was zu mir gehörte, und das meiste dessen zu verbannen, was nicht mein war.

Es funktionierte. Binnen Sekunden waren nur noch zwei Gedanken übrig: *Es liegt nun völlig an mir, wie diese Nacht enden wird,* und *ich muss JJ schützen.* Es war der zweite Gedanke, der mir Kraft gab. Ich beschloss, mich an diesen Gedanken zu halten und ihn über alles andere zu stellen.

Als wollte es meine Entschlossenheit auf die Probe stellen, donnerte erneut ein tiefes, kehliges Knurren durch die Finsternis und brandete an meine Brust wie eine eisige Welle. Ein markerschütternder Ton, der jeden Augenblick in einen Angriff münden konnte. Es war jetzt sehr nahe. Ich trat einen Schritt zurück und schob JJ mit mir.

Je mehr ich zum Zeugen meiner Gedanken wurde und sie beobachtete, umso mehr kehrten meine Sinne wieder – verstärkt durch die Flut von Adrenalin, die nun durch meine Adern floss. Ich konnte nun präzise fühlen, wo sich die Kreatur befand. Ich fragte mich, ob sie sich im Klaren darüber war, dass ich mich gerade aus ihrem mysteriösen Griff befreite.

Ich nahm wahr, wie sich nun ihre Aufmerksamkeit auf JJ richtete, JJ fühlte es auch. Er wich zurück und ging in die Knie, um sprungbereit wie eine Feder hervorzuschnellen und davonzurennen. Hastig griff ich nach unten, um ihn zurückzuhalten. Da war nichts, wo man hätte hinlaufen können. Diese Kreatur war zwischen dem Höhleneingang und uns, und ich war alles, was JJ von ihr trennte. Wenn er losrennen würde, konnte dies nur in einem Unglück enden. Ich musste JJ unter Kontrolle halten. Sein Atem war unregelmäßig, und seine Angst trieb ihn bis zum Äußersten. JJs beste Chance, aus alldem unverletzt hervorzugehen, war, hinter mir zu bleiben – so weit wie möglich außer Reichweite der Hand des Unheilvollen, die danach trachtete, ihn zu ergreifen. Meine Zehen spreizten sich und drangen durch den Sand auf den Steinboden. Eine Flut der Entschlossenheit strömte in meine Muskeln und Knochen.

»JJ!«, befahl ich. »Bleib, wo du bist! Bleib hinter mir!«

JJs Verletzlichkeit zu erkennen gab mir einen Schub unaufhaltsamer innerer Stärke. Meine eigene Angst, Schaden zu erleiden, war hinweggefallen. Ich hatte meinen Entschluss gefasst: Ich würde tun, was immer ich tun musste!

Nun verstand ich: Hierherzukommen war notwendig gewesen. Die Meister hatten dies offenkundig beabsichtigt: Sie wussten, dass die Vorsehung JJ und mich zusammenführen wollte, weil wir beide als Katalysatoren füreinander bestimmt waren.

Jenseits des Schattens

Jenseits des Reiches, das wir für die Wirklichkeit halten, ruht ein geheimnisvolles Meer unzähliger Möglichkeiten, eine transzendentale Tiefe, die als Mutterleib für jede Art der Möglichkeit dient. Diese Gewässer sind die wesentliche Grundlage unseres Bewusstseins – unsere unerschöpfliche Quelle, immer bereit, uns Orientierung im Leben darzubringen. Doch diese Gabe kann nur realisiert werden, wenn wir wahrhaftig einwilligen, unsere Begierden und Verteidigungshaltungen zu opfern, und bereit sind zu kapitulieren, um die uns angeborene Authentizität anzunehmen. Wenn wir dies in Demut tun und in Akzeptanz dessen, was uns gegeben ist, und wenn wir loslassen, was uns antrainiert wurde und uns einen Platz und Zugehörigkeit verspricht, dann kann unsere höhere Führung zum Leben erwachen. Doch zuerst müssen wir willig sein, all das zu opfern, was wir dem Leben entliehen haben, um uns selbst zu begrenzen.

In Gefahr zu geraten und der Möglichkeit des Todes ins Auge zu blicken war mir nicht vollkommen neu. Ich hatte einen Sturm auf hoher See in nicht mehr als einem kleinen Kajak überlebt, war dem Lavastrom eines ausbrechenden Vulkans entkommen, hatte einen schweren Autounfall überstanden und einiges mehr. Doch unweigerlich hatte es dabei jedes Mal einen Moment der Klarheit gegeben, der mir sagte, dass meine Zeit noch nicht gekommen war. Jedes Mal war ich der Gefahr unversehrt entkommen. Auch wenn dieser Zusammenstoß nun so gänzlich andersartig, dunkel, surreal und gegen jegliche Vernunft war, hatte sich dennoch wieder einmal ein Moment der Klarheit offenbart. Ich wusste ohne jeden Zweifel, dass meine Zukunft noch vor mir lag. Doch um sie wahr werden zu lassen, benötigte ich noch etwas – etwas, das mir noch fehlte.

Ich durchkämmte meinen Verstand nach einem Schlüssel, nach *irgendetwas,* das mir helfen könnte, für das, was geschah, eine Lösung zu finden. *Was war dieses Ding, und warum bedrohte es uns? Und wie konnte ich JJ und mich selbst in dieser blind machenden Dunkelheit verteidigen?*

Ich spürte, dass ein körperlicher Angriff jede Sekunde erfolgen konnte. Doch warum hatte sich diese Kreatur dazu entschieden, mich zuerst auf eine, wie es schien, paranormale Weise zu attackieren?

Wieder und wieder inmitten dieser verzehrenden Intensität tauchte die Botschaft des Meisters aus meiner Erinnerung empor: *»Niemals kann dir genommen werden, was diese dunklen Kräfte von dir wollen!«* Aber was war das? Was konnte mir nicht genommen werden, was hatte ich nicht verstanden? Diese Worte, die mir wieder und wieder kamen, mussten der Schlüssel sein. Diese Erinnerung musste eine Bedeutung haben!

Meine Gedanken schossen blitzartig zurück in meine Kindheitsjahre. Wie die meisten Kinder kämpfte ich damit, mich an die gesellschaftlichen Anforderungen anzupassen, die mich umgaben. Für mich war es der Kampf zwischen dem, was gesellschaftlich als normal angesehen wurde, und meiner ungewöhnlichen Weise zu fühlen und zu sehen. Und wie alle Kinder wollte ich einfach nur dazugehören. Also tat ich das Logische: Ich versteckte vor der Welt, was das Natürlichste für mich war und ganz besonders meine Erfahrung mit jenen visuellen und hörbaren Dingen, die andere um mich herum nicht wahrzunehmen schienen. Am Ende hatte ich – unter der unerbittlichen Forderung nach Anpassung – das meiste aufgegeben, was mich einzigartig machte. Ich wollte Liebe – nicht hervorstechen. Und akzeptiert zu werden war die größtmögliche Annäherung daran, die ich finden konnte. Ich lernte, mich anzupassen und vor dem Tadel der Welt zu schützen, indem ich vorgab, jemand zu sein, der ich nicht war. Auf der Suche nach Bestätigung und zu naiv, um es besser zu wissen, hatte ich meine natürliche Art zu sein unterdrückt und eine passendere Hülle angenommen – eine zweifelhafte Entscheidung, die noch lange Zeit ihren Schatten auf meinen Lebensweg werfen sollte.

Diese Unvereinbarkeit musste der Schlüssel sein, den ich die ganze Zeit übersehen hatte: Ich hatte mich der Selbstablehnung meiner wesentlichen Natur gebeugt. Unwissentlich hatte ich mich gegen diese früh auferlegten Forderungen nach Anpassung aufgelehnt, indem ich ein Leben am Rande des Konventionellen führte. Doch dies war eine Reaktion und keine wahrhaftige Lösung – es war nicht genug. Ich hatte mich selbst noch nicht vollständig zurückgewonnen; Spuren der Anpassung waren immer noch da.

Als würden sich die Nebel teilen, wurde mir bewusst, dass die Lösung dieses düsteren Rätsels, dem ich mich nun stellen musste, weitgehend von meiner Bereitschaft abhing, stärker in meinem wahren Selbst zu stehen. Wenn wir dort sind, wo wir im Leben sein sollen, haben wir festeren Boden unter den Füßen. Dann stehen wir auf der Grundlage unserer wirklichen Bestimmung. Ohne diese Grundlage haben wir keine wirkliche Stärke, wir sind nicht im Einklang mit dem uns bestimmten Weg oder der uns innewohnenden Macht. Nach all den Jahren ergaben die Worte des Meisters endlich Sinn: Was die Dunkelheit immer will und wonach sie immer hungert, aber nie wirklich bekommen kann, ist das reine Licht unserer göttlich bestimmten Legitimität – unserem Recht zu sein, wer wir geboren sind zu sein!

Nun verstand ich: Hierherzukommen war notwendig gewesen. Die Meister hatten dies offenkundig beabsichtigt: Sie wussten, dass die Vorsehung JJ und mich zusammenführen wollte, weil wir beide als Katalysatoren füreinander bestimmt waren. Ohne dass JJ sich dessen bewusst war, hatte seine Unschuld in mir genau das erweckt, was ich benötigte, um meine letzten Begrenzungen zu durchbrechen. Seine natürliche Unschuld und seine innere Schönheit hatten mein Herz so tief berührt, dass er schnell zu jener vollkommenen Inspiration wurde, die mich dazu brachte, den nächsten Schritt zu tun: Er bewegte mich dazu, eine alte Maske zu opfern und den Raum für das Mögliche zu schaffen. Die Verleugnungen, die mich an meine imaginäre Verletzlichkeit gebunden hatten, waren hinweggefallen. Ich hatte den Vorteil erkannt, indem ich mich befand. Es war nun eindeutig: Weder JJ noch ich würden hier zugrunde gehen.

Die Dunkelheit war nicht länger Dunkelheit – im Wesentlichen war sie es nie gewesen. Sie war notwendig; sie war eine versteckte Gunst, die ich brauchte, um all dies zu einer Entscheidung zu bringen.

Ich konnte die Kreatur nun auf eine Weise fühlen, wie ich es zuvor nicht vermocht hatte. Sie hatte den kontrollierenden Griff gelöst. Mein Verstand war nun geschärft, und meine Wahrnehmungen waren fokussierter. Ich konnte dieses Geschöpf jetzt fühlen und verstehen, aber es war nicht mehr in der Lage, mich zu fühlen. Es hatte sich auf die Finsternis und das fehlende Gewahrsein meines Selbst und meiner Macht verlassen. Dieses Ding, was auch immer es sein mochte, hätte immer noch brutale Gewalt anwenden können, doch nun war es von der Dunkelheit verraten und verunsichert zurückgelassen worden. Jetzt handelte es sich um eine psychologische Konfrontation – und ich war im Vorteil.

Ich tat mein Bestes, um meinen Verstand zu beruhigen und meinen Körper zu stabilisieren. Die Wahrnehmungsfähigkeit meiner Intuition nahm immer mehr zu. Diese abscheuliche Kreatur war die Personifizierung der Angst und verkörperte die verdunkelnde Schwermut, die die Unschuldigen überall heimsucht. Und wie die meisten Peiniger, die darauf aus sind, anderen zu schaden, beruhte ihre Motivation mehr auf Angst als auf der Suche nach Macht. Verzehrt von Schrecken und Selbsthass verabscheute sie jeden, der ihren Weg kreuzte. Dies war eine manifeste Spukgestalt, ein Phänomen des Elends, das weder vollkommen in dieser Welt noch jenseits dieser Welt war. Irgendwie musste sie die Fähigkeit kultiviert haben, sich willentlich zwischen den lichteren und den dunkleren Welten zu bewegen.

Ich griff hinter mich und legte meine Hand fest auf JJs Schulter. »Hör mir zu!«, sagte ich bestimmt. »Pass jetzt sehr gut auf! Ich möchte, dass du diese Worte wiederholst!«

Zitternd brachte JJ ein schluchzendes Flüstern hervor: »S-s-sir?«

»Sprich mir nach!«, sagte ich. »Versuch die Worte, die ich dir sage, so genau wie möglich nachzusprechen! Kannst du das tun? Verstehst du das?«

»Ja, Sir, ja, Sir … sagen, was du sagen.«

»Es gibt da noch eine Sache, JJ. Wenn du verstehst, was diese Worte bedeuten, dann glaube, dass sie wahr sind. Vertraue ihrer Bedeutung! Aber zuerst musst du aufhören zu weinen. Du musst in dich hineinfühlen und zu deiner Stärke finden. Kannst du das tun?«

JJ sammelte seine ganze Kraft und schluckte tapfer seine Angst hinunter.

»Nun wiederhole meine Worte!«, sagte ich.

Die Worte hatten sich noch nicht vollständig geformt, aber ich konnte sie sich nähern fühlen. Damit ich sie gut genug hören konnte, um sie laut auszusprechen, musste ich jeden anderen Gedanken verstummen lassen. Hinter meinen geschlossenen

Augenlidern wurde die Dunkelheit zu Licht. Ich vernahm etwas, das wie das schwache Läuten einer großen Glocke klang. Ihr tiefer summender Ton zerfiel in eine melodische Kaskade von untergeordneten Klängen, die sich sogleich in Worte formten. Sie kamen zu mir in der Sprache der alten Rishis:

»Main Atmatattvaki Prakash men pratisthahuun«

Ich stehe fest im Lichte des wahren Selbstwissens

»Main Ekatvacaksusehiksehuun«

Ich sehe durch das Auge der Einheit

»Aham Vitamoha«

Ich bin frei von der Macht der Illusion

»Aham Apahatapapman«

Ich bin frei von der Macht des Bösen

»Aham Vitabhiasmi – Soham«

Ich bin furchtlos – Ich bin das

»Aham Shradhavitta – Soham«

Denn ich bin erfüllt von Glauben – Ich bin das

»Tathaivaastu«

So ist es!

Obwohl die Zeit knapp schien, wiederholte ich die Worte noch einmal. JJs Vertrauen in seine Aufgabe war vollkommen. In seiner natürlichen Demut und unkomplizierten Unschuld ließ er jedes Wort wie ein perfektes Echo widerhallen.

»Mach es noch mal«, sagte ich bestärkend. »Wiederhole sie weiter.«

JJs Zittern hatte aufgehört. Seine Angst war ersetzt worden durch etwas, in das er vertrauen konnte. Die Verse zeigten ihre Wirkung: Sein Verstand war fokussiert, was ihn von der panischen Furcht befreite, die die Kreatur in ihm auszulösen versuchte. JJs Worte, die sich so rein und unschuldig formten, hallten von den Wänden wider wie eine alte Erinnerung an eine lang vergessene Zeit. Jetzt, da JJ seine eigenen Bemühungen im Griff hatte, konnte ich mich der Kreatur mit einer ebenso starken Überzeugung stellen.

Viele Jahre zuvor hatte mich ein Zuhörer auf einem meiner Vorträge gefragt, ob Engel wirklich existierten. Ich antwortete ihm, dass ich an ihre Existenz glaube, fügte jedoch hinzu: »Aber vielleicht nicht im modernen biblischen Sinne.«

Obwohl ich bereits lange Zeit den Glauben hegte, dass wir alle unsichtbare Helfer haben, entschied ich mich, meine Saumedhika-Fähigkeiten zu nutzen, um mehr Klarheit in dieser Frage zu gewinnen und eine genauere Antwort zu finden. Was ich bei meiner Suche entdeckte, war das tonale Mantra einer zeitlosen Engelsanrufung, die anscheinend altägyptischen Ursprungs war. Ich fühlte den starken inneren Drang, diese Anrufung nun anzuwenden: Ich chantete sie zuerst mental und ließ sie dann vollkommen in die Stille fallen. Sie schien daraufhin von allein wieder emporzusteigen und strömte nun hörbar über JJs Worte:

»Aumon-ahu-Rapha'yea,
Aumon-ahu-Rapha'yea, Aumon-ahu-Rapha'yea.«

Nach nur drei Runden des Chantens geschah etwas Unerwartetes: Ein markanter hoher Ton begann den Raum jenseits unseres Gesanges zu erfüllen – wie ein Chor, jedoch nicht menschlichen Ursprungs.

Plötzlich ergoss sich ein Schrei des Schmerzes aus der Kreatur wie eine qualvolle Woge der Abscheu und Wut. Einen Augenblick später bewegte sich ein kratzendes Geräusch über den sandigen Kies weiter hinten in der Höhle – ein klares Anzeichen, dass die Kreatur sich zurückgezogen hatte.

In meinem linken Augenwinkel bemerkte ich ein kaum wahrnehmbares leuchtendes Flackern. Auf der rechten Seite erschien ein zweites Schimmern. Gleichzeitig traten drei weitere Lichter glitzernd über unseren Köpfen in Erscheinung. Innerhalb von wenigen Sekunden wurde ihr geheimnisvoller Glanz erheblich heller und wuchs zu einer nahezu menschlichen Größe an. Ihr strahlendes Leuchten wurde mit jeder neuen Anrufung weniger subtil. Feine rote und goldene Partikel glitzerten wie tanzende Sterne durch die Formen. JJ hörte auf zu chanten und erhob sich auf die Knie – er sah sie auch!

Ich hatte ähnliche Erscheinungen schon früher gesehen, doch nie waren sie so hell und deutlich gewesen wie diese. Sie waren mir immer weitaus ätherischer erschienen, fast zu subtil, um sie für mehr als jeweils nur ein paar Sekunden sehen zu können. Es war äußerst selten, einem anderen Menschen zu begegnen, der sie ebenfalls sehen konnte. JJ konnte es offensichtlich. Das kaum wahrnehmbare Eigenlicht dieses Phänomens zeigte sich nur selten dem gewöhnlichen Auge. JJ hatte meine Hand ergriffen. Er fühlte sich nun sicherer und glaubte, dass uns etwas Machtvolles und Wundersames endlich zu Hilfe gekommen war.

Anscheinend frustriert und verunsichert, schien die Kreatur, sich windend, auf der Eingangsseite der Höhle hin und her zu gleiten. Das Blatt hatte sich gewendet. Die eisige Kälte hatte ihren Griff gelöst, und die Atmosphäre wurde langsam erträglicher. Zum ersten Mal konnte ich ihren erbärmlichen und einsamen Kampf spüren: Vor langer Zeit war sie ihrer geisterhaften Welt entkommen und hatte eine physische Form manifestiert. Infolgedessen wurde sie unbewusst zum Opfer ihrer eigenen Begierde. Tief in ihrem Inneren musste es noch den

Funken einer verlorenen Seele geben. Ich fühlte ihre Qual, die von einem brennenden Verlangen getrieben war, ein Ende zu finden. Bald offenbarte sich mir das volle Ausmaß der jämmerlichen Existenz dieses Wesens, und anstelle der Angst hielt Mitgefühl in meinem Herzen Einzug.

Es gab keinerlei Zweifel mehr, dass es meine Fähigkeit, es sehen zu können, wahrgenommen hatte. Ein kalter Schrei, der das Blut in den Adern gefrieren ließ, brach durch die Finsternis. Es war ein so schockierendes Geräusch, dass die gigantischen Gesteinsbrocken, die unsere Höhle bildeten, förmlich erbebten.

Die schimmernde Präsenz der fünf Lichtformen, das Chanten und meine Fähigkeit, sie zu sehen, zusammen mit dem zunehmenden Gefühl von Unsicherheit, hatte die Entschlossenheit der Kreatur gebrochen. Sie hatte sich ihrer eigenen Angst gebeugt, anstatt ihre physische Kraft einzusetzen. Sie hatte ihre Überzeugung eingebüßt und wurde nun mit ihrem eigenen Elend und ihrem Selbsthass konfrontiert. Kaum einen Moment später ertönte ein raues Fauchen, das von einem plötzlichen Schwall der verbliebenen kalten Luft aus der Höhle gefegt wurde.

Die Lichter verschwanden fast auf der Stelle. Alles, was zurückblieb, war der beruhigende Klang von zwei atmenden Menschen und der natürliche Frieden, der in einer stillen Nacht liegt. JJ stand auf und schlang seine Arme um meine Hüfte. Wir lauschten in Stille, während der Schrecken in die Vergangenheit glitt – es war vorbei.

Mein Mund war ausgetrocknet, und meine gebräunte Haut wurde zunehmend röter. Die Hitze stach gnadenlos herab. Billy arbeitete sich einen letzten verbrannten, mit wildem Salbei bewachsenen Hang hinauf.

Als wir die höchste Stelle erreicht hatten, zog JJ ruckartig die Zügel an. Für einen Moment saßen wir vollkommen still. Da war es!

Die Azara

Die Geschehnisse der Nacht hatten mich körperlich erschöpft zurückgelassen. Doch ich war zu aufgewühlt, um schlafen zu können. JJ war direkt neben dem Höhleneingang sofort eingeschlafen. Ich ließ mich draußen in einer kleinen vom Wind geformten Nische nieder, die zur Wüste und zum Himmel hin offen war und gleich neben dem Höhleneingang lag. Von dort aus konnte ich auf JJ aufpassen und genauer darüber nachdenken, was geschehen war. Meine Sinne waren klarer und befreit von der Last der Anpassung in meiner Kindheit. Ich hatte eine zu eng gewordene Haut abgestreift und mir so ermöglicht, einen lange abwesenden Teil meines Selbst zu erwecken. Was zuvor in ein inneres und ein äußeres Reich unterteilt gewesen war, schien sich nun zu überlagern und eins zu werden.

Mit dem ersten Anzeichen der Morgendämmerung legte sich der Abendwind und wandelte sich in einen schwachen Windhauch. Ab und an seufzte eine Sandböe sanft zwischen den Felsen. Mit dem Füller in der Hand sinnierte ich darüber, was ich in meinem Notizbuch festhalten sollte, als ich eine Bewegung wahrnahm und JJ erblickte, der regungslos und mit schläfrigen Augen im Höhleneingang stand. Er trottete aus dem halbdunklen Schatten des Eingangs herüber, warf mir seine dünnen, schlaksigen Arme um den Hals und hielt mich fest – gerade lange genug, um mir zu zeigen, dass wir nun beste Freunde waren. Er rannte davon, um nach Billy zu sehen, der in einer kleinen Felseinbuchtung festgebunden war, die ungefähr zehn Meter entfernt lag.

Als ich zuvor nach Billy gesehen hatte, war er nicht mehr an der Stelle gewesen, wo wir ihn an einer dicken Wurzel angebunden zurückgelassen hatten. Ich fand ihn jedoch nicht weit entfernt zufrieden auf dem Bauch liegend wieder. Er hatte den brüchigen Wurzelstumpen herausgerissen, an dem er befestigt gewesen war, und damit hinter sich eine Spur in den Wüstenboden gepflügt. Offensichtlich hatten die Ereignisse der Nacht ihn erschreckt. Es gab keinen Grund, JJ damit zu beunruhigen. Er sollte Billy wieder zurück in seiner Einfriedung vorfinden, nur mit dem Unterschied, dass die Wurzel fehlte. Das wird ein interessantes Rätsel geben, dachte ich.

Die Morgensonne erhob sich in der Ferne wie ein orange gefiederter Engel. Eine dünne Schicht Wolken hatte den Horizont in rosafarbene Schwingen verwandelt. JJ zeigte einen verwirrten Gesichtsausdruck, als er wiederkehrte, sagte aber nichts zu Billys veränderter Stellung. Während JJ still betrachtete, wie die Sonne und der Wind die dünengekrönte Wüste in ein Meer geisterhafter Wellen verzauberten, studierte ich ebenso still sein junges Profil. Die Nacht hatte sein Gesicht verändert und ihn zweifellos ein wenig reifer gemacht.

»JJ«, fragte ich, »hast du schon darüber nachgedacht, in welche Richtung wir nun reiten sollen?«

Mit einem jungenhaften Zucken seiner Schultern deutete er zögerlich mit dem Arm in eine Richtung. »Ich glaube, vielleicht hier lang.«

Genau in dem Moment zog das sanfte Rauschen von Flügelschlägen unseren Blick zum Himmel. Ein weißes Reiherpaar schoss über unsere Köpfe hinweg, gefolgt von einem Nachzügler.

»Endlich ein Zeichen!«, verkündete ich. »Wohin, glaubst du, fliegen sie?«

»Zur Azara!«, antwortete er. »Ich glaube, wir gehen hier lang!«

Obwohl die Reiher wahrscheinlich nur ein Zufall waren, konnte es ebenso auch sein, dass die Wüste uns ein Zeichen gab.

Mit jeder vergehenden Stunde blickte JJ ein wenig entmutigter drein. Er hatte im Stillen begonnen, sich des Unvermeidlichen bewusst zu werden: Unser Wasser ging zur Neige, und unser Essen war verzehrt. Wir näherten uns dem Punkt, an dem wir umkehren mussten. Aber ich war davon noch nicht überzeugt – ein Hoffnung weckendes Schimmern lag noch immer in der Luft.

»Lass uns noch etwas länger weiterreiten – eine Stunde«, sagte ich. »Zumindest wissen wir dann, dass wir alles versucht haben.«

Am Ausdruck seines Gesichts konnte ich erkennen, dass er zunehmend befürchtete, mich enttäuscht zu haben. Um seine Laune anzuheben, begann ich, einen alten Neil-Young-Song zu singen: »I've been to the desert on a *camel named Billy;* it was good to get out of the rain. La, la, la …«

Da ich einen Großteil des Textes vergessen hatte, summte ich das meiste und gab JJ dadurch die Gelegenheit einzustimmen, was er mit einer schwungvollen Bollywood-Variante auch tat. Es hatte gewirkt: Für den Moment war alles wieder in Ordnung.

Es dauerte nicht lange, bis die Sonne im Zenit stand und es zu heiß wurde. Ich zerfloss im Sattel, während der musikalische Wüstenjunge JJ weiterrockte. Mein Mund war ausgetrocknet, und meine gebräunte Haut wurde zunehmend röter. Die Hitze stach gnadenlos herab. Billy arbeitete sich einen letzten verbrannten, mit wildem Salbei bewachsenen Hang hinauf. Als wir die höchste Stelle erreicht hatten, zog JJ ruckartig die Zügel an. Für einen Moment saßen wir vollkommen still. Da war es! Hundert Meter unter uns, auf der schattigen Seite eines steinigen Hügels, stand ein weiß getünchtes und mit Holzlatten verkleidetes Haus, das auf allen Seiten von ein paar einfachen braunen Hütten umgeben war.

Billy preschte den Berg hinab. Vielleicht war es der Geruch von Wasser oder der Anblick zweier Kamele, die faul im Schatten lagen. Was auch immer es ausgelöst haben mochte, es war eine packende Erfahrung, den Hang in dieser Geschwindigkeit hinabzufliegen. Während wir versuchten, die Balance wiederzuerlangen, lehnten wir uns zurück und zogen beide fest an den Zügeln. Am Dorfeingang kamen wir ungeschickt zu stehen.

Eine Gruppe von drei Männern, die allesamt etwas in Aufruhr versetzt aussahen, eilte vom Haupthaus herbei. Selbst von Weitem erkannte ich sofort die Persönlichkeit und die Wesensart des Mannes in der Mitte. Das musste er sein – mein alter Freund Krishnalila!

Zu gespannt, um noch länger zu warten, glitt ich hastig vom Sattel herab, und in dem Moment, als ich mit den Füßen auf den Boden traf, durchfuhr ein prickelnder Schauer meine Beine. Ich beachtete es nicht weiter und rief laut: »Krishnalila!«

Für einen Augenblick zögerte der Mann, den ich erkannt hatte, ein wenig. Dann wandelte sich sein überraschter Gesichtsausdruck in ein willkommen heißendes Lächeln. »Ja, ja! Willkommen, willkommen!«, antwortete er. »Wir haben deine Ankunft schon erwartet!«

Auf seinen Schritten lastete die Bürde vieler Jahre. Er sah viel älter aus, als ich ihn mir vorgestellt hatte. Ich umschloss seine fragilen, dünnen Hände mit den meinen. »Du bist es wirklich!«, sprach ich. »Sagtest du, dass ihr uns bereits erwartet habt?«

»Ja!«, antwortete er. »Überrascht dich das?«

»Nun … ganz ehrlich … das tut es ein wenig. Ich war mir nicht sicher, ob du mich überhaupt erkennen würdest oder …«

»Ob du mich finden würdest?«, warf er ein.

»Nun ja, das ging mir durch den Kopf«, sagte ich.

Krishnalila brach in Gelächter aus, und Lachfältchen legten sich um seine Augenwinkel. »Wir haben hier sehr viel Raum, um zu hören.«

»Zu hören?«, fragte ich.

»Die Winde – sie sind die Stimme der Wüste. Man muss nur die Kunst des Hörens erlernen«, antwortete er.

Ein lavendelfarbenes, dünn gewebtes Schultertuch war um die sonnengegerbte Haut seiner schmalen Schultern drapiert. Sein lichter werdendes silbernes Haar rühmte sich ein paar verbliebener Locken, die sich verspielt hinter seinen länglichen Ohren kringelten. Buschige weiße Augenbrauen und ein kurzer, sorgfältig gepflegter Bart, der um die Lippen herum dunkler wurde, umrahmten sein alterndes Gesicht.

Eine kleine Hand schlüpfte in die meine. Es war JJs.

»Und wer bist du?«, fragte Krishnalila.

Ich war überrascht, als JJ ihn nur anstarrte, unsicher wie ein junges Hündchen – so ganz anders, als er sich mir gegenüber zeigte. Vielleicht, überlegte ich, stellte ein heiliger Mann eine besondere Herausforderung dar.

»JJ, das ist Krishnalila«, sagte ich. Dann wandte ich mich zu Krishnalila: »Und dieser junge Mann hier ist mein Führer – JJ.«

»Verzeih mir«, warf Krishnalila ein. »Nur um zukünftige Verwirrung zu vermeiden: Einst mag Krishnalila mein Name gewesen sein, in einer anderen Zeit. Doch nun sind du und ich wahrscheinlich die Letzten, die sich an diesen Namen erinnern können. Meine Freunde und Schüler kennen mich jetzt als Maha Vishram.«

»Das erklärt es!«, sagte ich. »Bevor ich JJ fand, ging mir der Name Baba Vishram immerzu im Kopf herum. Maha Vishram, Baba Vishram – das ist sehr ähnlich.«

Doch dann kam mir etwas anderes in den Sinn. Ich drehte mich zu JJ um.

»JJ – als ich dich bei dir zu Hause gefragt habe, ob du einen heiligen Mann namens Krishnalila kennst, hast du ›ja‹ gesagt. Woher konntest du ...«

Krishnalila unterbrach uns erneut: »Bitte fühlt euch frei, mich Krishnalila zu nennen, wenn ihr möchtet. Ich mag diesen Namen immer noch sehr gerne.«

Meine Augen waren auf JJ geheftet.

Doch JJ entzog sich meiner strengen Prüfung, indem er mit einer plötzlichen, aber bescheidenen Verbeugung aus meinem Schatten hervortrat.

Krishnalila nahm seine Hand. »Komm nun mit!«, sagte er. »Lass uns dieser fürchterlichen Hitze entfliehen.«

Nach einem kleinen Rundgang durch die Einrichtungen des Ashrams wusch ich mich in einem kleinen Quellbach, der aus einer steinernen Spalte unterhalb eines Felsüberhangs an die Oberfläche sprudelte. Abgekühlt und wesentlich sauberer ging ich zum Hauptareal zurück, wo mich der Klang von lautem Lachen an einen Tisch lockte, der für drei Personen gedeckt war. JJ und Krishnalila widmeten sich ihrer entstehenden Freundschaft und plauderten eifrig unter einem safranfarbenen Sonnensegel, das wie ein leuchtender Flügel im saphirblauen Himmel flatterte.

Krishnalila winkte mich mit einer lässigen Handbewegung herbei. »Komm her, Aaravindha! Leiste uns Gesellschaft … Du musst hungrig sein.«

Durch die Luft strömte der Duft von Kartoffeln, Reis und mit Curry gewürzten Okraschoten, die sich auf nicht zueinanderpassenden dicken weißen Tellern türmten. In seinen Bewegungen schon etwas gebrechlich, hob Krishnalila eine große, mit Gänseblümchen bedruckte Teekanne hoch und goss mir mit unsicherer Hand Chai ein. JJ hockte auf seinen Knien und hatte meine Ankunft kaum bemerkt. Wie ein Adler wachte er aufmerksam über die Okraschoten.

Krishnalila gab den Kartoffeln einen Schubs und beharrte: »Esst, bitte esst!« Doch anstatt sich uns anzuschließen, legte Krishnalila seine Gabel ordentlich neben den Teller.

Während ich mir etwas Okra und Reis auf den Teller häufte, fühlte ich, wie Krishnalila mich unauffällig betrachtete. »JJ hat mir bereits einiges von euerem Erlebnis erzählt … der Vorfall in der Höhle«, berichtete er. »Das muss wohl eine ziemliche Feuerprobe gewesen sein?«

»Hat er?«, fragte ich.

JJ entschied sich, seine Gabel aufzugeben, und begann, sich den Reis mit den Händen in den Mund zu schaufeln.

»Ja!«, antwortete er. »Von dem, was ich daraus entnehmen konnte, denke ich, dass es eine Konfrontation mit der Schattenwelt war – den dunkleren Reichen. Vielleicht bist du einem Apadev oder einem Pishaacha begegnet? In deinem Land wäre das ein …«

»Ein Dämon!«, ergänzte ich.

»Ja, eine angsteinflößende, aber naheliegende Erklärung. Könntest du mir mehr darüber erzählen? Es interessiert mich sehr.«

Unsicher darüber, ob er zu viel gesagt hatte, lehnte sich JJ verlegen von seinem Teller zurück und blickte mich fragend an.

»Mach dir keine Sorgen, JJ!«, sagte ich beruhigend. »Probiere etwas mehr von den Okras.«

Krishnalila beugte sich näher. Sein Wunsch, mehr darüber erfahren zu können, spiegelte sich noch immer deutlich in seinem Gesicht wider.

»Es geschah alles sehr schnell«, erzählte ich. »Und in totaler Finsternis. Es war wie ein Alptraum.«

»Aber es war kein Traum!«, erwiderte Krishnalila. »Ganz sicher war das kein Traum!«

»Nein«, erwiderte ich, »das war es nicht.«

Ich hielt inne und suchte nach einem geeigneten Einstieg.

»Aaravindha, bitte fahre fort – ich bin wirklich sehr gespannt«, drängte er.

Ich zögerte erneut. Alles, was ich ihm erzählen konnte, würde unglaubhaft erscheinen. Doch jetzt hier zu sein und ihn in dieser Wüste gefunden zu haben war gleichermaßen unglaublich.

Ich begann: »Nachdem wir unser Lager in einer Höhle nicht weit von hier aufgeschlagen hatten, verbrachten wir den Abend damit, uns zu unterhalten, zu entspannen und Geschichten zu erzählen. Aber als das Feuer erloschen war, betrat etwas unsere Höhle. Etwas, das nicht menschlich war.«

»Dieser Dämon war nicht nur eine Erscheinung oder so etwas wie ein Geist?«, fragte er. »JJ sagte mir, er war ein körperliches Wesen und groß – und zweifellos sehr gefährlich. Von dem, was ich bisher gehört habe, glaube ich, dass es womöglich ein Maantrik war, ein sehr mächtiger Dämon. Aber auf irgendeine Weise, Aaravindha, habt ihr – du und JJ – es überlebt!«

Ich hatte gehofft, das Thema wechseln zu können, um mehr über sein Leben zu erfahren, doch Krishnalila bestand darauf, noch mehr zu fragen. Endlich, nachdem ich jede erdenkliche Frage beantwortet hatte, versank Krishnalila in Schweigen und versuchte, alle Puzzleteile miteinander zu verbinden.

JJ sah sich mittlerweile seinen eigenen Herausforderungen gegenübergestellt: Sollte er sich zu einer zweiten Portion verhelfen, oder sollte er warten, bis man ihn dazu aufforderte? Ich reichte ihm die Kartoffeln.

Nachdem Krishnalila nachdenklich einen kleinen Schluck Chai getrunken hatte, tupfte er seine Lippen mit einer Serviette ab und faltete sie zu einem präzisen Quadrat.

»Aaravindha«, sagte er, »ich habe ein paar Geschichten gehört. Einige wurden mir von meinen früheren Lehrern erzählt, auf andere stieß ich durch meine Studien an der Universität von Kalkutta. Manche handelten von etwas Diabolischem. Und ein paar waren nahezu ...«

»Unglaublich – so wie das, was wir erlebt haben«, fügte ich hinzu.

»Ja. Aber für mich ist euer Erlebnis glaubwürdig«, sagte er. »Schließlich sind wir in Indien, einem Land voller Mysterien. Ich neige zu der Schlussfolgerung, dass dieser Dämon aus einer unteren Welt gekommen sein muss. Solche Wesen können nicht lange in unserer Welt bleiben. Ich habe das Gefühl, dass er vielleicht schon in der Vergangenheit gegen dich gekämpft hat, möglicherweise vor langer Zeit. Seine frühere Niederlage hat ihn womöglich dazu gebracht, Rache zu suchen, und ihn veranlasst, die Welten zu wechseln – eigens, um dir zu schaden und dich auf deinem Weg zu behindern.«

In Gedanken versunken senkte er den Blick und spähte dann durch seine buschigen Augenbrauen hindurch nach oben.

»Anhand deiner Schilderung folgere ich, dass diese Kreatur dir mehr als nur Schaden zufügen wollte. Sie ist gekommen, um dich zu töten … und doch muss sie dich auch gefürchtet haben. Insbesondere, wenn du sie zuvor schon einmal besiegt hattest. Du siehst, mein Lieber, etwas mit derartigen Fähigkeiten und etwas derart Furchterregendes muss sehr mächtig sein; und doch ist es am Ende geflohen.«

Als er mein Zögern, darüber zu sprechen, bemerkte, legte er seine Hand auf meinen Unterarm. »Bitte entschuldige meine Direktheit. Vielleicht sollte ich meine Gedanken auf passendere Weise äußern.«

»Es ist in Ordnung«, sagte ich. »Ich bin bereits zu dieser Folgerung gelangt. Ich habe nur gerade über mein Leben nachgedacht. Ich *habe* dieses Ding oder etwas sehr Ähnliches schon einmal wahrgenommen – als Kind.«

Er räusperte sich überrascht. »Als Kind? Ich bin nicht ganz unwissend, was diese Teufel, diese unheiligen Kreaturen anbelangt. In Indien haben wir viele Namen für sie – Maantrik ist der meistverwendete, aber genau genommen ist es vermutlich ein Anupalala Maantrik. Dies ist eine besonders finstere Kreatur, die nach den Herzen von unschuldigen Kindern giert – besonders, wenn dieses Kind der Welt etwas Wichtiges zu schenken hat.«

»Ich kann mir vorstellen, dass dies auf fast jedes Kind zutrifft«, antwortete ich.

»Ja, aber nicht jedes Kind bedroht die Macht, die die Dunkelheit über einen Großteil dieser Welt hat. Du bist ein Lehrer von Wissen, das die Seele erhellt. Aaravindha, ein Anupalala Maantrik ist ein sehr gefährlicher Dämon, in der Tat höchst gefährlich! Du kannst dich wahrlich glücklich schätzen, unverletzt davongekommen zu sein. Das ist keine versöhnliche Kreatur, und sie gibt nicht so leicht auf. Als es ihr nicht gelang, dich als Kind aus dieser Welt zu reißen, trieb ihre Abscheu sie höchstwahrscheinlich dazu, Rache zu nehmen. Aaravindha, ich kann nicht sagen, warum – aber ich habe das Gefühl, dass du beschützt wirst. Vielleicht wirst du durch einen Sharmavarutha abgeschirmt.«

»Sharmavarutha? Dieses Wort ist mir nicht geläufig.«

»Es ist ein ungebräuchlicher Begriff, der nicht mehr verwendet wird. Er stammt aus alten Mythen und umschreibt einen schützenden Segen, der meist von einem Beschützer gewährt wird. Ein Schutz, auf den du dich in Zeiten der Not verlassen kannst. Das ist in der Tat ebenfalls sehr selten … sehr selten. Damit so ein Schutz dauerhaft bestehen bleibt, muss dieser von einem Meister zuteilwerden, der über wahrhaft außerordentliche Fähigkeiten verfügt.«

Ein sandiger Windstoß peitschte über unsere Beine hinweg, machte kehrt und ließ das Sonnensegel wie einen gefangenen Vogel aufflattern. JJ hechtete seiner Serviette nach und sicherte sie nach der Rückkehr auf seinen Platz mit dem Gewicht seines Tellers. Gesättigt rannte er los, um die Umgebung zu erforschen.

Ich nickte. »Es gibt sehr viel mehr auf dieser Welt als das, was wir mit bloßem Auge sehen können«, bemerkte ich. »Wir leben unser Leben inmitten der Kräfte des Schattens und des Lichts. Ich glaube, dass wir permanent geprüft werden, ob wir es wissen oder nicht.«

Krishnalila ergänzte: »Ja, ich stimme vollkommen zu. Und meist strömen die Momente, in denen wir geprüft werden, völlig unbemerkt an uns vorbei. Da ist mehr Unsichtbares um uns herum am Werke als Sichtbares – erheblich mehr!«

»Diese unsichtbaren Einflüsse, die guten wie die schlechten«, sagte ich, »haben offenbar eine wichtige Rolle zu erfüllen. Und auch jene Kreaturen aus den dunkleren Reichen mögen ihren Nutzen haben: Wenn wir sie überleben, gehen wir gestählt aus der Begegnung mit ihnen hervor. Die Dunkelheit ist mehr oder weniger eine natürliche Polarität. Die Dunkelheit fordert uns dazu heraus, zu wachsen und uns für den richtigen Pfad zu entscheiden. Sie zwingt uns letztlich, unseren Weg zu finden.«

»Aaravindha, der konventionell denkende Teil der Menschheit glaubt, dass diese Kräfte nicht mehr existieren.«

»Das ist wahr. Doch es wird sicherlich noch eine Zeit kommen, in der jedermann gezwungen sein wird, sich zu erinnern und erneut zu hören, sich jenseits seiner erlernten Begrenzungen zu begeben und das wiederzuerlangen, was in Vergessenheit geraten ist. Ich sehe, wie sich die Kräfte des Lichts und der Dunkelheit die ganze Zeit über in den Leben der Menschen ausspielen. Es gibt Menschen, die beginnen, sich dessen bewusst zu werden, und es ebenfalls erkennen; und es gibt ein paar, die bereit dazu sind, sich jenseits der normalen Sichtweisen zu bewegen und über ihre einprogrammierten Begrenzungen hinauszugehen.«

»Aber das sind nicht viele«, sagte er. »Im Großen und Ganzen hat unsere Welt die alten Wege vergessen. Für viele ist es zu schwer, sich zu erinnern. Vor allem, wenn es so bequem ist, diese alten Wege mit dem Verstand wegzuerklären.«

»Doch das hat einen hohen Preis!«, antwortete ich. »Was einst als notwendig erachtet wurde, wird nun dem Reich der Mythen zugeschrieben und bewegt sich nur noch innerhalb der sterilen Begrenzungen unserer nüchternen Wissenschaften. Die guten Seiten unserer Wissenschaften sind nicht zu leugnen, aber innerhalb dieses streng verteidigten Territoriums ist für unsere persönliche Wahrnehmung der Realität kaum Platz – und man macht uns weis, dass diese Grenzen dem Wohle unserer Sicherheit dienen.«

Krishnalila fügte hinzu: »Ich habe zeit meines Lebens nur wenige Geschichten über Dämonen gehört, die so machtvoll waren, dass sie die Schwelle zwischen der geistigen und unserer materiellen Welt überschreiten konnten. Solche Begegnungen überleben Menschen selten. Ihre Überlebenschancen verschlechtern sich genau deshalb, weil sie die Fähigkeit zu sehen verloren haben. Du hattest sehr viel Glück, alter Freund – ein vom Himmel entsandter Segen hat dich beschützt!«

Es waren seine letzten Worte, die mich aufmerken ließen. »Krishnalila … es ist schon sehr lange her, seit du mich ›alter Freund‹ genannt hast.«

Sein Gesicht strahlte vor Freude. »Ja, in der Tat, das sind wir! Ich erinnere mich an dich, Aaravindha. Wir sind wahrlich alte Freunde, dessen bin ich mir sicher. Ich glaube, es war uns vorbestimmt, dass wir uns in diesem Leben wiederbegegnen. Vielleicht war es aufgrund eines alten Versprechens.«

*»Aaravindha«, sagte er erfreut,
»dir muss bewusst sein, dass du dich auf
der Reise zu einer sehr mysteriösen und
zutiefst heiligen Tradition befindest.
Ihre Legende reicht weit über unsere
ältesten historischen Chroniken
hinaus – bis hin zum Devayuga, dem
allerheiligsten Zeitalter,
der Epoche der Götter.«*

Die Nachfahren der Sonne

Krishnalila hatte zum wiederholten Male das Wort Punyabhu als Bezeichnung für seine Azara-Oase benutzt. Punyabhu bedeutet heiliger Grund – ein Ort, an dem das Heilige dem Leben seine Segnungen durch die Erde schenkt. Ein asketischer Siddha namens Shri'Kantha Vasishta lebte bereits in einer kleinen Höhle am anderen Ende des Ashramgeländes, als Krishnalila sich hier niederließ. Ein Siddha ist ein weit fortgeschrittenes spirituelles Wesen, das ein hohes Maß an Reinheit erlangt hat. Wenn auch viele sich selbst als Siddhas bezeichnen, so sind wahre Siddhas doch sehr selten. Krishnalila versicherte mir, dass Shri'Kantha einer dieser Ausnahmefälle sei. Er hatte die Höhle aus dem gleichen Grund ausgesucht, aus dem auch Krishnalila diese Gegend gewählt hatte: wegen ihrer Atmosphäre der Heiligkeit und ihrer Abgeschiedenheit. Der alte Siddha hatte vor, hier alchemistisch seine Lebensspanne zu verlängern – in der Hoffnung, dadurch die Zeit zu gewinnen, die er benötigte, um acht mystische Vibhutis zu meistern, esoterische Kräfte, von denen er glaubte, sie würden ihm helfen, in eine höhere Astralwelt aufzusteigen, die als Bhuvar Loka bekannt ist. Es war sein Ziel, sich dort den achtzigtausend unsterblichen Siddhas anzuschließen, von denen er annahm, dass sie gegenwärtig die ätherischen Reiche zwischen unserer Sonne und der siebensternigen Konstellation des Ursa Major bewohnten.

Als Krishnalila meine Neugierde für den alten Siddha bemerkte, fragte er mich, ob ich ihn besuchen wolle – was ich ohne zu zögern bejahte. Er sagte, er glaube, dies sei möglich, warnte mich aber, dass die vielen Jahre als Einsiedler Shri'Kantha merkwürdig ungesellig gemacht hätten. Zwei von Krishnalilas Schülern hatten ihn einmal unangemeldet besucht. Der alte Mann hatte dies als grobe Störung empfunden und heftig darauf reagiert, indem er mit Steinen geworfen und sie Stock schwingend fortgejagt hatte. Krishnalila erzählte mir, dass Shri'Kantha mit Argusaugen über seine alchemistischen Geheimnisse wache, und riet mir, keinen allzu interessierten Eindruck zu erwecken, sollte ich ihn besuchen.

Halb von seinem Stuhl erhoben, hielt er mit zögerndem Blick inne und setzte sich wieder. »Bitte«, sagte er, »bevor ich gehe, um mit dem alten Mann zu sprechen – darf ich dich etwas Persönliches fragen, etwas über deine Reise? Es ist offensichtlich, dass dein Besuch hier nicht das Ziel deines Weges ist.«

Jeder Schritt auf meiner Reise hatte einem Zweck gedient: das Anfreunden mit JJ, unsere unheilvolle Begegnung in der Höhle und nun das Auffinden Krishnalilas. Während ich inzwischen den Zweck und die Bedeutung des Zusammentreffens mit JJ und unserer Feuerprobe in der Höhle verstand, versuchte ich immer noch zu ergründen, aus welchen Motiven heraus die Meister wohl gewollt haben mochten, dass ich Krishnalila fand. Es musste mit Sicherheit um mehr gehen als das Neubeleben einer alten Freundschaft.

Ich entschloss mich, Krishnalila alles zu erzählen, jedes Detail, das ich über die Meister im Himalaya wusste oder an das ich mich erinnern konnte. Ich begann mit meiner Kindheit und den Spuren, die in vergangene Leben hineinführten, und ergänzte dann so viele Einzelheiten wie möglich. Nach einer ausführlichen Schilderung erzählte ich ihm von den beiden Einladungen: von jener, die ich vor so vielen Jahren auf dem Markt in Delhi erhalten hatte, und jener erst kürzlich erhaltenen Einladung, die mich nun zurück nach Indien geführt hatte. Dann vertraute ich ihm an, dass ich vor langer Zeit in ihrem versteckten Tal gelebt hatte. Als ich ihm die Gründe darlegte, warum ich damals das Tal verlassen hatte, was letztlich auch dazu geführt hatte, dass ich in jenem vergangenen Leben Krishnalila begegnete, sah ich, wie ein Funke des Erinnerns sein Gesicht erhellte.

»Aaravindha!«, fiel er mir aufgeregt ins Wort. »Ich glaube, du warst mehr als ein Freund. Ich glaube, du warst auch mein Guru, mein Lehrer. Stimmt das?«

Er unterbrach mich, indem er seine Hand hob. »Du brauchst mir keine Antwort zu geben«, versicherte er. »Ich weiß, dass es wahr ist. Ich wusste es von dem Moment an, als du bei deiner Ankunft meine Hände berührt hast.«

Er rutschte mit seinem Stuhl ein paar Zentimeter näher. »Es mag sein, dass du Folgendes besonders interessant finden wirst«, sagte er. »Als ich noch sehr jung war und Nachforschungen in Orissa anstellte, stieß ich auf ein außergewöhnlich fesselndes Shastra.«

»Eine alte Schrift?«

»Ja, eine sehr alte, datiert auf das frühe 12. Jahrhundert. Ich fand sie zufällig; sie lag verstaubt unter ein paar anderen Schriften in einem mittelalterlichen Kloster. Sie stammte aus einer Zeit vor dem Mughal-Imperium und wurde unter der Schriftführung eines Mahapandita, eines großen spirituellen Gelehrten, aufgezeichnet. Sie beinhaltete die seltene Beschreibung einer alten Linie von Meistern. Wenn ich mich noch recht erinnere, war der Name des Pandits Svarupacarya. Ja ... ja, es war Svarupacarya. Ich glaube, dass dies wohl eine der wenigen noch existierenden Aufzeichnungen sein könnte, die direkt auf diese zeitlose Tradition hinweist. Für mich war dieses Shastra besonders interessant, weil es eine Geschichte wiedergab, die der Guru meines Vaters mir einst als Kind erzählt hatte: eine Geschichte über eine mystische Sampradya der Amartya.«

Ich unterbrach: »Amartya?« Dies war das erste Mal, dass ich jemanden den Namen »Amartya« erwähnen hörte.

»Ja, Sampradya der Amartya – die Amartya-Tradition!«, sagte er. »Man könnte statt Amartya auch Amara sagen. Das ist klassisches Sanskrit, mein Lieber. Amara kann man mit ›unvergänglich‹ übersetzen. Es ist ein Begriff, der verwendet wird, um das fortwährende Leben eines Berges zu umschreiben oder – in diesem Falle – das eines großen Meisters, der den Zerfall überwunden hat, der zum Tode führt. Dieser Text beschrieb diese Wesen in jeder Hinsicht so, wie es der Guru unserer Familie getan hatte. Er bezeichnete sie als die zeitlosen ›Nachfahren der Sonne: die Suryaparavara‹.«

Er fügte hinzu: »Ein Meister dieser Tradition ist ein Amara'manushya, ein unsterbliches Wesen! Ihr Mysterium, das kaum greifbare Rätsel, das sie von anderen Traditionen unterscheidet, besteht darin, dass diese bemerkenswerten Wesen das größte aller Hindernisse überwunden haben – den Tod selbst!«

»Amara'manushya«, wiederholte ich sorgfältig und ließ dabei den Klang jeder Silbe auf der Zunge zergehen. »Ist Amartya der Plural von Amara?«, fragte ich.

»Ja, Amartya bezieht sich auf ihre gesamte Tradition. Aber das kann auch ein wenig irreführend sein, denn wenn man von einem spricht, spricht man zugleich von allen. Genau genommen ruhen die Amartyas alle in einem Wesen, dem einen höchsten Wesen. Es wäre daher vielleicht passender, einen Amara'manushya als Amaravasu zu bezeichnen – ein leuchtender Meister, der das höchste Wesen verwirklicht hat.«

Krishnalila nahm einen maßvollen Schluck Tee und blickte dabei nach einem Gedanken suchend zum Himmel auf.

»Aaravindha«, sagte er erfreut, »dir muss bewusst sein, dass du dich auf der Reise zu einer sehr mysteriösen und zutiefst heiligen Tradition befindest. Ihre Legende reicht weit über unsere ältesten historischen Chroniken hinaus – bis hin zum Devayuga, dem allerheiligsten Zeitalter, der Epoche der Götter. Seit Tausenden von Jahren sind die spirituell Hingegebenen auf der Suche nach ihnen, aber nur sehr selten gelang es jemandem, sie zu finden. Eingeladen zu werden hat sich als der einzig sichere Weg erwiesen, dorthin zu gelangen. Du bist wahrlich gesegnet, mein Freund! Nein, nein, Aaravindha, wir sind beide gesegnet. Siehst du, mein Lieber, das, woran ich mein ganzes Leben lang geglaubt habe, wird nun bestätigt: Diese großen Meister existieren noch immer!

Ich danke dir, mein Lieber – du hast einen alten Mann sehr glücklich gemacht.« Seine feuchten Augen glänzten wie Sterne. »Dies bestätigt den Lebensweg, den ich in diesem Leben gewählt habe. In meiner Jugend habe ich oft davon geträumt, eine Reise wie diese zu unternehmen, aber ich habe nicht die Möglichkeit dazu gefunden. Man trifft schlicht zu selten auf Wissen über diese alten Meister, und es ist nur schwer greifbar. Spuren von Wissen über sie existieren, aber sie sind schwer zu finden – selbst für einen im Recherchieren geübten alten Schriftgelehrten wie mich. Als ich meinen früheren Gurus von meinen Entdeckungen berichten wollte, gaben sie mir alle die gleiche enttäuschende Antwort: ›*Sie zu finden ist schlicht unmöglich!*‹ Aber jetzt hast du wiedererweckt, was immer in meinem Herzen war. Das sind wunderbare Nachrichten, Aaravindha! Nein … es ist fantastisch, einfach großartig!«

Ein kindlicher Ausdruck hatte sein Gesicht ergriffen. »Glaubst du, sie werden eines Tages auch mich rufen?«, fragte er. Dann wurde sein Blick traurig. »Aber ich fürchte, ich bin viel zu alt, um eine solche Reise auf mich zu nehmen. Meine Jahre hier neigen sich dem Ende zu. Ich kann in meinen Knochen fühlen, dass der Tod mich ruft. Nein, für mich ist es zu spät. Ich kann mich nicht mehr auf so eine Reise begeben – es ist zu spät.«

Doch dann wurde mir klar: In seinen Worten offenbarte sich das fehlende Puzzlestück. Ich legte meine Hände um die seinen. »Krishnalila«, sagte ich, »ich verstehe nun, warum die Meister wollten, dass ich hierherkomme. Sie sind sich der Aufrichtigkeit deines Herzens gewahr! Trotz deines hohen Alters und unabhängig vom Zeitpunkt, an dem du diese Welt verlässt, weiß ich nun – so wahr ich hier sitze –, dass sie dich rufen werden. Wenn nicht in körperlicher Form, dann werden sie deinen Geist zu sich rufen. Der Grund meiner Reise war nicht, dich wiederzutreffen. Ich sollte dir vielmehr diese Nachricht überbringen – um deinen Glauben zu bestärken und dir zu sagen, dass du dein tiefes Vertrauen bewahren sollst. Krishnalila, sie waren die ganze Zeit bei dir!«

Krishnalila befreite eine Hand und legte sie mir fest auf den Nacken. Dann beugte er sich vor und küsste mich auf die Wange. Warme Tränen rannen aus seinen Augen.

Flüsternd offenbarte er: »Ich bin wahrlich gesegnet! Ich glaube ganz fest, dass sie da sein werden, wenn ich dieses Leben beende. Sie werden kommen, um mich nach Hause zu führen.«

Einige Minuten später stimmte Shri'Kantha mit altersbrüchiger Stimme einen Chant an. Es war ein unter die Haut gehender melodischer Klang, der aus einer langen Sequenz spiritueller Mantras bestand. In der Stille, mit geschlossenen Augen, sah ich, wie seine Worte sich in Licht verwandelten und über mich regneten wie eine Flut flüssigen Goldes.

Der alte Siddha

Krishnalila stützte sich mit der Hand auf meiner Schulter ab und drückte sich hoch, um auf die Beine zu kommen. Kurz nachdem er verschwunden war, um mit Shri'Kantha zu sprechen, kehrte er mit einem vielsagenden Lächeln im Gesicht wieder zurück – der alte Siddha gewährte mir einen Besuch.

Am höchsten Punkt eines steilen und gewundenen Trampelpfades stieß ich auf Shri'Kantha, der mit überkreuzten Beinen auf einem flachen Steinfindling saß und auf die unter ihm liegende Wüstenlandschaft blickte. Er trug lediglich einen zerschlissenen Lendenschurz und eine Mala aus roten Rudraksha-Samen. Er war klein und zierlich wie ein Kind, hatte schlaffe Haut und war sehnig-dünn. Ein breites teilnahmsloses Lächeln reichte von einem Ohr zum anderen. Die Augen waren dunkel und sein Gesicht ledrig-braun. Sein schütteres graues Haar hing wie eine schwere Regenwolke auf seine knochigen, mageren Schultern.

Steifhalsig drehte er sich nur ein wenig in meine Richtung, um meine Ankunft zu beobachten. Der starre Blick seiner schmalen, von faltigen Lidern verdeckten Augen wirkte dabei unnachgiebig und emotionslos.

»Namaste!«, sagte ich.

Er blieb still – ohne eine erkennbare Veränderung seines Ausdrucks.

Erneut wandte er seinen Blick der Wüste zu. Fünf Minuten vergingen in Stille, doch er starrte weiter mit stählernem Blick, reserviert und unbeirrt. Krishnalila hatte recht: Es fehlte ihm wirklich an sozialer Kompetenz. Ich setzte mich neben ihn, um die Aussicht mit ihm zu teilen. Ich konnte fühlen, wie er mich aus dem Augenwinkel anstarrte und jeder meiner Bewegungen folgte. Ich durchforstete meine Gedanken nach einem alternativen Ansatz, nach etwas, das helfen könnte, die in der Luft liegende Anspannung zu lösen. Ich fragte mich: *Vielleicht spricht er gar kein Englisch?*

Ich beschloss, mich vorzustellen. »Meeranaam Aaravindhahai«, sagte ich langsam.

Er sagte nichts.

Dann plötzlich, ohne jegliche Vorwarnung, machte er einen froschartigen Satz von seinem Stein herunter, huschte zu einem kleinen Loch in einer nahe gelegenen Felswand und kroch außer Sichtweite. Ich war drauf und dran aufzubrechen, als sein Kopf unerwartet wieder auftauchte. Mit einem leichten Winken seiner Hand bedeutete er mir, ihm zu folgen, und verschwand daraufhin rückwärts durch das Loch.

Nachdem ich auf Knien durch einen kurzen Gang gekrabbelt war, betrat ich eine in den Sandstein gehauene Höhle. Die kühleren Innenwände fühlten sich unter meinen Fingern an wie Sandpapier und rochen leicht nach Weihrauch, Schwefel und feuchter Erde. Sonnenlicht fiel von oben durch ein Geflecht kleiner Felsrisse und erzeugte ein gedämpftes bernsteinfarbenes Leuchten, gerade hell genug, um mich davor zu bewahren, über einen Granitblock zu stolpern. Ein paar Schritte weiter vorne brach ein einzelner gebündelter Lichtstrahl durch die Decke, traf auf die Oberfläche eines flachen Wasserbeckens und warf ein flackerndes Netz aus Licht auf einen tief über dem Wasser hängenden Felsbrocken. Eine kühle Brise wehte mit einem leisen Seufzen und zeugte von einer tiefer in der Höhle gelegenen Öffnung, irgendwo weiter hinten in der Dunkelheit.

Die plötzliche Berührung von Shri'Kanthas langen Fingernägeln an der Rückseite meines Armes ließ mich zusammenzucken. Doch bevor ich etwas sagen konnte, war er bereits bis zum Hals in das Wasserbecken eingetaucht. Die kuppelartige Wölbung der Decke neigte sich tief über das Wasser und bot gerade so viel Raum, dass sein Kopf über Wasser bleiben konnte, während er sich unter dem Stein hindurchmanövrierte. Ich warf mein Shirt und meine Sandalen zur Seite und folgte ihm wie ein Kind auf Schatzsuche. Das erfrischende Wasser brachte meiner sonnenverbrannten Haut unverzüglich Linderung und Kühlung. Nach ein paar Schritten über den sandigen Grund und unter der Engstelle hindurch eröffnete sich eine zweite, größere Höhle. Der Sonnenstrahl, der in der ersten Höhle ein Netz aus Licht geworfen hatte, tauchte diese Seite des Bassins nun in ein türkisfarbenes Leuchten. Die einzige andere Lichtquelle in diesem Teil der Höhle war eine dicke braune Kerze, die unsicher auf einem wackligen mit Wachs bedeckten Tisch stand.

In seine private innere Kammer eingeladen zu werden war eine unerwartete Ehre – besonders in Anbetracht der Warnungen Krishnalilas, was seine alchemistischen Geheimnisse betraf. Achtsam darauf bedacht, nicht zu viel Neugierde zu zeigen, wartete ich am Rande des Beckens, bis sich meine Augen an die Lichtverhältnisse angepasst hatten. Die Luft roch stark nach verbranntem Sandelholz. Trotz der dämmrigen Beleuchtung konnte ich eine Sammlung von Glasbehältern mit Kräutern ausmachen, die der Größe nach geordnet auf einem hölzernen Wandregal gestapelt waren. Unter dem Regal stand eine lange Reihe angerosteter silberfarbener Kanister, die systematisch hinter einem großen verrußten Schmelztiegel mit steinernem Stößel darin aufgereiht waren.

Shri'Kantha saß auf der anderen Seite der Höhle, eingehüllt in eine samtige Schwade aus feinem Weihrauch. In dem Moment, in dem meine Augen den seinen begegneten, zeigte er zum ersten Mal ein wirkliches Lächeln. In seinen Augen spiegelte sich das Funkeln des Kerzenscheins wider, und sein elfisches Grinsen hieß mich in seiner geheimen Welt willkommen. Er deutete auf ein rötliches Stück Stoff, das er über einen kleinen Steinvorsprung gebreitet hatte und auf das ich mich setzen sollte. Immer noch schweigend schloss er seine Augen und formte mit seinen Händen etwas, das wie ein Gebetsmudra aussah.

Nach einer kurzen Wartezeit beschloss ich, mich seiner Meditation anzuschließen, und empfand sogleich einen starken Sog in die Stille.

Einige Minuten später stimmte Shri'Kantha mit altersbrüchiger Stimme einen Chant an. Es war ein unter die Haut gehender melodischer Klang, der aus einer langen Sequenz spiritueller Mantras bestand. In der Stille, mit geschlossenen Augen, sah ich, wie seine Worte sich in Licht verwandelten und über mich regneten wie eine Flut flüssigen Goldes. Eine Dreiviertelstunde verging, bis sein Gesang aufhörte.

Ich spürte seine Hände auf meinen Füßen und riss die Augen auf. Er kniete direkt vor mir. Vorsichtig verlagerte er seine Berührung auf meine Knie, dann auf meine Hände und schließlich auf meine Augen. Jede seiner Berührungen wurde von einem anderen Mantra begleitet. Er klopfte auf meine Hand, signalisierte mir, ihm mein Handgelenk zu reichen, und band mir ein dreifarbiges geflochtenes Armband um. Er streckte sich zu einem kleinen silbernen Gefäß, tauchte seinen Finger in eine gelbe Paste und dann in ein rotes Pulver und drückte mir das Farbgemisch auf die Stirn. Nach einem unerwarteten kratzigen Kuss etwas weiter oben auf meiner Stirn stand er schließlich auf und verbeugte sich. Dann gab er mir lächelnd mit einer Geste zu verstehen, dass ich nun gehen sollte – er hatte mir gegeben, was er mir geben wollte. Ich bedankte mich für sein Geschenk und brach schweigend auf.

Der Chant lief weiter durch meinen Geist, als ich zurück zur Ansiedlung lief. Die Mantras, die Shri'Kantha verwendet hatte, deuteten auf eine Kavach-Zeremonie hin. Ein Kavach erzeugt eine energetische Schutzrüstung, die den Körper einhüllt und dazu dient, negative Einflüsse fernzuhalten. Ich stellte fest, dass die Müdigkeit, die ich zuvor durch meinen Schlafmangel verspürt hatte, vollkommen verschwunden war.

Am nächsten Morgen vollzog Krishnalila noch eine weitere Art von Zeremonie – eine spezielle Sonnenaufgang-Puja, die mich mit Glück segnen sollte. Er sagte mir, dass sie eine robuste Gesundheit und Wohlstand für meine Freunde, meine Familie und mich anregen werde.

Kurz nachdem wir aufgebrochen waren, fragte JJ schüchtern: »Du jemals zurückkommen … mich besuchen?« Mit besorgtem Blick fügte er hinzu: »Meine Familie bald nach Jodhpur ziehen. Sehr große Stadt – wie du mich finden da?«

»Eines Tages werden wir uns wiedersehen«, versicherte ich. »Ich habe dich schon einmal gefunden, und ich werde dich auch wieder finden!«

Billy sprintete den Großteil des Weges zurück zum Dorf und verkürzte unseren Ritt auf die Hälfte der Zeit. Mein Fahrer Atmaraj wartete bereits.

Nachdem ich JJ meine tief empfundene Wertschätzung ausgedrückt hatte, bezahlte ich ihm die dreifache Leihgebühr und sagte: »Vielleicht reicht das für dein Handy.«

JJ zurückzulassen war einer der schwierigsten Abschiede, die ich jemals erlebt habe. Zurückzublicken und ihn dort stehen zu sehen, mit seiner Schwester an der Seite, während er die Hand seines kleinen Bruders festhielt und ihm eine dicke Träne die Wange hinunterrollte, fiel mir wirklich schwer.

Doch schon bald begann etwas anderes meine Gedanken zu beherrschen. Ich war nun auf dem Weg, mich meiner herausforderndsten Aufgabe zu stellen, und war überzeugt, dass mich diese bis an meine Grenzen bringen würde: Ich war unterwegs in die Ausläufer des Himalaya, von wo aus ich irgendwie meinen Weg in ihr Tal finden musste – zu einem Ort, der so schwer zu erreichen war, dass er für Tausende von Jahren unter einem Mantel des Mysteriums verborgen geblieben war. Meine einzige Hoffnung war, dass mich ein Führer kontaktieren würde. Allerdings hatte ich keine Vorstellung, wie dies geschehen könnte.

An diesem Ort, an dem der Tod und die Erneuerung in einer heiligen Zeremonie miteinander verschmelzen, entschied ich mich, das zu tun, was auch die Gläubigen um mich herum taten. Ich wandte meine Augen einem höheren Zweck zu, ließ die Bedingungen los, die mich banden, und gab mich der Gegenwärtigkeit hin.

Ein unüberwindbares Hindernis

Atmaraj startete Richtung Norden nach Jodhpur und fuhr uns dann weiter zum Taj Mahal nach Agra. Nachdem wir einen geruhsamen Tag damit verbracht hatten, die weißen Marmorhallen des Taj Mahal zu besichtigen, setzten wir unsere Reise Richtung Nordosten fort. Wir durchquerten den Staat Madhya Pradesh und erreichten schließlich Khajuraho – eine Stadt, die für ihre erotischen Kamasutratempel berühmt ist. In Khajuraho sagte ich meinem Fahrer Lebewohl und buchte einen Kurzstreckenflug zum Ziel meiner Route: Varanasi.

Meine Gedanken waren während der gesamten Reise wiederholt um meine bevorstehende Lage gekreist. Ich hatte angefangen, mir des Unvermeidlichen bewusst zu werden: Vielleicht würde sich meine Hoffnung, einen Führer zu treffen, nicht erfüllen. Um jedoch sicherzugehen, entschied ich mich, noch ein paar Tage zu bleiben, wo ich war, und somit keine voreiligen Entscheidungen zu treffen oder verfrüht nach Sikkim aufzubrechen.

Ursprünglich hatte ich beabsichtigt, mit einem Nachtzug von Varanasi nach Darjeeling zu reisen und von dort aus mit einem Jeep an die Grenzgebiete des Himalaya zu fahren. Wenn die Straßen nicht mehr weiterführen würden, hoffte ich, zu Fuß die niedrigere östliche Bergkette durchwandern zu können, und das – wenn überhaupt möglich – unbeobachtet. Mit Ausnahme meines Verschwindens in die Berge hinein war meine Reise durch Sikkim relativ gut durchgeplant. Meine Reisegenehmigung und eine entsprechende Ausrüstung hielt ich in Händen. Auf meinem Flug nach Varanasi hatte ich mich jedoch mit einer aufgeweckten Engländerin unterhalten, die ein asiatisches Reisebüro leitete. Sie hatte mir erzählt, dass die Monsunregenfälle in diesem Jahr fast alle Straßen nördlich von Darjeeling hinweggespült hatten – was meinen ursprünglichen Plan zunichtemachte.

In Varanasi kämpfte ich mit dem unerwarteten Dreck und Gestank der Stadt, der mir andauernde leichte Kopfschmerzen und wiederkehrende Momente der Übelkeit bereitete. Doch nach einigen Tagen löste ich mich aus dem Zentrum der Stadt und entdeckte die angenehmere Seite Varanasis: den muslimischen Seidenbezirk, den goldenen Vishwanath-Tempel und Sarnath, die Ruinen eines Dorfes, in dem Buddha einst seine erste Rede gehalten haben soll, nachdem er Erleuchtung gefunden hatte. Und ich entdeckte die Feuer-Pujas, die täglich zum Sonnenuntergang an den Ufertreppen des Ganges zelebriert werden. Zwar hielt ich mich durch diverse Aktivitäten beschäftigt, doch das wachsende Gefühl, meinen Weg auf mich alleine gestellt finden zu müssen, bereitete mir dennoch Sorgen.

Ich stand vor der entmutigenden Aufgabe, ohne greifbares Ziel eine sechstausend Meter hohe Gebirgskette zu durchwandern, die sich knapp zweitausendvierhundert Kilometer durch Indien, Pakistan, Afghanistan, China, Bhutan und Nepal erstreckt.

Ich hatte drei Tage damit verbracht, zu meditieren und mögliche Routen zu studieren, dabei unentwegt hoffend, ein Führer oder ein Brief werde mich womöglich noch erreichen – bis von meiner Hoffnung und den Landkarten nur noch ein zerknitterter Rest übrig geblieben war. Doch dann, fast gegen Ende, wurde ich so intensiv zu einem kleinen Bereich auf den Karten gezogen, dass ich den Eindruck gewann, etwas außerhalb meiner normalen Bandbreite an Wahrnehmungen wirke auf meine Suche ein. *Vielleicht eine weniger deutliche Nachricht?* Am vierten Tag beschloss ich, meine Reise anzutreten.

Ich verbrachte meinen letzten Abend in Varanasi an den Ufern des Ganges. Ich hoffte, den Brahmanen aus dem Weg gehen zu können, die am Flussufer ihre Segnungen verkauften, und den Bettlern, die auf der Suche nach ein paar Münzen waren, oder jeder anderen Form der Ablenkung. Ich wollte allein sein, um über die kommenden Tage nachzudenken: über meine Route und einen möglichen Zugang in die Berge sinnieren und hoffentlich alle verbliebenen Zweifel ausräumen. Ich konnte es mir nicht leisten, jetzt an mir selbst zu zweifeln.

Ich kleidete mich so weit wie möglich einem Einheimischen gleich, um nicht mehr offenkundig als Tourist zu erscheinen, und gab mir Mühe, so unscheinbar wie möglich zu wirken. Nahe am Flussufer fand ich einen geeigneten Platz und verbarg mich inmitten einer Gruppe von Gläubigen: Gelehrten mit orangefarbenen Schals und singenden Sadhus. Die Marmorstufen des Dasashwamedh Ghat fühlten sich unter meinen nackten Füßen kühl und glattpoliert an. Als die letzte Spur des Tageslichts durch den smogverhangenen orangefarbenen Horizont in die Dunkelheit glitt, läuteten die Tempelglocken in der Umgebung des Ghats und verkündeten ihren rituellen Lobpreis. Hunderte von flackernden Lichterschiffchen, die geheime Gebete mit sich trugen, waren in die Strömung des Flusses entlassen worden. Sie entfachten ein schimmerndes, geisterhaftes Leuchten in den tief dahinziehenden Rauchschwaden der Totenverbrennungsfeuer.

Fünf Priester, die in rote und goldene Seide gekleidet waren, wiegten sich im Einklang und priesen Siva, Surya, Agni und Ganga, die Flussgöttin. Als sie ihre Opfergaben, Blumen, Kampfer und brennende Arati-Lampen, in den Nachthimmel erhoben, fielen mir die Worte Krishnalilas ein: *»Seit Tausenden von Jahren sind die spirituell Hingegebenen auf der Suche nach den Meistern. Aber nur sehr selten gelang es jemandem, sie zu finden.«* Ich erkannte, dass ich ohne einen leibhaftigen Führer, der mir den Weg zeigen konnte, mit denselben Herausforderungen konfrontiert wäre. Allerdings suchte ich nicht aus Ehrgeiz nach ihnen wie so viele zuvor – die Meister hatten mich eingeladen. Sicherlich würden sie mir immer noch auf eine andere Weise helfen. Ich hatte den Großteil meines Lebens damit verbracht zu lernen, auf meine Intuition zu hören, die mich auf den rechten Weg brachte. Nun würde ich noch tiefer hören müssen.

Die Route, die die Meister im Brief beschrieben hatten, brachte mich nach Varanasi und damit an diesen heiligen Ghat. Seit Tausenden von Jahren kommen die Gläubigen an die Ghats in Varanasi, um zu sterben. Oder sie kommen, um ihren Weg im Leben zu finden. Viele glauben, dass die heilige Unterströmung dieses Ghats einen Neubeginn einleitet – für die Sterbenden wie auch für die Suchenden. Da ich keine weitere Nachricht der Meister erhalten hatte, entschied ich mich zu glauben, dass die Mittel, meine Reise durchführen zu können, bereits in meinen Händen liegen mussten. Sie hatten mich hierhin gesandt: an einen Ort, an dem man einen neuen Weg findet. Dies schien ein angemessenes Ende für meinen Aufenthalt zu sein.

An diesem Ort, an dem der Tod und die Erneuerung in einer heiligen Zeremonie miteinander verschmelzen, entschied ich mich, das zu tun, was auch die Gläubigen um mich herum taten. Ich wandte meine Augen einem höheren Zweck zu, ließ die Bedingungen los, die mich banden, und gab mich der Gegenwärtigkeit hin. Einst, vor langer Zeit, hatte ich den Himalaya hinter mir gelassen. Irgendetwas in meinem Inneren sagte mir, dass ich den Weg zurück noch kannte. Seit Langem trug ich den Glauben in mir, dass wir alle den Weg zu unserer Bestimmung kennen – ob wir uns dessen bewusst sind oder nicht. Er offenbart sich deutlicher, wenn wir willens sind, in Demut zu hören. Ich weitete meine Gedanken aus, hin zu den Bergen, die ich auf meinen Karten studiert hatte. Ihre Ausstrahlung fühlte sich so vertraut an.

Nun konnte ich es erkennen: Dieser andere Einfluss, der meine Augen auf diesen Bereich der Karten gezogen hatte, war eine ferne Erinnerung, ein freierer und unvergänglicherer Aspekt meiner selbst. Bilder von schneebedeckten Bergen, blühenden Auen und Gletscherbächen strömten durch meinen Geist. Ja – ich erinnerte mich.

Ich war so vollkommen in meiner inneren Welt aufgegangen, dass ich das Chanten der beiden Brahmanen gar nicht bemerkt hatte, die es sich zur Aufgabe gemacht hatten, mir die Füße mit dem heiligen Wasser des Ganges zu waschen. Als meine Augen wieder scharf sehen konnten, erwiderten die Brahmanen meinen Blick mit ihrem unschuldigen Lächeln, begleitet vom strahlenden Glanz in ihren braunen Augen. Beide waren noch jung und bemerkenswert reinen Herzens. Sie hatten ihre Segnungen bereits beendet. Spontan griff ich nach hinten zu meiner Geldbörse, um ihnen eine kleine Anerkennung zu geben, so wie es an diesen Ghats üblich ist. Doch als ich ihnen meine Gabe reichen wollte, lehnten sie ab.

Einer der beiden jungen Priester legte seine Hand auf meinen Arm und sagte: »Nein, Sir. Bitte kein Geld – nicht Sie, Sir – nein, Sir!« Dann zog er sich schweigend rückwärtsgehend mit seinem Gefährten zurück. Ihre Köpfe waren nach unten geneigt und die Hände in ein Gebetsmudra gefaltet. Was auch immer ihr Grund gewesen sein mochte, die Anerkennung nicht anzunehmen, ich entschied mich, es als positives Zeichen und Bekräftigung meiner Absichten anzusehen.

Am nächsten Morgen buchte ich einen Flug, der mich meinem Ziel so nahe wie möglich bringen würde. Nur wenige Stunden nach meiner Landung heuerte ich einen Fahrer an, und es begann eine lange holprige Jeepfahrt. Zwei Tage später endete unsere Reise in einer Sackgasse. Wir waren so weit gefahren, wie es die steinigen Bergstraßen im Hinterland erlaubten. Die Gipfel, die nun zwischen mir und jeglichem Weiterkommen lagen, waren schlichtweg zu hoch und zu gefährlich, um sie zu überqueren – selbst zu Fuß. Nach einer erschöpfenden Suche auf unseren Karten und einer langen Diskussion über mögliche Alternativen kam ich zu einer Schlussfolgerung: Ich brauchte einen neuen Plan.

Ich verbrachte die nächsten eineinhalb Stunden damit, allein im kühlenden Luftzug der Bergwinde zu sitzen. Ich studierte die Karten und prüfte jede Möglichkeit, diese schier unüberwindliche Kette von Gipfeln zu umrunden oder zu überqueren, die nun drohend vor mir aufragten. Schließlich bat ich meinen Fahrer, mich zum nächsten Pass auf der Karte zu fahren, den man zu Fuß überwinden konnte. Er informierte mich, dass dieser weit entfernt liege und wahrscheinlich von Grenzpatrouillen kontrolliert werde. Der Zutritt sei verboten. Ich argumentierte, dass es irgendeinen Weg geben müsse, worauf er zugab, dass da vielleicht eine Möglichkeit sei. Er erzählte mir von einem Freund – einem Piloten –, der nur eine Tagesfahrt entfernt lebte. Sein Freund habe vorgehabt, ein Chartergeschäft aufzubauen, doch sein Geldmangel hatte den Aufbau seines Unternehmens verhindert. Dieser Freund sei nun mittellos – doch zu einem angemessenen Preis sei er möglicherweise gewillt, mir weiterzuhelfen. Er schlug vor, dass wir uns zumindest die Mühe machen sollten, ihn zu fragen. So ungewiss es auch klang, war es trotz allem meine einzig erdenkliche Möglichkeit. Ich willigte ein.

Der Pilot entpuppte sich als schroffer und verwahrloster Mann, und wie der Fahrer gesagt hatte, schien er ganz offensichtlich vom Glück verlassen. Er wirkte auf mich, als nähme er es mit der Wahrheit nicht immer so genau. Ich klärte ihn über meine Absichten auf und bot ihm 300 Dollar dafür, mich über die Grenze und so weit wie möglich in meine beabsichtigte Richtung zu fliegen. Er quittierte mein Anliegen mit einer sturen und undurchdringlichen Miene, und ich sah sofort, dass es sich dabei um seine Masche handelte, den Preis in die Höhe zu treiben. Als ich mein Angebot verdoppelte, biss er mit einem unterdrückten

Grinsen an. Aber seine Zusage war mit einer Warnung verbunden: Er sagte, dass wir geradewegs in gesperrten Luftraum hineinfliegen würden und wir ihn niemals verraten dürften.

Um unentdeckt zu bleiben, flogen wir riskant niedrig über ein paar üppige grüne Täler und kamen dabei einigen zerklüfteten Bergkämmen haarsträubend nahe. Als er verkündete, dass wir auf einer verlassenen Flugpiste des britischen Militärs landen würden, fragte ich, ob dies wirklich die am weitesten in den Bergen gelegene Landemöglichkeit sei.

Mit einem finsteren Blick wandte er sich mir zu. »Keine Flughäfen hier!«, schimpfte er. »Du musst verrückt sein, Mann! Wie kommst du zurück? Keine Touristen hier, niemand, den du rufen kannst, wenn du dich verirrst! Du verrückter Mann!«

Seine Reaktion war nicht überraschend. An jedem vernünftigen Maßstab gemessen musste ich extrem leichtsinnig erscheinen. Es gab keine Straßen so tief in der Wildnis und keine sicheren Wege zurück über die Berge. Er hatte recht: Wer würde es bemerken, wenn ich mich verletzte oder verirrte? Ich würde einfach verschwinden, allein und unentdeckt.

Kaum war ich dem Cockpit entstiegen, brachte der Pilot, überängstlich darauf bedacht, zurück in legalen Luftraum zu gelangen, seine Maschine in die Luft und verschwand.

Ich steuerte auf direktem Wege ein kleines Fleckchen mit mehreren Weiden und ein paar angrenzenden Hütten an, die ich kurz vor der Landung aus der Luft erspäht hatte. Die Felder sahen bewirtschaftet aus, und einigen der kleinen Dächer entströmte Rauch. Es musste jemand dort leben. Ich fand einen alten zugewachsenen Pfad, der in diese Richtung verlief. Nach etwa eineinhalb Kilometern traf ich auf einen weiteren, breiteren Pfad, der geradewegs zu einer kleinen Siedlung führte. Sie war kleiner, als sie aus der Luft betrachtet auf mich gewirkt hatte, und bestand lediglich aus ein paar von der Sonne gebleichten, heruntergekommenen Hütten. Eine alte stämmige Frau und ein Jugendlicher beobachteten meine Ankunft und zeigten dabei einen unverkennbaren Ausdruck von Misstrauen – Fremde kamen nur höchst selten hierher.

Ein älterer Mann, der auf einer schmalen Veranda saß, erhob sich aus seinem Schaukelstuhl, hielt für einen Augenblick inne und schlenderte dann herüber, um mich zu begrüßen. Sein vom Wind gegerbtes Gesicht zeigte tief gefurchte Falten, und eine Kappe aus mit Kohle gefärbter Wolle krönte seine grob geflochtenen mattgrauen Haare. Sein erster Versuch, mich zu grüßen, war völlig unverständlich. Wahrscheinlich handelte es sich um einen lokalen tibetischen Dialekt. Ich versuchte ihm zu erklären, dass ich ihn nicht verstehen könne. Doch sein Gesichtsausdruck verriet mir, dass auch er mich nicht verstand.

Nach ein paar Versuchen, sich mit Gesten zu verständigen, und einzelnen englischen Worten, die er gelegentlich in seinen Dialekt einstreute, fingen wir beide an zu lachen. Schließlich schafften wir es, unsere Bemühungen in etwas geordnetere Bahnen zu lenken, und es gelang ihm, mir zu vermitteln, dass seine Frau ihn vor etlichen Jahren entweder verlassen hatte oder gestorben war. Er hatte beschlossen, aus Lhasa fortzugehen und in dieses abgelegene Gebiet zu ziehen. Seinen einstigen Beruf als Sherpa hatte er aufgegeben.

Dieser kleine Fetzen an Information war die beste Neuigkeit, die ich an diesem Tag vernommen hatte. Nach ein wenig Überzeugungsarbeit und nachdem ich einige Rupien in meiner Hand hatte aufblitzen lassen, willigte er ein, mein Führer zu sein. In gewisser Weise war er reich, denn er besaß zwei Ponys und einen Esel, die wir reiten und die unsere Vorräte tragen konnten. Wenige Stunden später waren wir unterwegs und folgten einer Linie, die ich mit Kohle auf meine Karte gezeichnet hatte.

Nach ein paar Tagen hatten sich unsere Kommunikationsfähigkeiten zu einer Art wortloser Körpersprache entwickelt. Aber mit jedem Tag, den wir weiter in die Wildnis hineinritten, wirkte mein Führer unruhiger. Es dauerte nicht lange – wir hatten gerade erst eine Woche Ritt hinter uns –, bis er sich weigerte weiterzugehen. Er war bereits weiter geritten, als es ihm seine Kenntnisse der Gegend erlaubten, und er machte sich immer größere Sorgen um unsere Sicherheit. Ihm mehr Geld anzubieten erwies sich als fruchtlos. Er hatte einfach zu viel Angst davor, den Weg fortzusetzen, wahrscheinlich, weil er das wahre Ausmaß der Gefahr sah, weiter in eine Region zu wandern, die so weit entfernt von jedem Dorf war. Er tat sein Bestes, mich zur Umkehr zu bewegen, und ging sogar so weit, einen kleinen Wutanfall aufzuführen, dessen sprachlicher Inhalt mir jedoch verborgen blieb. Er wiederholte immer wieder die Worte: »Nieyenkhatshapoh!«, von denen ich vermutete, dass es sich um eine Warnung handelte. Am Ende hatte er keine andere Wahl als zu akzeptieren, dass ich mit ihm oder ohne ihn weitergehen würde.

*In stillem Widerstand hatte eine
leichte Übelkeit meinen Magen ergriffen.
Aber den Rat eines Menschen nicht zu
beherzigen, der diese Berge kannte,
wäre ein waghalsiger Fehler gewesen.*

Der rote Gesandte

Es war nun Tage her, seit mir das letzte Mal Menschen über den Weg gelaufen waren – eine Ziegen hütende Nomadenfamilie, die einen baufälligen Militäraußenposten in Beschlag genommen hatte, der wahrscheinlich ein verlassener Überrest der Grenzkonflikte von 1962 war. Gelegentlich stieß ich auf ein paar Yaks oder sah eine Herde Blauschafe, die sich auf den höher gelegenen schmalen Felsvorsprüngen aufhielten. Meine Geschwindigkeit hatte sich ohne den alten Sherpa um einiges erhöht, und es wanderte sich leichter. Nahrung hatte ich nur wenig dabei. Bergbäche gab es reichlich, und sie versorgten mich mit mehr als genug Wasser. Ich ergänzte meine Mahlzeiten mit ein paar essbaren Kräutern, die mir der alte Sherpa gezeigt hatte, und ein paar anderen, die sich nutzen ließen, um Tee zu kochen.

Ich war schon früher oft alleine auf Wanderschaft gegangen, zeitweise wochenlang. Aber dies war vollkommen einzigartig. Hier, in diesen abgelegenen Bergen, spendete die ungestörte Harmonie der Natur meiner Seele eine Art heilenden Trost. Die unberührte Schönheit erfüllte mein Herz mit der ruhigen Klarheit, die wir in den von Menschenhand errichteten Welten aus Stahl und Beton völlig verloren haben. Ihr jungfräulicher Charme, die wunderbaren Panoramen und das freie Fließen der ungezählten Stunden wurden zu einem reinigenden Balsam.

Die Zeit verschwamm. Sie hatte sich gewandelt und war eins geworden in einem Fluss unbegrenzter Selbstbestimmung. In manchen Nächten schlenderte ich im Licht des Mondes dahin. Zu anderen Zeiten machte ich ein Nickerchen in der wärmenden Sonne, die Arme und Beine weit von mir gestreckt wie ein

Vogel im Flug. Schon bald gingen meine gewohnten Rhythmen in neue über. Wann ich schlafen ging und wann ich wanderte, markierte nicht mehr länger den Anfang oder das Ende eines Tages. Das Tageslicht wandelte sich einfach in Nachtlicht; der blaue Himmel verdunkelte sich lediglich, um verborgene Strahlen von Mondlicht und mit Sternen übersäte innere Bilder leuchten zu lassen. Ich sah keinen gültigen Grund mehr, einem Routinezeitplan zu folgen. Ich bewegte mich im Gleichklang mit einer höheren natürlichen Ordnung. Wenn ich Energie hatte, lief ich weiter. Wenn ich müde wurde, hielt ich an, um mich auszuruhen. Mir ein Ziel zu setzen, wie viele Kilometer oder Stunden ich zu schaffen hatte, schien mir hier fremd – so fremd, wie ich mit meiner roten Jacke und meiner verspiegelten Sonnenbrille den Yaks und Moschustieren erscheinen musste, die mich gelegentlich beobachteten.

Ich tat mein Bestes, mühselige Wanderungen durch den Wald zu vermeiden. Ohne die Annehmlichkeiten eines Pfades folgte ich flachen Flussbetten mit vom Wasser rund geschliffenen Steinen, streifte durch blühende kniehohe Auen und kletterte über Steinfindlinge und von Schotter bedeckte Berghänge. Wann immer Zweifel mir meine Entschlossenheit zu rauben drohten oder ich mich in einem Moment der Unsicherheit gefangen wiederfand, hielt ich inne. Mit geschlossenen Augen wartete ich, manchmal stundenlang, bis mein innerer Richtungssinn wiederkehrte. Ich konnte mir nicht leisten, achtlos zu sein, nicht einmal ein wenig. Es gab für mich kein Abweichen von dem sanft drängenden Impuls, der mich im Stillen weiter voranrief – er war das Einzige, auf das ich mich stützen konnte.

Aber ich hatte fast zehn Kilo verloren, seit ich Rajasthan verlassen hatte. Das meiste davon hatte sich während der letzten Woche in Luft aufgelöst oder in Muskeln verwandelt. Die Tage waren meist sonnengeküsst, warm und golden. Weiter oben jedoch waren die klaren Nächte klirrend kalt. Meine Lunge begann, ein wenig gereizt zu sein, zeigte aber bisher noch keine Anzeichen von Höhenkrankheit. Mein Zelt schlug ich in niedrigeren Höhen auf: in kleinen Tälern und Auen, die nahe an einer Wasserquelle gelegen waren. In höheren Lagen, in denen jeder Atemzug eine Anstrengung war, ging ich ganz besonders langsam und vorsichtig. Meine Vorräte waren fast aufgebraucht; nur ein paar runzlige Äpfel und zwei Proteinriegel waren mir geblieben. Sorgsam rationierte ich, was von meinem Proviant übrig war, und reinigte das Wasser der Bergbäche mit meinem UV-Lichtstab, bevor ich es trank. Meine Beine litten am meisten unter der Anstrengung. Meine Füße und Knöchel schmerzten ohne Unterlass. Ein schleichendes schneidendes Brennen hatte meine Hüften und den unteren Rücken erfasst. Mein Geist jedoch war nach wie vor zuversichtlich.

Den Großteil des Tages war ich beständig höher gestiegen. Nun zog die Kälte herauf, ohne dass ich noch nennenswerte Reserven im Magen hatte, die mich hätten warm halten können. Als die Nacht kam, blieb mir nur die Möglichkeit, mich zusammenzukauern und zu warten, bis der nächste Morgen kam. Unter dem vollen weißen Mond bliesen die Bergwinde so kalt, dass meine Haut mit eisiger Blässe überzogen war. Ich drückte meinen Körper in eine enge, von gespaltenen Felsbrocken erzeugte Nische, in der ich ein windgeschütztes Feuer nach und nach mit einzelnen kleinen Holzstücken fütterte, bis nichts mehr an Brennmaterial übrig war als die letzten paar Seiten meiner Landkarte.

Trotz der Kälte war die Schönheit berauschend. In der Dämmerung hatte sich der frostige Zug der Abendluft auf die tagsüber von der Sonne erwärmten Felsen gelegt und die Landschaft mit einer Schicht Tau benetzt. Als das Dämmerlicht dem in den Himmel aufsteigenden Mond gewichen war, kristallisierte der gefrierende Tau zu scharfkantigen Eisblumen, die den sonst kahlen Steinhang mit einem Teppich aus Millionen winziger Regenbogenlichter bedeckten, die vom Mond erleuchtet wurden.

Zu durchgefroren, um schlafen zu können, verbrachte ich die Zeit damit, Liebesbotschaften per Engelspost nach Hause zu meiner Liebsten zu senden. Als der Sonnenaufgang endlich kam, begann mein Schlottern zu weichen. Unter dem sternenbedeckten Himmel hatten die Berge ausgesehen wie eine Horde schlafender Riesen mit indigoblauen Kapuzen, die sich Schulter an Schulter aneinanderdrängten. Aber nun hatte der Sonnengott sie zu Form erweckt und ihnen die Gestalt flammender goldüberzogener Meisterwerke verliehen. Geisterhafte blaue Dunstschleier erhoben sich in ozeanischen Wellen zu ihren Füßen und rollten wie in Zeitlupe über eine abfallende Kaskade flacher Schluchten hinweg. Hier fühlte ich zum ersten Mal, seitdem ich diese Berge betreten hatte, wie mein Herz wahrlich von tiefem Wiedererkennen schwoll. Es war unleugbar – ich hatte einst, vor langer Zeit, genau hier an diesem Platz gesessen.

Der nächste Abschnitt von Hochpässen erwies sich als besondere Herausforderung. Die dünne, kalte Luft testete die Grenzen jedes meiner Atemzüge. Loses Geröll brach mehrfach unter meinen Füßen weg und stellte meine Stärke und meinen Gleichgewichtssinn auf die Probe. Um meine Knöchel hatte sich rundherum ein blauer Bluterguss gebildet, meine Füße würden sich bald weigern weiterzugehen. Ich begann die Last mittels meiner Trekkingstöcke von den Beinen mehr auf meine Arme und Schultern zu verlagern, aber es ließ sich nicht mehr verleugnen: Ich musste mich ausruhen. Ich brauchte etwas Zeit und einen Unterschlupf, um zu regenerieren.

Nachdem ich mich durch einige weite Felder mit großen Gesteinsbrocken gearbeitet hatte, stieß ich auf einen Pfad, der breiter war als gewöhnlich. Es handelte sich nicht nur um einen weiteren Ziegenpfad, er zeigte auch Spuren anderer Nutzung: menschliche Fußabdrücke. Ich folgte ihm über eine steile Anhöhe hinweg auf ein nach oben ansteigendes Plateau. Ein paar geschwungene Dächer ragten über die ferne Gratlinie. Es schien, als stünden vier Personen am vorderen Rand des Plateaus. Ich beschloss, stehen zu bleiben, wo ich war, um abschätzen zu können, was mich erwartete, und um zuvor neuen Atem zu schöpfen. Dem Gesetz nach hatte ich kein Recht, hier zu sein, und ich überlegte, wie wahrscheinlich es wohl sein mochte, einem Beauftragten der Behörden so weit abgelegen in den Bergen zu begegnen. Die Zahl der Leute hatte sich inzwischen verdreifacht, was meine Vermutung bestätigte, dass sie mich tatsächlich wahrgenommen hatten.

Ich schlenderte in ihre Richtung, pausierte aber hundert Meter weiter erneut. Einige Minuten lang bewegte sich niemand. Dann lösten sich vier Männer aus der beobachtenden Gruppe und stapften den Hang hinab. Als ich in der Lage war, ihre Gesichter zu erkennen, sah ich ihr Lächeln, und jede zuvor empfundene Anspannung verschwand.

Die Männer waren allesamt in kurze Filzmäntel gekleidet. Knittrige Seide säumte die Ärmelaufschläge und Kragen. Ein weißer Stehkragen setzte sich leuchtend hell von der burgunderfarbenen Robe des anführenden Mannes ab. Ein gewebter Gürtel war wie eine Schärpe um die Hüften geschlungen, und Stoffstiefel wurden mit Schnüren über den Hosenbeinen an Ort und Stelle gehalten. Alle Männer hatten langes schwarzes Haar, das auf unterschiedliche Weisen zurückgebunden war. Der am jüngsten wirkende Mann, der schlanker war als die anderen, trug einen pelzumrandeten Hut, von dem eine Stirnklappe und Ohrenklappen herunterhingen.

Laut rief ich als Erster: »Namaste!«

Die beiden älteren Männer erwiderten meinen Gruß auf dieselbe Weise, die beiden jüngeren riefen mir einen Gruß zu, den ich nicht kannte: »Tashidalek!« Alles andere, was sie sagten, war jenseits meiner Sprachkenntnisse und verlor sich in einem unbekannten lokalen Dialekt.

Die beiden Jüngeren, die vermutlich nicht ganz zwanzig Jahre alt waren, zeigten sofort großes Interesse an meinem Haar und meiner Kleidung. Der älteste Mann, der ein paar Schritte nach den anderen eintraf, hatte eine kleine Narbe über der Oberlippe, buschige Augenbrauen und einen mit vereinzelten weißen Haaren melierten schwarzen Bart. Er drehte sich mit einem Lächeln um und gab den oben Wartenden ein Signal.

Ein paar Sekunden darauf zog der chorartige Klang heller hoher Stimmen meine Aufmerksamkeit auf eine Gruppe von fünf Kindern – drei Mädchen und zwei Jungen –, die mit vollem Tempo den Hang hinabstürmten. Im Nu war ich von allen Seiten umringt von jungen kernigen Gesichtern, die mich mit großen Augen und neugierigem Staunen ansahen.

Keiner der Männer sprach Englisch, aber was sie alle verstanden, war die Sprache eines starken Händedrucks, bei dem sie mit den Händen fest das Handgelenk anstelle der Handfläche ergriffen. Innerhalb von Minuten hatte die Gruppe entschieden, dass es Zeit war, zum Dorf hinaufzugehen, und jedes der Kinder wetteiferte um die Gelegenheit, unterwegs meine Hand zu nehmen.

Das Dorf war ein segensreicher und unerwarteter Glücksfall. Ich nahm an, dass ich es wegen seiner Abgelegenheit und geringen Größe auf keiner meiner Karten entdeckt hatte. Am Eingang des Dorfes hatten sich, abgesehen von den Kindern, zwölf Menschen interessiert um mich herum versammelt. Alles, was ich erblicken konnte, war handgemacht: ihre Kleidung, die hölzernen Kübel, die aufgeschichteten steinernen Wände der Hütten, geflochtene Seile und Regale aus gespaltenem Holz. Selbst die wenigen Konstruktionen aus Holz waren mit Holzstiften statt mit Nägeln verbunden.

Es gelang mir, das meiste, das ich sagen wollte, pantomimisch auszudrücken, was gelegentlich ein Lachen in der ganzen Runde auslöste. Jedermann schien guter Stimmung – bis sich ein klein gewachsener, muskulöser Mann mit einem einzelnen dicken schwarzen Zopf und auffallend kantigen Zügen der Gruppe anschloss. Er übte einen deutlichen autoritären Einfluss auf die anderen aus. Als er der Gruppe mit einer Geste zu verstehen gab, die Versammlung aufzulösen, leisteten sie sofort Folge – ohne Widerrede. Er musterte mich mit finsterem Blick, sprach aber kein Wort. Mithilfe seines reich durch Schnitzereien verzierten Gehstocks signalisierte er mir, ihm zu folgen.

Ein kurzes Stück weiter, auf der anderen Seite einer schmalen Hängebrücke, öffnete uns eine robuste, füllige Frau die Hüttentür. Sie war ungefähr fünfzig Jahre alt und hatte klare große braune Augen. Auch sie musterte mich neugierig, während sie halb beleuchtet im Schatten ihrer offenen Tür stand. Sie und der Mann debattierten kurze Zeit, dann drehte sich der Mann sichtlich frustriert um und ging davon – das Gesicht zu einer finsteren und kalten Grimasse verzogen.

Die Frau, die durch sein Fortgehen merklich erleichtert schien, wartete, bis er außer Sichtweite war, bevor sie sich zu mir wandte, um mich zu begrüßen – überraschenderweise auf Englisch.

Ihr Englisch war gebrochen, aber sie konnte mir deutlich machen, dass mein ursprünglicher Eindruck richtig gewesen war: Die Menschen, die hier lebten, hatten nie zuvor einen Reisenden wie mich gesehen. Sie klärte mich darüber auf, dass der Mann, der gerade schimpfend von dannen gezogen war, ihr Bruder sei und meine Ankunft ihm höchst suspekt erscheine. Sie sagte mir jedoch nicht, warum.

Mein Körper brauchte Pflege. Die aufgeplatzten Wasserblasen erzeugten einen erbarmungslos beißenden Schmerz an meinen Zehen und Fersen, und meine Lunge war ermüdet und fühlte sich wund an. Mein Hunger grenzte an Übelkeit. Ich tat mein Bestes, mir davon nicht den Augenblick bestimmen zu lassen, aber die Frau nahm augenblicklich davon Notiz. Ohne ein Wort zu verlieren, schlüpfte sie zurück in ihre Hütte und kehrte im Nu mit zwei runden Brötchen und einer Handvoll steinharter Körnchen Yakkäse zurück.

»Essen!«, befahl sie und zeigte dann den Pfad hinauf. »Guter Platz für dich. Wir gehen da – du ausruhen!«

Die Hütte war ein winziger Schuppen aus aufgeschichteten Steinen und einem niedrigen Schieferdach. Sie zwang die Tür mit der Wucht ihrer Schultern auf und murrte: »Tür nicht gut. Du will aufmachen, du drücken fest – okay?«

»Okay!«, antwortete ich.

Während ich mich unter dem niedrigen Türrahmen hindurchduckte, versuchte ich, meine Augen an das schwache Licht anzupassen. Der schlichte Raum roch unbewohnt und nach altem Stein und Staub. Der Holzdielenboden jedoch und die weiß gekalkten Innenwände schienen gut gepflegt zu werden. Eine alte Hanfseilmatratze war an den Rahmen eines robusten hölzernen Bettgestells geknüpft. Ein brüchiges sepiafarbenes, an den Kanten eingerissenes Foto wurde von einer rostigen Reißzwecke an Ort und Stelle gehalten und hing wie eine verblasste Erinnerung über dem Kopfende des Bettes. Zwei ausgeblichene weiße Silhouetten ließen vermuten, dass es sich um zwei nebeneinandersitzende Personen handelte. Ein paar andere schienen um sie herumzustehen – wahrscheinlich ein altes Familienbild.

Während ich das Foto betrachtete, erzählte mir die Frau, dass die Hütte einst einen Lehrer für die Kinder beherbergt hatte, die hier lebten. Durch den Tod des Lehrers hatte die Hütte einige Jahre leer gestanden. Einen Steinwurf von der Tür entfernt befand sich eine kleine buddhistische Stupa. Der Lehrer war wahrscheinlich ein Mönch, dachte ich.

Ich war müde und brauchte Ruhe, dennoch drängte es mich zu fragen: »Weißt du, ob es irgendwo hier in diesen Bergen ein Tal gibt, in dem eine zurückgezogene Gemeinschaft lebt … eine Gruppe spiritueller Meister?«

Ihr ausdrucksloser Blick gab mir wenig Hoffnung. Ich fügte hinzu: »Amara … vielleicht Amartya?«

Sie starrte durch das einzige kleine Fenster der Hütte und presste zwei Finger auf ihre Lippen. Eine Erinnerung huschte über ihr Gesicht. »Amara?«, wiederholte sie.

»Ja, genau – Amara!«, erwiderte ich.

Nach einer erneuten kurzen Pause sagte sie: »Ja, ich kenne Amara!«

Sofort schoss ein Adrenalinstoß durch meine Adern. »Dann hast du von ihnen gehört? Ich war mir nicht sicher, ob du diesen Namen kennen würdest.«

»Ja … aber hier wir sagen Xain, so alte Väter kennen Amara!«

»Xain?«, wiederholte ich. »Dieses Wort kenne ich nicht. Alte Väter … Sind die alten Väter eure alten Weisen?«

»Ja«, antwortete sie, »alte Väter sein alte Weise. Sie sagen Amara … Xain. Ich glauben, Xain Gleiche bedeutet.«

Sie hielt inne und blickte durch mich hindurch in die Ferne. »Du sprechen Indisch, Hindi … Sanskrit?«, erkundigte sie sich.

»Ich spreche ein wenig Hindi – nicht viel«, sagte ich. »Vielleicht auch ein wenig Sanskrit, aber nicht genug, um zu behaupten, ich könnte es fließend. Ich habe den Namen Amara erst kürzlich erfahren.«

Sie erzählte mir, dass die alten Weisen ihrer Gemeinschaft gelegentlich Geschichten über die Xain-Meister erzählt hatten. Sie waren einst ein bedeutungsvoller und gefeierter Teil ihres alten Brauchtums gewesen. Sie deutete aus dem Fenster auf zwei ferne hohe Berggipfel. »Vor langer Zeit, Väter sagen, Xain leben diese Weg.«

»Könnte ich mit euren Vätern sprechen?«

»Alte Väter … nein. Nicht mehr leben«, antwortete sie. Unsicher fügte sie an: »Vielleicht Xain immer noch da leben … vielleicht nicht.«

Ich war beglückt. Natürlich waren sie da – sie mussten da sein!

Ihre Schultern zuckend wandte sie ihren Blick zurück zum Horizont. »Wenn sie immer noch leben … sie sind diese Weg.«

»Kannst du mir noch mehr sagen?«, fragte ich. »Wie weit ist es, oder wie viele Tage braucht man, um dorthin zu gelangen?«

Ihr Ausdruck wurde mit einem Mal streng. Sie schürzte ihre Lippen und zentrierte ihr Gewicht. »Diese Berge mein Volk nicht gehen! Zu viel Gefahr! Du nicht gehen – böse Menschen leben da!«

»Gefahr? Böse Menschen? Was für eine Art von Menschen?«, fragte ich. Eine Warnung war nicht das, was ich hören wollte.

Augenblicklich hatte sie meine Besorgnis wahrgenommen. »Nein!«, bellte sie. »Du nicht gehen diese Weg! Keine Menschen gehen da lang – nie gehen diese Weg! Zu gefährlich.«

In stillem Widerstand hatte eine leichte Übelkeit meinen Magen ergriffen. Aber den Rat eines Menschen nicht zu beherzigen, der diese Berge kannte, wäre ein waghalsiger Fehler gewesen.

»Ich verstehe«, sagte ich zögernd. Meine Antwort schien sie etwas zu beruhigen.

Sie berichtete weiter, dass ihr Volk viele Generationen lang ausschließlich in der entgegengesetzten Richtung gelebt und dort im Austausch mit anderen gestanden hatte. Ihrem Wissen nach existierte noch ein anderes kleines Dorf irgendwo jenseits dieser Berge, doch die Kommunikation mit seinen Bewohnern sei vor einigen Generationen abgerissen. Die bösen Menschen, vor denen sie mich gewarnt hatte, waren ein Klan nomadischer Banditen. Dieser Klan entsandte ab und an kleine plündernde Meuten die Pässe hinab, die in ihr Dorf einfielen und Tiere und Nahrung raubten. Dies erklärte, warum sich ihr Bruder bei meiner Ankunft so misstrauisch gezeigt hatte.

Ich erkundigte mich, wo ich mich waschen könne. Sie schlug mir einen Platz direkt am Rande des Dorfes vor, wo sich ein Bach die nahegelegenen Hügel hinabschlängelte. Ich fand ein kleines sandiges Uferstück, das mir die Möglichkeit gab, bis zu den Knien in den Bach zu waten, ohne auf rutschige Steine zu treffen. Während ich mir hastig das eiskalte Wasser ins Gesicht und über die Arme spritzte, registrierte ich in meinen Augenwinkeln, dass mich jemand beobachtete. Ich trat aus dem Wasser heraus, um Erleichterung für meine vor Kälte schmerzenden Füße zu finden, und rieb mir das Wasser aus den Augen, um klar sehen zu können.

Ein Mann stand auf der anderen Seite des Flusses auf einem steinigen Hügelplateau. Er war ein wenig zu weit entfernt, als dass ich die Feinheiten seines Gesichts hätte erkennen können, aber nahe genug, um zu sehen, dass er seinen Blick fokussiert auf mich gerichtet hielt. Er war in einem eigentümlichen Stil und leuchtend rot gekleidet – eine elegante Kombination, die auf seltsame Weise deplatziert wirkte. Sein Haupt war mit einem spitzen zwiebelförmigen Hut bedeckt, der etwa eine Handbreit über seinen Kopf hinausreichte. Hüftlanges schneeweißes Haar fiel schwer und leuchtend hell über seine schmalen Schultern. Ein kastanienroter Kurta-Mantel ging bis zu seinen Knien. Seine

Hosenbeine verengten sich an den Fußgelenken zu geschnürten Aufschlägen.

Mit einem Nicken schien er mir zu signalisieren, dass er um meine Aufmerksamkeit wusste. Langsam hob er den linken Arm, um in die Ferne zu zeigen. Ich bemühte mich zu sehen, auf was er deutete, konnte aber nichts Außergewöhnliches erkennen – nur den entfernten Pass in den Bergen, vor dem mich die Frau aus dem Dorf gewarnt hatte.

»Hallo!«, rief ich laut. Meine Stimme wurde durch das rauschende Wasser gedämpft.

Keine Antwort.

Ich versuchte es erneut und diesmal lauter: »Namaste!«

Wieder keine Antwort.

Ich versuchte zu erkennen, ob er irgendeine Reaktion zeigte. Er muss mich gehört haben, dachte ich.

Der Mann ließ seinen Arm sinken, nickte wieder und erhob die Hand, um wieder in dieselbe Richtung zu weisen.

Hatte ich etwas übersehen?

Ich ließ meinen Blick suchend in die Ferne schweifen: blauer Himmel, eine kleine weiße Wolke zwischen zwei Gipfeln und ein v-förmiger Bergpass. Nichts anderes stach irgendwie hervor.

In dem Moment, in dem ich begann, durch den Bach auf die andere Uferseite zu waten, drehte er sich abrupt um und verschwand hinter dem Hügel außer Sichtweite. Ich hastete Wasser aufspritzend, so schnell ich konnte, vorwärts und versuchte dabei, auf den wackeligen Steinen die Balance nicht zu verlieren. Ungelenk stakste ich barfuß vorwärts; dennoch war ich in weniger als zwei Minuten an genau dem Platz, an dem er gestanden hatte. Er war nirgendwo zu sehen. Verwundert rannte ich zum höchsten Punkt des Hügels. Nirgendwo war eine Spur von ihm, nicht einmal ein spärlicher Fußabdruck. Ein karges Talbecken voller Schiefer und kantigem Steingeröll erstreckte sich unter mir einen knappen Kilometer weit – nirgendwo gab es die Möglichkeit, sich zu verstecken.

Was hatte es damit auf sich? Etwas Neues und Mysteriöses war im Gange. Ich blickte zurück zu der Stelle, an der ich mich gewaschen hatte. Am Rande des Dorfes beobachtete mich die Frau, die mir die Hütte gezeigt hatte, durch ein offenes kleines Fenster an der Rückseite ihrer Hütte.

Sie muss ihn gesehen haben!, dachte ich.

Ich kämpfte mich auf die andere Seite des Baches zurück und rief: »Hast du ihn gesehen?«

Sie blickte fragend zu mir.

Ich deutete. »Dort drüben … Hast du gerade den rot gekleideten Mann gesehen?«

Sie reckte ihren Hals, um besser sehen zu können. »Mann in Rot?«, rief sie zurück.

»Ja, da drüben … wo ich stand.«

Mit einem verdutzten Ausdruck in ihrem Gesicht zuckte sie die Schultern und schüttelte den Kopf.

Ich wollte gerade ansetzen, um zu erklären, was sich eben zugetragen hatte, als ich unvermittelt den Impuls verspürte, nicht darüber zu sprechen. Es war nicht nur ein schwaches Gefühl, sondern ein starkes intuitives »Sag nichts!«, das mich zurückhielt.

War dies eine Botschaft? War gerade jemand gekommen, um mir den Weg zu zeigen? Aber das war keine Vision gewesen – wohin war er also verschwunden?

Ich dachte darüber nach und erkannte, dass der rot gekleidete Mann und seine unheimliche Gabe, sich in Luft aufzulösen, mich an etwas fast Vergessenes erinnerten. Vor ein paar Jahren hatte sich eine ähnliche, aber weniger reale Erscheinung in einigen meiner Saumedhika-Visionen gezeigt. Immer wenn ich ihn bemerkt hatte, verschwand er augenblicklich. Fast so, als wollte er sich einen Scherz mit mir erlauben. Seine Fähigkeit, auf diese Weise aufzutauchen und zu verschwinden, hatte mich ungemein fasziniert.

Ich fragte mich nun: Hatte es sich dabei um eine intuitive Voraussicht gehandelt? War dies derselbe rot gekleidete Mann?

Ich stand vor einem Rätsel: Worauf konnte ich vertrauen? Wessen Botschaft konnte ich Glauben schenken? Den Warnungen der Frau oder den deutenden Gesten dieses flüchtigen magischen Schelms?

In dieser Nacht schlief ich wie ein Stein und erwachte nur ein einziges Mal vom Klang des Windes, der durch die äußeren Schichten des Daches pfiff. Ich hatte mir vorgenommen, mit den ersten Lichtstrahlen aufzustehen. Doch als die Morgendämmerung anbrach, setzten sich meine schmerzenden Muskeln zur Wehr. Ich gab nach und ließ mich zurück gegen das Kopfteil meines Bettes in einen Halbschlaf sinken.

Von irgendwo aus dem dämmrig beleuchteten Geflüster meiner nur halb geformten Gedanken hörte ich den unmissverständlichen Klang meines Namens. Dies weckte mich gerade genug, um vom Halbschlaf in einen Fluss der Meditation zu gleiten. Bald darauf erschien die Vision des mysteriösen Mannes in Rot – genau wie in den Visionen vor einigen Jahren. Ich beobachtete, wie sich ein rötlicher Schein zu einer Aura formte, die seinen schlanken Körper umgab.

Ein lilafarbener Gürtel hielt seine rote Kurta-Jacke eng an seiner Taille. Seine gealterten braunen Hände wirkten überdurchschnittlich lang. Gebogene lange Fingernägel reichten gut drei Zentimeter über seine knochendünnen Fingerspitzen hinaus. Ein roter Hut schimmerte wie sonnenbeleuchtete Seide auf seinem langen weißen Haar. Ein dünner, federleichter Kinnbart spitzte sich unter seinem dreieckig geformten Kinn zu. Die märchenhafte Kombination seines weißen Haares mit dem seltsam deplatziert wirkenden Kleidungsstil verlieh ihm Ähnlichkeit mit einem buddhistischen Mönch, einem katholischen Bischof und einem chinesischen Kung-Fu-Meister.

Ähnlich wie schon in der Vergangenheit schloss er seine Augen in genau dem Moment, in dem ich mich auf sie fokussierte, und verschwand. Seine außergewöhnliche Fähigkeit, auf diese Weise zu verschwinden, schien wider jede Logik. Die Saumedhika-Sicht liegt jenseits der sensorischen Sinneswahrnehmung und kann aus diesem Grunde keiner Manipulation unterliegen. Die Sinne können getäuscht werden, aber reines Gewahrsein ist schlicht reines Gewahrsein.

Sein Bild erschien wieder und wieder. Doch jedes Mal, wenn ich kurz davor war, in seine Augen zu blicken, verschwand er ein weiteres Mal mit einem rötlichen Lichtblitz. Ich war fest entschlossen, dieses Spiel zu gewinnen, doch der erneute Ruf meines Namens lenkte meinen Fokus ab. Mein Name erklang noch melodischer als zuvor – so als würde er von einem himmlischen Chor gesungen. Und dann ertönte er aufs Neue – immer noch sehr sanft, aber nun schien er von den Wänden meiner Hütte widerzuhallen. Ich zwang mich, meine Augen zu öffnen, und rieb mir die Augenlider, um den Schleier des Schlafes abzustreifen. Ein zarter Lichtschein, der die Form eines großen Ovals hatte, schien neben dem Fenster zu ruhen, kaum eine Armlänge entfernt. Er war so transparent, dass ich ihn nur schwer fokussieren konnte. Er schwebte geräuschlos ein paar Zentimeter über dem Boden. Mehr als die Hälfte seiner Form war im morgendlichen Sonnenlicht verblichen und unsichtbar geworden. Einen flüchtigen Moment lang flackerte das geisterhafte Bild eines Gesichts und dann einer menschlichen Gestalt durch seine Mitte.

Als das Oval begann, durch das alte Glas des Fensters hindurch außer Sichtweite zu gleiten, riss ich die Tür mit einem laut schabenden Geräusch auf dem Holzboden auf. Wieder fing ich seinen Anblick ein, umrahmt von einer sanften Silhouette aus Licht vor dem Blau des Himmels. Es schimmerte gleißend, wie der Traum eines Engels, und zog im Frühdunst hauchzarte Spuren von Lichtfäden hinter sich her, die sich an den Enden in den leuchtenden Farbtönen des Regenbogens verloren. Einen Moment später war an seiner Stelle nur der bläuliche Morgendunst verblieben, der den fernen Pass verhüllte.

Es war genau dorthin verschwunden, wohin zu gehen mich die Frau gewarnt und wohin der Mann in Rot gezeigt hatte. Ich hatte plötzlich das Gefühl, dass die Zeit drängte – die Zeitfrage war essenziell. Eine treibende Kraft hatte mich ergriffen. *Wenn ich durch diese Berge wandern wollte, musste ich sofort aufbrechen!*

Der Wind war hier sanfter und ließ mich den schwachen Schrei eines Falken hören. Vielleicht war es auch das Heulen eines entfernten Bergwindes, der auf den Anhöhen und in den Senken der atmenden Berge ein Lied sang. Erst als ich ihm meine volle Aufmerksamkeit geschenkt hatte, wurde mir bewusst, dass es weder ein Vogel noch der Wind war – es war der ferne Ruf einer Flöte.

Der Ruf der Flöte

Nachdem ich Varanasi hinter mir gelassen hatte, hatte mein Orientierungssinn immer mehr an Stärke und Fokus gewonnen. Doch nun, da ich in diesem kleinen Dorf war, vernebelte ein verwirrender mentaler Schleier meine Gedanken, wann immer ich versuchte, den Weg vor mir zu erfühlen. Die Benommenheit hatte mich so orientierungslos werden lassen, dass ich – ohne die Erzählung der Frau über die Xain – nicht gewusst hätte, wohin ich als Nächstes hätte gehen sollen. Mein ursprünglicher Impuls war gewesen, geradewegs Richtung Pass zu gehen, aber ich konnte die Warnungen der Frau nicht ignorieren. »Jin« – *verboten* – hatte sie es genannt. Meine Gewissheit war dahin. Dann, wie auf ein Zeichen, war der mysteriöse rot gekleidete Mann erschienen, gefolgt von dem Phänomen, das mich aus dem Schlaf geweckt und wieder auf den richtigen Weg geführt hatte.

Doch ich konnte den angsterfüllten Blick der Frau nicht vergessen, als ich das Dorf verließ – eine Angst, die auch in den Augen der kleinen Gruppe von Dorfbewohnern zu lesen war, die gekommen waren, um mich zu verabschieden. Es war nicht zu leugnen, dass sie meine Entscheidung, in diese Richtung zu gehen, als mein mögliches Ende ansahen.

Es war noch früh, als ich loszog. Ich durchquerte die steinige Tiefebene hinter dem Dorf und watete überdurchschnittlich schnell durch ein paar eisige Bachbetten. Meine Geschwindigkeit verlangsamte sich allerdings deutlich, als ich meinen Aufstieg begann. Bald schleppte ich mich über einen Höhenzug, auf dem das leichteste Stolpern oder der kleinste Ausrutscher meinen Puls zum Rasen und meine Schläfen zum Pochen brachte. Meine

Lunge brannte in der dünnen kalten Luft in eisiger Hitze. Jeder Atemzug war ein Ringen nach Sauerstoff.

Zuvor, 800 Meter weiter unten, hatte ich meinen Kurs geändert. Es wäre einfacher gewesen, den häufiger genutzten Pfaden zu folgen. Doch ich hatte mich entschlossen, einem intuitiven Gefühl zu vertrauen, das mir sagte, ich würde auf die Gesetzlosen treffen, vor denen mich die Frau gewarnt hatte, wenn ich dem Pfad, auf dem ich mich befand, weiter folgen würde. Stattdessen entschied ich mich, den Grat eines viel steileren und von Wolken verhüllten Hochpasses zu erklimmen, dessen Besteigung sich selbst ein erfahrener Bergsteiger zweimal überlegen würde. Unter allen anderen Umständen hätte ich diesen Versuch nicht unternommen, denn ohne angemessene Ausrüstung hätte ich es als viel zu gefährlich angesehen. Doch jede Faser meines Seins sagte mir, dass mich der weiter unten gelegene Weg unvermeidlich ins Unglück führen würde.

In diesem harschen und kahlen Korridor aus Hochgebirgsfelsen und Gletschereis blickte ich einer neuen Bedrohung ins Gesicht, einer Bedrohung, die ich nicht vorhergesehen hatte – körperbetäubende Kälte. Ich war von Kopf bis Fuß eingehüllt: Meine Kapuze war eng zusammengezogen, und mein Mund und meine Nase waren mit einem Schal vermummt. Dennoch fuhr mir die Kälte der heulenden Gletscherböen bis in die Knochen. Das Vorankommen wurde durch die überall lauernde Gefahr wegbrechender loser Gesteinsbrocken und Eis erschwert, die sich gelegentlich unter meinen Füßen lösten und als kleine Felsrutsche den Hang hinabglitten. Der kleinste Fehltritt würde mich teuer zu stehen kommen.

Ich blickte durch den dünnen Wolkenschleier zurück nach unten auf die Hütten des Dorfes, die nur noch kleine schwarze Tupfen waren, und erkannte, dass ich einen Punkt ohne Wiederkehr erreicht hatte. Ich wusste, wenn ich den oberen Gipfel einmal überwunden hatte, bestand nur eine geringe Chance, es auch wieder zurückzuschaffen. Meine Kräfte waren durch die Anstrengung zu sehr erschöpft, und auch meine letzten Reserven waren nun vollkommen aufgebraucht. Übrig geblieben waren mir nur ein einziger Apfel und ein paar Krümel der Brötchen, die noch warm gewesen waren, als ich sie aus den rissigen, trockenen Händen der alten Frau entgegengenommen hatte. Sie musste noch vor Sonnenaufgang aufgestanden sein, um sie zu backen. Es wäre vielleicht besser gewesen, erst noch mehr Vorräte zusammenzutragen, aber ich hatte mich für einen schnellen Aufbruch entschieden – angetrieben durch das unbezwingbare Gefühl, nur ein kurzes Zeitfenster zu haben.

Je höher ich kletterte, umso mehr verwandelte sich meine Umgebung in eine trostlose Welt gefrorener Geister und Schatten. Die Felswände, die sich zu beiden Seiten meiner Aufstiegsroute hin auftürmten, sorgten dafür, dass die Sonne hier niemals auf- oder unterging. Gelegentlich flackerte hier und da etwas Dunkles auf, jedoch nie lange genug, um sich dessen sicher zu sein.

Die aggressive Kälte und die zusätzliche Anstrengung brachten meinen Magen dazu, sich schmerzhaft zusammenzuziehen. Aber er würde warten müssen, bis er die Nahrung bekam, die übrig war. Es ließ sich nicht sagen, wie lange sich dieses letzte Stück meiner Reise noch hinziehen oder wann ich etwas Essbares finden würde.

Nachdem ich eine fast senkrechte dreißig Meter hohe Felswand überwunden hatte, war der schlimmste Teil meines Aufstiegs beendet. Ich entdeckte einen Pfad, der sich weniger steil nach oben wand, zweifellos geschaffen von den Bergziegen, die als Einzige so weit oben herumstreiften. Der Pfad führte mich durch eine dünne Schicht Wolken und einen letzten tosenden und schneidenden Sprühregen aus Eis und Schnee. Als würde ich aus einer Schwermut erwachen, tauchte der Gipfel vor mir auf. Mit nur dem Geräusch meines Pulses, der durch meine Adern drängte, und dem dumpfen Brausen des Windes in den Ohren, der über die schneebedeckten Gipfel streifte, gab ich meine letzte Anstrengung dem wärmenden Licht der Sonne hin. In Stille wartete ich, damit ihre Wärme mir ein klein wenig von dem zurückgeben konnte, was die Kälte mir geraubt hatte.

Kaum zu glauben – meine Uhr zeigte an, dass nur wenig mehr als fünf Stunden vergangen waren. Der Aufstieg war mir erschienen, als wären Tage verstrichen. Ich unterdrückte das Brennen in meinen Beinen und plagte mich einen steil abfallenden, wie eine Schlange gewundenen Grat hinab. Als die Luft wärmer und der Abstieg flacher wurde, pausierte ich, um mich an die sonnige Seite eines großen schwarzen Felsblocks zu lehnen. Ich wärmte mich an ihm, während ich genussvoll in meinen letzten Apfel biss.

Der Wind war hier sanfter und ließ mich den schwachen Schrei eines Falken hören. Vielleicht war es auch das Heulen eines entfernten Bergwindes, der auf den Anhöhen und in den Senken der atmenden Berge ein Lied sang. Erst als ich dem Laut meine volle Aufmerksamkeit schenkte, wurde mir bewusst, dass es weder ein Vogel noch der Wind war – es war der ferne Ruf einer Flöte.

Die Warnungen der Dorffrau kamen mir in den Sinn, und meine Muskeln spannten sich an. Ich lauschte in den Wind und versuchte, mich auf die Quelle des Klangs auszurichten. Er kam aus einer niedrigeren Lage weiter vorne auf dem Bergausläufer, dem ich folgte. *Hatte ich mich verschätzt, war ich falsch abgezweigt und hatte mich dadurch der Gefahr näher gebracht, die ich zu meiden gehofft hatte?* Aber dann kam ich nicht umhin, mich zu fragen: *Kann ein Flöte spielender Bandit wirklich so gefährlich sein?*

Wachsam und vorsichtig stieg ich den Berg im Schutze einer schmalen Erosionsrinne hinab und wechselte anschließend in eine weitere, bis ich auf ein ausgedehntes Netz fließender Wasserläufe stieß. In glasartigen Fäden lief das Wasser in Kaskaden einen überhängenden Felsvorsprung hinab und sammelte sich in einem kleinen Wildbach. Eine perfekte Geräuschkulisse, um das permanente Knirschen der Steine unter meinen Füßen zu verbergen. Ich folgte dem Lauf des Baches, bis der Klang der Flöte nur noch einen Steinwurf entfernt war. Eine kleine Gesteinsformation lag noch zwischen dem rätselhaften Flötenspieler und mir. Vorsichtig setzte ich meine letzten Schritte und gab mein Bestes, nicht auf lose Steine oder Kiesel zu treten. Langsam tastete ich mich zentimeterweise zur äußeren Kante der Felsblöcke vor und streckte meinen Kopf nach vorne, um einen kurzen Blick zu erhaschen. Ein weißes Bergpony, dem ein paar Vorräte auf den Rücken gebunden waren, kam in mein Blickfeld. Müßig kaute es am Ufer des kleinen Baches an einem Bissen Gras und schien meine Gegenwart nicht zu bemerken. Dann warf es unvorhergesehen seinen Kopf herum, schnaubte, schüttelte seinen Kopf und scharrte auf dem Boden. Ich tauchte zurück außer Sichtweite – doch zu spät. Die Flöte verstummte.

Mein erster Impuls war, wegzurennen und mich zu verstecken, aber eine tiefere Logik befahl mir, an Ort und Stelle zu verharren. *Wenn der Flötenspieler etwas gehört hatte, würde es nur meine Anwesenheit bestätigen, wenn ich wie ein aufgeschrecktes Reh über die knirschenden Steine davonliefe.* Und so blieb ich stehen.

Innerhalb von ein paar Minuten hatte sich meine Entscheidung bezahlt gemacht. Ein neues Lied erfüllte die Lüfte. Ich wartete einige Minuten und beugte mich dann nach vorne, um einen zweiten Blick zu wagen. Ich hatte Glück. Das Pony warf mir einen kurzen, aber nicht zu auffälligen Blick zu und reckte sich dann nach einem neuen Bissen Gras. Der Flötenspieler war weiter entfernt und schwerer zu sehen. Ich benötigte einen weiteren Schritt – einen sehr vorsichtigen Schritt. Fast geräuschlos schob ich mich vorwärts. Dann, unfassbar, hörte die Musik wieder auf. Aus einem unerklärlichen Grund war ich entdeckt worden, und so tat ich das einzig Logische, das mir in den Sinn kam: Ich fasste mich und trat offen hervor.

Ein Mann, der in Blau gekleidet war, saß mit gekreuzten Beinen friedvoll ein paar Meter vor mir auf dem gespaltenen Stamm eines umgefallenen Baumes. Mein Blick prüfte die umliegende Landschaft – der Mann war allein. Das Licht der Sonne drang durch das Astwerk einer großen Bergzypresse und warf ein sanftes Spiel weicher Schatten und Lichtmuster auf seinen Körper. Sein Anblick, wie er dort in Blau saß, so friedvoll und ungestört, schien wie ein ruhiger und klarer surrealer Traum. Statt auf mein plötzliches Erscheinen erschreckt zu reagieren, beschenkte er mich mit einem entwaffnenden Lächeln, das mich so offenkundig willkommen hieß, dass all meine Bedenken im Nu verflogen waren.

Ich bemerkte augenblicklich, dass er etwas Besonderes an sich hatte. Wo immer seine olivfarbene Haut unbedeckt war, schien es, als würde ein vager Hauch von Licht sie von innen heraus sanft bescheinen. Dies war gewiss kein Plünderer. Er war schlichtweg zu strahlend, wie ein epischer Meister aus einer alten östlichen Sage. Er konnte nichts anderes sein ... er war einer der Xain – ein Amartya-Meister.

Eine plötzliche Anwandlung der Erleichterung überkam mich. Mein ursprüngliches Gefühl hatte sich bewahrheitet: Ich hatte die ganze Zeit unter ihrer Obhut gestanden. Wie sonst hätte er wissen können, dass er mich hier treffen würde? Fast musste ich lachen.

Ich erkannte nun, wie ich gewankt hatte und am Abgrund des Zweifels getaumelt war. Ich hatte den Ängsten anderer erlaubt, meine Urteilskraft und meine Gewissheit zu vernebeln. Doch nun schien alles genau so zu sein, wie es sein sollte. Hätte ich die Warnungen der Frau in den Wind geschlagen, hätte ich diesen

Weg nicht gewählt und den Ruf seiner Flöte nicht vernommen. Wie so oft hatte das Leben seine Lockvögel ausgesendet und sein Spiel getrieben – vielleicht aus keinem anderen Grund, als uns die mystischen Wege des Göttlichen zu verdeutlichen.

Der Moment unserer Begegnung war nun gekommen. Ich suchte nach den richtigen Worten, doch bevor ich einen Ton hervorbringen konnte, ließ er seine Flöte in eine purpurfarbene Hülle gleiten und breitete seine Arme aus, um mich zu begrüßen.

Seine ersten Worte, »Aaravindha … willkommen, mein lieber Freund«, waren alles an Bestätigung, was ich brauchte.

»Deiner Nähe gewahr«, sagte er, »habe ich meine Flöte ihr Lied spielen lassen. Durch die Hilfe des Windes hat ihr Ruf dein Gehör gefunden – nun bist du hier. Gut gemacht!«

Er formte die Laute jedes Vokals und jedes Konsonanten auf eine Weise, die ein kultiviertes Feingefühl für die englische Sprache verriet. Aber da lag noch etwas anderes, etwas ergreifend Vertrautes in seiner Stimme. Ihren selbstsicheren, beruhigenden Tenor zu hören beschwor eine Erinnerung herauf, eine Erinnerung, die ich den größten Teil meines Lebens für mich behalten hatte. Unzählige Male war das Gefühl dieser Stimme – *seiner Stimme* – in Zeiten der Not zu mir gekommen.

»Ich kenne dich!«, erklärte ich in einem Ton, der auf unbeholfene Weise zu dreist klang. »Was ich meine ist … ich erkenne deine Stimme.«

»Das war zu erwarten«, sagte er und gab mir ein Zeichen, herüberzukommen und mich neben ihn zu setzen.

Ich schnallte meinen Rucksack ab, ließ ihn zu Boden sinken und setzte mich hin. Dann schloss ich meine Augen und gab meine ganze Erschöpfung in einem ausgedehnten Ausatmen hin. Ich zuckte, als ich die sanfte Berührung seiner Hand auf meinem

Arm spürte. Es war nicht so sehr die Berührung, sondern vielmehr der Strom von Energie, der dabei durch seine Hände floss. Es war keine Kraft, die offen sichtbar war, aber dennoch war sie deutlich fühlbar und linderte unverzüglich die Mühen und Qualen meiner Reise.

In eine Erinnerung versunken lächelte er so wie ein alter Freund nach einer langen Zeit des Fernseins und sagte dann: »Aaravindha, selbst in der Ferne, wann immer du dein Herz offengelegt oder dein Auge dem inneren Freund zu nach oben gewandt hast, waren wir mit dir.«

Ich nickte bestätigend. Ich hatte ihn in diesem Leben bisher nur einmal gesehen. Als ich erst sechs Jahre alt gewesen war, hatte unsere Freundschaft in jenem ätherischen Reich begonnen, das unberührt von den Begrenzungen unserer weltlichen Sinne existiert. Damals war er mir so groß erschienen wie das Leben selbst. Doch nun waren wir gleich groß, und er sah auf keine messbare Weise älter aus als ich. *Jedoch* – ab und an – halb verborgen in den feinen Linien seiner Haut war ein zarter Hauch von etwas anderem, etwas Alterslosem.

Die Vorsehung hatte für unsere Begegnung eine himmlische Kulisse geschaffen. Der Himmel war eine Leidenschaft erweckende blaue Tiefe, die Gipfel standen ewiglich und still. Das kahle Grau der kargen Höhen wich hier der üppigen Umarmung der grünen Natur. In dieser jungfräulichen Flussebene, umgeben von violett getönten schläfrigen Schatten unter dem sich sachte lüftenden feinen Nebel, spürte ich die friedvolle Umarmung der Natur.

Die Sonne, die auf die in feinen floralen Mustern gewebten Falten seiner kobaltblauen Robe schien, ließ den Stoff einen verzaubernden Hauch von saphirfarbenem Licht verbreiten. Dicke Zöpfe, glänzend und schwarz, durchwebt mit blauen Bändern, fielen wie seidige Girlanden über seine Schultern. Ein kleiner Tilak, ein Bindhu-Punkt, der mit blaugrauer Asche zwischen seine obsidianfarbenen Augenbrauen gemalt war, betonte die ungewöhnliche Farbe seiner Augen. Anders als die dunklen braunen Augen, denen man normalerweise in diesem Land begegnete, hatten seine Augen eine persisch-blaue Iris, die von einer Spur von Amethyst umringt war und glitzerte wie kostbare Edelsteine. Sie waren so geheimnisvoll und klar, dass man sich leicht hätte vorstellen können, er sei aus einer anderen Welt gekommen.

Ich wollte ihm sagen, wie dankbar ich ihm war für seine lebenslange Unterstützung, aber wie kleidet man das Unermessliche in Worte? Nein, er hatte es bereits auf den Punkt gebracht: *»Wenn das Herz offengelegt oder dein Auge dem inneren Freund zu nach oben gewandt ist, sind wir mit dir.«* Das war genug. Ich hätte nichts sagen können, das dem gleichkommen würde. Statt Worten bot ich ihm somit mein unverteidigtes Herz dar und hielt mit einem stillen Gruß dankbarer Ehrerbietung inne.

Er weitete seinen heiligen Blick, der so furchtlos und rein war, in den Raum jenseits meiner geschlossenen Augen. Eine langsam fließende Antwort stieg durch meine Gedanken auf: *Ohne zu wissen, wie oder von wo, in dieser geräuschlosen Kammer jenseits meiner Form – wo es kein Du gibt und kein Ich – in jenem stillen Land, wo das eine Selbst für immer unverteidigt und frei ruht – bringe ich dir meine Dankbarkeit entgegen!*

Die unermessliche Tiefe, die dort jenseits seiner Augen weilte – der absoluten und unbefleckten Augen dieses wahren Amartya-Meisters –, zog mich in eine Art unerwarteten fesselnden Bann feinsinniger Schöngeistigkeit. Das grenzenlose freie Sein, das ich in diesem flüchtigen Moment berührte, reichte weiter als zu den Sternen. Dergleichen hatte ich in diesem Leben nicht erblickt. Der alte Traum war durchbrochen, als wäre ich nie von hier fortgegangen. In seiner Gegenwart war ich zu Hause.

Ich dankte ihm für sein Lied auf der Flöte und begann dann wahllos, ihm von den wichtigsten Erlebnissen auf meiner Reise zu berichten: von meiner Dankbarkeit für den Brief in Delhi und der Begegnung mit Krishnalila. Ich erzählte nahezu alles, was mir an Bedeutungsvollem in den Sinn kam. Er hörte einfach zu; sein Lächeln verweilte in seiner makellosen Präsenz. Und er sah zu – so wie ich ihn so viele Male zuvor über mich wachen gefühlt hatte.

»Ich glaube, es ist ein guter Zeitpunkt zu fragen«, sagte ich. »Ich habe keine Ahnung …«

»Wie ich heiße?«, ergänzte er und sagte mit einem leichten Beugen seines Kopfes: »Mein Name ist Amir … Amir Re'maat Kala'Rohan.«

»Amir Re'maat Kala'Rohan«, wiederholte ich, sorgfältig darauf bedacht, keine Fehler zu machen. »Ein schöner Name! Er hat einen königlichen Klang und eine starke Präsenz.«

»Meine Präsenz!«, erwiderte er scherzend.

Er streckte mir die Hände entgegen und ergriff sie. *Ein starker Kontrast: Seine Hände waren so sauber und hell, meine hingegen waren braun gefärbt vom Staub der Berge.*

»Und dein Name … Aaravindha!«, sagte er. »Er bedeutet Lotuslicht.«

»Ja, ich denke, das stimmt«, antwortete ich.

»Es ist Meister Rambalas bevorzugter Name für dich.«

»Meister Rambala?«, fragte ich. »Sein Name kommt mir bekannt vor.«

»Das sollte er! Rambala Saundra Himadra. Du wirst ihn bald treffen – noch vor Einbruch der Dunkelheit. Er freut sich sehr darüber, dass du nun hier bist … junger Meister Lotuslicht.«

»Himadra ist auch der letzte Teil seines Namens?«, fragte ich. »So wie meiner?«

Mein Geburtsname war Yanis. Ich hatte den Namen Aaravindha Himadra angenommen und ihn als Segnung betrachtet, die ich von einem der Amartya-Meister in einer früheren Vision erhalten hatte. Ein wenig Recherche hatte ergeben, dass Himadra ein sehr alter Name für den Himalaya war.

Er blieb still. Als würde er darüber nachdenken.

»Ich vermute … dass es Meister Rambala war, der ihn mir gab?«, fragte ich.

»Ja«, sagte er. »Aber diese Geschichte kann warten. Ich bin mir sicher, dass er es vorzöge, sie dir selbst zu erzählen.«

Im Stillen arbeitete mein Verstand bereits daran, die Puzzlestücke aneinanderzufügen. *Wenn er mir den Namen gegeben hat, dann muss er wohl der Amartya sein, der einst mein Vater war,* dachte ich.

Meister Amir wandte seinen Blick in die Richtung, aus der ich gerade gekommen war. »Dieser Aufstieg«, sagte er, »hat dir mindestens zwei Tage Wanderung erspart und eine Begegnung, der du glücklicherweise aus dem Wege gehen konntest. Dieser Pfad ist nicht sehr bekannt, es ist der Tamachaya Davra – *ein Ort der Schwermut,* an dem kein Schatten fällt.«

»Ich glaube, dort oben lebt ein düsterer Geist«, warf ich ein. »Vielleicht ist das der Grund für diesen Namen.«

»Du hast deinen Weg gut gefunden«, sagte er. »Sehr gut, in der Tat! Wir haben jetzt nur noch eine Tagesreise vor uns.«

Ich erzählte ihm, dass ich das Gefühl gehabt hatte, sehr nahe zu sein. Als ich jedoch in dem kleinen Dorf angekommen war, hatte ich nicht mehr fühlen können, wohin ich weitergehen sollte. Ich wollte ihn gerade nach dem Mann in Rot und dem morgendlichen Phänomen fragen, als er mich unterbrach.

»Das ist verständlich«, sagte er. »Und genau der Grund, warum ich mich entschied, dich hier zu treffen.«

»Wirklich?«

»Ja!«, erklärte er. »Die vor uns liegende Strecke ist verboten. Sie wird durch ein Sthagmudra geschützt.«

»Verboten – Jin«, sagte ich. »Ein Sthagmudra. Ein *Sthag* ist eine Art von Schleier, nicht wahr? Ich bin mir relativ sicher, dass *Mudra* Schloss oder Siegel bedeutet.«

»Ja, mit beidem liegst du richtig. Es ist ein gewaltiges Hindernis. Der jenseits von hier liegende Weg kann durch keine Kraft oder Fähigkeit gefunden werden – es sei denn, es ist unser Wille!«, sprach er.

»Bezeichnet man ein Sthagmudra auf Sanskrit auch als Varita?«, fragte ich.

»Ja«, antwortete er. »Der Begriff Sthagmudra ist ebenfalls Sanskrit.«

»Was ich über Varita weiß, ist, dass es sich dabei um eine übersinnliche Abwehr handelt, ähnlich einem Nisiddhi. Eine übernatürliche Blockade, die den Zutritt verhindert«, sagte ich.

»Es beschützt unser heiliges Tal seit Tausenden von Jahren vor nicht eingeladenen Eindringlingen.«

Er hob meinen Rucksack auf und ging hinüber zum Pony, um ihn zu befestigen. Er ließ seine Hand in einen kleinen Stoffbeutel auf dem Rücken des Ponys gleiten und holte eine Handvoll Leckerbissen hervor. Ein zarter Duft von Bergsalbei wehte von den Hügeln herauf, die unter uns lagen. Feine Lachfältchen fächerten sich um die äußeren Winkel von Meister Amirs

Augen, als er sein Gesicht in die Brise wandte und einen tiefen Atemzug nahm. Erpicht auf die Leckerei, drückte ihm das Pony ungeduldig die Nüstern gegen die Schulter und gab ihm einen Stups.

»Das ist Dhak«, gab er bekannt. »Dhak ist gekommen, um dir deine Last zu erleichtern.«

»Sehr großzügig von dir, Dhak.« Ich ging hinüber, um ihn an der Stirnlocke zwischen seinen Ohren zu kraulen.

Dhak war kleiner, aber merklich stämmiger gebaut als die anderen Wildponys, die ich in diesen Bergen umherziehen gesehen hatte. Seine glänzende graue Mähne, die im Verhältnis zu seinem Körper sehr lang erschien, flatterte leicht im Wind. Kleine Löckchen kringelten sich über seinen Hufen an der Beinrückseite nach oben wie winzige Flügel. Eine apfelgroße Grivaghanta, eine Ponyglocke, baumelte an seinem breiten Hals und war mit einem ausgefransten Band, das aus roten und blauen Schnüren geflochten war, befestigt.

Meister Amir flüsterte etwas in Dhaks Ohr. Sofort trottete das Pony über den Hügel davon. Er wandte sich mir zu und sagte: »Er kennt den Weg nach Hause!« Dann fragte er: »Aaravindha, erinnerst du dich an unsere erste Begegnung … vielleicht an ein paar Einzelheiten?«

»An manche!«, sagte ich. »Ich erinnere mich auch an einige Zeiten danach, besonders jene, bei denen ich deine Stimme in meinen Meditationen gehört habe. Als ich dich eben gesehen habe, habe ich auch deine Augen erkannt. Augen wie diese habe ich nur ein einziges Mal gesehen.«

»Erinnerst du dich an deinen kleinen Ganesh aus der Zeit unserer ersten Begegnung?«

Er brach in ein Lachen aus, das so ansteckend war, dass es

unmöglich war, nicht mit einzustimmen, obwohl ich keine Ahnung hatte, worüber wir lachten.

»Mein Ganesh?«, fragte ich. »Der Hindu-Elefantengott?«

»Ja!«, antwortete er. »Mit roten Ohren.«

»Mit roten Ohren?«, fragte ich verwirrt.

Ich grub in meinen Erinnerungen. *Wovon sprach er?*

»Ach ja!«, sagte ich halb lachend. »Du musst meinen Schlafgefährten aus der Kindheit meinen, den grauen Stoffelefanten mit den roten Plüschohren!«

Es war bereits weit nach Mitternacht, als das beunruhigende Gefühl, es würde jemand in meinem Zimmer stehen, meinen Schlaf störte. Helles Mondlicht schien durch den blumigen Spitzenstoff meines Vorhangs und fiel leuchtend über seinen Körper und umgab ihn mit einem gespenstischen silbernen Schimmer. Selbst in diesem dämmrigen Licht stach die eindringliche Farbe seiner Augen deutlich heraus. Ich schwankte zwischen Gefühlen der Faszination und der Angst. Ich kauerte mich unter dem blauen Flanellbezug meines Bettes zu einer kleinen Kugel zusammen. Nur ein einzelnes unsicher blickendes Auge lugte weiter aus den Falten meiner zerwühlten Decke hervor.

Ich hatte zuvor aller Welt erklärt, dass ich mein Stofftier nicht mehr brauchte. Ich war sechs Jahre alt – zu groß für ein solches Spielzeug. Doch insgeheim hatte ich es zu lieb, um es einfach beiseitezuschieben. Eines Tages jedoch war ich unachtsam gewesen und ließ es hinter dem Haus in unserem Garten liegen. Tagelang war es vermisst worden, bis mein Vater es schlaff und triefend nass im hohen Gras fand. Er war gerade dabei gewesen, ein Herbstfeuer zu entzünden, um gefallenes Laub und Zweige zu verbrennen, und hielt es irrtümlicherweise für ein abgelegtes Spielzeug. Ich spähte aus dem Küchenfenster und sah, wie mein kleiner Freund durch die Hand meines Vaters ins Feuer flog. Panik überkam mich. Ich vergaß jede Beherrschung und rannte in halsbrecherischem Tempo nach draußen, um ihm zu Hilfe zu eilen und meinen qualmenden, vom Feuer gezeichneten Freund aus den Flammen zu ziehen.

Doch in jener Nacht, in der mich der mysteriöse Mann in meinem Kinderzimmer besuchte, tat ich das Unaussprechliche: Ich opferte meinen kleinen Freund mit den roten Ohren in der Hoffnung, er würde als Besänftigung für den Unbekannten genügen, der hier in meinem Zimmer stand und mich beobachtete. Ich schob ihn unter der Decke hervor und flüsterte: »Nimm ihn.« Obwohl ich heimlich sein ausgefranstes Schwänzchen fest mit meiner Faust umschlossen hielt und hoffte, dass er mir nicht genommen würde, ist mir dies immer noch als erschütternder Verrat in Erinnerung.

Das Vergnügen, das sich in Meister Amirs Augen widerspiegelte, zeigte, wie lustig dies auf ihn gewirkt haben musste.

»Deswegen also lachst du«, sagte ich.

Immer noch amüsiert griff er hinter mich und band eine kleine schwarze Tasche los, die an einem Zweig des umgefallenen Baumes befestigt war. Er nahm sie und füllte meine Hand mit einem aromatisch duftenden Gemisch aus Samen, Pulver und getrockneten Früchten.

»Für die Reise, die vor uns liegt«, erklärte er.

Ich stocherte in der Mischung herum und pickte ein paar eigenartig aussehende Samen heraus.

»Krishna Tulsi«, bemerkte er.

»Und das?« Ich zeigte auf eine Kostprobe grauen Puders.

»Aranyani Atichattra – Göttinnen-Pilz!«

»Göttinnen-Pilz?«, murmelte ich und versuchte dabei etwas unbeholfen, den Geschmack hinunterzuwürgen.

»Während du deine Mahlzeit genießt«, sagte er, »kann ich ein paar Fragen beantworten – vielleicht über deine Schwierigkeiten ... als Kind.«

Ich war immer noch dabei, mich daran zu gewöhnen, ihn gerade gefunden zu haben, während es ihm vollkommen angenehm schien, sich mit mir über Dinge zu unterhalten, die mich einen großen Teil meines Lebens zutiefst beeinflusst hatten. Als wäre es völlig normal, dies zu tun.

»Die Angriffe?«, fragte ich.

Er nickte.

»Ich habe nicht wirklich viele Fragen. Das meiste, das mir bezüglich meiner Schwierigkeiten als Kind Sorgen bereitet hatte, wurde in Rajasthan beantwortet, in einer Höhle.«

Eine Spur des Erkennens blitzte durch seine Augen.

Er wusste von der Höhle – natürlich.

Ich fuhr fort: »Ich war zu jung, um verstehen zu können, was vor sich ging. Ich erinnere mich daran, mich hoffnungslos und verletzbar gefühlt zu haben, und ich war fast immer erschöpft. Aus Angst, die Augen zu schließen, schlief ich nachts kaum. Wenn ich es schaffte zu schlafen, erwachte ich oft in einer Lache aus Blut, denn ich litt unter häufigem Nasenbluten.

Ich versuchte es mit Beten, wusste aber nicht so recht, zu wem oder was ich betete. Ich stand dem Ganzen skeptisch gegenüber, es fühlte sich seltsam für mich an. Das tut es noch immer. Ich hatte das Beten gelernt, indem ich andere dabei beobachtete. Ich bevorzugte zu hören, statt zu beten. Das Hören offenbarte Dinge – das Gebet hat mir nie viel offenbart. Ich wollte wissen, aus welchem Grund etwas wie das geschah. Diese Angriffe suchten mich fast jede Nacht heim, und ich war bereit, fast alles zu probieren, was mir helfen konnte.«

»Es ist nicht selten, dass die Stärken eines Menschen ihren Anfang in einer Verletzlichkeit nehmen«, erklärte er. »Dies war eine Zeit, in der du besonders anfällig warst. Deine Sensitivität, gepaart mit deiner kindlichen Naivität, hatten deine Sicherheit gefährdet. Meister Rambala und Nil'Amma Tara erkannten die Bedrohung. Sie kamen zu mir und baten mich, dir zu Hilfe zu kommen. Durch ihre Liebe und Sorge um dich habe ich dich kennengelernt.«

Die Kräutermischung begann zu wirken. Ein sanfter Schub von Lebenskraft breitete sich in meinem Körper aus, und neue Wärme strömte in meine Muskeln.

»Nil'Amma Tara?«, fragte ich. »Du sagtest, sie und Meister Rambala haben über mich gewacht. Dann kenne ich sie also – aus einer anderen Zeit?«

Ich beobachtete, wie sich sein Gesicht erhellte und einen ganz bestimmten Ausdruck von Freude annahm – wie er sich im Gesicht eines Menschen zeigt, der einen herzerwärmenden Augenblick erfährt.

»Nil'Amma Tara ist der Glanz in der Liebe, sie ist die Herrlichkeit der Erleuchteten«, sagte er. »Sie ist Devayana – die Führung und der Pfad. Selbst durch das Aussprechen ihres Namens ist man gesegnet.«

Für einen kurzen Moment spürte ich ein göttergleiches Augenpaar auf uns blicken. Das Gefühl war so intensiv, dass sich die feinen Haare auf meinem Nacken und den Armen aufstellten.

»Also … kannte ich sie in der Vergangenheit?«

»Ja«, antwortete er. »Du kanntest sie. Sie hat deine Reise viele Leben lang gesegnet und über dich gewacht.«

»Vielleicht ist das der Grund, warum ich als Kind so oft eine mysteriöse weibliche Präsenz um mich herum gefühlt habe.

Meine Vorstellung war gar nicht so abwegig. Ich glaubte immer daran, dass eine geheimnisvolle Mutter über mich wachte. Eine mysteriöse göttliche Mutter, von der ich mir vorstellte, dass sie auf der Erde, im Himmel und selbst auf dem Mond lebte. Ich neigte zu dem Glauben, dass Gott eine *Sie* war.«

Er schenkte mir ein bedachtsames Lächeln.

Ich hielt einen Moment lang inne, unsicher, ob ich die Frage stellen sollte. Jedoch hatten wir ein wenig Zeit zur Verfügung, während ich mich ausruhte, und er schien sich dabei wohlzufühlen, offen über alles zu sprechen und mir alle Fragen zu beantworten, die mir auf dem Herzen liegen mochten.

»Eine Frage habe ich doch«, sagte ich.

»Ja?«, sagte er.

»Du kamst den ganzen Weg aus deinem Tal in mein Kinderzimmer – mitten in der Nacht! Wenn ich es nicht selbst erlebt hätte, wäre es für mich schwer gewesen zu glauben, dass jemand so etwas tatsächlich vollbringen kann. Aber du warst da, es war ohne jeden Zweifel real! Es war keine Vision. Wie hast du das gemacht?«

Er hob eine Augenbraue. »Du weißt, wie!«, antwortete er.

»Ich weiß, wie?«, fragte ich.

»Aaravindha, du hast es zwar teilweise vergessen, aber ja – du weißt es. Man nennt diese Methode Yatrakama Vasaya! Nun, da du zu uns zurückgekommen bist, wird vieles von dem Wissen aus vergangenen Zeiten wiederkehren, das du vergessen hast.«

Er wartete auf meine Antwort.

»Nun … gut«, sagte ich.

Er blieb still.

»Möchtest du, dass *ich* eine plausible Erklärung dafür finde?«

Er richtete seine gebündelte Aufmerksamkeit auf mich. Seine Augen leuchteten.

»Nun gut …«, sagte ich. »Ich glaube, Yatrakama Vasaya ist ein Siddhi der Bilokation?«

»Siehst du, es kommt bereits zurück zu dir«, sagte er lächelnd.

»Nun, wenn dies wahr ist, dann ist es definitiv kein projizierter Gedanke. Bilokation bedeutet auch nicht, seinen Körper an einen anderen Ort zu transportieren, richtig? Es muss sich dabei um die Manifestation einer projizierten Wahrnehmung handeln.«

»Sehr gut!«, sagte er. »Für Yatrakama bedarf es der Manifestation einer zweiten Wahrnehmung – was möglich ist, …«

»… weil das Selbst nicht an eine einzige Örtlichkeit gebunden ist«, unterbrach ich. »Es ist allgegenwärtig. Das bedeutet, das Selbst ist – statt nur lokal zu sein – bereits, wo die Wahrnehmung geschehen wird.«

»Sarvavyapin«, bestätigte er.

Ich begann Freude an der Herausforderung und der Möglichkeit zu haben, mich an der tatsächlichen Lösung des Mysteriums zu beteiligen.

»Das würde bedeuten, dass Bilokation nicht im Verstand bewerkstelligt werden kann«, fuhr ich fort. »Unser mentales Gewahrsein ist an einen einzigen Ort gebunden – es ist an den Körper gebunden. Doch jenseits unserer mentalen Grenzen – über dem Verstand – ist unser Gewahrsein ewiglich frei. Wie du gesagt hast, das Selbst ist Sarvavyapin, von dem ich annehme, es bedeutet *allgegenwärtig*.«

Er sagte nichts.

»Als Individuen nutzen wir gewöhnlich nur einen kleinen Teil unseres größeren Bewusstseins, da wir abhängig von unserer Körperlichkeit sind. Daher muss die Bilokation außerhalb der eingeschränkten Grenzen des Verstandes erfolgen – oder zumindest dort, wo seine Grenzen in das Transzendentale übergehen. Ja, das ist es: Bilokation geschieht definitiv nur transzendental. Sie wird im ungebundenen Teil unseres Bewusstseins eingeleitet, jenseits aller begrenzenden Bedingungen oder mentalen Einwirkungen.«

Der zufriedene Blick auf Meister Amirs Gesicht offenbarte mir, dass ich auf der richtigen Spur war.

»Diese Welt steht unter der Herrschaft von Maya«, sagte er. »Wenn das Auge des Verstandes sich gänzlich auf diese Herrschaft verlässt, dann ist der Beobachter darauf begrenzt, in einem bestimmten Moment und an einem bestimmten Ort zu leben. Doch wenn das Auge wieder in sein natürliches Zuhause zurückkehrt – in seine wesentliche Freiheit –, kann der Beobachter eine Macht erlangen, die nicht länger an Maya gebunden ist.«

»Wahrhaft frei zu sein?«, sagte ich. »Wahre Freiheit ist ein kontroverses Konzept. Zumindest unter Philosophen – selbst hier im Osten. Ich habe diese Unterhaltung unzählige Male geführt. Die meisten Leute hängen der Theorie an, freier Wille sei aufgrund der läuternden Sequenz des Karmas nicht möglich.«

Ich machte eine Sprechpause, um zu sehen, ob er antworten würde. Er neigte seinen Kopf leicht.

Ich fuhr fort: »Traditionell wird geglaubt, dass eine Handlung zur nächsten führt und dass die fortlaufende Abfolge dieser Handlungen alle zukünftig womöglich folgenden Handlungen verursacht. Doch dies ist nur der Fall, wenn unser Gewahrsein an den Traum Mayas gebunden ist, nicht wahr? All dies würde sich verändern, wenn wir den Traum transzendieren und uns selbst als die Träumenden erkennen.«

»Es ist die Bestimmung eines jeden Wesens, aus dem festen Griff Mayas zu erwachen, um letztlich die Erleuchtung zu erfahren«, erklärte er. »In der Unwissenheit glaubt das Auge des menschlichen Verstandes nur an den Traum, und es sieht nur den Traum. Wenn der Traum des Lebens sich dem Ende zuneigt, fällt Maya hinweg, und es bleibt nur Dunkelheit.«

»Im Tod?«, warf ich ein.

»Ja!«, antwortete er. »Im Traum verirrt, vertrauen die Unwissenden allein auf Maya. Als Belohnung gewährt sie ihnen ihre Illusionen. Doch als Bezahlung verlangt sie, dass die Seele innerhalb der von ihr gesetzten Begrenzungen leben und sterben muss – und damit ihrem Verlauf von Karma unterworfen ist. In Wirklichkeit sind nicht wir Maya untertan, sie ist uns untertan!«

»Maya träumt nicht uns, wir träumen sie«, sagte ich. »Vielleicht wäre es treffender gewesen, wenn ich gesagt hätte, dass wir nicht ihre Schöpfung sind – sie ist lediglich die Spielregel, nach der das Erschaffene sich richtet.«

»Aikatmaya«, sagte er.

»Ich glaube, ich kenne die Bedeutung dieses Wortes zumindest teilweise«, sagte ich.

Er antwortete: »Es beschreibt den Zustand, in dem das Auge der Einheit im Licht des Höchsten Selbst zu Hause ist. Darin berührt der Eingeweihte die Mittel, um jegliches Siddhi zu vollbringen. Wenn der Beobachter den Forderungen von Maya widersagt und seine Ruhe im Höchsten Selbst findet, dann wird der Traum als das erkannt, was er ist. Wenn der Traum hinwegfällt, bleibt die Erleuchtung – Samyaksambodhi. Dann gibt es keine Dunkelheit, nicht einmal im Tod. Das Selbst ist ewiglich frei! In Freiheit ist alles möglich.«

»Wenn ich dies auf die Bilokation anwende, ist unsere wahre Natur also allgegenwärtig wie ein Ozean«, fügte ich an. »Unser individuiertes Gewahrsein hingegen ist lokal gebunden, gleich einem Tropfen in diesem Ozean. Bilokation kann nicht vollbracht werden, ohne zuvor das größere Bewusstsein des ›Ozeans‹ erlangt zu haben. Erst dann, in diesem transzendentalen Zustand, kann der Beobachter die Absicht initiieren und beibehalten, eine zweite Wahrnehmung an einem zweiten Ort aufrechtzuerhalten. Denn im Einssein gibt es nicht *wirklich* einen zweiten Ort. Die Grenzen von Zeit und Raum sind dort aufgehoben.

Aber es steckt noch mehr dahinter. Es reicht nicht, nur zu wissen, *wie* es funktioniert. Die Person, die die Bilokation vollbringt, muss in der Lage sein, der Absicht gewahr zu bleiben, diese Wahrnehmung aufrechtzuerhalten, während sie an der Grenze zwischen der transzendentalen Weite der Freiheit und der menschlichen Psyche verweilt. Das zu lernen braucht Zeit.«

»In Wahrheit *ist* Freiheit – sie ist immerwährend vorhanden. Doch zuerst müssen wir Wissen erlangen«, sprach er, »dann kommt die Technik hinzu – und dann realisieren wir die Freiheit. Das ist der Weg!«

»Ich verstehe«, sagte ich.

»Wissen, Technik, Beständigkeit und Hingabe – Meisterschaft braucht Zeit«, bestätigte er. »Siehst du, Aaravindha, du weißt es. Ein tieferer Anteil deiner Erinnerung kehrt selbst in diesem Augenblick zurück. Yatrakama basiert exakt auf denselben Prinzipien, die du bei Drishti Saumedhika anwendest.«

Dies war das erste Mal, dass ich den Begriff Saumedhika hörte. »Du sagtest Drishti Saumedhika … Meinst du damit die Fähigkeit, Wissen abzurufen, das jenseits der gewöhnlichen Begrenzungen des Verstandes liegt?«

Er antwortete: »Auch das ist ein Siddhi, eine Fähigkeit. Es ist die Fähigkeit, mittels der die alten Orakel unserer Tradition das übernatürliche Wissen hervorbringen konnten. Drishti ist für den spirituell Suchenden wie Wasser für die Erde. Doch vor dem Erlangen von Drishti, wahrem spirituellen Wissen, steht ein heroischer Akt.«

»Ein heroischer Akt, was meinst du damit?«, fragte ich.

»Es bedarf einer furchtlosen Bereitschaft zu hören. Wahres Wissen ist oft schonungslos und kompromisslos. Um es zu erlangen, muss man die Stärke finden und willens sein, alle beeinträchtigenden Anhaftungen, Aversionen oder alten Glaubenssätze zu opfern.«

»Sprichst du von einem Zustand makelloser Unschuld und einem wirklich zentralen Opfer? Das Opfern der tief verwurzelten Wege zugunsten eines erneuerten Hörens?«, fragte ich.

»Ja, Unschuld«, antwortete er. »Und eine sublime Demut. Demut öffnet die Tür zu Freiheit und Potenzial. Den eigenen Verstand und Leib als lebendige Gabe darzubieten ist der einzige Weg, der heilig ist und geeignet, ein wahres Siddhi zu erlangen. Dieses Opfer hinzugeben ist das Mittel, die Freiheit zu gewinnen.

Aaravindha, nur wenn wir die Phase, in der wir Opfer bringen, durchlaufen haben, sind uns die heiligen Kräfte zugänglich. Dies ist der Grund, aus dem du zum Varman unserer Tradition zurückgekehrt bist: um das Licht deiner wahren Natur vollkommen zurückzugewinnen und wiederzuerlangen. Du bist hier, um dich zu erinnern – dies ist deine Stunde.«

»Ein Varman ist ein Heiligtum oder eine Zufluchtsstätte, nicht?«, fragte ich.

»Ja – ich bin ein Heiligtum. In meiner Gegenwart verbrennen die Gesetze, die über die Unwissenden herrschen, zu Asche.

Was die Massen als ihr unbeugsames Gesetz akzeptieren, ist nicht mehr als der Staub zu meinen Füßen. Ich bin das eine freie Selbst eines jeden Wesens. Ich bin überall. Ich bin göttliche Autorität! Ebenso aber bin ich der Freund, der Balsam – und das Ziel.«

Die Zeit schien stehen zu bleiben. Die Überzeugung und Macht, die sich in Meister Amirs Gesicht offenbarten, waren nicht die eines bloßen Intellektuellen, eines religiösen Gläubigen oder eines Philosophen. Sie waren die Wesensmerkmale eines wahren Meisters, der das höchste Wissen errungen hatte. In seinen Worten schwang die fühlbare Autorität eines wahren Meisters, und seine amethystfarbenen Augen enthüllten die Kraft einer mächtigen utopistischen Mystik – unbegrenzbar und rein.

Während wir uns unterhalten hatten, war die Schärfe meiner Sinne zurückgekehrt. Die mentalen Nebel, die sich zuvor aufgrund der Erschöpfung auf mich gelegt hatten, waren deutlich schwächer geworden. Nun erkannte ich klar, warum er mich dazu aufgerufen hatte, mich zu erinnern. Er rief mich dazu auf, die illusorische Welt hinwegfallen zu lassen und stattdessen an seiner Seite zu wandeln, Schulter an Schulter in seinem Reich, seiner Welt der unbeugsamen Wahrheit.

Als wir unsere Wanderung aufnahmen, sagte er: »Der ausgetretene Pfad ist immer der meistgewählte. Doch jene, die ihm folgen, zahlen einen hohen Preis dafür. Es ist nicht die Bestimmung der Rechtschaffenen, das Leben in einem Gehorsam zu verbringen, der aus der Schmiede der Blindheit stammt. Das weltliche Leben ist ein Traum voller Prüfungen, in dem der Schüler der Wahrheit lernen muss, den Willen Gottes zu erkennen, und dann verwirklichen muss, was tugendhaft, makellos und real ist.«

Er tippte mit seinem Zeigefinger auf die Stelle zwischen meinen Augenbrauen. »Aaravindha, mein Lieber, du hast diesen Weg bereits lange vor diesem Leben verstanden. So hast du Drishti erlangt, die Grundlage allen Sehens. Wenn das Sthagmudra nicht gewesen wäre, hättest du deinen Weg in unser Zuhause auch ohne meine Hilfe gefunden. Das, was du oft für ein Talent gehalten hast, ist das Atisiddhi eines Rishis, ein hoch entwickeltes Vibuthi. Es stand dir zur Verfügung, als du vor langer Zeit unser Zuhause verlassen hast. Es ist nach all diesen Leben immer noch da! Junger Meister, nun verwende es, um dich zu erinnern – von jetzt an ist das deine einzige Aufgabe.«

»Das werde ich!«, antwortete ich.

Nervös mit den Fingern an einer Mala, einer Gebetskette, aus Bernstein und Koralle hin und her gleitend, schritt die junge Frau nach vorne und ließ ihren Körper sofort hingebungsvoll auf die Knie sinken. Sie wirkte winzig und zerbrechlich, als sie zu Amir aufblickte. Ihr Gewand breitete sich über den Boden wie die Flügel eines zarten Vogels, der Gnade einer größeren Macht ergeben.

Kubitha

Während ich mit Meister Amir auf Wanderschaft war, schien die Zeit schneller zu vergehen als zuvor. Wir stiegen von einer Höhe herab, in der sich die Temperatur zwischen den verschiedenen Mikroklima-Abschnitten dramatisch veränderte und gelegentlich innerhalb von Minuten um acht bis zehn Grad schwankte. Über uns verloren sich die weißen Gipfel fast vollständig in einer dichten Wolkenschicht. Wir gingen an ein paar hohen Wasserfällen vorbei, von denen das Wasser aufgefächert und mit einem sanften Donnern große Tiefen in dunstüberzogene Becken hinabstürzte. Von dort aus fiel es erneut manchmal Hunderte von Metern tief. Als wir durch eine dicht bewaldete Gegend streiften, zeigte Amir auf ein kleines katzenartiges Tier, das auf dem bemoosten Ast eines großblättrigen Baumes lag und seine Beine herunterbaumeln ließ. Es erinnerte mich an einen kleinen Waschbären, hatte jedoch ein irisch-rotes Fell, schwarze Beine und einen schwarzen Bauch sowie einen Schwanz, der gestreift war wie eine Zuckerstange. Meister Amir nannte es Wahdonka.

Die Luft war nun leichter zu atmen. Doch die hämmernde Belastung durch unser konstant abwärtstrottendes Gehen brachte den Schmerz in meine Knie und Fußgelenke zurück. Hier und da hielt Amir inne und schloss seine Augen. Vielleicht war er einfach aufmerksam und verlangsamte seine Geschwindigkeit, um sie meinem abnehmenden Tempo anzupassen. Doch ich vermutete, dass es damit noch mehr auf sich hatte: Er schien nach etwas zu hören.

Ich war drauf und dran, um eine Gnadenpause zu bitten, als wir auf ein Paar Wagenfurchen stießen, die sich in unseren Pfad eingespurt hatten. Die Rinnen waren schmal, wahrscheinlich von einer Handkarre oder einem kleinen Ziehwagen in die Erde gedrückt. Dhaks Hufabdrücke waren vor mehr als anderthalb Kilometern in eine andere Richtung abgezweigt. Amir musste wahrgenommen haben, dass ich an Dhaks Abweichen von der Route dachte, da er anmerkte, wir würden ihn später wieder einholen. Ferner fügte er an, wir würden zuerst für einen kurzen Besuch in einer kleinen Siedlung halten. Den Grund erwähnte er nicht.

Er erklärte mir, dass die Menschen, die dort leben, vor Tausenden von Jahren in diese Bergregion gezogen waren. Sie folgten einer alten schamanischen Tradition, die er als Mundhum bezeichnete – eine Tradition, die, wie er sagte, reich ist an Liedern und Geschichten.

Es dauerte nicht lange, bis eine kleine Herde Yaks in Sicht kam, die auf einem entfernt gelegenen Hügel graste, der von einer breiten Steinmauer umgrenzt war. Ein Stückchen weiter tollten einige neugeborene Zicklein umher. Ein langhaariger Widder und eine Gruppe kleinerer Milchziegen starrten uns misstrauisch aus dem hohen breithalmigen Gras einer Wiese an. Nach einer Biegung, die uns über eine sanfte Anhöhe hinwegführte, erreichten wir zwei steinerne Hütten. Verwitterte Lattenzäune umgaben deren kleine Gärten. Die Beete der Hütten waren über und über mit orangefarbenen, gelben und schwarzen Maiskörnern bedeckt, die dort auf ausgefransten braunen Decken in der Sonne zum Trocknen ausgebreitet waren. Ein angenehmer, aber schwacher Geruch von geröstetem Getreide, möglicherweise von im Ofen backendem Brot, hing in der Luft. Mein Magen reagierte mit einem tiefen Knurren.

Zwei schlaksige Mädchen, angehende Teenager, beide mit langem geflochtenen Haar, kamen in Sicht. Als sie uns entdeckten, rannten sie über die Kuppe eines kleinen Hügels hinweg davon.

Der Hügel bot uns den ersten Blick auf das Dorf. Es war klein und bestand nur aus ein paar weiteren Hütten, die den ersten beiden ähnelten. Etwas höher gelegen war ein größeres, weiß gekalktes Ziegelsteingebäude, das unmittelbar in einen hervorstehenden Felsen eingepasst war, der einen Ausblick über die darunterliegenden Täler bot. Das Dorf wirkte bemerkenswert alt, als würde es schon seit einer Ewigkeit dort liegen.

Die schrillen Rufe der beiden Mädchen lockten mehrere Männer aus der größten Hütte am Ende des kleinen Dorfes. Kaum eine Minute später rannte eine Frau, die ungefähr fünfundzwanzig Jahre alt war, aus einer kleineren Hütte etwas weiter oberhalb des Hauptweges herunter, um sich ihnen anzuschließen. Alle, bis auf die beiden Mädchen, eilten herbei, um uns zu begrüßen.

Die Menschen hier hatten ein einzigartiges Aussehen, wie ich es vorher noch nie gesehen hatte. Ihre Gesichtszüge wiesen alle ähnliche Charakteristika auf. Am ausgeprägtesten waren ihre eindrucksvollen mandelförmigen und goldbraunen Augen. Sie hatten hochliegende Wangenknochen und schwarzes Haar, das ausgesprochen dicht und seidig war. Der Stil ihrer Bekleidung schien ganz anders als die Bekleidung der Einwohner in der kleinen Siedlung auf dem Bergplateau. Die hiesigen Trachten waren reicher bestickt und bestanden aus mehreren Lagen brauner, roter und weißer Stoffe. Nichts davon zeigte erkennbare Merkmale westlicher oder östlicher Einflüsse.

Innerhalb von Sekunden waren wir umringt. Sie hielten die Handflächen über den Köpfen aneinandergedrückt, während sie sich wieder und wieder grüßend verbeugten. Offensichtlich kannten sie Amir bereits und verehrten ihn. Doch als sie mich ein paar Schritte weiter hinten folgen sahen, begrüßten sie mich auf dieselbe Weise, höchstwahrscheinlich als Ausdruck ihres großen Respekts für Amir. Die einzige Erwiderung, die mir in den Sinn kam, war »Kadrin Chey«, Dankesworte, die ich von dem alten Sherpa-Führer gelernt hatte – obgleich ich vermutete, dass sie diesen tibetischen Dialekt hier nicht verstanden.

Einer nach dem anderen ließ die Hände sinken, und ein Gewirr heiserer Stimmen setzte ein. Es war mir fast unmöglich, irgendeine Bedeutung herauszufiltern. Mit einem nach unten gerichteten, beruhigenden Schwung seiner Hände sagte Meister Amir: »Ga-nang.« Ich vermutete, es bedeutete »hört auf« oder »beruhigt euch«, denn sie verstummten augenblicklich.

Ein stämmiger, muskulöser Mann kam nach vorne, um Meister Amir auf ruhigere Weise anzusprechen. Nach einer kurzen Erklärung bedeutete ihm Meister Amir beiseitezutreten und winkte die junge Frau näher heran. Sie trug ein leuchtend rot gemustertes Kleid über einer weiten Hose aus weißer Wolle, die locker in ihre wadenhohen Stoffstiefel gesteckt war. Ihr Gesicht war schmal und hatte feine zarte Züge. Sie war an jedem Maßstab gemessen bezaubernd. Das lange geschmeidige Haar trug sie nach hinten gebunden in einem Geflecht aus dünnen perlengeschmückten Zöpfen. Ihr Gesicht war gerötet und tränennass.

Ein eindrucksvoller Mann, der direkt hinter ihr gestanden hatte, schien jede ihrer Bewegungen zu verfolgen – vermutlich ihr Vater. Er war älter, aber gut in Form und strahlte weitaus mehr Zuversicht aus als die anderen. Seine Augen schienen ruhig und sicher, und sein Gesicht hatte kantige, klar geschnittene Züge, die Überzeugung, aber auch deutliche Sorge ausdrückten. Das Haar fiel ihm lang und glatt über die Schultern, und einige Strähnen waren an den Enden mit eingewebten bunten Steinen und silbernen Metallperlen beschwert.

Nervös mit den Fingern an einer Mala, einer Gebetskette, aus Bernstein und Koralle hin und her gleitend, schritt die junge Frau nach vorne und ließ ihren Körper sofort hingebungsvoll auf die Knie sinken. Sie wirkte winzig und zerbrechlich, als sie zu Amir aufblickte. Ihr Gewand breitete sich über den Boden wie die Flügel eines zarten Vogels, der Gnade einer größeren Macht ergeben. Amir kniete sich auf einem Bein neben sie auf den Boden, legte seine Hände um ihre Handgelenke und zog sie wieder auf die Füße. Flehend und schluchzend deutete sie besorgt zurück auf die Hütte, aus der sie gekommen war.

Auf der Suche danach zu verstehen, was vor sich ging, entdeckte ich in den Gesichtern um uns herum eine unerwartete Anmut. Es waren Gesichter, die mit der unbefleckten und besonderen Schönheit eines wahren Glaubens und einer unnachahmlichen Ehrfurcht erfüllt waren, die man nur in einem zutiefst spirituellen Volk findet. Wir anderen folgten mit ein paar Schritten Abstand, als sie und Amir voraus den Hügel hochgingen. Wir stiegen einen Weg aus Schiefersteinplatten hinauf, die vom Einfluss der Zeit abgenutzt und glattpoliert worden waren, und hielten am Fuße eines kleineren Pfades an, der zum Eingang der Hütte führte.

Neben einer kleinen Feuerstelle aus Lehm stehend hatte eine alte Frau, weiß und vom Alter gebeugt, unser Herannahen still verfolgt. Sie hob die Hände über den Kopf, verbeugte sich und nickte in Meister Amirs Richtung und dann zu mir. Amir hielt inne und nickte ihr grüßend zu. Es war zu spüren, dass sie Bekannte waren.

Die junge Frau ging ein paar Schritte den Pfad hinauf, doch als sie bemerkte, dass Amir stehen geblieben war, drehte sie sich mit einem Ausdruck der Verzweiflung um. Sie begann, ihn flehentlich zu bitten, mit ihr zu kommen. Anstatt ihr zu folgen, ging er zwei Schritte zurück und sagte etwas mit gedämpfter Stimme. Dann gab er ihr mit einer Geste zu verstehen, dass sie dorthin kommen sollte, wo er stand. Mit hängenden Schultern und deutlich bekümmert tat sie, worum er gebeten hatte.

Meister Amir nahm ein kleines Stück weißen Stoffes und legte es um seine Handfläche, um ihre Tränen zu trocknen, und faltete dann ruhig ihre Hände über ihrem Herzen zusammen. Ihre Mala hielt sie immer noch in einer baumelnden Schlinge fest umklammert. Ein paar Atemzüge vergingen in Stille, während er in ihre wehmütigen, tränengefüllten Augen blickte, als würde er suchen – oder warten. Er neigte sich ihrem linken Ohr zu und hauchte ein Flüstern hinein. Was auch immer er sagte, es schien ihr Weinen sofort zu stillen. Staunend beobachtete ich, wie der Ausdruck der Qual in ihrem Gesicht sich in den unschuldigen Liebreiz eines hoffenden Kindes verwandelte.

Sein kurzer Blick auf die Beiwohnenden zeigte sofortige Wirkung: Alle traten einen Schritt zurück, um Amir und der Frau mehr Raum zu geben. Die alte Frau war unterdessen schlurfend, einen kleinen Schritt nach dem anderen, näher gekommen, um sich uns anzuschließen. Nun, da sie dichter bei uns stand, bemerkte ich einen deutlich erkennbaren Unterschied in ihrer Kleidung: Kleine Muster waren vollendet in den vielschichtigen Stoff ihrer Ärmel gewebt. Eine dicke rote Wollweste war über einer zerschlissenen grauen Bluse um ihren Oberkörper geschnürt. Der einfache braungraue Faltenrock hing ihr bis zu den Knöcheln. Der Stoff war unten nicht gesäumt und deshalb ausgefranst. Eine Halskette aus Bernstein und Keramikperlen, versehen mit Symbolen und Zeichen, war in einer langen Doppelschlinge um ihren Hals gewunden. Sie roch stark nach Weihrauch und Amber. *Wahrscheinlich die Dorfheilerin,* dachte ich. Es schien, als stünden wir vor ihrer Hütte. Sie war die Erste, die auf die Knie sank, die Augen schloss und leise Gesänge zu murmeln begann. Die anderen folgten einer nach dem anderen ihrem Beispiel. Ihr gemeinsames Flüstern zischelte wie das Rascheln von Blättern im Wind.

Meister Amirs linke Hand war immer noch um die Hände der jungen Frau gefaltet, seine rechte Hand schob er stützend an ihren Hinterkopf. Er zog sie näher an sich heran und flüsterte ihr erneut etwas ins Ohr.

Mit einem Mal schien sich alles zu verändern – eine außergewöhnliche Ruhe fiel über uns alle. Jeder konnte sie fühlen. Ihre Gesichter waren dem Himmel zugewandt, die Augen geschlossen. Stille Tränen strömten ein paar der Wangen hinab, als würden sie irgendwo in ihren inneren Visionen Zeugen einer Schönheit, die zu großartig war, um sie fassen zu können. Im Einklang verstummten ihre Gesänge im selben Augenblick. Alles wurde still. Selbst der Wind legte sich und wurde unvorstellbar ruhig.

Nur eines hob sich nun von der Stille ab: der gebietende Nachhall von Meister Amirs Worten: »Me-je Ashi, Me-je«, von denen ich sicher war, dass sie *Hab keine Angst* bedeuteten. Der Körper der Frau wankte vor und zurück und fing an zu zittern, dann gab sein Gewicht sich plötzlich fast vollkommen den stützenden Armen Meister Amirs hin. Ihre Augen verdrehten sich nach oben und wieder zurück, ihre Augenlider flatterten kurz und schlossen sich. In diesem Moment offenbarte ihr Gesicht eine solch tiefe Stille und wurde so auffallend weiß, dass man sich leicht vorstellen konnte, sie sei gestorben. Die Flut von Frieden, die über sie geflossen war, war faszinierend – so sehr, dass ich für einen Moment beinahe vergaß, wo ich war.

Ein kaum sichtbarer Lichtschein hatte sich um ihren und Meister Amirs Kopf herum gebildet. Ich fragte mich, ob noch jemand anders dies sah. Die Umgebung, das Dorf, die Menschen, alles erschien mit einem Mal ergreifend anders – fast traumartig. Intuitiv schloss ich meine Augen ebenfalls. Ich fühlte einen starken Drang, mich vollkommen in die verzehrende Stille hineinfallen zu lassen. Was auch immer gerade geschah, es hatte sich schnell in ein allmächtiges und unwiderstehliches Hingezogenfühlen zu etwas Unergründlichem gewandelt.

Einen Augenblick später war nur noch Licht – erstaunlich glückseliges zeitloses weißes Licht. Dann, als wäre ich aus einem

Traum hochgeschreckt, war es vorbei. Meine Augen sprangen auf, als ein sanfter, warmer Windstoß über uns hinwegwehte. Die Zeit war nur so verflogen, doch ich konnte unmöglich einschätzen, wie lange es angedauert hatte. Die Frau stand frei und aus eigener Kraft. Die Tränen und die Röte ihrer Augen waren verschwunden. Ihr Gesichtsausdruck hatte sich verändert und leuchtete voller Dankbarkeit.

Ein eiliger Austausch von Blicken und Geflüster lief durch die Gruppe, als sie sich von ihren Knien erhoben. Meister Amir sagte etwas, das die junge Frau dazu brachte, zuerst ihren Kopf und dann den ganzen Körper schwungvoll zur Hütte hin umzudrehen. Doch bevor sie einen Schritt machen konnte, ergriff Amir ihren Arm.

Ich hörte, wie sie einen tiefen Atemzug nahm und dann rief: »Kubitha, Kubitha!«

Die Stille lag in der Luft wie eine ungesungene Note. Das einzig andere Geräusch stammte vom Rieseln einer weiteren sandigen Windböe. Niemand sprach ein Wort. Nur die alte Frau begann leise mit ihrem Atem hauchend einen weiteren sehnsuchtsvollen monotonen Gesang.

Gerade, als die junge Mutter erneut zu rufen ansetzte, öffnete sich knarzend die Tür der Hütte. Ein alter Mann, der neben mir stand, begann zu weinen. Die Tränen liefen unkontrolliert über seine wettergegerbten Wangen. Der Mann, von dem ich glaubte, er sei ihr Vater, machte einen Schritt auf sie zu, hielt sich selbst dann aber zurück. Ein kleines, hauchzartes Mädchen, hübsch wie ihre Mutter, taumelte benommen durch den Schatten des Türrahmens. Sich mit den Fäusten den Schlaf aus den Augen reibend, blickte sie uns überrascht an.

»Ama … Ama eh?«, rief sie und streckte die Arme nach ihrer Mutter aus.

Überfließend vor Freude lief ihr die Mutter entgegen, um sie zu umarmen, und rief beruhigend: »Kubitha, ngey Kubitha!«

Die Dorfbewohner eilten in aufgeregtem Tumult hinzu und gaben eine melodische Mischung aus Weinen und Lachen von sich. Nur die alte Frau hielt sich zurück. Sie blickte Meister Amir in offenkundiger Ehrerbietung an. Er nickte. Sein Gesicht strahlte vor Erfüllung. Die alte Frau schloss fest die Augen und nickte ebenfalls, als würde sie ihm demutsvoll ihren Dank darbieten.

Während ich versuchte, die Details dessen, was sich gerade ereignet hatte, zusammenzufügen, nahm Meister Amir meinen Arm, hakte sich bei mir ein und trieb mich leise an, mit ihm davonzuschleichen. »Aaravindha«, murmelte er, »unsere Zeit zu gehen ist gekommen. Wenn wir noch länger warten, werden die Dorfbewohner versuchen, unsere Taschen mit ihrer Dankbarkeit zu füllen – es ist besser, wenn wir bis dahin auf dem Weg sind.«

Kaum lag das Dorf fünfzig Meter hinter uns, hatten die Dorfbewohner uns eingeholt. Einer nach dem anderen rief uns seine Segenswünsche nach: *»Thu checho! Ihathuchecho!«* Alle winkten uns zum Abschied – bis auf die Mutter und ihre Tochter, die noch immer zu sehr ineinander versunken waren.

Genau wie Amir es vorhergesagt hatte, trafen wir kurze Zeit später auf Dhak, der auf dem Rücken eines grasbedeckten Hügels auf uns wartete. Als er uns jedoch kommen sah, trottete er weiter und ließ nur eine kleine Staubwolke hinter sich zurück.

Meister Amir nahm wahr, dass ich ihn fragen wollte, was geschehen war, und sagte: »Das kleine Mädchen hatte sich eine Fleischwunde am Arm zugezogen. Die Wunde hatte ihren Blutkreislauf infiziert und das Gift war ins Herz gelangt.«

Das war es also, dachte ich. »Sepsis – Blutvergiftung?«, fragte ich. »Aber wenn die Toxine erst einmal das Herz erreicht haben, ist es doch tödlich, oder etwa nicht?«

»Der Tod stand unmittelbar bevor«, bestätigte er. »Sie war bereits jenseits der medizinischen Möglichkeiten, die der Heilerin zur Verfügung standen. Sie hatte nur noch wenige Augenblicke zu leben. Ihre Sinne waren schon in die Dunkelheit des Todes gefallen – diese Welt war für sie nicht mehr.«

»War sie in einem Koma, bewusstlos?«, fragte ich.

»Jenseits dessen«, antwortete er. »Sie stand an der Schwelle des Todes! Doch selbst dort ist die Dunkelheit nur ein Schatten. Ihr Weg zurück in dieses Leben war noch nicht verschlossen.«

»Die alte Frau, die Heilerin, war sie es, die dich um Hilfe gebeten hatte?«

»Nein, als Heilerin konnte sie nichts mehr tun. Sie konnte für die Sterbende nur noch beten. Es war die junge Mutter, die mich gerufen hatte! Es waren *ihr* Glaube und ihre Liebe, die die Heilung möglich machten.«

Ich blickte Meister Amir direkt ins Gesicht und sagte: »Ich konnte die Heilung fühlen, als sie geschah. Die anderen haben es ebenfalls gespürt. Darf ich dich fragen, was du zu ihr gesagt hast?«

Er antwortete nicht gleich, stattdessen gingen wir still weiter. Ein paar Minuten vergingen, dann blieb er stehen und sprach: »Aaravindha, ich habe sehr wenig getan. Alle Wesen besitzen ein höchstes Recht! In unserem wahren Sein sind wir nicht die Subjekte unseres Schicksals, wir sind dessen Schöpfer. In unserer wahren Existenz haben wir das letzte Wort über das Eintreten des Todes.«

»Was du gerade sagtest – dass wir das letzte Wort haben –, ist kein sehr weitverbreiteter Glaube. Nur wenige glauben, dass es womöglich wirklich in ihrer eigenen Hand liegt, die Stunde ihres Todes zu wählen.«

Er antwortete: »Gebunden an eine Ansammlung unvollkommener Wahrnehmungen wird der gewöhnliche Denker zu einem ignoranten Propagandisten von Meinungen. Diese Sichtweisen sind in ihrem Weitblick immer begrenzt. Ja, es ist selten. Bei den meisten Menschen wird das Antlitz des Hohen Selbst von einem cleveren Verteidiger bewacht, der die Existenz dieses Selbst mit seiner gerissenen Kunstfertigkeit wieder und wieder neu erfindet. Dadurch wird ihr Gefühl für das Selbst so verändert, dass sie glauben, zu etwas oder jemandem *werden* zu müssen. Es entsteht ein Verlust von Präsenz, der die Wahrheit vor unseren Augen verschleiert. In jedem *Werdenwollen* existiert bereits ein *Enden* – beide sind gleichermaßen flüchtig.«

»Im Werden – der Unwissenheit – ist unsere unsterbliche Sicht darauf begrenzt, lückenhaften Glaubenssätzen zu dienen«, sagte ich. »Auf diese Weise formt sich eine niedere Form der Sicht, die unseren unzureichenden Betrachtungsweisen über das Leben und den Tod dient.«

»Eine Sicht«, sprach er, »die in sich immer noch einen gewissen Anteil des größeren Wissens trägt. Funken der Wahrheit sind noch da. Aber es liegt nicht in der Natur von sich formenden oder bereits geformten Gedanken, die Wahrheit über unsere Existenz zu offenbaren. Eine mental veranlagte Person kennt nur das Gesetz der Form. Im besten Falle mag uns dieses Gesetz Hinweise geben, die uns helfen, Vermutungen über die Wahrheit anzustellen, doch es reicht nicht aus, um uns diese Wahrheit wirklich zuteilwerden zu lassen. Wahres Selbstwissen ist die realisierte Wahrheit eines Seins, das nicht länger limitiert ist durch jedwede Norm der Zeit oder äußeren Erscheinungsform.«

Ich hielt an, um über das, was er gesagt hatte, nachzudenken und antwortete: »So war es also die tiefe Erkenntnis der Mutter über die Wahrheit, die jenseits der Form existierte, die ihre Tochter heilte!«

Dann fragte ich: »Wusstest du bereits, als wir uns trafen, dass dies geschehen würde?«

Er nickte. »Für die Mutter war die Zeit gekommen zu erwachen. Es war für sie notwendig, ihre letzte Anhaftung an den Traum aufzugeben, um das göttliche Selbst zu realisieren.«

»So waren also ihr Erwachen und die Heilung ihrer Tochter eng miteinander verknüpft – das Entgleiten ihrer Tochter in den Tod war der Katalysator«, bemerkte ich.

»Es gibt immer eine nötige Abfolge und Ordnung!«, sagte er.

»Meinst du damit Dharman?«, fragte ich.

»Ja, Dharman!«, bestätigte er. »Obwohl der Pfad versteckt im Herzen lebt, ist es das heilige Selbst, das die erweckenden Kräfte von oben aus dem Wahrheitslicht ins Leben ruft. Es etabliert eine göttliche Ordnung in der fühlenden Wesensart von Geist und Körper. Dies hat die Mutter dazu verleitet, sich bereit zu machen, und ihr die tiefe Erkenntnis ihres höheren Wesens ermöglicht. Sie hatte den Punkt erreicht, an den alle Wesen eines Tages kommen müssen: Sie konnte die eigene Manifestation des heiligen Selbst im Leben verwirklichen.«

»Sie leuchtete wie ein Stern, als ich sie zum ersten Mal sah«, sagte ich. »Sie war sichtlich vom Schmerz gezeichnet, aber dennoch genauso strahlend. Unter ihren Tränen war ihre Reinheit unverkennbar. Also obwohl ihre Tugend wahrhaftig war, ihr Traum nur noch schwach und ihre Zeit gekommen, schienen ihre Tränen zu zeigen, dass etwas sie noch zurückhielt – sie war immer noch etwas oder jemandem angehaftet. An ihre Tochter?«

»Erst das Loslassen ihrer Tochter ermöglichte ihr Erwachen«, antwortete er. »In ihrer Hingabe konnte sie endlich hören – dann flüsterte ich ihr nur den Weg.«

Ich versuchte zu verstehen, was er damit meinte, ihr den Weg geflüstert zu haben. »Du hast es ihr also gesagt ...«

Er unterbrach: »Meine Worte waren einfach und wahr: ›Kubitha ist mit Gott!‹ Dies war immer wahr, aber erst jetzt konnte sie es wahrhaftig realisieren.«

»Sie fand also ihren Glauben. Ihr Glaube ermöglichte ihr, Kubitha loszulassen – und so fiel ihre letzte Anhaftung an ihren Traum hinweg!«

»Aaravindha, wenn das letzte Hindernis fällt zwischen uns und der Wahrheit unserer Existenz, dann gibt es nur eine Macht, die bleibt: die Macht der höchsten Liebe. In und jenseits aller Vorstellungen unseres menschlichen Geistes und seiner Methoden liegt eine höhere Gnade. Indem sie sich entfaltet, bereitet sie die Lebenden vor. Unvermeidbar wird diese Gnade die Geburt der Wahrheit einläuten. In und jenseits all unserer Fehler, Vergehen und Torheiten liegt eine geheime Macht – eine Macht, die uns dazu zwingt, nach Hause zur Liebe und Ordnung zu kommen. Diese Macht ist eine Schönheit, die den Wandernden drängt, dorthin zu gehen, wohin er gehen muss. Sie zeigt uns die Irrtümer und Fehler und bereitet den Weg, der vor uns liegt. Wieder und wieder zeigt sie uns die Wege des Dharman. Das Aufsteigen dieser Macht, dieser Shobha, ist die unentbehrliche Voraussetzung, um Unsterblichkeit zu erlangen.«

»Du wolltest, dass die anderen und ich dies heute miterleben!«, sagte ich. »Deswegen hast du sie vor der Tür zurückgehalten. Das ist der Grund, warum du sie anfangs nicht in die Hütte hast gehen lassen.«

»Ja – damit du dich erinnerst!«, sagte er.

»Und für die anderen, die Dorfbewohner?«, fragte ich.

»Um ihren Glauben zu vertiefen! Das Leben hier in diesen Bergen ist durch die Taten all jener miteinander verwoben, die den heiligen Pfad teilen. Die Macht, die von der Mutter realisiert wurde, schlummert in ihnen allen! Sie wartet auf einen verheißungsvollen Augenblick. Dieser Moment muss für jeden Menschen kommen – dies liegt in der Natur des Lebens. Das Ergebnis, das du mit dem Erwachen der Mutter bezeugen durftest, trat ein, als sie sich dem fügte. Sie realisierte das höchste Wesen, indem sie sich hingab. Diese Heilung bestand nicht nur in der Wiederkehr des Kindes vom Ruf des Todes; es war der Ruf des höchsten Wesens – und das Versprechen ewigen Lebens für alle!«

Was er mich erkennen lassen wollte, verstehen lassen wollte, hatte sein Ziel nicht verfehlt. Das Leben und der Tod mögen gewöhnliche Ereignisse sein, die Selbstrealisation hingegen geschieht nur einmal. Die Mutter war zu ihrem wahren Selbst erwacht, durch die Führung ihres Meisters. Und sie hatte eine Macht gefunden, die stärker war als ihr Glaube an den Traum oder den Tod. Ihr tiefer Glaube wurde zum Mittel, um ihr letztes Opfer zu erbringen, und ihre Anhaftung gab ihr die Möglichkeit dazu. Ich dachte an die Worte zurück, die Amir gesagt hatte, als wir uns begegnet waren: *»Den eigenen Verstand und Leib als lebendige Gabe darzubieten ist der einzige Weg, der heilig ist und geeignet, ein wahres Siddhi zu erlangen.«*

Meister Amir fuhr fort: »Die göttliche Mutter schenkt Leben. Kubitha hatte in dem Moment ihrer Hilflosigkeit keine andere Wahl, als diesen Ruf zu beantworten. Alles sonst war Dunkelheit. Der Ruf der allerhöchsten Mutter ist machtvoller als die Dunkelheit des Todes. Ihrer Macht ist nichts ebenbürtig – weder in dieser Welt noch jenseits davon.«

»In ihrer Befreiung also konnte ihre von bestimmten Konditionen abhängige menschliche Liebe die Kluft überbrücken und zu ihrer bedingungslosen göttlichen Liebe werden«, sagte ich.

Er fügte an: »Die menschliche Liebe ist nur die Maskierung einer größeren Macht.«

Ein sanfter Wind stieg spiralförmig um uns auf und rief den Duft der Erde wach, während wir gingen. Amir legte seine Handfläche auf mein Herz und sagte: »Du weißt es! Ob die Liebe im menschlichen Herzen gefunden wird oder im Herzen des höchsten Wesens – sie ist in Wirklichkeit dieselbe. Ihre einzige Beschränkung liegt im Widerstand, den wir aufwenden, um unsere wahre Natur zu verhüllen – dem Widerstand, der unseren Anhaftungen und Aversionen entstammt. Die Liebe der Mutter für das Kind *ist* die Liebe Gottes für den heiligen Sohn oder die heilige Tochter. Nichts kann sie besiegen, nicht einmal der Tod. Und wenn der Tod kommt, so ist er nicht von Dauer. Am Ende *muss* der Tod dem Leben weichen. Er ist nur das kurze Zwinkern eines Auges – das Auge muss sich wieder öffnen. Der Tod ist die Maske der Ignoranz, doch diese Dunkelheit kann sich dem wahren Licht unserer Existenz nicht widersetzen.«

»So fühlen wir diese göttliche Liebe als den Schub, den Atem des Heiligen, der durch unsere Leben in die Realisation fließt«, sagte ich.

Er erwiderte: »Es ist der göttliche Wille, der die Seele ins Leben trägt. Der Glaube ist das Mittel, durch das wir die mentalen Begrenzungen und unsere illusionäre Identität dem heiligen Herz der Einen Großen Mutter hingeben. Erwecke *ihr* Geschenk durch eine unverteidigte Präsenz, und der Tod hat keine Bedeutung mehr.«

»Der Atman, die Seele, kann nicht sterben«, sagte ich. »Sie lebt für immer – auf die eine oder andere Weise. Das Leben ist die Braut Gottes – der Tod kann dem keinen Einhalt gebieten.«

Amir sagte: »In der Stille und im Hören und ohne das Bedürfnis, begrenzen zu wollen, ist der Glaube nicht einfach nur eine

Überzeugung, noch ist er das Vertrauen in eine Hoffnung: Er ist die Macht des Wissenden! Diese Macht ist entschlossen! Unser Weg muss unsere Bereitschaft einschließen, dem Licht des Wissenden gegenüber präsent zu sein. Aaravindha, es ist einfach … so einfach.«

Ich legte meine Hand auf Meister Amirs Schulter und dankte ihm für die Süße seiner Worte und seine Großzügigkeit. Er nickte still in einer Geste der Anerkennung. In der folgenden Stunde sprachen wir nicht, sondern wanderten still Seite an Seite.

*Liebe wird selten verstanden.
Die meisten glauben, sie sei eine Emotion,
tatsächlich aber steigen Emotionen auf,
wenn die Liebe verloren wurde. Liebe ist
ein Zustand unbegrenzter Präsenz,
sie bedeutet, frei verfügbar für den
höheren Willen zu sein.*

Der letzte Wegabschnitt in das verborgene Tal

Ein paar Kilometer vom Dorf entfernt wurde unser Pfad immer schmaler und war schließlich nicht mehr erkennbar. Nachdem wir eine Reihe kleiner Bäche durchwatet hatten, durchquerten wir einen dicht mit Rhododendren bewachsenen Wald, der von melodischem Vogelgezwitscher erfüllt war. Gelegentlich trafen wir auf Paarhuferspuren, die auf Wildschweine deuteten. Eine blauschwarze Rabenfamilie hatte sich uns an die Fersen geheftet und begleitete uns miteinander schwatzend, keckernd und schimpfend. Wir machten Rast auf einem Felsüberhang, der uns einen weiten Blick über eine hügelige Auenlandschaft bot, die ein paar Hundert Meter unter uns lag und deren grüne Wiesen mit hohem Gras und roten, weißen und gelben Wildblumen übersät waren. Dhak hatte dort auf uns gewartet und sich derweil mit der Herausforderung beschäftigt, die zarteren Gräser von dem weniger erfreulichen Dornengestrüpp zu trennen.

Ich lehnte mich nach hinten auf einen mit grünem Moos bedeckten Felsen, streckte meine Beine aus und schloss die Augen. Die Zeit, die vergangen war, während wir schweigend gewandert waren, hatte mir die benötigte Ruhe geschenkt, um die Geschehnisse im Dorf in ihrer Tiefe würdigen zu können.

Zeit meines Lebens hatte ich mich bemüht, eine Art von Wissen wiederzubringen, das Aufschluss darüber geben könnte, wie man ein wahres und authentisches Leben lebt – ein Leben, das sich eher auf direkte Erfahrung gründet statt auf kulturelle oder vorgeschriebene Angepasstheit. Ich hatte versucht, den eristischen Disputen über religiöses Recht und Unrecht aus dem Weg zu gehen, die zu oft die treibende Kraft moderner Metaphysiker und spiritueller Gelehrter sind. Meine Suche galt einem Wissen, das über menschliche Meinungen oder die künstlich erzeugten Moralvorstellungen unterschiedlicher Gesellschaften hinausging. Ich verstand wohl, dass unverfälschtes Wissen als große reinigende Kraft und als Mittel dienen kann, die größere Wahrheit unserer Existenz ableiten zu können. Doch wusste ich intuitiv ebenso, dass Wissen allein dem Wahrheitssuchenden nicht das zu geben vermag, was er oder sie im Grunde wirklich sucht. Amir hatte es auf vollkommene Weise in Worte gefasst: *»Eine rein mental veranlagte Person kennt nur das Gesetz der Form.«* Und: *»In und jenseits all unserer Fehler, Vergehen und Torheiten liegt eine geheime Macht – eine Macht, die uns dazu zwingt, nach Hause zur Liebe und Ordnung zu kommen.«*

Amir war ein Meister dieser Macht. Seine Liebe war keine nur menschliche Liebe, die von Mitleid oder jedweder anderen Emotion geprägt war, sondern eine Liebe, die etwas Größerem angehörte. Ich konnte mich nicht daran erinnern, jemals in meinem Leben etwas dem Gleichkommendes gefühlt zu haben. Diese Liebe lag in jeder seiner Bewegungen: aufmerksam, anmutig und mühelos. Er erinnerte mich an einen Adler, der schwerelos gleitend mit einer unsichtbaren Strömung in die Lüfte stieg. Einige würden dies vielleicht als »im Einklang mit der Natur sein« bezeichnen, doch dies wäre nicht annähernd ausreichend, um es treffend zu beschreiben. Nein, er war nicht nur im Einklang mit der Natur – seine Natur war im Einklang mit der Wahrheit des gesamten Daseins.

Er hatte die junge Mutter vor der Schwelle zur Hütte zurückgehalten, damit die anderen Zeugen sein konnten. *»Um ihren Glauben zu vertiefen«*, wie er sagte. Aber seine Worte *»Und damit du dich daran erinnerst!«* hatten eine tiefe Wirkung auf mich hinterlassen. Ich war mir sicher, dass sich diese Aufgabe nicht bewerkstelligen ließ, indem ich meine gespeicherte Erinnerung wachrief. Dies war zu begrenzt – das Ergebnis eines einzigen Lebens. Er wollte, dass ich mich an etwas erinnerte, das sehr viel tiefer lag. Jenseits des Wissens, das ich durch die Bemühungen einer Lebenszeit hätte sammeln können, und jenseits der Erinnerung an das Leben, das ich einst unter den Meistern verbracht hatte. Es lag tiefer als die Erinnerung an jegliches vergangene Leben.

Seine Erklärung *»Unser Weg muss unsere Bereitschaft einschließen, präsent gegenüber dem Licht des Wissenden zu sein«* war der Schlüssel. Es war das entscheidende Kriterium, über das ich nun nachdachte. Das Licht des Wissenden mag in Fragmenten auch in der Erinnerung und in den Gedanken lebendig sein, doch erinnertes Wissen ist lediglich ein partielles Strahlen von etwas Größerem, von etwas, das jenseits der Reichweite des Denkenden lebt. Wenn wir uns in Einklang bringen mit einer nach innen gerichteten Hingabe – uns selbst loslassen hinein in die unsichtbaren, lockenden Ströme der Glückseligkeit und dieser Glückseligkeit erlauben, uns zu inspirieren und näher zu sich zu führen –, dann vermögen wir diese Macht durch unser Leben zu erwecken. Die von ihr unterstützte Ordnung ist das Leuchten eines allgegenwärtigen Ozeans, dem wir alle angehören, das Leuchten, das uns mit der uns zugedachten Bestimmung in Ausrichtung bringt. Aber um sie zu verkörpern, müssen wir erst lernen, die Anhaftungen loszulassen, die uns binden – solange, bis jener Augenblick kommt. So, wie er für Kubithas Mutter gekommen war. Amir hatte das Geheimnis demonstriert und gesagt: *»Es ist einfach … so einfach.«* Es war diese Leichtigkeit, diese Art des mühelosen Seins, an die er mich erinnern wollte und die ich in seinem Sein verkörpert sah.

Immer wenn eine Anhaftung fällt, tritt die Möglichkeit an ihre Stelle. Je tiefer die Anhaftung, umso größer ist die Möglichkeit. Die größte aller Möglichkeiten ist die Entdeckung unserer bedingungslosen Liebe, denn diese Art der Liebe ist der göttlichen Liebe am ähnlichsten. Aber Liebe ist keine Macht an sich, sie ist ihr Medium. Auch ist Liebe nicht begrenzt durch die festgelegten Zustände eines Verstandes, der nur das Gesetz der Materie kennt. Sie ist ein Medium, das durch sich mittels jener Gesetze göttliche Manifestation ermöglicht. Wenn wir in unseren Herzen zu dieser Liebe erwachen, müssen wir nur auf den Ruf hören, den das Leben uns bringt, und dann unseren Widerstand opfern – und so unserem Verstand und unserem Körper erlauben, zu Instrumenten des Tuns zu werden, statt nur Mechanismen der Kontrolle zu sein.

Das war es, worum ich gebeten wurde: Ich sollte mich erinnern, um meine Schwingen vom Licht des Wissenden erheben zu lassen, so wie es bei Meister Amir geschehen war. Unser Halt im Dorf hatte mir einen seltenen Einblick in die heiligen Wege der Amartya-Meister gewährt und die Einladung, diese Wege wieder mit ihnen zu teilen.

Meister Amir legte Dhak Zaumzeug über den Kopf und zog es fest. Er warnte mich, dass der Weg, der vor uns lag, ein wenig mehr Achtsamkeit erfordern würde. Nachdem ich meinen Blick jedoch dem nächsten Ziegenpfad folgend über die Auenlandschaft und darüber hinaus hatte schweifen lassen, konnte ich beim besten Willen nicht erkennen, warum: Der Weg schien relativ einfach und gerade zu verlaufen. Nachdem ich die ersten Schritte gegangen war, rief mich Amir zurück. Ich war überrascht zu hören, dass ich dabei war, in die falsche Richtung zu gehen, denn es gab nur die Möglichkeit, entweder nach vorne oder zurückzugehen. Zu beiden Seiten erhoben sich dem Anschein nach unpassierbare Felswände. Dennoch begann er den schwierigeren der beiden Steilhänge zu erklimmen und zog Dhak an seiner Führleine hinter sich her.

Unser Aufstieg war steil, aber zu bewältigen. Wir tasteten uns durch einen schmalen Saum von Bäumen hindurch, die von unten den Fuß der Felswand verborgen hatten, der wir uns näherten. Als wir die Baumgruppe erst einmal passiert hatten, löste sich das Rätsel: Der Weg führte uns um eine Gruppe hoher zerklüfteter Felssäulen. Vom Pfad aus hatten sie wie gewöhnliche Felsvorsprünge gewirkt, die sich an die Felswand anschlossen, doch aus der Nähe betrachtet offenbarten sie ihre verborgene Seite. Auf der Rückseite der Säulen verlief eine große vertikale Spalte und formte einen engen Durchgang, der sich in eine schmale Klamm hinein auftat. Amir erklärte, dass diese Schlucht der gangbarste Weg sei, um unser Ziel zu erreichen.

Im Inneren des Durchgangs ergossen sich von oben dünne Sonnenstrahlen in die Klamm hinein und beleuchteten unseren Weg. Wärmend berührten sie den nassen Stein und beschworen dampfig aufsteigenden, geisterhaften Dunst herauf, der spiralförmig himmelwärts strebte. Wir stiegen einige glitschige, vor Nässe schwarze Stufen hinab und liefen in einen kalten Luftzug, der durch die Mündung eines kleinen, noch dunkleren und engeren Tunnels strömte. Dhak schritt mühelos unter der niedrigen Decke hindurch, Amir und ich jedoch mussten für gut zwanzig Meter nach vorne gebeugt gehen, bis der Tunnel uns in eine düstere Höhle hinabführte. Ein schwaches Licht drang vom anderen Ende der Höhle zu uns und erzeugte ein blasses schauriges Leuchten inmitten einer riesenhaften Gruppe von tropfenden Stalaktiten, die sich fest an die frostbedeckte Kuppel der Höhle klammerten. Die Dunkelheit und der Widerhall des knackenden Eises zu unseren Füßen untermauerten Meister Amirs warnende Worte. Wir betraten einen zweiten Tunnel und wateten der Länge nach durch einen seichten, mit Eiskristallen gesäumten Bach. Sein Wasser rauschte melodisch, während er hinabstürzte und in einer schwarzen Spalte im Boden verschwand. Direkt vor uns erleuchtete die helle Nachmittagssonne unseren Weg mit lebhaften Sonnenstrahlen, die ihr Licht breit streuten und in einer intensiven Farbenpracht auf die vom Wind geformten Felswände fielen.

Als der Himmel sich öffnete und blaue Streifen zeigte, erreichten wir einen von Menschenhand geschaffenen Pfad, der sich in ein Wegstück hinein weitete, in dem mehrere kleine Höhlen in die angrenzenden Wände gehauen waren. Amir berichtete mir, dass diese Höhlen zuletzt vor mehr als tausend Jahren genutzt worden waren. Sie dienten einst als Zufluchtsort und Heiligtum für eine Gruppe von Buddhisten, die nach der Ermordung des tibetischen Königs Lang Darma vor der Verfolgung geflüchtet waren. Ein Clan sympathisierender Einsiedler gewährte den Buddhisten hier einen geheimen Unterschlupf. Mit der Ermordung Lang Darmas begann der erste Niedergang des Buddhismus, der seine primären Gruppierungen in eine chaotische Phase des Aufruhrs und der Rivalitäten stürzte.

Kleine Stufen waren neben ein paar der Höhlen in nach oben führenden vertikalen Reihen in die Wände gehauen und ermöglichten den Zugang zu weiteren Höhlen, die oberhalb eines zerbröckelnden Sandsteinvorsprungs lagen. Das Sonnenlicht reflektierte diffuses Licht in einige der Höhlen und beleuchtete hier und da ein Relief – meist von unkenntlichen Gottheiten –, das in deren Innenwände gemeißelt war. Nach einer engen Kehre wurden wir von einer großen Steinfigur empfangen, die drohend aus einem Felsen in der Mitte unseres Weges geschlagen worden war. Ihre unheilvolle Erscheinung ließ vermuten, dass es sich um eine zornige Präsenz handelte, wahrscheinlich jedoch nicht-buddhistischen Ursprungs. Übergroße Augen quollen hervor wie bei einer wütenden Comicfigur. Ihre breite nach unten gerollte Zunge sprang beleidigend zwischen zwei zerbrochenen Fangzähnen hervor, und drei ihrer vier Arme hielten Teile primitiv gestalteter Waffen. Dem vierten Arm fehlte die Hand, sie war am Handgelenk abgebrochen. Direkt dahinter wurde der Durchgang noch breiter und wandelte sich in ein mit flachen Steinen gepflastertes Vestibül, einen Steinvorhof, der vor der letzten und größten Höhle lag.

Amir stimmte einer kurzen Rast zu und führte Dhak zu einem Flecken mit dünnem limonengrünen Gras. Ich konnte meiner Neugierde nicht widerstehen, die mich in den schattigen Eingang der Höhle lockte. Die Luft im Inneren war klamm und roch modrig und abgestanden. Durch eine kleine sternförmige Öffnung am anderen Ende durchschnitt ein staubgesprenkelter Sonnenstrahl die Dunkelheit. Er beleuchtete einen tischgroßen Granitblock, der vielleicht früher einmal als Altar Verwendung gefunden hatte. In seiner Mitte ragte ein eiförmiges Objekt aufrecht in die Höhe, das fast halb so groß war wie ich. Es symbolisierte einen Siva Lingam, war jedoch breiter und ovaler. Höchstwahrscheinlich handelte es sich um ein älteres Sinnbild des ätherischen Kosmos, ein *Bhuvanandaka,* das auf allegorische Weise das Weltenei darstellte. Eine dicke Kruste verhärteten Staubes bedeckte die Oberfläche. Durch leichtes Klopfen und Kratzen mit den Fingernägeln begann die Kruste, stückweise abzuplatzen und enthüllte darunter ein glatt poliertes Stück schwarzen Gesteins, das von einer Quarzader durchzogen war, die spiralförmig bis zur Krone um den Korpus verlief. Sie musste einst von großem Wert gewesen sein. Ich konnte nicht umhin, mich zu fragen, warum ihre Besitzer sie zurückgelassen hatten.

Die Höhlenwände waren von einem Ende zum anderen mit einer aufwendig ausgearbeiteten Komposition gemeißelter Reliefs bedeckt, die meisten davon stark beschädigt. Eine Fülle nackter männlicher und weiblicher Figuren ließ sich immer noch an der Wand der Eingangsseite erkennen. Ein paar größere und auffälligere Gottheiten erhoben sich über ihnen. Diese Gottheiten muteten seltsam anders an als sonst in diesem Teil der Welt üblich. Ein symbolischer Sonnenkopfschmuck krönte jede von ihnen und wies leichte Ähnlichkeit mit den Sonnenscheiben auf, die von den alten ägyptischen Göttern getragen wurden. Zwei grimmig blickende Statuen in menschlicher Größe bewachten zu beiden Seiten den Ausgang der Höhle. Jede der

Figuren trug in der einen Hand einen Speer und stützte mit der anderen sinnbildlich die Decke. Eine Ansammlung steinerner Urnen, Scherben tönerner Gefäße und einige kleine stark korrodierte Metallstücke lagen zum Teil halb vergraben um den Rand der Höhle verteilt.

In mir erwachte das Gefühl, auf irgendeine Weise die Ruhe einer schlafenden Heiligkeit gestört zu haben. Es drängte mich, diesen Ort zu verlassen. Ich schlenderte hinüber zur sonnigen Seite des Hofes, um einen Ruheplatz zu finden. Aus dem Augenwinkel bemerkte ich, wie Amir mich still musterte, um meine körperliche Verfassung zu beurteilen. Zweifelsohne sah ich mehr als mitgenommen aus. Ich war über zwölf Stunden in einem Tempo gewandert, das meine tiefsten Reserven beansprucht hatte – Reserven, von denen mir nicht einmal bewusst war, dass ich sie hatte. Ich wusste, dass er mir die schwere Anstrengung ansah, auch wenn ich so tat, als könnte ich sie ganz gut ertragen. Mein Gesicht war verbrannt und glühend heiß von Sonne und Wind, meine Lippen waren aufgesprungen und meine Fußgelenke durch Wassereinlagerungen angeschwollen. Ein fortwährender pulsierender Schmerz peinigte meine Knie und ließ mich mit jedem Schritt trittunsicherer werden. Ich täuschte eine Stärke vor, über die ich nicht länger verfügte, und versuchte, eine mentale Müdigkeit zurückzudrängen, die sich mittlerweile zu einem Schwindelgefühl gesteigert hatte. Mir war klar, dass ich es viel schwerer hätte, erneut in die Gänge zu kommen, wenn ich mich jetzt zu sehr entspannte. So blieb ich mit baumelnden Beinen auf einem kleinen Felsvorsprung sitzen und lehnte meinen Rücken aufrecht gegen eine raue Sandsteinwand.

Ich drängte meine Müdigkeit zurück und wandte mich Amir zu: »Beim Verlassen des Dorfes sagtest du, dass in und jenseits unserer Menschlichkeit eine Macht ruhe, die uns dazu bringt, zur Liebe heimzukehren – und zur Ordnung.«

Er nickte.

»Das erinnerte mich an eine schwierige Zeit, als ich jung war.«

»Das bist du immer noch«, erwiderte er grinsend.

»Ich meinte, als ich ein Kind war. Es gab eine Zeit, in der es schien, als gäbe es in der Welt um mich herum wenig, das nicht in irgendeiner Form vom Schmerz der Menschen überlagert war – oder den Reibungen, die durch ihre Beziehungen entstanden. Ich glaube, ich war einfach zu feinfühlig dafür – so feinfühlig, dass ich das Leid und das Elend kilometerweit spüren konnte.«

»Deine Sensitivität war schutzlos«, erklärte er, »sie war äußerst empfindlich.«

»Ich denke, das ist wahr«, sagte ich. »Es war schwierig, besonders die Belastung durch die Konflikte meiner Eltern. Ihre Abneigung gegeneinander setzte ihre Beziehung dauernden Belastungen und Launen aus. Das, was von ihren Streitereien zurückblieb, bestürzte mich am meisten. Es war nicht der Lärm ihrer ständigen Diskussionen, ihr Gezanke war nicht halb so laut wie der andauernde Schwall unausgesprochener Vorwürfe. Ich hörte und fühlte jede ihrer Emotionen. Ihre Konflikte schienen meine Sensitivität zu schärfen, weiter entfernte Konflikte wahrnehmen zu können. Das Getöse in meinem Kopf wurde lauter und lauter. Ich erinnere mich daran, wie ich mich eines Tages unter einem alten Weidenbaum in unserem Garten zusammengekauert und meine Knie an meine Ohren gepresst hatte in der Hoffnung, den Lärm abblocken zu können. Doch das Gegenteil geschah: Je mehr ich es versuchte, umso schlimmer wurde es.«

»Es ist die Aufgabe der Jugend, die Herausforderungen des Lebens zu akzeptieren. Durch deine Versuche magst du vielleicht nicht das erreicht haben, was du wolltest, aber du hast etwas Wertvolleres gefunden: deinen Weg«, sagte er.

»Ich denke, du hast recht«, sagte ich. »Als ich erst einmal aufgehört hatte, dagegen anzukämpfen, entdeckte ich erstmalig einen alternativen Weg des Hörens. Wenn ich losließ – wirklich losließ –, konnte ich die tieferen Bedürfnisse der Menschen hören, die sich jenseits ihrer Schwierigkeiten offenbarten. Dies war wohl mein erster Zugang zu dem, worüber du vorhin gesprochen hast: *›In und jenseits all unserer Fehler, Vergehen und Torheiten liegt eine geheime Macht – eine Macht, die uns dazu zwingt, nach Hause zur Liebe und Ordnung zu kommen.‹* Ich glaube, dass ich diese Liebe gefunden hatte, wenn auch erst teilweise. Doch erst als ich älter war und lernte, die Bedürfnisse zu beantworten, fand ich sie auf einer noch tieferen Ebene. Mit der Zeit wurde das Beantworten der Bedürfnisse zu einer Hauptantriebskraft in meinem Leben. Es stellte mir die Ordnung zur Verfügung, die der Liebe innewohnt. Wenn mich heute jemand während einem meiner Vorträge fragt, ob ich ihm helfen könne, sein Dharma zu finden, gebe ich fast immer dieselbe Antwort: *›Wir müssen es nicht suchen, wir müssen nur lernen zu hören, uns selbst loslassen und willig sein zu antworten.‹«*

Meister Amir kam näher und setzte sich direkt vor mich. Er sprach: »Das Hören nach der Ursache des Leids öffnet den Weg zur Heilung. Doch wahrhaftig zu hören – das ist selten! Der taub machende Einfluss ist die Anwesenheit von zu vielen Emotionen, die aufsteigen, um zu verteidigen, was als richtig oder falsch angesehen wird.«

»Ich denke, das ist die Torheit, von der du gesprochen hast«, sagte ich. »Zu glauben, dass die Emotionen eine Art von Berechtigung oder Freibrief sind statt Symptome der Anhaftung oder Verteidigung. Oder auch nur mechanisierte Reaktionen, die auftreten, wenn die Ansichten von jemandem bedroht werden. Mir ist oft aufgefallen, auch wenn sie sich dessen oft nicht bewusst sind, dass Menschen in erster Linie die Neigung haben, zu diskutieren oder zu widersprechen, anstatt wirklich zu hören. Selbst mit den besten Absichten richten sie oft mehr Schaden an, als sie Gutes bewirken. Zur Liebe als Grundlage des Hörens zurückzukehren *ist selten.*«

Amir fügte an: »Liebe wird selten verstanden. Die meisten glauben, sie sei eine Emotion, tatsächlich aber steigen Emotionen auf, wenn die Liebe verloren wurde. Liebe ist ein Zustand unbegrenzter Präsenz, sie bedeutet, frei verfügbar für den höheren Willen zu sein. Es ist ein weitverbreiteter Fehler, die Liebe als Güte zu definieren oder als Fürsorge um andere. Auch wenn dies wohlwollende Absichten sein mögen, ist die Liebe keine Handlung. Die Liebe an sich vollbringt nichts – sie ist ein Mittler, ein heiliger Kanal, durch den die höhere und reine schöpferische Intelligenz geboren wird. Vorhin im Dorf, als die Frau losgelassen hatte, fielen mit ihrer Anhaftung auch ihre Emotionen hinweg. Sie fand ihre Liebe – nicht durch mentale Reflexion und nicht durch eine Handlung, sondern durch ihre resultierende Präsenz.«

Amir machte eine Pause. Das leichte Neigen seines Kopfes verriet mir, dass er auf eine Antwort wartete.

»Ich denke, das ist das Herz des Ganzen«, sagte ich. »Wenn wir keine früheren Ansichten oder ein mögliches zukünftiges Ergebnis verteidigen, sind wir vollkommen in der Gegenwart. Wenn wir unsere Anhaftungen wirklich aufgegeben haben und aufrichtig und echt im Glanze eines unverteidigten Herzens stehen, wird unsere Liebe zum Medium unserer Taten. Diese Taten wären dann ein direkter Ausdruck des heiligen Selbst. Mit anderen Worten ehren wir dann das Licht des Wissenden.«

Amir lehnte sich gegen den Stein zurück und lächelte mich unerwartet mit einem liebenswürdigen Blick an. »In der Liebe sind wahres Wissen und richtiges Handeln ein und dasselbe«, ergänzte er. »Ein Mensch, der in dem Glauben lebt, seine Getrenntheit sei Gesetz, ist an endlose Unsicherheit und die quälende Dunkelheit des Todes gefesselt. Ein solches Herz ist immerwährend auf der Hut, und sein Verstand wird fehlgeleitet durch die Konsequenzen dieser Gesetze. Von dieser Denkweise geleitet, neigt er dazu, nur den Regeln seines persönlichen Wissens zu gehorchen, und wird somit beherrscht von Verlangen, etablierten Gewohnheiten und mentalen Veranlagungen. Er lebt in einem Strudel von Emotionen, einem Wirbelsturm, und ist dem globalen Strom unserer größeren Existenz gegenüber völlig unbewusst. Seine Gedanken werden dunkel und streitsüchtig. Diejenigen, deren Herzen schlafen, erkennen nur selten die sich ausweitende Wirkung solcher Gedanken.«

»Diese Gedanken verschwinden nicht einfach!«, sagte ich.

»Die Gedanken mögen sich ändern, doch ihre Auswirkungen bleiben«, antwortete er. »Jede Handlung – selbst ein bloßer Gedanke – zieht immer Konsequenzen nach sich. Diese Auswirkungen sind im Jagadakash aufgezeichnet und dort an ein göttliches Edikt gebunden, das ihre Auflösung verlangt. Die Wahrheit ist das Licht und das Schwert des göttlichen Selbst; sie duldet keine Illusion. Sie ist das Devaheti, das Sudarshan, die Macht des Wissenden. Sie erlaubt der Illusion nicht, dauerhaft zu herrschen.«

»Das Jagadakash?«, fragte ich nach. »Gehe ich recht in der Annahme, dass es sich dabei um die astrale Weite handelt, die unsere physische Welt umgibt?«

»Ja, es ist das Lagerhaus der Vasanas, der schattendurchzogenen Wahrnehmungen. Sie mögen verborgen erscheinen, doch sind sie lediglich in anderer Gestalt oder anderen Ausdrucksformen maskiert und suchen durch sie beharrlich ihre Befreiung.«

»Das Jagadakash ist also das Unbewusste unserer Welt«, sagte ich, »in dem unsere kollektiven Illusionen gespeichert sind.«

»Ja, das Samtanomaya, das miteinander geteilte Unbewusste. Akash ist sein Gefäß. Alles Leben ist eingebettet im Akash. Jeder ist zu einem gewissen Maß beeinflusst von dem, was es enthält.

Das war es, was du als Kind in deiner Umgebung als Beeinträchtigung wahrgenommen hast.«

»Das Samtanomaya? Du meinst also, ich fühlte die ungelösten Themen der Welt, ihr Karma, das im Äther des kollektiven Unbewussten umhertreibt?«

»Ja, Aaravindha, ich glaube schon.«

»Du sagtest, dass die Auswirkungen streitsüchtiger Gedanken nicht verschwinden und dass diese Auswirkungen im kollektiven Feld, dem Jagadakash, gespeichert werden«, sagte ich. »Ich weiß, dass das Unbewusste der Speicherort verleugneter Wahrnehmungen ist. Und negative oder zänkische Gedanken sind immer das Resultat verleugneter Wahrnehmungen – Wahrheiten, die nicht erkannt wurden.«

»Genau das ist es, Aaravindha. Sie sind die Saaten des Apunya, des ungelösten Karmas. Diese Saaten warten auf ihren Augenblick der Auflösung, verwirren den Verstand und entfachen menschliche Emotionen im Hintergrund des kollektiven Traums dieser Welt. Ein einzelner Wassertropfen hat kaum Einfluss auf unseren Himmel. Genauso wie ein einzelner negativer Gedanke sehr wenig Auswirkung auf unser kollektives Unbewusstes ausübt. Doch wenn sie sich in großen Massen angesammelt haben, zieht ein potenzieller Sturm herauf: Sie vereinigen sich mit anderen Saatkörnern und formen einen Mayanabhas.«

»Einen Mayanabhas?«, fragte ich.

»Sturmwolken, gebildet aus den verleugneten Wahrnehmungen der Menschheit«, erklärte er, »bereit, auf ihre Erschaffer in einem Schwall von Emotion und Unstimmigkeit herabzuregnen.«

Ich ergänzte: »In anderen Worten, das kollektive Unbewusste sucht Erlösung durch irgendein befreiendes Geschehnis oder gar eine mögliche Katastrophe. Wie ein Dampfkochtopf, dessen äußerste Druckkapazität erreicht ist.«

Amir klopfte mir auf die Schulter und begann zu gehen. Es wurde Zeit für mich, die Füße wieder auf den Boden zu setzen. Nach einem steilen Abstieg verließen wir die Klamm und betraten einen hochgewachsenen Bambuswald, in dem sich einzelne grüne Stämme im Einklang mit dem sanften Seufzen raschelnder Blätter wiegten. Hier und da kamen ein paar kleinere Ahornbäume mit dürren krummen Ästen hervor und durchbrachen kontrastreich die sonst parallel aufsteigenden Linien. An anderer Stelle trafen wir auf einen Hain mit Weihnachtssternbäumen, zum Bersten voll mit leuchtenden pinkfarbenen Blüten. Wir gingen weiter über eine offene Wiese, auf der Cannabispflanzen wuchsen, die so groß waren wie kleine Bäume. Die dunkelgrünen Blätter der Pflanzen waren mit klebrig weißem Harz benetzt. Schwarzgesichtige Äffchen, manche mit festgeklammerten Jungen am Bauch, schwatzten und kreischten über uns, während wir unter hohen weinumschlungenen Bäumen dahinwanderten. Wir kamen auf eine kleine Lichtung, in deren Mitte eine kleine, halb begrabene Ruine stand, kaum sichtbar unter einem dichten Gestrüpp grauen Kletterweins. Insekten, Käfer und Vögel erfüllten die Luft mit mannigfaltigem Zirpen, Surren und Zwitschern.

Meister Amir deutete nach oben auf einen hohen wolkenverhangenen Berg und sagte: »Die Tiger sind die Könige dort.«

Auf den überraschten Ausdruck in meinem Gesicht antwortend fügte er an: »Kein Grund zur Sorge! Der Tiger kennt seine Beute, und zu der zählen wir nicht. Ich kenne diese Geschöpfe; und sie kennen auch mich.«

Amir berichtete, dass wir uns unserem Ziel näherten. Ich allerdings war an einem Punkt angelangt, an dem meine Beine anfingen nachzugeben. Meine Waden zuckten, und meine Kniesehnen zitterten ohne Unterlass. Ein zehn Zentimeter breiter Ring von blauen Blutergüssen hatte sich um meine beiden Knöchel gebildet. Ich musste all meine Willenskraft aufbieten, um mich über den Schmerz hinwegzusetzen.

Um mich von der Hitze abzukühlen, spritzte ich mir das Wasser eines langsam vorbeifließenden Baches ins Gesicht. Ich wollte gerade meine Stiefel ausziehen, um meine Knöchel ins Wasser zu tauchen, als Amir mir auf die Schulter tippte und mich bat, neben ihm Platz zu nehmen. Als ich mich hingesetzt hatte, kniete er sich schweigend hin und legte seine Hände um mein linkes Knie. Der sanfte Druck war wie ein sofort wirkender lindernder Balsam gegen den pulsierenden Schmerz. Er forderte mich auf, jegliche Anspannung um das Knie herum loszulassen und mich in den Schmerz hinein zu entspannen. Einen Augenblick später lief ein angenehmes Kribbeln mein Bein auf und ab, gefolgt von ein paar unfreiwilligen sporadischen Kontraktionen meiner Wade. Ich zuckte, als eine berstende Empfindung plötzlich mitten durch mein Knie schoss. Kurz darauf war der Schmerz verschwunden.

»Jetzt ist es wieder in Ordnung!«, sagte er. »Fühl dich frei, es zu bewegen.«

Und so war es: Der Schmerz war vollkommen verschwunden. Das Zittern hatte sich ebenso verabschiedet, und meine Muskeln erschienen wieder sicher und stabil. Der Bluterguss war immer noch sichtbar, aber die Schwellung war zurückgegangen. Noch bevor ich etwas sagen konnte, hatte er sich schon meines rechten Beines angenommen. Einen Augenblick später stand ich völlig schmerzfrei wieder auf den Beinen.

»Es ist an der Zeit, dass wir weitergehen«, sagte er. »Sie erwarten unsere Ankunft.«

Auf der Ebene des letzten Vorhofes führte unser Weg zu einem spitzbogigen hohen Tor mit weit geöffneten Türen. Ein kaum erfassbarer Klang von Stimmen hallte über seine Schwelle. Einige Sekunden später traten zwei Männer und eine Frau aus seinem Schatten hervor.

Das diffuse nachmittägliche Licht erzeugte eine dünne türkisweiße Aura, die ihre Silhouetten mit einem schwachen Leuchten versah, das sich von dem dunklen Hintergrund des Torbogens abhob.

Die Ankunft

Wir erreichten eine Waldlichtung, die zu einem gut erkennbaren unbefestigten Fußweg führte, der uns weiter in eine zu beiden Seiten mit hohen Felswänden flankierte Schlucht mit großen überhängenden Bäumen leitete. Eine warme Brise wehte uns sanft über den Rücken, während wir schrittweise aufstiegen und mit der bezaubernden Aussicht über ein smaragdgrünes Tal belohnt wurden. Es war unverkennbar: Wir waren angekommen!

Mit einem Handschwung deutete Meister Amir zum Tal und sagte: »Was du vor dir siehst, ist Devodyana, der Wald der frühen Seelen, die Heimat der Nachkommen der Sonne. Der Boden, auf dem du stehst, ist der Ort, an dem einst der Mahattara Amamriprabhu, der Älteste unserer Tradition, zum ersten Mal seinen Blick über dieses Land hat schweifen lassen und sich hier Amarpura vorstellte – unser Zuhause.«

»Mahattara Amamriprabhu?«, fragte ich.

»Ja – Mahashaya Pitamah, der Großvater!«, sagte er.

Als Kind war ich fasziniert, als ich zum ersten Mal einen Schwarzweißfilm mit dem Titel »Auf Messers Schneide« sah, eine Adaption des Romans gleichen Titels von W. Somerset Maugham aus dem Jahre 1944. Die Geschichte spielte in der Nachkriegszeit und handelte von einem Mann, der sich auf die Suche nach Sinnhaftigkeit und Erleuchtung begeben hatte, was ihn zu einem mysteriösen Shangri-La-Heiligtum führte, das tief verborgen im Himalaya lag.

Später, während einer meiner Recherchen, hörte ich von einem anderen versteckten Reich, das die tibetischen Buddhisten Shambala nennen. Shambala ist ein wesentlicher Teil der Kalachakra-Tradition, in der es als leuchtende ätherische Stadt dargestellt wird, die man unter besonderen Voraussetzungen besuchen kann. Doch im Gegensatz zu manch zeitgenössischer Auslegung sollte es nicht mit einem physischen Ort verwechselt werden. Ich erfuhr auch von den tibetischen Bönpo-Aufzeichnungen über die verborgenen Lande von Olmo Lungring, die manchmal mit Shambala verwechselt werden. Doch Olmo Lungring ist dem Glauben nach ein physisches Reich, das im Geheimen vom Anbeginn der Menschheit an existiert hat. Olmo Lungring wird als das Land beschrieben, in dem die himmlischen Götter des klaren Lichts aus den höheren Welten hinabgestiegen sind, um als menschliche Lichtbringer zu inkarnieren. Ich wusste jedoch bereits lange, bevor ich von diesen Orten gehört hatte, dass es ein anderes Reich gab.

Aufgrund des mysteriösen Erscheinens von Meister Amir in meinem Leben, als ich noch zu jung war, um zu verstehen oder zu zweifeln, nährte ich insgeheim den Glauben, dass ich eines Tages die Welt besuchen würde, aus der er gekommen war. Nun, nach einer Lebenszeit des Wartens, blickte ich nicht über das ätherische Shambala, Olmo Lungring oder das sagenumwobene Shangri La, sondern stand am Rande der ebenso mysteriösen Heimat der legendären Amartya-Meister: dem Amarpura-Tal. Anders als in den Beschreibungen von Shambala oder Olmo Lungring war das, was sich unter mir erstreckte, keine großartige Stadt mit kunstvoll gearbeiteten Straßen und Passagen, angefüllt mit königlichen Palästen und Tempeln. Es war eine natürliche grüne Welt, die von hohen Gipfeln, in der Ferne rauschenden Wasserfällen und außerordentlicher Schönheit umgeben war.

Als wir in das üppige Unterholz des Tals hinabstiegen, erzählte mir Meister Amir, dass die Amartya Parampara die älteste spirituelle Tradition ihrer Art sei. Sie existierte bereits weit vor der Sintflut vor zwölftausend Jahren, einer Zeit, die er Jalaplavana Kalpa nannte und wovon ich annahm, dass es »Zeit der großen Flut« bedeutete. Mit spürbarer Bewunderung erklärte er, dass unsere Linie ursprünglich und rein in ihrem Wissen geblieben sei, weil sie nie von äußeren Einflüssen unnatürlich korrumpiert oder ihre Kernlehre durch irgendeine Form von Dogma oder Religion indoktriniert worden war.

Wir gingen an einer sprudelnden Quelle vorbei, die einen von Menschenhand erschaffenen Quellbrunnen speiste. Dieser ergoss sich in eine schmale Steinrinne, die das Wasser weiter in abzweigende Kanäle leitete. Eine Vielfalt bunter Wildblumen säumte unseren Weg in langen, sich vermischenden Blütenteppichen. Dutzende gelbe Schmetterlinge flatterten im Schattenspiel von Licht und Dunkel unter dem Baldachin der hohen Bäume über uns hinweg. Überall in der Luft schwebten winzige Sonnenschirme aus Blütensamen, von denen jeder einzelne den goldenen Schimmer der untergehenden Sonne reflektierte. Dieser Ort glich einem utopischen Traum.

Doch unter all dieser natürlichen Schönheit und dem Summen schwang noch mehr mit, etwas, das weniger sichtbar war. Es war ein bemerkenswertes Gefühl von Weite und Ausdehnung. Auf dem Weg in dieses Tal hatte ich unbeabsichtigt ein dauerhaftes mentales weißes Rauschen hinter mir gelassen. Meine Psyche wurde nun von einer Schwere befreit, die mir zuvor nicht einmal aufgefallen war. Die atmosphärische Hintergrundstörung, an die ich mich so gewöhnt hatte, war hier vollkommen verschwunden. Mein Gewahrsein öffnete sich einer ungeahnten Tiefe, die meine Gedanken lediglich wie kurz erhaschte Einblicke in etwas viel Größeres erscheinen ließ.

Es dauerte nicht lange, bis ich das erkennbare Stimmengewirr lachender Menschen vernahm, das zwischen den ungleichmäßigen Schlägen von Holzhacken zu hören war. Der erste Mensch, den ich erblickte, war ein kleiner Junge, der Früchte von den Ästen eines wild gewachsenen Pflaumenbaumes warf. Zwei kleine Mädchen sammelten die Früchte auf und legten sie in einen großen Korb mit zwei Tragegriffen. Drei Erwachsene, allesamt Männer, standen etwas weiter tief im Unterholz und schnitten mit Macheten große Farnblätter nieder. Ein vierter Mann, der ein eng geschnürtes Bündel Farnblätter auf seinem Kopf balancierte, ließ diese augenblicklich auf den Boden fallen, als er uns vorbeigehen sah. Die Mädchen flüsterten und kicherten, und alle Männer wandten sich um. Zuerst lächelten sie, und dann verbeugten sie sich, während sie die Hände in einem Gebetsmudra hielten, das man im Osten Ghasso nennt.

Ich fragte Amir, ob diese Leute hier geboren oder später von irgendwo anders hergekommen seien. Er sagte, dass fast alle hier lebenden Menschen Einheimische seien. Nur sehr wenige würden jemals hierher eingeladen. Dann bekräftigte er, was ich bereits wusste: Nur wer eingeladen war, konnte diesen Ort überhaupt finden.

»Hierher eingeladen zu werden«, sprach er, »ist die Folge von sehr gutem Karma.«

Wir überquerten eine kleine Brücke, auf der Amir innehielt und seine Augen schloss, als würde er genussvoll etwas in sich aufnehmen. »Dieser Wind, den du über deine Haut streifen fühlst, ist Atmasani. Er ist reich an Lebenskraft. Das Wasser, das unter uns fließt, ist heilig. Es ist Tiryodaka. Ein Segen für alle, die es trinken oder berühren. Amarpura ist ein unbeflecktes Land: Keine Form von Gewalt wurde hier je verübt. Eine heilige, natürliche Ordnung wurde hier auf diesem Flecken Erde für Jahrtausende von unserer Linie behütet und bewahrt.«

Mit einer sanften Bewegung des Kopfes wies er nach vorne. »Sie erwarten uns!«

»Wir sind also nun angekommen?«, fragte ich.

»Ja. Drei von ihnen sind gekommen, um dich zu begrüßen.«

»Vier Meister leben hier also?«

»Fünf leben in Amarpura. Und ein weiterer – der Älteste – residiert am Fuße jenes Berges.« Er zeigte stromaufwärts auf einen mit feinem Nebel überzogenen und hoch aufragenden schneebedeckten Gipfel.

»Seid ihr einander und dem, was ihr tut, immer gewahr?«, fragte ich.

Er erwiderte nichts. Aber ich konnte die Antwort an seinem Ausdruck ablesen.

Wir betraten eine Flucht miteinander verbundener Vorhöfe, von denen jeder von einer engen Reihe Laubbäume umringt war. Dann schritten wir durch einen hohen Steinbogen mit floralen Reliefs. Eine Treppe aus Steinblöcken führte uns unter einem schützenden Geflecht von Zweigen hinaus und eröffnete die Sicht auf eine steile Felswand. Die Wand lag zwischen zwei scharfzahnigen Felsenspitzen, die den Fuß des steilen Berghanges bewachten, der sich vor uns einige Hundert Meter erhob und dann in sonnenbeleuchtetem bernsteinfarbenen Dunst verschwand. Die Luft roch süß und war gewürzt mit dem köstlichen Duft der Erde und des Waldes. Dichtes grünes Blätterwerk bedeckte die Wand. Ein paar Dutzend rot blühender Kletterpflanzen rankten sich an ihrer Oberfläche hinauf. An den gelegentlich sichtbar werdenden Armen und Beinen konnte ich erkennen, dass sich unter dem Blätterdickicht ein in den Stein gemeißeltes Relief verbarg. Im zentralen obersten Bereich der Wand blickte ein in den Felsen gehauenes Symbol wie ein gewaltiges Auge auf uns herab. Es symbolisierte eine große Sonne, die ein in den Stein eingearbeitetes Dreieck umschloss, das eine zweite Sonne in seiner Mitte trug. Etwa zehn Meter darunter waren drei reich verzierte steinerne Balkone direkt in die Wand geschlagen, die durch verwitterte rostrote Holztüren von den dahinterliegenden Räumen aus begehbar waren.

Auf der Ebene des letzten Vorhofes führte unser Weg zu einem spitzbogigen hohen Tor mit weit geöffneten Türen. Ein kaum erfassbarer Klang von Stimmen hallte über seine Schwelle. Einige Sekunden später traten zwei Männer und eine Frau aus seinem Schatten hervor. Das diffuse nachmittägliche Licht erzeugte eine dünne türkisweiße Aura, die ihre Silhouetten mit einem schwachen Leuchten versah, das sich von dem dunklen Hintergrund des Torbogens abhob.

Ich fühlte mich unerwartet beklommen – eine Reaktion, unter der ich nicht mehr gelitten hatte, seit ich zum ersten Mal ein Mädchen geküsst hatte. Mein Atem wurde flach, und mein Herz begann zu rasen. Ich hielt ein paar Sekunden inne, um meine Augen zu schließen und einen tiefen Atemzug zu nehmen. Dennoch raste mein Puls weiter, als wir uns näherten.

Mein Blick fiel sofort auf die Frau. Für einen flüchtigen Moment dachte ich, es sei das Sonnenlicht, das durch die Bäume hindurchschien und ihr langes silberweißes Haar glitzern ließ, das meine Aufmerksamkeit derart fesselte. Doch das war es nicht. Sie hatte etwas sehr viel Ergreifenderes an sich: ihre atemberaubende, himmlische Schönheit. Ehrfurcht hatte mich beim Anblick ihrer überirdischen Erscheinung erfasst – sie wirkte wie die Inkarnation einer himmlischen Tara.

Ihr Lächeln war liebenswürdig und warm. Zugleich wirkten ihre Augen ungewöhnlich tief und sehr durchdringend. Unter ihrem Blick fühlte ich mich vollkommen transparent. Sie trug etwas, das einem indischen Ghaghra-Choli-Kleid ähnelte. Ein feiner Schal, seidig und aschgrau, glitt an ihrer linken Schulter herab und umschlang ihre schmale Taille. Eine geflochtene Schärpe in zartem Blau und Weiß zierte ihren Bauch und war mit einer aus Silber gegossenen Brosche befestigt. Eine Bernsteinkette, die mit ein paar Licht einfangenden Stücken grüner Jade ergänzt war, schmückte ihren Hals. Weiße Perlenkettchen bildeten einen leuchtenden Kontrast zur kupferfarbenen Haut ihrer Fußgelenke. Ihr mystischer Reiz war so bezaubernd, ihr Blick so hypnotisierend, dass ich mich davon erst losreißen konnte, als der Mann in der Mitte nach vorne trat.

In dem Augenblick, als ich ihm ins Gesicht sah, wusste ich, dass ich ihn schon einmal gesehen hatte, jedoch nie länger als für kurze Momente in meinen Meditationspraktiken. Ihm hier und jetzt gegenüberzustehen erschien mir wie ein merkwürdiges Wiedersehen mit jemandem, dem ich noch nie begegnet war. Sein Blick war direkt und sicher – wie der eines Wesens, das hohen Prinzipien die Treue hält – und strahlte ebenso ruhige Zuversicht aus wie ein mitfühlender Vertrauter. Sein silbrig weißes Haar fiel in vielschichtigen seidigen Wellen auf seine Schultern. Er hatte ein lilafarbenes, in einem Schlingenmuster gestricktes Tuch umgelegt, dessen Enden sich locker auf den Schultern kreuzten. Seine Augenbrauen stachen buschig hervor, und sein Gesicht hatte markant geschnittene Züge. Er war gutaussehend. Seine Haut war bernsteinfarben getönt und makellos. Unterhalb des kurzen gepflegten weißen Barts trug er eine faszinierend schöne Kette aus blauen Türkisen und roter Koralle, die in drei aufeinander abgestuften Längen über einer moosgrünen fast knielangen Jacke mit Stehkragen hing.

In klarem östlich gefärbten Englisch sagte er: »Mein lieber Aaravindha, dies ist ein glücklicher und lang erwarteter Moment. Ich bin voller Freude, dass du endlich hier bist.«

»Meister Rambala?«, sagte ich unsicher. »… Liege ich richtig damit, dass du es bist?«

Er zögerte mit der Antwort und musterte mich stattdessen mit einem deutlich anerkennenden Blick. »Könnte es sein, dass du immer noch mein Gesicht erkennst?«, fragte er.

»Das tue ich!«, antwortete ich. »Ich bin mir dessen sicher! Aber es war Meister Amir, der mir deinen Namen genannt hat.«

»Es gab eine Zeit, in der er dir wohlbekannt war. Doch dies ist vermutlich das erste Mal, dass du diesen Namen und nicht ›Pitaji‹ verwendet hast, um mich anzusprechen.«

Er fügte an: »Ich habe deine Reise durch drei Lebenszeiten mit großem Interesse verfolgt. Du hast dein Versprechen nun erfüllt.«

»Mein Versprechen?«

»Du hast mir vor langer Zeit versprochen, dass du wiederkehren würdest. Eine schwierige Aufgabe und eine seltene Leistung. Viele haben sich auf die Suche begeben, aber nur wenige haben uns gefunden.«

»Um ehrlich zu sein«, sagte ich, »bin ich nicht überzeugt davon, dass ich euch gefunden hätte. Wäre Meister Amir nicht gekommen, um mich zu treffen, würde ich vermutlich immer noch suchen.«

»Dies wäre nicht auf ein Unvermögen deinerseits zurückzuführen!«, erwiderte er.

Die Vorstellung dreier Lebenszeiten offenbarte mir einmal mehr, wer diese Wesen wirklich waren. Ich versuchte, mir vorzustellen, so lange am Leben zu sein. Wie es wohl sein mochte, Generationen vergehen zu sehen und zu beobachten, wie geliebte Menschen sterben und mit neuen Gesichtern wiedergeboren werden? Und dennoch wirkte er nicht älter als ein jung aussehender Sechzigjähriger.

Er kam näher und legte seine Hand fest auf meine Schulter. Seine Berührung setzte einen eigenartigen Gefühlssturm in Gang, der durch meinen Körper strömte. Er fokussierte mich mit einem zielgerichteten Blick. In dem Moment, in dem sich unsere Blicke trafen, flutete ein angenehmes goldenes Gefühl durch meine Gedanken. Nacheinander begannen die Bruchstücke dessen, was ich einst über dieses Tal wusste, durch meinen Geist zu strömen. Es schien, als würde alles andere hinwegfallen und verblassen. Was hervorkam, war mein vergangenes Leben als junger Mann, in dem ich genau an dieser Stelle gestanden hatte. Meister Rambalas Gesicht hatte ein wenig jünger ausgesehen, wenn auch nicht viel. Ich hörte mich, wie ich ihn bat, meine Gründe für das Verlassen des Tals zu akzeptieren, und ihm versicherte, eines Tages wiederzukommen. Drei Tode und drei Geburten – ein voller Kreis hatte sich geschlossen.

Ich erinnerte mich an Meister Amirs Worte: *»Am Ende muss der Tod dem Leben weichen. Der Tod ist nur das kurze Zwinkern eines Auges – das Auge muss sich wieder öffnen.«* Die Liebe, die Meister Rambala und ich einst geteilt hatten, ergriff nun wieder Besitz von meinem Herzen. Ihr Glanz, ihre bedingungslose Reinheit kehrte zurück. Still gab ich ein paar von Freude erfüllte Tränen hin. Wie durch Zauberhand hatte er mich durch seine Berührung einem größeren Gewahrsein meiner selbst geöffnet. Es transzendierte jeden übrig gebliebenen Sinn, nur auf diese Zeit oder die Liebe eines einzigen Lebens begrenzt zu sein. Dann wandelte sich die Vision. Ich fühlte mich erstaunlich schwerelos, frei schwebend in einer himmlischen Spiegelhalle, zu allen Seiten von einer grenzenlosen Anzahl entfernt vertrauter Spiegelbilder umgeben. Jedes war anders, und doch waren sie alle ich. Dann, in einem einzigen Atemzug, rief mich der Klang seiner Worte wieder zurück in die Gegenwart.

Sichtlich erfreut sagte er: »Alle begrenzenden Wahrnehmungen und jede ihrer Spuren werden hier ihr Ende finden. Deine Zeit ist jetzt! Gemeinsam werden wir alles, was dich noch hält, hinwegbrennen. Hier wirst du das Wissen des ewigen Lebens wiedererlangen, ein Wissen, das dir durch alle Zeit erhalten bleiben wird. Doch die Welt an sich wird ihre Forderungen nicht verändern. Du wirst dort erst noch den Boden bereiten müssen und musst nachsichtig sein. Hier lernt man abzuwarten, bis der Boden fruchtbar ist, und die heilige Saat nur dann zu setzen, wenn sie die Begrenzungen der Individuation überdauern wird. Dies wird fraglos dein Handeln in der Welt verändern, denn nur denen, die bereit sind, wirst du die geheimen Wege offenbaren. Alle anderen kannst du glauben lassen, was sie möchten.«

Ich wollte gerade antworten, als ich bemerkte, dass seine Worte einen noch ernsthafteren Ton annahmen, während er bekräftigte: »Mein Lieber, höre genau zu, was ich dir nun sage, und wisse, dass du der Wahrheit meiner Worte gewiss sein kannst: Jedes deiner zukünftigen Angebote des Lehrens von nun an muss eine freie Wahl sein. Das Gelübde, dessen Erfüllung du versprochen hast, als du von hier fortgegangen bist, bindet dich nicht mehr – es ist erfüllt. Wäre dem nicht so, hättest du deinen Weg zu uns zurück nicht gefunden. Wisse, dass seine Vollendung in deiner Rückkehr liegt. Zweifle nicht an meinen Worten. Was du von nun an zu tun wählst, muss einzig und allein ein Akt deiner Liebe sein – nichts Geringeres.

Und diese Wahl wird sich Herausforderungen stellen müssen. Der wahre Weg ist schmal. Jede Handlung, die der Liebe entspringt, wird fast immer infrage gestellt oder abgelehnt werden durch Angepasstheit oder Interpretation. Während dieser Zeiten besteht kein Grund zu antworten. Prem Tattva'vit – nur durch die Reinheit der Liebe kann man dem Licht des Wissenden treu bleiben.«

Ich wusste, dass er sich hauptsächlich auf den Schwur bezog, den ich zu erfüllen hoffte, als ich das Tal vor so langer Zeit verlassen hatte. Ich konnte wahrlich fühlen, dass sein uralter Griff sich gelöst hatte. Ich konnte die Wahrheit in seinen Worten fühlen – das Erfüllen eines Gelübdes oder irgendeines anderen Erfordernisses kann nicht aus einer Verpflichtung heraus geschehen, die von einem Versprechen stammt. Das Geben ist nur rein, wenn es eine redliche und wahrhaftige Antwort des Herzens bleibt.

»Deine Reise hierher war lang und mühsam«, sagte er. »Du musst sehr erschöpft sein. Es wurde ein Platz für dich vorbereitet. Er ist bescheiden, sollte aber seinen Zweck erfüllen.« Er blickte zu dem Mann, der neben ihm stand, und sagte: »Das ist Meister Janjuran.« Doch bevor ich ihn begrüßen konnte, wandte Meister Rambala sich erneut der Frau zu: »Aber zuerst möchte ich, dass du unsere geliebte Nil'Amma Tara kennenlernst.«

In dem Moment, als Nil'Amma Tara nach vorne trat, erfüllte ein reiner Duft würziger Rosen die Luft. Ich hatte mich bereits an das Namaste-Handflächen-Mudra als Begrüßungsform gewöhnt. Doch stattdessen reichte sie mir ihre mit der Handfläche nach unten gerichtete Hand. Unbeholfen zögerte ich, sie zu nehmen, und hoffte, zuerst die Schmutzreste von meinen Händen wischen zu können. Ungeachtet dessen nahm sie meine Hand. In dem Augenblick, als sie mich berührte, lief ein sanftes Prickeln meinen Arm hinauf, gefolgt von einem sich ausdehnenden Gefühl des Friedens.

»Swagata, junger Meister«, sagte sie. »Deine Ankunft ist ein wahrlich willkommener Anblick. Es ist sehr lange her, dass wir uns auf diese Weise gesehen haben.«

Ich dankte ihr dafür, dass sie gekommen war, mich zu begrüßen. Ich wollte ihr tausend Fragen stellen, doch ich war so vollkommen in ihre Aura der Heiligkeit versunken, dass es mir gänzlich die Sprache verschlug.

Sie schien meine Unbeholfenheit wahrzunehmen, griff auch nach meiner anderen Hand und hielt dann inne, um mich von einem tieferen Ort aus zu betrachten – einem Ort, von dem ich augenblicklich wusste, dass er mir einst viel bedeutet hatte. Ihr Gesicht war betörend schön und gleichzeitig auch auf eine

Weise entschlossen. Es war ebenso von feiner und purer Reinheit wie beeindruckend machtvoll. Ich fiel so vollständig in ihre dunkelbraunen Augen, dass ich fast das Gleichgewicht verloren hätte. Für einen Sekundenbruchteil sah ich sie im Lotussitz in Meditation in einem alten Heiligtum sitzen. Ihr Körper war von einer goldenen Silhouette umgeben und hob sich von einem Hintergrund ab, der mit ikonischen Symbolen und leuchtenden Hieroglyphen bedeckt war. Obwohl die Vision nur einen Sekundenbruchteil angehalten hatte, hinterließ sie bei mir einen nachhaltigen und lebendigen Eindruck. Ich fragte mich: *Kannte ich sie einst so? War sie einmal meine Lehrerin?*

»Junger Meister«, sagte sie, »während du hier bist, wird es deine erste Aufgabe sein, die Bedingungen, die Maya dir abverlangt haben mag, hinwegfallen zu lassen, die Begrenzungen loszulassen und nicht länger deinen Glauben zu unterdrücken an das, was noch möglich ist.« Ihr Englisch war fließend, sicher und mühelos.

»Hier wirst du realisieren, dass du alles, was du durch deine Reise hierher gesucht haben magst, bereits besitzt. In Wahrheit hattest du es schon immer. Amarpura ist das wahre Herz dieser Welt – das Herz, das auf immer frei ist von den falsch verstandenen Motivationen und dem täuschenden Schein, der in jenen selbstbegrenzenden Welten zu finden ist. Du verstehst bereits: Um das menschliche Herz zu kennen, musst du dich widerstandslos der Liebe öffnen. Nun erkenne, dass du dich – um das Herz Amarpuras zu kennen – widerstandslos deiner grenzenlosen Natur öffnen musst. Es gibt hier kein Hindernis, das dich von den Bergen, den Flüssen oder dem Himmel trennt. Es gibt nur ein Selbst in den Dingen, eine Präsenz in unzähligen Formen. In Körper und Geist mögen du und ich weiterhin durch unsere äußeren Unterschiede als voneinander getrennt erscheinen, doch jenseits dieses simplen Werkes des Lichts sind wir dasselbe Selbst aller Dinge. Du hast bereits erlebt, dass es hier einen Frieden gibt, der von den Turbulenzen dieser Welt gänzlich unbeeinflusst ist. Und ebenso wirst du hier die Verbindung zu einer Macht entdecken, die die Träume der gewöhnlichen Welt weit übersteigt.«

Ich stimmte dem, was sie gesagt hatte, mit einem Nicken zu, sagte aber nichts. Ich war beseelt von einem Gefühl der Dankbarkeit für die lebenslange Hoffnung, die sich nun endlich erfüllt hatte.

»Auf deiner Reise hierher«, sagte sie, »wurdest du mit vielen Schwierigkeiten konfrontiert, und doch konntest du sie erfolgreich überwinden.«

»Das ist wahr«, antwortete ich. »Es gab Zeiten, in denen ich fürchtete, meinen Weg verloren zu haben. Es ist nicht zu leugnen, dass es einige wirklich lebensverändernde Herausforderungen gab.«

»Pariksha!«, sagte sie. »Vor der Großartigkeit der Erkenntnis steht immer eine Feuerprobe!«

»Pariksha?«, fragte ich.

»Es ist das Duell zwischen dem Wissenden und dem Denker. Nimm dir die Tanpura als Beispiel«, sagte sie.

»Die Tanpura – das Flaschenkürbis-Instrument? Das einer Sitar ähnelt, aber nur vier Saiten hat wie eine Vina?«

»Ja«, antwortete sie. »Aber die Tanpura wird im Gegensatz zur Vina nicht verwendet, um ein Lied zu spielen. Sie dient dazu, eine Übereinstimmung zu schaffen, eine harmonische Verwirklichung, auf die sich die anderen Instrumente stützen können. Die Tanpura wird verwendet, um einen einzelnen Richtton zu erzeugen, eine vereinigende Resonanz, die der Musik Orientierung gewährt. Ein Meister der Musik weiß, dass er zuerst ihre Saiten so stimmen muss, dass sie den exakten Ton wiedergeben, bevor er sie spielen kann – den einen Ton, der das Wirken der anderen Instrumente zur Perfektion bringen wird. Manche Saiten müssen gelockert, andere fester gezogen werden. Es ist eine vielschichtige Arbeit, die Zeit und Sensitivität erfordert, um gemeistert zu werden. Um sie zu vollbringen, muss der Musiker erst lernen, auf den übergeordneten Bedarf zu hören – nur dann kann sie richtig gestimmt werden.«

»Das war also der Grund, warum ich auf mich selbst gestellt war, als ich meine Reise hierher begann und in die Berge zog – um nach dem übergeordneten Bedarf zu hören?«

»Mein Lieber, deine Reise hierher hat bereits lange davor begonnen. Sie begann in dem Moment, als du dieses Tal verlassen hattest. Du hast deinen Weg hierher nicht verloren, als deine Pläne durchkreuzt wurden. Du hast ihn in dem Augenblick wiedergefunden, als du der Bemühung entsagt hast und demütig in deinem Hören wurdest. Es gibt vier Voraussetzungen, den Weg in dieses Tal finden zu können: *Shraddhaya,* Vertrauen und Glauben in deine höchste Natur. *Pratibhaya,* sich an die Richtung halten, in der dein Herz und dein Intellekt in Übereinstimmung sind. *Anandabhajin,* dem Fluss deiner Glückseligkeit folgen. Und *Atmasampradha,* jegliche mentale Anstrengung aufgeben, um sie dem größeren Willen darzubringen.«

»Glaube, den Weg erfühlen, Glückseligkeit und die mentalen Anstrengungen opfern. Dies sind die vier Saiten, die zusammen die vereinende Resonanz erzeugt haben«, fasste ich zusammen.

»Wenn das Allerhöchste ruft«, sprach sie, »muss man ausdauernd sein, selbst wenn es einen Schatten geworfen hat, um den Weg zu verbergen. Die Belohnung zu erkennen, die im Annehmen und Lösen der Herausforderung liegt, ist unerlässlich.« Ich fühlte, wie ihre Worte ins Herz meines Geistes trafen und in mir ein tiefes Wissen wachriefen, das ich lange Zeit versucht hatte, in mir zu erwecken.

»Du warst nicht allein. Unsere Unterstützung und die der Boten, die dich geleitet haben, waren nicht die einzigen richtungsweisenden Kräfte.« Mit fester Stimme sprach sie: »Um diesen Weg zu finden, war es notwendig, dass du auch die Prüfungen der Dunkelheit wertschätzt – das ist Pariksha!«

»Ich bin dankbar dafür, dass es so war, wie es gewesen ist. Und ich bin dankbar, dass es vorbei ist und ich nun hier bin. Aber ich sehe zweifellos etwas mitgenommen aus.«

Sie faltete die Hände über ihrem Herzen in ein Gebetsmudra und erhob sie an die Lippen. Dann öffnete sie die Hände schulterbreit und führte sie langsam wieder zusammen, während sie langsam und sanft ausatmete. Ein fruchtig süßer, blumiger Duft tränkte die Luft. Als sie die Hände erneut auseinandernahm, offenbarte sie einen perfekt geformten weißen Lotus zwischen ihren Handflächen. Er war ebenso zart wie vollkommen. Sie führte die samtig kühle und frische Blüte an meine Lippen.

»Für dich zum Essen«, sagte sie sanft. »Um deinen Körper zu heilen.«

Sobald die Blüte meine Zunge berührte, schmolzen ihre Blätter zu ambrosischem Nektar. Ich schloss die Augen, um dem Fluss der Süße zu folgen, der sich schnell in meinen gesamten Körper ausdehnte. Ein inneres Leuchten schenkte dabei augenblicklich jeder Beschwerde und jedem Schmerz, auf den es traf, Erleichterung. Als ich die Augen wieder öffnete, war ihr Gesicht atemberaubend lichtvoll geworden.

Sie ließ die Hände sinken, um mein Herz zu berühren, und sprach: »Aaravindha, dir wurde bereits gesagt, dass es keinen Ort auf dieser Erde gibt, der diesem gleicht. Und ich werde dir nun sagen, dass hier die Süße der höchsten Gnade in meinem Lila überfließt, in meiner Wonne.«

Der Mann, den Meister Rambala zuvor vorgestellt hatte, trat einen Schritt nach vorne und sagte: »Bevor du dich zur Ruhe begibst, möchte auch ich dich gerne willkommen heißen.«

Meister Rambala warf ein: »Aaravindha, du wirst dich nicht an Meister Janjuran erinnern. Er ist erst vor neunzig Jahren gekommen, um hier bei uns zu leben. Aber du wirst in ihm einen Bruder sehen, denn ihr habt sehr vieles gemeinsam. Es wird viel geben, über das ihr euch austauschen könnt.«

»*Erst* vor neunzig Jahren?«, sagte ich schmunzelnd.

Seine Erscheinung beschwor eine fast vergessene Erinnerung an einen alten lettischen Meereszauberer herauf: Vanemuine, dem der Legende nach zugeschrieben wird, einen Teil zur Schöpfung der Erde beigetragen zu haben. Als Kind war ich in einem alten burgunderroten leinengebundenen Lexikon auf ein Bild von ihm gestoßen. Und hier war er nun wieder. Er war feingliedrig und schlank und hatte ein leicht westlich wirkendes Aussehen. Vor allem die Farbe seiner Haut wirkte eher sonnengebräunt als von Natur aus dunkel. Sein langes Haar und sein langer Bart fielen in einer Mischung aus Weiß, dunklem Silber und einem Hauch von Rotblond sanft über seine schmalen Schultern. Die Wangenknochen seines länglichen, schmalen Gesichts ließen ihn elegant und elfenhaft aussehen, was dazu beitrug, dass ich mich an die Figur aus der baltischen Mythologie erinnert fühlte.

Meister Janjuran hieß mich ein zweites Mal mit einer sanften Umarmung willkommen und schlug unverzüglich vor, dass ich mich nun ausruhen sollte. Er erwähnte, dass frische Früchte in meiner Hütte auf mich warteten. Erst jetzt bemerkte ich, dass Meister Amir sich bereits davongeschlichen hatte. Ich war viel zu vertieft darin gewesen, die drei Meister kennenzulernen, als dass ich sein Gehen bemerkt hätte. Ich fühlte einen kurzen Stich, ihm nicht dafür gedankt zu haben, dass er mich bis zu diesem Moment begleitet hatte. Doch dann erinnerte ich mich an seinen Kommentar zuvor im Dorf: *»Wenn wir noch länger warten, werden die Dorfbewohner versuchen, unsere Taschen mit ihrer Dankbarkeit zu füllen. Es ist besser, wenn wir uns jetzt auf den Weg machen.«*

Ein kleiner Junge und zwei nur wenig ältere Mädchen waren aus dem Wald gekommen. Auf Meister Rambalas Bitte hin liefen die beiden Mädchen zu mir und nahmen mich an die Hand. Er sagte mir, dass sie hier wären, um mich zu meiner Hütte zu führen. Die Kinder sprächen zwar kein Englisch, verfügten aber über eine sehr gute Wahrnehmung, und ich solle nicht zögern, sie zu fragen, wenn ich irgendetwas benötigte.

Nur eine letzte Spur von Sonnenlicht berührte noch die umliegenden Berggipfel. Das Tal war, in Schatten gehüllt, im Schlummer versunken. Meine Hütte sah aus wie ein kleines Märchenhaus in einem weitläufigen Hain mit hohen Laubbäumen. Sie war bescheiden, wie Meister Rambala gesagt hatte, aber kunstfertig gebaut mit einem strohgedeckten Dach und korbgeflochtenen Wänden, die an dünnen Pinienpfählen befestigt waren. Mein Bett wurde scheinbar überflüssigerweise von einem fein gewebten Moskitonetz umhüllt – ich hatte noch nicht das geringste Anzeichen von Mücken gesehen oder gehört. Eine weiße Baumwolldecke und weiche Seidenlaken waren fein säuberlich um eine Art Futonmatte gefaltet. Eine mit Wasser gefüllte Glaskaraffe stand neben einer Keramikschüssel, die florale Reliefs zierten. Ein buntgemischter Stapel sauberer Handtücher lag ordentlich platziert auf einem kleinen Schemel. Mein Rucksack hing an einem Haken neben dem Schlafplatz. Das Einzige, was mich daran hinderte, direkt in den Schlaf zu fallen, war ein wohlduftender Korb mit frischen Früchten und einer Auswahl an Nüssen.

*Das Weiß schien so glanzvoll,
dass es selbst die Unterseiten der
umliegenden Zweige in ein sanftes
Leuchten versetzte.*

Das mysteriöse Blau

Ich erwachte früh vom fernen Klang eines Gebets, das über die Hügel hallte. Nun, da ich allein war, schien die Aura von Amarpuras ruhiger Klarheit noch viel offensichtlicher. Sie schenkte mir das beruhigende Gefühl, in Heiligkeit gebadet zu sein. Ich schob meine Decke beiseite, setzte mich auf, zog meine Beine in einen halben Lotussitz und ließ meine Gedanken im Sog dieser Anziehungskraft los. Innerhalb von Sekunden fühlte ich mich durchflutet von der friedlichen Leuchtkraft Amarpuras. Seine grenzenlose Berührung wandelte den einfachen Akt des Loslassens in ein Beobachten, das frei war von jeder Mühe und Regung. Jede Spur von Beschränkung oder das Bedürfnis nach Kontrolle wich einer fluiden Weite, so unermesslich, dass ich nicht länger fähig war, mich in der Welt wahrzunehmen. Stattdessen erfuhr ich die Welt in mir selbst. Meine Beziehungen zu anderen, meine Reise hierher, die Lebenszeiten, die vergangen waren, seit ich dieses Tal verlassen hatte, die Meister – all das war in einer einzigen dahinziehenden Wahrnehmung enthalten. Und dann erschien selbst diese Perspektive zu klein und verlor sich in einem unvergleichlichen goldenen Sein, einer Absolutheit, die überreich, frei und unmittelbar war.

Es mochten Minuten oder vielleicht auch Stunden vergangen sein, als der verführerische Reiz des wärmenden Tageslichts, das über meine Augenlider strich, mein Körpergewahrsein wiedererweckte. Ich wäre gerne noch hiergeblieben, mit geschlossenen Augen weiter im süßen Nachklang dieses Gefühls schwebend, doch vom anderen Ende der Hütte drang ein seltsames kratzendes Geräusch an mein Ohr. Benommen öffnete ich meine

Augen und fokussierte langsam meinen verschwommenen Blick, der auf eine gewaltige Spinne fiel. Sie war fast halb so groß wie mein Schuh und kroch Unheil verheißend am unteren Ende der Wand entlang.

Mein Gewahrsein war so weiträumig gewesen, dass ich einen Moment brauchte, um meinen Fokus wiederzuerlangen. Als es mir schließlich gelungen war, bemerkte ich, dass mein Körper bereits aufrecht stand. Die Spinne hingegen entpuppte sich nicht als Science-Fiction-Monster, das sich für einen drohenden Angriff rüstete, sondern huschte in dem Augenblick, als sie mich auf den Beinen sah, durch einen kleinen Riss in der Wand nach draußen. Ihre schockierende Größe löste eine Salve potenziell bevorstehender Konfrontationen in meiner Vorstellung aus und brachte mich dazu, mein Tagwerk mit dem Flicken des Lochs zu beginnen.

Meine Haare und Kleider waren ein ungeordnetes Durcheinander. Meine Haut klebte, wenn ich sie berührte, und mein Gesicht fühlte sich kratzig an. Ich schnappte mir Rasierer, Seife und ein kleines Handtuch vom Waschtisch und machte mich auf in Richtung des nahen Geräuschs von fließendem Wasser.

Die Morgenluft war von frischer Feuchtigkeit durchdrungen und warm, üppig getränkt mit dem Duft von Blumen und Zimt. Ein sanfter Wind blies durch das Geäst und goss kleine Bäche glitzernden Taus von Blatt zu Blatt. Bis ich das Ufer des Baches erreicht hatte, waren meine Kleider bereits tropfnass. Etwas Neues und Interessantes drang an mein Ohr: der lockende Klang singender Kinder. Ich hielt mich an einen kleinen Fußweg, der über eine leicht gebogene Holzbrücke aus Baumstämmen und fachkundig gewebten Zweigen führte und mich zu einer sonnenerhellten grünen Lichtung brachte. Eine Schar von ungefähr zwölf Kindern versammelte sich in einem Halbkreis um einen klein gewachsenen weißhaarigen Mann. Alle schwangen die Arme über dem Kopf zum sanften Rhythmus eines bezaubernden pentatonischen Volksliedes.

Ich versuchte, mich hinter einer kleinen Baumgruppe zu verbergen, und hoffte, unbemerkt ihrer Aufführung beiwohnen zu können. Doch der kleine Mann, der das Lied dirigierte, gab den Kindern sogleich ein Zeichen, innezuhalten, drehte sich um und sah mich direkt an. Auf den ersten Blick schien er recht fortgeschrittenen Alters zu sein, aber seine lebhaften Bewegungen zeugten von einer sehr viel jugendlicheren Vitalität. Sein außergewöhnlich langes weißes Haar, buschige Augenbrauen, ein dünner Schnurrbart und sein federiger Kinnbart hoben sich leuchtend von seiner braun gebrannten und gealterten Haut ab. *Möglicherweise ein Burmese oder Thai,* dachte ich.

Gerade laut genug, um für mich hörbar zu sein, rief er die Worte: »Oh'loy« und dann »Chaphanang!«

Ich konnte nicht sagen, was diese Worte bedeuteten, doch entschied ich mich zu glauben, dass sie als Gruß gedacht waren. Ein paar Sekunden später rief er erneut: »Eh, Aaravindha … Chaphanang!«

Offensichtlich kannte er meinen Namen. Ich schlenderte zum Ende der Brücke und rief zurück: »Oh'loy!« Einige der Kinder winkten, und ein paar andere kicherten.

Nach einer kurzen Pause erhellte sich sein Gesicht mit einem deutlich amüsierten Grinsen, und er wechselte in holpriges Englisch.

Den Fluss hinaufdeutend sagte er: »Du geh dat lang! … Jimayaiyong.«

Er wollte wohl entweder, dass ich weiterging, oder wusste, dass ich auf der Suche nach einem Platz war, an dem ich mich waschen konnte. Oder wollte er vielleicht, dass ich etwas anderes sah, das weiter flussaufwärts zu finden war? *»Geh dat lang«* war einfach zu verstehen. *»Jimayaiyong«* hingegen blieb ein Rätsel.

Tibetisch vielleicht?, fragte ich mich. Aber er sah nicht tibetisch aus. *Hatte ich gerade den fünften Amartya-Meister getroffen?*

Ich verließ den Pfad und watete in das kühle knietiefe Wasser. Gegen die Strömung angehend folgte ich dem Bachlauf auf den weich polierten Steinen unter meinen nackten Füßen. Der Bach war glasklar und barg eine gemischte Vielfalt bunter Steine. Nachdem ich das Bachbett durchsiebt und Hände voll mit Achaten, Quarzen und rotem und grünem Jaspis geborgen hatte, kam ich an eine Stelle, an der die Strömung des Wassers plötzlich nach unten abfiel. Eine Reihe niedriger Wasserstufen fiel in kleine Becken herab. Das unterste und größte Becken bildete ein sprudelndes Bassin, gerade tief genug, um bis zum Hals hineinzutauchen.

Erfrischt und nach Pfefferminzseife duftend, beschloss ich, den oberen Bachlauf noch etwas weiter zu erkunden. Der Hauptpfad löste sich irgendwann vom Wasser und führte gemächlich über eine verträumte, leicht ansteigende Wiese. An ihrem oberen Ende kam ich wieder in einen Wald. Die Bäume waren hier besonders dick und üppig.

Sobald ich in den Schatten der Bäume trat, fesselte ein verlockendes Mysterium mein Interesse: Genau vor mir in der Luft schwebend, zwischen den verschiedenen Grüntönen, entdeckte ich ein schwaches Leuchten, so zart, dass ich mir nicht sicher war, ob ich es tatsächlich sah. Meine erste Reaktion war, es als Trübung meiner Augen abzutun, eine mögliche Nachwirkung der Pfefferminzseife. Doch nach mehrmaligem Augenreiben und Zwinkern erkannte ich, dass das farblose Leuchten, so schwach es auch sein mochte, unverkennbar real war. Dann fiel mir auf, dass es sich etwas tiefer im Wald von einem extrem blassen Leuchten in einen sanften bläulichen Glanz wandelte.

Anfänglich fragte ich mich, ob es sich um ein natürliches Phänomen handelte, das ich nicht kannte. Als ich mit dem Kajak im Meer um die San-Juan-Inseln unterwegs gewesen war, hatte ich gelegentlich in den Strömungen der Gezeiten Teppiche von Mikroplankton beobachtet, die bei nächtlichen Störungen zu leuchten begannen. Und ich hatte zudem auch eine Reihe Geschichten über elektromagnetische Funken und Feuerbälle gehört, die in der Atmosphäre erscheinen können, wenn sich der Druck innerhalb der kristallinen Erdschichten intensiviert oder verändert. Vielleicht war es auch etwas Ähnliches wie das Elmsfeuer, bei dem es sich um ein ungewöhnliches Wetterphänomen handelt. Das Elmsfeuer erzeugt eine Entladung, die einen blauvioletten Leuchtkranz um geerdete Objekte wie Blitzableiter oder Schiffsmasten erscheinen lässt. Aber was auch immer es sein mochte, es war sicher nichts, das ich zuvor schon einmal gesehen hatte.

Je mehr ich mich bemühte, es zu sehen, umso flüchtiger wurde es; zeitweise verschwand es sogar vollkommen. Wenn ich meine Augen jedoch völlig entspannte, konnte ich es wieder wahrnehmen. Mehr als neugierig beschloss ich, in der Richtung nachzuforschen, in der es am stärksten erschien. Aber schon nach ein paar Schritten gesellte sich ein weiteres Rätsel dazu. Eine angenehm prickelnde Empfindung begann durch meine Haut zu strömen, gefolgt von einem unerklärlichen Gefühl von Schwerelosigkeit in meinen Armen und Beinen.

Ich benutzte meinen Körper als Kompass und erlaubte meinen Empfindungen, dem Licht durch das dicht verschlungene Unterholz zu folgen. Ab und an ragten zerbrochene Fragmente einer fast verschwundenen Ruine aus der Erde. Ich hielt inne, um das Gestrüpp beiseitezuschieben, und erkannte, dass ich auf einem Areal stand, auf dem sich vor Tausenden von Jahren ein außergewöhnlich gestaltetes Gebäude befunden hatte. *Solch ein Mysterium, so weit draußen in diesem weit abgelegenen Teil der Berge!*

Einige weitere Schritte führten mich zu einem natürlichen Durchgang zwischen zwei breiten Baumstämmen. Ich hatte den Rand eines ebenen runden Hofes erreicht, der vielleicht einmal Teil der Ruine war. Er war zu allen Seiten mit breitstämmigen, Banyan ähnlichen Bäumen gesäumt. Die Sonne, die durch die schattenspendenden Äste fiel, wirkte fast geisterhaft und erzeugte in der sanften, leuchtend blauen Atmosphäre eine übernatürliche, traumartige Stimmung.

Aber es waren nicht die himmlische Atmosphäre, nicht die Ruinen, nicht die wuchtigen Bäume, die mein Interesse weckten – es war die augenscheinliche Quelle dieses Leuchtens. Am anderen Ende des Innenhofes hellte sich das zarte Blau erheblich auf und umgab ein noch heller leuchtendes weißes Zentrum. Das Weiß schien so glänzend, dass es selbst die Unterseiten der umliegenden Zweige in ein sanftes Leuchten versetzte.

Nach ein paar eifrigen Versuchen, meinen Blick in seine Mitte hinein zu fokussieren, war ich erstaunt, darin die schemenhaften Umrisse einer Person zu erkennen. Vor langer Zeit hatte ich von Einsiedlermönchen gehört, die einst in der Einsamkeit dieser Berge gelebt hatten und in der Lage waren, ein Leuchten in der Aura um ihren Körper zu erzeugen, indem sie ihre pranische Lebensenergie dahingehend lenkten. Der Beschreibung nach waren diese leuchtenden Auren besonders bei Nacht wahrzunehmen. Doch dieses Leuchten dominierte selbst das helle Tageslicht.

Plötzlich dämmerte es mir: Ich war regelrecht durch den weitreichenden Nimbus von jemand wahrhaft Bemerkenswertem gelaufen. Angetrieben von dem Verlangen zu sehen, wer ein solch erstaunliches Phänomen hervorrufen konnte, trat ich ein paar Schritte näher. Es war Nil'Amma Tara.

Ich war vollkommen sprachlos. Als wäre das Licht an sich nicht schon erstaunlich genug, geschah etwas noch Faszinierenderes: Nil'Amma Tara wurde von nichts als leerem Raum getragen und schwebte mit gekreuzten Beinen etwa einen halben Meter über einer Bank aus Steinplatten, auf der eine Decke ausgebreitet war.

Eingebettet in ihr Leuchten befand sich ein kaum sichtbarer Strahlenkranz aus Regenbogenlicht, der einen kreisförmigen Schein um ihren Kopf herum formte und sich in eine winzige ätherische blaue Flamme hineinverdichtete, die direkt über ihrer Stirn tanzte.

Ich war mehr als reichlich mit wahrlich außergewöhnlichen Visionen gesegnet worden und durfte gelegentlich selbst die Erscheinung von Gottheiten und Engeln bezeugen. Doch dieser kostbare Anblick von Nil'Amma Tara, ihr Körper strahlend und in der Luft schwebend, war jenseits aller Worte. Ich versank in Ehrfurcht – bis mir schwante, dass ich sie vermutlich gestört hatte. Gerade als ich mich zurückziehen wollte, öffnete sie ihre Augen. Unglaublich – ihr Blick strahlte das gleiche blaue Leuchten aus, und ihre äußeren Augenwinkel schimmerten weiß. Ihre Handflächen waren nach oben gewendet und hielten etwas, das zu durchscheinend war, um es erkennen zu können, und das in dem Moment wieder verschwand, als sie ihre Hände erhob.

Wortlos wandte sie mir ihre rechte Handfläche zu, Zeigefinger und Daumen berührten sich und formten ein Mudra. Sofort fühlte ich, wie ein warmer Strom von Energie in meine Brust und mein Herz drang. Ich konnte nicht sagen, ob es Schmerz erzeugte, Glückseligkeit hervorrief oder eine nicht greifbare Mischung aus beidem bewirkte. Intuitiv gab ich mich dem hin, wissend, dass sie mir eine Form von Segnung zuteilwerden ließ. Als die Wärme sich verstärkte, schoss ein rauschender Energiestoß von meinem Herz durch den angrenzenden Teil meiner Wirbelsäule und bewegte sich nach oben in das Zentrum meiner Stirn. Ich fühlte, wie mein Rücken sich unfreiwillig durchbog.

Mein Kopf fühlte sich schwindlig an vor Glückseligkeit. Ich gab jeglichen Widerstand auf und schloss meine Augen. Dann, in einer plötzlichen intensiven Explosion von Licht, verlor ich jegliches Gefühl dafür, wo ich mich befand. Ich fühlte mich schnell und spiralförmig in eine sich nach oben hin immer mehr öffnende Weite hineingezogen. Kurz darauf war ich in einen energetischen Sturm gehüllt, der angefüllt war mit Wellen ekstatischer Glückseligkeit. Jeder neuen Welle folgte ein weiterer Ausbruch von sich ausdehnendem Licht.

Bevor ich michs versah, fand ich mich hinter zwei großen runden Felsen wieder, wo ich mich auf ein Knie gekauert im knöcheltiefen Wasser eines langsam fließenden Baches versteckte. Ich war irgendwo, wo ich nicht hätte sein dürfen, etwas weiter oben im Tal. Ich war ein Anderer, ein halbwüchsiger, schlanker und trainierter Junge mit langem und glänzendem schwarzen Haar. Mein Herz raste, und mein Atem ging schnell. Ich belauschte jemanden und beobachtete eine Szene durch den Eingang eines alten verfallenden Tempels. Ein eindrucksvoller junger Mann, der ebenfalls glänzende schwarze Haare hatte, saß mit gekreuzten Beinen zu Füßen von Nil'Amma Tara zwischen zwei zerbrochenen Steinsäulen. Der Mann war der junge Meister Rambala.

Nil'Amma Tara chantete etwas, während sie aus einer goldenen Urne ein wenig Wasser in die zu einer Schale geformten Hände von Meister Rambala goss. Dreimal hob er seine Hände an die Lippen, um von der Flüssigkeit zu nippen, und dreimal sprenkelte er, was davon verblieben war, über seinen Kopf und ließ die klaren Tropfen über die strammen Muskeln seines nackten Rückens laufen. Hin und wieder hielt Nil'Amma Tara in ihren Bewegungen inne, um ein paar Mantras zu rezitieren, die förmlich die Zeit zum Stillstand brachten. Jedes Mal wenn sie dies tat, beschleunigte sich mein Herzschlag. Und jedes Mal stimmte Meister Rambala ein und wiederholte die Mantras exakt so, wie Nil'Amma Tara sie gechantet hatte. Zwei weißgekleidete

Frauen standen zu beiden Seiten neben ihr und stimmten mit einem gleichmäßigen Chant ein. Sie schwenkten etwas, das aussah wie ein Paar zweistufiger goldener Puja-Lampen mit lodernden Flammen.

Meister Rambalas Körper begann zu beben und zu schwanken und kam dann langsam wieder zur Ruhe. Als sein Körper wieder vollkommen ruhig war, hielt Nil'Amma Tara ihre beiden Hände direkt über seinen Kopf. Mit offensichtlicher Behutsamkeit erhob sie ihre nach oben gewendeten Handflächen, so als würde sie etwas Unsichtbares aus seiner Krone herausziehen. Ein fast nicht sichtbarer trüber grauer Nebel bildete sich sogleich über seinem Kopf. Dann, mit einem dramatischen und unerwarteten Knall, klatschte Nil'Amma Tara ihre Hände genau an der Stelle zusammen, wo sich der Nebel befand. Synchron mit dem Klatschen rief sie das Mantra »Hum Tham, Hum Phat!«. Augenblicklich löste sich der Nebel auf.

Ich hatte vollkommen vergessen, dass dies eine auf irgendeine Weise bewusst erzeugte Erfahrung war. Die Ereignisse waren so unleugbar real gewesen, dass ich glaubte, wirklich dort zu sein. Ich hatte gänzlich den Bezug zu meinem jetzigen Körper verloren. In dem Moment, als ich begann, infrage zu stellen, wo ich mich befand und wie ich dorthin gekommen war, blickte Nil'Amma Tara von ihrer Zeremonie auf und richtete ihren Blick zielgenau auf mich.

Ich fragte mich sofort: *Wen blickt sie an? Den Jungen oder Aaravindha?* Ich war außergewöhnlich durcheinander: *Blickte ich in die Zukunft oder zurück in die Vergangenheit?* Bevor ich das Ganze sinnvoll zusammenfügen konnte, bewegte ich mich wieder spiralförmig und unkontrollierbar durch Wellen von ausgedehntem Licht.

Desorientiert und von leichter Übelkeit geplagt, versuchte ich, Halt zu finden. Ich bemerkte, dass ich meine Augen fest zugedrückt hatte, und zwang mich, sie zu öffnen, um mich davon zu überzeugen, dass ich wieder Aaravindha war. Ich tat mein Bestes, nicht die Balance zu verlieren. Meine Gedanken waren unzusammenhängend und bruchstückhaft, als wäre ich ein wenig zu schnell aus dem Schlaf erwacht.

Nil'Amma Taras unerschütterlicher Blick war immer noch auf mich fokussiert, genau so, wie sie mich angesehen hatte, als sie mich hinter den runden Findlingen hervorlugend ertappt hatte. Bis auf ein paar subtile Spuren blauen Lichts, die sich unauffällig in den Schatten ihres Gesichts verbargen, war das Leuchten vollkommen verschwunden. Sie saß immer noch mit gekreuzten Beinen da – diesmal jedoch unten auf der Bank.

Ich versuchte zu verstehen, was für ein Sturm mich gerade gepackt, durch die Zeit geschleudert und wieder zurückgebracht hatte. Mein Verstand drehte sich. Nil'Amma Tara nahm meine Verwirrung wahr und gab mir ein Handzeichen, mich zu ihr zu setzen. Und dann wusste ich es: Irgendwie hatte *sie* das mit mir gemacht.

Es gab Momente, in denen ich mich vollkommen geerdet fühlte; dann gab es Momente, in denen meine Wahrnehmung der Zeit blitzartig hinwegfiel und sich in immens großen Weiten verlor – stille Weiten ohne Form oder Ende, die mich mit einer unwiderstehlichen Anziehungskraft in sich hineinzogen.

Nil'Amma Taras außergewöhnliche Fähigkeiten

Levitation wird in der zeitgenössischen westlichen Welt meist als Trick eines Zauberkünstlers oder als eine Form von inszenierter Sinnestäuschung angesehen. In der östlichen Esoterik hingegen ist die reale Möglichkeit der schwerelosen Levitation seit Langem akzeptiert und unter einer Reihe von Sanskrit-Begriffen bekannt wie zum Beispiel Uparipitri, Udana Gaman, Dardura Siddhi und allen voran Laghima.

Sowohl in der östlichen wie auch der westlichen Geschichtsschreibung ist Uparipitri die am häufigsten dokumentierte Form der Levitation. Sie tritt als Folge intensiver inniger Verzückung auf, bei der spirituell ergebene Frauen oder Männer ihr gesamtes Sein in einem glückseligen Zustand tief verehrender Ekstase hingegeben haben und sich plötzlich durch die Luft schwebend wiederfinden.

Einer der berühmtesten Fälle war der des italienischen Mönchs Josef von Cupertino, der in der ersten Hälfte des 17. Jahrhunderts lebte. In jungen Jahren wurde er von seinen Altersgenossen als jähzorniger Einfaltspinsel angesehen, dem es sowohl an intellektuellen wie auch an weltlichen Fähigkeiten mangelte. Doch all dies wandelte sich, als er seinem Ruf folgte und Klosterbruder wurde.

Seine Klostergemeinschaft wies ihm die bescheidene Aufgabe zu, die Stallpferde zu versorgen. Durch das Versorgen der Tiere an diesem Ort lernte er zum ersten Mal zu lieben, das Leben bedingungslos zu schätzen und als Folge davon, seine emotionale

Rastlosigkeit zu beruhigen. Die intensive Hingabe an das Verrichten seiner Aufgabe, kombiniert mit seinem reinen Glauben, führte in eine so hingebungsvolle Verehrung für Gott, dass er sich regelmäßig in grenzenloser Verzückung verlor. Zeitweise ließ ihn das vom Boden abheben, manchmal stundenlang. Nach fast siebzig solcher Levitationen, während derer er so entrückt war, dass er nicht mehr auf die Forderungen der Oberen seines katholischen Ordens reagierte, wurde er für unkontrollierbar befunden und als Bedrohung ihrer Autorität angesehen. Kurze Zeit später versteckten ihn die Oberen in geheimer Abgeschiedenheit, weit weg von der Öffentlichkeit. Dennoch wurde er ein Jahrhundert später heiliggesprochen.

Andere dokumentierte Fälle der westlichen Welt sind unter anderem Pater Pio von Pietrelcina, Teresa von Avila und der heilige Franziskus von Assisi. Religionshistoriker bestätigen, dass es tatsächlich Hunderte ähnlicher Fälle gibt, die im Verlauf der europäischen Geschichte verzeichnet worden sind. Im Fernen Osten sind die aufgezeichneten Fälle von Levitation noch bedeutender und zahlreicher – wahrscheinlich aufgrund geringerer religiöser Vorurteile, die diesem Phänomen entgegengebracht werden, als es im Westen der Fall ist.

Obwohl Uparipitri die am häufigsten auftretende Form der Levitation ist, stellen die Beschreibungen darüber selten die entscheidenden Mittel zur Verfügung, sie zu meistern. Verlässliches Wissen über die Praktik der Levitation ist zumeist nur sehr schwer zu erhalten. An den wenigen abgelegenen Orten, wo sie noch immer gelehrt wird, praktiziert man sie nur im Geheimen als systematisierte Disziplin. Sie dient dazu, Fortschritte in Richtung eines größeren Ziels zu machen – dem Erlangen einer umfassenden Meisterschaft. Levitation wird, wie auch jedes andere Siddhi, niemals als Ziel an sich gelehrt, sondern dient stellenweise als Hilfsmittel auf dem Weg zur Selbstbefreiung.

Udana Gaman – gelegentlich auch als Vayu Gaman bezeichnet – ist eine seltene Technik der Atemkontrolle. Sie erfordert ein hohes Maß an Behutsamkeit und Disziplin, so wie die meisten fortgeschrittenen, durch Pranayama herbeigeführten Techniken. Die Vorbereitung darauf schließt eine strenge und genaue Verfeinerung der vitalen Lebenskraftströme des Körpers ein, ganz speziell im Bereich des Udana Vayu. Udana Vayu ist einer von fünf Teilbereichen der pranischen Lebenskraft. Die anderen vier sind Prana, Apana, Samana und Vyana. Diese Vayus herrschen auf vielschichtige Weise über die unterschiedlichen Regionen des Körpers und dessen Vielzahl an lebenserhaltenden Funktionen. Durch den Gebrauch spezifischer Pranayama-Techniken werden die Lebenskraftmeridiane des Körpers verfeinert und mit pranischer Energie im Halsbereich gesättigt, wo der Udana Vayu vom Herzen bis hin zum Gehirn strömt. Das Körperbewusstsein wird vollständig aufgegeben und dem auf natürliche Weise nach oben aufsteigenden Strom des Udana Vayu hingegeben, während ein Zustand von transzendentalem Samadhi aufrechterhalten wird. Dadurch kann der Körper dazu veranlasst werden, die Eigenschaften der aufsteigenden Lebenskraft anzunehmen, und ein Zustand der Levitation ist erreicht.

Dardura Siddhi ist die am meisten praktizierte Levitationstechnik und auch die am einfachsten zugängliche Form. Unter Siddhi-Meistern wird sie jedoch selten als echtes Siddhi angesehen. Die Dardura-Technik kann Wogen von Shakti-Energie auslösen, die durch die feinen Meridiane des Körpers schießen und ihn dazu bringen, einen Satz in die Luft zu machen wie ein Frosch, jedoch mit nur wenig oder überhaupt keiner merklichen Beteiligung der Muskulatur. Auch wenn man diese Technik nicht gänzlich als wahre Levitation bezeichnen kann, tritt sie normalerweise als Übergangsphase in der Entwicklung der fortgeschritteneren Praktik des Laghima auf. Um jedoch die volle Ausdrucksform von Laghima zu erreichen, muss zuerst eine gewisse Anzahl beeinträchtigender mentaler Hindernisse überwunden werden.

Sowohl Dardura als auch Laghima beruhen auf identischen Prinzipien. Beide hängen von der Fähigkeit ab, meditativ in ein Gewahrsein von klarem Licht transzendieren zu können. Das Gewahrsein klaren Lichts erwächst aus einem durchgehend aufrechterhaltenen Zustand von Samadhi. In diesem Zustand wird die wahrnehmungserleuchtende Kraft, die als Quintessenz der Psyche agiert, nicht länger durch unbewusste Neigungen, zu Mustern gewordene Gewohnheiten oder Glaubenssätze verändert. Laghima bedarf eines systematischen Prozesses konstanten nach innen gerichteten Loslassens. Gleichzeitig wird das Gewahrsein bewusst von jeglichem Halten gelöst, um sich vom daraus resultierenden sanften Fluss der Glückseligkeit in tiefere und ausgedehntere Bewusstseinszustände tragen zu lassen – dorthin, wo das mentale Durcheinander der Psyche nicht mehr in der Lage ist, den Beginn der Schwerelosigkeit zu stören.

In jüngeren Jahren hatte ich die Gelegenheit, Zeuge der erfolgreichen Ausübung der Laghima-Levitation von zwei hingegebenen jungen Mönchen zu werden, die in einer klösterlichen Einsiedelei in Nordindien lebten. Später, durch die Anwendung des Erlernten und nach langen Phasen des Studierens und Übens, habe ich die ungehemmte Kraft von Laghima wiederholte Male persönlich erfahren. Nie in meinem Leben jedoch habe ich die Schönheit und Anmut dieses Siddhis so großartig entfaltet gesehen wie an diesem Morgen bei Nil'Amma Tara. Es war jenseits all meiner Vorstellungen darüber – so frei, so himmlisch, so leuchtend und so ehrfurchterweckend.

Meine Gedanken waren immer noch mit den Nachwirkungen beschäftigt, Nil'Amma Tara hier im Wald levitierend entdeckt zu haben – und dann derart grenzenlos und überzeugend in eine vergangene Zeit versetzt worden zu sein. Ich gab mein Bestes, die Geschehnisse zusammenzufügen, die sich ereignet hatten. Aber noch wichtiger war es mir zu verstehen, was dieser Moment zu bedeuten hatte. Mir war bewusst, dass ein vollendeter Meister sich nie eines Siddhis bedienen würde, um diese besonderen Fähigkeiten zu offenbaren, ohne einen sehr guten Grund zu haben. Aber gegenwärtig war dieser Grund mir ein Rätsel.

Der alte Mann, der den Gesang der Kinder anleitete, hatte in diese Richtung gezeigt, weil er wusste, dass Nil'Amma Tara dort war. Das lag nun auf der Hand. Diese Begegnung hatte sich nicht zufällig ereignet. Nur weniges auf meiner Reise war zufällig geschehen – jedes Ereignis und jeder Schritt hatten am Ende irgendeinen Zweck offenbart. Aber ich begann zu ahnen, dass der Grund der Begegnung nicht darin lag, Nil'Amma Tara hier schwebend in der Luft zu sehen.

Als ich auf einer kleinen steinernen Bank vor ihr saß, bestätigte sie meine Vermutungen. Sie sagte: »Es war erforderlich, erst eine Umgebung zu schaffen, in der das Unmögliche möglich gemacht wurde.«

Sie erklärte mir, es sei notwendig, mein Festhalten am Gewohnten zu lockern – und genau das habe es erfüllt. Ich dachte an die Worte zurück, die sie bei unserer ersten Begegnung gesprochen hatte: *»Junger Meister, während du hier bist, wird es deine erste Aufgabe sein, die Bedingungen, die Maya dir abverlangt haben mag, hinwegfallen zu lassen, die Begrenzungen loszulassen und nicht länger deinen Glauben zu unterdrücken an das, was noch möglich ist.«*

Ich schwankte noch immer zwischen den Welten hin und her, zwischen dem Bekannten und einer unglaublichen neuen Sicht auf das, was dieses Mögliche wohl sein mochte. Es gab Momente, in denen ich mich vollkommen geerdet fühlte, dann gab es Momente, in denen meine Wahrnehmung der Zeit blitzartig hinwegfiel und sich in immens großen Weiten verlor – stille

Weiten ohne Form oder Ende, die mich mit einer unwiderstehlichen Anziehungskraft in sich hineinzogen. Die sinnlich-physische Welt schien nun nicht mehr gänzlich fest, sondern vergänglicher und weniger real zu sein. Immer noch geradlinig zwar, jedoch vermischt mit Augenblicken von nicht linearen Unterbrechungen.

Am Tag meiner Ankunft war ich körperlich und mental erschöpft und zu einem großen Maß auch überwältigt davon, endlich hier zu sein. Ich hatte den unglaublichen Unterschied in meiner Wahrnehmung der Umgebung bereits bemerkt, doch nun war es unverkennbar geworden: Mein Erleben der Realität hatte sich völlig gewandelt. Ich war an einem Ort, an dem das Endliche und das Unendliche sich vereinten, um eine Atmosphäre zu erschaffen, in der Potenzial zur Verfügung steht wie nirgendwo sonst auf dieser Welt. Bei unserer ersten Begegnung hatte sie mir gesagt: *»Du wirst hier die Verbindung zu einer Kraft entdecken, die die Träume der gewöhnlichen Welt weit übersteigt.«* Ich hatte nicht geahnt, dass dies bereits an meinem ersten Morgen geschehen würde.

Mental auf irgendeine Weise durch die Zeit transportiert zu werden eröffnete mir eine neue Ebene an Respekt und Bewunderung für Nil'Amma Taras Genius. Sie wusste genau, was das Festhalten an meinen Begrenzungen brechen würde, und wandte ihr meisterhaftes Geschick an, um mich in jene vergangene Zeit zurückzuführen. Ich rang immer noch mit den Auswirkungen, ganz zu schweigen der Wahrscheinlichkeit, dass so etwas überhaupt möglich war.

Selbst als Kind schenkte ich der Idee nicht ganz Glauben, dass der Tod das letzte Wort über das Leben haben soll. Und dennoch hatte ich unter dem intensiven Einfluss dieser Vorstellung gestanden. Diese Fessel wurde nun gelöst. Ein scheinbarer Nebeneffekt davon war, dass die physische Welt nun um ein Vielfaches illusorischer wirkte als zuvor. Die Jahrhunderte, die vergangen waren, und die vielen Inkarnationen lagen nicht länger verborgen in einer nur halb erhellten Erinnerung. Sie strahlten kristallklar. Die dominierende Herrschaft des Todes war unwiderruflich zerstört. Ich hatte die Grenze überschritten und war wiedergekehrt. Und dabei handelte es sich zweifelsohne nicht nur um eine weitere Vision. Was mein Gefühl der Zeit am meisten verändert hatte, war das kurze reale Erfahren meiner selbst an zwei Orten zugleich. In einer dieser zeitlosen Lücken, den enormen Weiten, durch die ich gefallen war, erfuhr ich mich nun – trotz ihrer vergänglichen Natur – auf eine Weise realer als in meiner gewöhnlichen körperlichen Form.

Vor vielen Jahren, als ich einen historischen Stadtteil Neu-Delhis erkundete, stieß ich in einer Seitenstraße auf ein Antiquariat. Ich hatte einen Berg abgegriffener gebundener Bücher durchforstet und ein altes Buch entdeckt, das nur in begrenzter Auflage publiziert worden war. Es war auf Englisch und Hindi verfasst. Auf den Innenseiten fand ich einen Hinweis auf einen im Verborgenen agierenden indischen Geheimbund, der zu Beginn des ersten Jahrtausends gegründet worden war. Es handelte sich dabei um eine Vereinigung, die viele der alten Werke der großen Meister geheim halten und sie davor schützen sollte, in unwürdige oder korrupte Hände zu fallen. Das Buch verzeichnete und beschrieb eine Anzahl äußerst seltener Siddhis. Eines der genannten Siddhis war das Kalapurvinavasa Siddhi. Es gewährte dem, der es gemeistert hatte, die seltene Fähigkeit, die Grenzen der Zeit zu transzendieren, um sein eigenes Bewusstsein oder das einer anderen Person in die Vergangenheit zu versetzen.

Als ich Nil'Amma Tara fragte, ob es dies war, was sie getan hatte, hielt sie inne, um ihre Augen zu schließen und über meine Frage nachzudenken. Einige Sekunden später warf sie mir ein strahlendes Lächeln zu und antwortete auf indirekte Weise.

»Es war notwendig, dein Bewusstsein von einer vergangenen Last zu reinigen, einem Manociri, um ein karmisches Hemmnis zu erlösen.«

»Mano … diesen Begriff kenne ich. Er bedeutet Verstand oder Psyche … aber ›Ciri‹?«, fragte ich.

Sie erwiderte: »Ein Ciri ist eine subtile Beeinträchtigung der Luzidität, die einen Schatten auf die inneren Tiefen wirft, vergleichbar mit einem Dunstschleier über dem Wasser. Er hat einen Teil deiner Sicht beeinflusst, indem er einen Schatten auf einen Teil deines Herzens warf. Wenn diese Transformation in den kommenden Tagen vollendet sein wird, wird Meister Janjuran dich darin unterstützen, deine Luzidität noch weiter zu perfektionieren.«

»Du sagtest, dieser Ciri war eine Bürde aus der Vergangenheit. Ist er also die Folge von etwas, das in jenem Leben damals geschehen ist?«

»Das ist er! Du könntest ihn als Knoten betrachten. Er hat einen Teil deines Fühlens abgeschnürt, was sich wiederum auf deine Sicht ausgewirkt hat. Es gibt eine natürliche Entfaltung unserer Sinne in Richtung Erkenntnis. Das Hören bestimmt die Gefühle, und das Fühlen bestimmt die Sicht – genau in dieser Reihenfolge.«

»Es ist also wie ein Hridyagrantha – ein Herzknoten?«, sagte ich. »Ich konnte fühlen, wie er sich gelockert hat. Es war bemerkenswert greifbar. Anfangs hatte es sich angefühlt wie unbeantworteter Kummer, und dann löste er sich.«

Sie beugte sich vor, um zu betonen: »Wenn ein Teil des Herzens von einem Schatten verfinstert ist, ist auch ein entsprechender Anteil der intuitiven Natur eines Menschen überschattet. Die fühlende Natur des Herzens ist auf intime Weise mit der Intuition verbunden.«

»Du erwähntest, dass Meister Janjuran mich unterstützen würde – was für ein Segen«, sagte ich. »Ich fühlte mich ihm vom ersten Moment unserer Begegnung an außergewöhnlich nahe – so als würde ich mich an einen lieben Freund erinnern.«

»Er kam vor vielen Jahren zu uns und brachte Talente mit, die deinen sehr ähnlich sind. Seine Fähigkeiten sind nun voll entwickelt«, sprach sie.

Vielleicht hätte ich meine nächste Frage schon früher gestellt, aber ich war immer noch dabei anzukommen. Nun, da ich mich wieder etwas gesammelt hatte, bemerkte ich, dass meine Haut kribbelte, und als ich mich wieder auf den Augenblick fokussiert hatte, konnte ich sehen, dass ihr Körper immer noch von einer subtilen Spur von Licht umgeben war – kaum sichtbar, aber dennoch wahrnehmbar.

»Es gibt etwas, das ich noch nicht ganz verstehe«, sagte ich. »Es geht um die Technik – ich hoffe, du kannst mir noch mehr über das Siddhi erzählen, das du angewandt hast.«

»Ich verwende keine Techniken!«, sprach sie deutlich und laut. »Ein Kind, das nach der Hand der Mutter greift, in dem Wunsch, laufen zu lernen – das ist Technik. Die Hand der Mutter, die sich dem Kind zuwendet – das ist Siddhi.«

Sie löste ihr rechtes Bein aus dem Lotussitz und berührte mit den Zehen leicht den Boden. »Junger Meister, du hast mein Prasada erfahren.«

»Prasada?«, fragte ich.

»Wenn die Sonne in ihre eigene Reflexion blickt, wird sie heller. Das ist die Natur dessen, was sich ereignet hat«, sagte sie.

Flüchtig spürte ich die Berührung von etwas, das von ihr ausging und mich erreichte. Etwas ruhiges Machtvolles bebte sanft unter meinen Füßen durch die Erde. Alles veränderte sich so unglaublich schnell. Die Schönheit, die darin lag, hier an diesem Ort zu sein, war archetypisch – inmitten dieser alten Ruinen zu stehen, am Rande der Welt, an einem Ort, der einst von Leben und Hoffnung erfüllt gewesen war und nun nur noch Geröll war, das zu seiner Quelle zurückkehrt. Es war die ideale Kulisse für das Ende eines Traums.

Es ist seltsam, worauf die Psyche sich richtet, wenn nicht mehr ist, was einst für real gehalten wurde: der Geruch in der Luft, die Art, wie die Erde sich anfühlt, und das Schimmern des Sonnenlichts, das Nil'Amma Taras Haar umspielte. Doch auch dies hier, alles davon, war auf eine andere Art real. Die Luft roch nach Rosen, die Erde fühlte sich zeitlos mysteriös an, und ihr Haar glänzte weiß und krönte sie wie der Heiligenschein eines Engels. Meine Wahrnehmung der Welt würde nie wieder sein, wie sie einst gewesen war. Es erschien wie Sterben, jedoch frei von Verlust. Stattdessen war ich unbeschreiblich dankbar. Das war das Herz des Ganzen – eine unbeschreibliche Dankbarkeit für die Schönheit ihrer bedingungslosen Gnade.

»Siddhiprasada!«, bestätigte ich. »Die gesegnete Gunst einer wahren Devata.«

Sie nickte anerkennend.

Eine ganze Minute verging in Stille, bevor ich fragte: »Diese Erfahrung … als ich jener Junge war, der dich und Meister Rambala beobachtet hatte … diese ganze Erfahrung schien …« Ich suchte nach den passenden Worten. »Es war mehr als eine Erinnerung. Ich war dort so wirklich wie hier und jetzt. Ich erinnere mich nun an Dinge, an die ich zuvor nie gedacht hatte, Dinge, die ich sonst nie hätte wissen können. Ich bin dankbar für das, was zwischen dir und Meister Rambala vor sich ging. Aber es mischen sich auch andere Gefühle mit hinein. Als ich dich beobachtete, fühlte ich eine unangenehme Kombination aus Enttäuschung, Trauer und sogar ein wenig Widerstand. Bitte sag mir, was du darüber weißt – ich glaube, dass diese Gefühle mit dem Tod meiner Mutter in jenem Leben zu tun hatten. Das war einer der Gründe, aus denen du wolltest, dass ich das sehe, nicht wahr? Die Erfahrung, die du mir zuteilwerden ließest, hatte mit dem Sterben meiner Mutter zu tun.

Ich habe gespürt, dass du nicht die Einzige warst, die mich beobachtete. Ich konnte ihren Geist dort fühlen, den Geist meiner Mutter aus jener Zeit. Ich kann sie immer noch fühlen – selbst jetzt.«

»Junger Meister, ich habe diese Zeit nicht gewählt, du hast es!«, sagte sie.

»Ich habe es?«, fragte ich.

»Im Akash werden alle vergangenen Impressionen unauslöschlich gespeichert«, sprach sie. »Das Akash ruht zwischen den Strömen der manifesten Veränderung und dem Ort, an dem die Zeit ganz ist, absolut. Die Vergangenheit, die Gegenwart und alles, was vielleicht noch sein wird, befinden sich im Akash. Alles ist dort vorhanden, ob es realisiert wurde oder latent ist, ob es gewonnene Weisheit oder die Aussicht auf Weisheit ist – es ist da. Einige dieser Eindrücke haben eine große Anziehungskraft. In jenem Leben gelang es dir nicht, die höhere Wahrheit der Existenz deiner Mutter zu erfassen, und dies war im Akash als unvollständiges Wissen eingeprägt. Du wurdest von ihm angezogen, um es zu befreien. Was unvollendet in der Zeit zurückbleibt, erwacht wieder und wieder. Es lastet von Leben zu Leben auf dem Geist und verschleiert viele Wahrnehmungen, die damit in Zusammenhang stehen – so wie Staub einen Lichtstrahl trübt. Unausweichlich wird eine Zeit kommen, in der dem Nichtvollendeten Gehör geschenkt werden muss. Es war dieses unrealisierte Karma, das deine Gefühle anregte. Die Zeit war gekommen!«

»Kannst du mir sagen, wie sie gestorben ist?«

»Deine Mutter fiel dem Biss einer Bergviper zum Opfer. Ihr Dahinscheiden war eine schwere Prüfung, sowohl für Meister Rambala als auch für dich. Rambalaji rang endlos damit und trauerte monatelang, ohne dass sich ein Ende abzeichnete. Er bat mich um Hilfe, seine Trauer zu überwinden, doch erst als sein Herz es nicht länger ertragen konnte, entschied ich mich einzugreifen. Hätte ich es nicht getan, wäre Pramoksa verzögert worden.«

»Pramoksa?«

»Befreiung!«

»Du meinst Erleuchtung?«

»Ja, Samyaksambodhi! Mit der Zeit verwandelt sich unbeantwortete Trauer in Krankheit. Doch zuerst verdichtet sie sich zu konzentriertem mentalen Druck, einem Ciri Grantha, der sich im Hintergrund des Verstandes formt. Was du in dieser Zeremonie erblicken konntest, war der Moment seiner Auflösung. Für Rambalaji war es die Entfernung seiner letzten begrenzenden Anhaftung.«

»Das habe ich gespürt, darum habe ich mich sofort so dankbar gefühlt.«

»Die Zeit deiner Mutter hier auf Erden war vollbracht. Sie hatte an einem anderen Ort noch etwas zu tun. Als der Ciri erst einmal aufgelöst war, der seinen Verstand bedeckt hatte, fand er sie wieder. Er wurde Zeuge davon, wie sie in ihrer wahren Natur stand. Es war eine Vision, die sich mit dem Licht der Unsterblichkeit schmückte.«

Sie beugte sich nach vorne, um mir aus nächster Nähe in die Augen zu blicken. »Das Amaraprakash, das Strahlen des ewigen Lebens … in seinem Licht wird Trauer sofort in Dankbarkeit gewandelt. Jedes Wesen muss eines Tages an diesen Punkt gelangen!«

Ihre Stimme nahm eine neue und machtvollere Färbung an, als sie sprach: »Nun siehe vor dir! Die Morgendämmerung ist gekommen. Du stehst an ihrem Tor!«

Genau in diesem Moment blickte ich in ihre Augen und vergaß mich vollkommen. Ihr Sog war zu verlockend, zu fesselnd, um ihm zu widerstehen. Ich war buchstäblich von ihrer Tiefe überflutet worden. Die Welt um mich herum kam zum Stehen, meine Gedanken verschwanden allesamt, und die Stille wirkte fast absolut. Nur das vage Gefühl von etwas Geheimnisvollem blieb übrig. Es war der Hauch eines Rufes, der aufstieg wie eine Welle und dann in einem sanften Tosen brandete wie tausendfaches Flüstern. Es klang ursprünglicher und älter als alles, was ich je vernommen hatte. Eindeutig war sie diese Morgendämmerung!

Gleich einer sanften Brise, die sich plötzlich erhebt, um über unsere Haut zu streichen, kam ihre Stimme hervor wie süßer Nektar: »In seinem Einssein hat Meister Rambala erkannt, dass sie immer bei ihm ist und immer bei ihm sein wird. Er enthüllte sie im ewiglichen Herzen. Es gibt nur das eine wahre Herz. Sie, die einst seine Frau war und deine Mutter, hat seit damals längst das Lied ihrer erwachenden Glückseligkeit angestimmt. Nun ist er immerwährend in ihrer Umarmung. In der göttlichen Wendung, als die Illusion nicht mehr war, blieb nur ihr Amrita – das gesegnete Licht der einen Göttin.«

»Jetzt kann ich dies erkennen«, sagte ich, »doch damals wollte ich sie einfach nicht gehen lassen – egal wie viel ich wusste und mit wie viel ich gesegnet war. Vielleicht, weil sie so eine vollkommene Inkarnation der Liebe war. Es schien mir so unvereinbar, hier in diesem Tal zu sein und sie auf diese Weise zu verlieren. Sie war so rein und tief, wie frischer Schnee auf einem zeitlosen Berg. Und doch haben die großen Meister, die hier leben, sie gehen lassen. Jetzt empfinde ich anders, doch damals empfand ich es insgeheim auf irgendeine Weise als ungerecht.«

»Dieser Schatten hat dich durch drei Leben hindurch verfolgt«, sagte sie. »Nun ist es vollbracht!«

»Das ist es!«, antwortete ich. »Wie Meister Rambala kann auch ich sie sehen. Sie ist dort, in deinen Augen, im Amaraprakash, dem unsterblichen Licht. Doch nicht nur dort. Ich kann sie auch in meinem Herzen fühlen, in dem Raum, der sich öffnet, wenn ich mich ihr hingebe. Ich wusste es auch damals, doch ich war im Widerstand. Ihre Inkarnation war nur eine Verkleidung, ein Geschenk des Augenblicks, das dazu bestimmt war, mein Herz in ihr Lila zu locken. Sie ist ewiglich – sie war es immer. Die Erkenntnis, die zwischen diesem vergangenen Leben und dem jetzigen Augenblick aufstieg, ist, was du für mich wolltest. Ich danke dir!«

Ein leichter Rosenduft begann die Luft zu erfüllen.

»Ein Geschenk von ihr«, sagte sie.

»Im Leben oder wenn man Mrityu, dem Tod, ins Angesicht blickt«, fuhr sie fort, »kann das Verlangen, einen anderen zu besitzen, sehr leicht den Verstand blind machen gegenüber der wahren Natur einer Seele. Das Gesetz des Karmas ist deutlich: *›In dem Maße, in dem jemand einen anderen besitzt, ist auch er besessen.‹* Der wesentliche Grund, in diesem körperlichen Leben zu sein, liegt nicht darin, es zu benutzen, um festzuhalten, was uns gegeben wurde, sondern uns an der Liebe zu erfreuen, die es erweckt. Und uns an allem zu erfreuen, was das Leben bringt oder nimmt. Wenn wir eine irdische Liebe verloren haben, bleibt unsere Liebe bestehen, damit wir sie zu etwas Höherem transformieren können.«

»Ich erkenne, wie es mich als wiederkehrendes Thema beeinflusst hat«, sagte ich. »Die Schwierigkeit des Festhaltens und der Schmerz des Loslassens, eine Wahrheit, die halb verborgen bleibt, oder eine Unwahrheit, die nur halb erkannt wurde.

An etwas festzuhalten, um einen Mangel zu stillen, bestärkt am Ende nur diesen Mangel. Jemanden als Besitztum anzusehen oder ebenso von jemandem oder irgendetwas besessen zu sein – das sind die wirklichen Gefahren im Leben.«

»Zu begehren ist ein Zwang, dem alle Wesen eine Zeit lang unterliegen«, erklärte sie. »Dies zu opfern ist ein wesentlicher Teil des Erwachens. Bis das Begehren des Verstandes ausgelöscht ist, kann das ewige Leben nicht erlangt werden. Und ebenso verhält es sich mit wahrhafter Glückseligkeit: Sie wird nur realisiert, wenn das persönliche Verlangen selbstlos aufgegeben wird. Einige gelangen zu dieser Erkenntnis, aber dieses Loslassen darf nicht aus puritanischem Verzicht bestehen, noch sollte es eine Ablehnung des sinnlichen Lebens sein! Dies sind die falschen Wege der Fehlinformierten. Wahrheit kann nur gewonnen werden, wenn die Opfergabe eine vollständige und schlichte Befreiung vom ›Hunger zu besitzen‹ ist.«

»Bis jetzt habe ich es noch nie auf so vollkommene Weise in Worte gefasst gehört«, sagte ich.

»Einheit ist das immerwährende Gesetz der Zeit. Wandel und Vielfalt sind lediglich ihr Spiel«, antwortete sie. »Das eine Selbst geht über jede einzelne Inkarnation hinaus. Seine Wahrheit ist weder das Werden noch das Sterben. Es ist der Zustand eines ewigen Lebens. Es existiert jenseits der Herrschaft von Zeit. Von allem, was uns wertvoll sein mag, muss die Einheit uns das Kostbarste sein – nicht die vielerlei Gesichter darin. Ein wahres Leben erschafft und erhält die Vielfalt – es ist nicht die Vielfalt, die die Einheit aufrechterhält.«

»Brillant, das trifft es auf den Punkt!«, sagte ich. »Ich bin nicht dieser Junge, dieser Körper oder selbst dieser Geist, sondern das Eine, das diese Potenziale offenbart, damit das Eine in diesem Leben sein kann!«

»Ja! Bis das Hohe Selbst als einzig wahre Referenz realisiert wird, fährt der menschliche Geist fort, seine Fähigkeiten in den Dienst einer Referenz zu stellen, die geschaffen wurde aus dem Körper, dem Verstand oder den Erinnerungen an vergangene Erlebnisse. Bis dahin tragen wir diese Bürde, so wie auch du gezwungen warst, an den unerträglichen Fallen der Welt drei Lebenszeiten lang teilzuhaben.«

»Und dann gibt es noch den Schritt«, sagte ich, »das Falsche für das Richtige zu opfern. Dies stellt eine weniger offensichtliche Herausforderung dar. Das Realisieren unserer wahren Referenz ist nicht das Gleiche, wie Anspruch auf sie zu erheben.«

»Die letzte Gefahr besteht in dem Verlangen, das Hohe Selbst zu besitzen«, antwortete sie. »Ein Rückschluss wird gezogen, und eine Behauptung wird aufgestellt – ein Rückschluss, der zum Scheitern bestimmt ist. Die Zeit, wie auch das Feuer, kann nicht lange in Händen gehalten werden. Die Selbstrealisation lässt sich nicht auf ein bloßes Erweitern von Idealen begrenzen. Die Einladung, das Hohe Selbst zu besitzen, *ist* der finale Test auf dem Weg von der Dunkelheit in die Erleuchtung!«

»Du bezeichnest es als Einladung …«, sagte ich.

»Junger Meister, es liegt Intelligenz in der Dunkelheit, verkleidet als Versuchung. Mit dem Akzeptieren oder dem Ablehnen ihres Angebotes wird die Befreiung entweder erlangt oder verloren.«

»Versuchung ist die letzte Prüfung«, wiederholte ich. »Versuchen wir, das Selbst zu besitzen, spüren wir sofort den Stich seiner Dornen als Warnung – wie bei einer Rose. Ich nehme an, es verhält sich genauso mit der Liebe. Wenn wir sie zum Objekt unserer Begierde machen und versuchen, Anspruch auf sie zu erheben, verlieren wir sie bald. Doch wenn wir sie freisetzen und sie fliegen lassen, wird sie zu uns zurückkehren, um uns ihre höhere Form zu offenbaren. Dennoch ist in dieser Welt das Verlangen danach zu besitzen so vorherrschend.«

Ein Feuer schien ihre Augen zu entfachen. »Dies ist die Erkenntnis, zu der die Kinder dieser Welt gelangen müssen!«, verkündete sie. »Die Wahrheit der Existenz kann durch das bloße Schimmern der Illusion nicht bezwungen werden. Wenn die Illusion ausgedient hat, ist es die Wahrheit, die weiterlebt. Auch vermag der unerleuchtete Verstand nicht, die erlösende Natur des Herzens zu stillen. Wenn man blind ist vor Begierde, sind es nicht die Emotionen, sondern der Ruf des reinen Herzens, auf den man achten muss. Nur in wahrer Hingabe an die bedingungslose Liebe wird das innere Auge befreit werden. Es ist der Glaube, der es erleuchten muss. Nur dann kann seine Herrlichkeit herabströmen, um den Kelch des Herzens zu füllen. Doch höherer Glaube wird nicht leicht gefunden: Er erwacht erst, wenn der Hunger vergangen ist. Erst dann kann er sich aus der Stille erheben, um den ewiglichen Weg zu verkünden und die Flamme einer größeren Macht zu erwecken. Einer Macht, die das Leuchtfeuer entfacht, das den Willen des Einen geleitet – so tritt Glaube ins Leben.«

Sie hielt kurz inne, dann fuhr sie fort: »Beginne jetzt. Akzeptanz ist die erste Umdrehung des Schlüssels. Akzeptiere, was ist und was auch immer kommen mag, als Teil des großen Rufs. Aber begehre nicht, was seinen Weg zu dir gefunden hat oder ihn noch finden wird. Akzeptiere die führende Hand. Erlaube dem höchsten Willen, zu leben und das Herz der menschlichen Begierde zu zerschlagen, damit das wahre Herz leben kann. Verehre die Liebe über allem anderen! Einzig der Liebe ergeben, ist die Selbstrealisation gewiss. Die Liebe ist des Sehers erster und letzter Anblick der Wahrheit. Durch die Vereinigung von beidem – dem Glauben und der Liebe – verbrennt die Hand der Angst zu Asche. Zu viel Angst regiert diese Welt, und zu wenige finden ihren Weg zurück zur Liebe. Dies ist der Grund, aus dem wir und unsere Tradition hier sind und aus dem wir den angehenden Lehrer mit unserer Gunst segnen – um den Weg zu erleuchten.«

Sie fragte: »Ist es weise für die Kinder einer allgegenwärtigen Mutter oder eines allgegenwärtigen Vaters, weiterhin herumzutollen und den bedeutungslosen Bestrebungen einer fehlgeleiteten Überzeugung zu folgen? Ist es nicht viel weiser, die ihnen gegebene Zeit zu nutzen, um die ewig währenden Schätze zu entdecken, die im Lotusland des göttlichen Wesens auf sie warten? Die Mutter führt ihre Kinder nicht zu gierigem Streben. Sie bietet ihnen eine Welt voll wahrer Schätze. Wie viel bedeutsamer ist der Wunsch der Göttlichen Mutter! Der Erfolg für alle liegt in einem reinen Richtungswandel der Hingabe, denn die Hingabe ist das erste Tor zur Wahrheit.«

»Viele Lebenszeiten sind vergangen, seit ich die List des Todes überwunden habe. Heute bin ich die älteste Frau auf Erden. Die Menschen sind oft von Ehrfurcht erfüllt, wenn ich ihnen mein wahres Alter enthülle. Ich war bereits sehr alt, als ich Rambalajis Lehrerin wurde. Es wird weithin geglaubt, man könne sich glücklich schätzen, einhundert Jahre alt zu werden. Was sind einhundert Jahre? Nur ein Tropfen in der größeren Wahrheit der Existenz. Viele Generationen sind gekommen und gegangen. Ich habe gesehen, wie große Massen in den Schlaf dieses winterhaften Zeitalters gesunken sind. Doch eines Tages müssen alle wiederkehren zu diesem heiligen Pfad zur Sonne. Ich kenne sie alle. Ich kenne ihre Herzen und ihren Geist und alle ihre Beziehungen. Junger Meister, vor Hunderten von Jahren hielt ich diejenige in diesen Armen, die du nun deine Liebste nennst, und flüsterte ihr die lockenden Worte der Weisheit ins Ohr. Und ebenso habe ich Führung inspiriert im Herzen derjenigen, die sie heute als ihre Mutter bezeichnet. Viele Lehrer heutzutage werden versuchen, euch zu sagen, dass das Leben nur ein Traum ist, nicht mehr als eine Illusion. Doch eine weitaus größere Illusion ist der Tod.«

»Es ist nicht so leicht, sich aus den Zyklen der Wiedergeburt zu befreien, um das ewige Leben wiederzuerlangen«, fügte ich an.

Nil'Amma Tara antwortete: »Die Täuschung des Todes zu beenden ist nur möglich, wenn der Griff gelöst wird, der das Herz einschnürt. Dies beginnt, indem man alle trivialen Bestrebungen aufgibt und sich dem höheren Sinn zuwendet. Bezwinge das Geheiß des immer hungrigen Egos. Der Weg ist gefunden, wenn der Wille des Höchsten Selbst als die einzige wahre Motivation erfahren wird. Viele werden sagen: ›Komm, koste hiervon oder probiere diese Technik, wenn du dir ein langes und erfülltes Leben wünschst‹. Und diese Dinge mögen das Leben verlängern, es um ein paar Momente weiter ausdehnen. Doch ungeachtet dessen wird der Tod immer noch kommen. Liebe ist der einzige Weg, ihn zu überwinden! Wenn das Leben die Stimme der Liebe *ist*, dann kann der Tod es nicht nehmen. Enthülle dieses Mysterium; entferne die Schatten, die im Leben binden. Entferne, was von dir Besitz ergriffen hat, lasse das Verlangen zu besitzen fallen, dann ist die Aufgabe fast vollbracht. Dann werde, wofür diese Welt betet. Die Mutter wird an deiner Seite stehen, und sie wird sagen: ›Jetzt bist du bereit, gehe ein in mein Herz, trinke vom ewigen Leben – die Zeit der Tollerei ist vorbei.«

»Nil'Amma Tara«, fragte ich, »warum bleibst du noch hier, wenn du bereits alles überwunden hast, was das Leben anzubieten hat? Du bist zu ewigem Leben erwacht. Warum lässt du deinen Körper nicht einfach los und fliegst in die höheren Welten?«

»Vor sehr langer Zeit, ich war noch recht jung, war ich mit einer Amara Stri'guru als Hüterin gesegnet. Sie hatte Amritavapu erlangt, die ewigliche Form, und so war ihr Lebensalter weit jenseits dessen, was als möglich erachtet wurde, selbst verglichen mit der Ahnenreihe der großen Amartya-Tradition. Im vierzehnten Jahr nach meiner Geburt stellte ich ihr exakt die gleiche Frage. Ich werde dir nun sagen, was sie mir geantwortet hat: ›*Es ist die*

Illusion, die davonfliegen muss, nicht das Selbst! Das eine Selbst ist überall.‹ Mein Lieber, wenn ich allgegenwärtig bin, aus welchem Grunde sollte ich in eine andere Welt fliegen?

Viele nannten mich Ambadevi und glaubten irrtümlicherweise, ich würde mich von ihnen unterscheiden. Und dennoch bin ich es, die die reinigende Flamme in jeder Mutter, jedem Vater und in jedem Kind entzündet. Denn ich bin die Sonne der Liebe, die diese Welt nährt. Amma Tara blickt durch die Augen eines jeden Wesens. Dieser Körper bindet mich nicht. Ob ich ihn behalte, ihn auflöse, was auch immer ich wähle – es wird so sein! Der Körper, den du vor dir siehst, ist nur ein Schimmer in meinem Auge. Es ist Amritaka, der Nektar des Ewiglichen, der durch diese Glieder fließt. Wenn ich glauben würde, nur dieses Abbild zu sein, wäre mir der Tod gewiss – hier und jetzt. Das unsterbliche Leben ist mein Lila, mein Entzücken. Ich kann alle Türen öffnen. Mich wirklich zu kennen bedeutet, das eine wirkliche Zuhause zu finden. Es gibt viele Räume in diesem Tempel. Ich bin für immer frei.«

Sein langes silbergraues Haar und
der durchscheinend dünne weiße
Bart erinnerten mich an die feinen
Dunstschwaden, die sich zur Mitte
des Nachmittags hin um die
angrenzenden Gipfel sammelten.
Die Pupillen seiner Augen waren
dunkel, durchdringend und klar.
Die nach oben verlaufenden Alterslinien
um seine Augen gaben seinem Gesicht
einen hellen, freudvollen Ausdruck –
das Zeugnis der Natur für ein
gut geführtes Leben.

Meister Phow Tseng Thak

In Amarpura, im Leben der Amartya-Meister, scheinen die Zeichen der Alterung gänzlich zu fehlen. Anstatt die gewöhnlichen Anzeichen eines hohen Alters zu zeigen, sind die Meister dort vital, frei von Krankheit und im Falle von Nil'Amma Tara und Meister Amir auch von außergewöhnlicher körperlicher Schönheit. Das Amartya-Konzept der Unsterblichkeit ist allein diesen Meistern zu eigen.

In der langen Geschichte unserer Welt hat es gelegentlich Fälle von Menschen gegeben, denen auf natürliche Weise ein langes Leben geschenkt wurde, wie beispielsweise einer französischen Frau namens Jeanne Louise Calment, die 122 Jahre alt wurde. Oder wie Shirali Muslimov, einem Mann aus den Bergen Aserbaidschans, der ein Alter von 168 Jahren erreichte, und dem kolumbianischen Indianer Javier Pereira, der 169 wurde. Andere lebten ungewöhnlich lange durch die ergänzende Einnahme von medizinischen Heilmitteln oder die Ausübung taoistischer Langlebigkeitspraktiken, wie zum Beispiel Li Ching Yuen, ein chinesischer Kräuterheilkundiger und Kampfkunstmeister, dem nachgesagt wurde, er habe 256 Jahre lang gelebt.

Die Unsterblichkeit ist seit Jahrtausenden das ultimative Objekt menschlichen Begehrens. Huang Di, der Gelbe Kaiser, war Chinas erste wirklich berühmte Autorität, die der Idee der Unsterblichkeit Glaubwürdigkeit verlieh. Während Chinas legendären Goldenen Zeitalters brachte Huang Di seinem Volk nicht nur den Ackerbau nahe, lehrte es, mit Feuer zu heizen, zu kochen und Seide von der Seidenraupe zu ernten. Angeblich entwickelte er auch ein geheimes Elixier der Unsterblichkeit.

Die Legende besagt, dass er aus der Welt verschwand, indem er sich alchemistisch transformierte und sich mit seinem gesamten Gefolge an Dienern in die Welt der Unsterblichen aufmachte. Die Kunde von Huang Dis Erfolg verbreitete sich letztendlich um die ganze Welt und inspirierte eine Art von alchemistischer Renaissance, die zu einem jahrhundertelangen verborgenen Praktizieren sowohl in Europa als auch in Asien führte.

In unserer aufgezeichneten Weltgeschichte wurde eine erfolgreiche Verlängerung des Lebens jedoch immer auch von den üblichen Merkmalen des Alterns begleitet. Menschen, die die Dauer einer normalen Lebensspanne überschritten hatten, sahen auch ihrem fortgeschrittenen Alter entsprechend aus – sei es in den geheimen Rasa-Siddha-Praktiken Indiens, bei denen spezielle Kräuter, Metalle und Zaubersprüche Eingang in Formeln fanden, die das Leben alchemistisch verlängern sollten, oder in Fällen, bei denen zufällige glückliche Umstände, das Resultat von Medizinen oder fortgeschrittene taoistische Übungen zu einem langen Leben führten.

Ich erwachte früh an diesem Morgen, noch vor Sonnenaufgang, und hatte vor, mir ein stilles Plätzchen zu suchen, um über die zahlreichen Veränderungen zu reflektieren, die ich seit meiner Ankunft bereits erlebt hatte. Inmitten einer alpinen Wildblumenwiese fand ich meinen Platz. Ich lehnte mich an einen abseits gelegenen uralten Baum, der mir einen perfekten Ort bot, um die ersten Lichtstrahlen der Sonne zu begrüßen, die sich in roten und goldenen Farbtönen hinter den östlichen Gipfeln in den Himmel fächerten. Ich sinnierte über meine erste Begegnung mit Nil'Amma Tara im Wald, als ich sie – genau in diesem Augenblick – die Wildblumenwiese hinab in meine Richtung schlendern sah. Im Morgenlicht, in ein fließendes elfenbeinfarbenes Tuch gehüllt, glich sie dem Anblick eines Engels. Sie schien so tief versunken, dass ich mich fragte, ob sie mich überhaupt hier sitzend bemerken würde. Gerade als sie dabei war, an mir vorbeizugehen, blieb sie stehen, um mich mit Augen anzusehen, die abwesend erschienen und möglicherweise etwas Bedeutsames oder Entferntes abwägten.

Reflexhaft brach ich das Schweigen, um das Offensichtliche anzumerken: »Was für ein lieblicher Morgen!«

Sie nahm meine Begrüßung auf, indem sie erwiderte: »Es ist eine liebliche Erinnerung daran, dass unsere wahre Schönheit immer in unserem reinsten Ausdruck liegt.«

»Ich glaube, dies ist, was diesen Morgen wie lindernden Balsam erscheinen lässt«, fügte ich hinzu.

»Die Schönheit in der Liebe zu entdecken ist die geheime Sehnsucht, die hinter jedem Verlangen steht«, antwortete sie. »In Sundaris Präsenz kann nichts – weder du noch ich – getrennt existieren. Die Schönheit ruft uns nach innen und schenkt nur Erfüllung, wenn das Herz sich seinem Zweck öffnet. Wenn wir darin die Herrlichkeit unseres Einsseins finden, dann strahlt *Sie* durch dieses eine Selbst ihren Ausdruck in die Form.«

Die Morgensonne hatte ihr Licht über die Wiese ausgebreitet und ließ die grünen Blätter meines Baumes in einem orangegetönten Leuchten erglühen. Ich schloss meine Augen für einen kurzen Moment, um die Wärme in mich aufzunehmen, die gerade anfing, auf mein Gesicht zu scheinen. Als ich sie wieder öffnete, war Nil'Amma Tara bereits weit weg – nur der Duft von Rosen war zurückgeblieben.

Meister Amir hatte das Tal für einige Tage verlassen, um sich einer Angelegenheit jenseits der Grenzen des Tals anzunehmen. Der Verbleib von Meister Janjuran war mir gegenwärtig ein Rätsel. Meister Rambala jedoch war ganz besonders verfügbar und stellte sicher, dass alle meine Bedürfnisse erfüllt waren. Es bereitete ihm offenkundig besondere Freude, mich aufs Neue mit einer Vielfalt an Naturschauplätzen und Wanderwegen bekannt zu machen.

Nachdem wir von unserer ersten ausgedehnten Wanderung zurückgekehrt waren, fragte ich ihn, ob es für ihre beständig zurückgezogene Anonymität in irgendeiner Weise beeinträchtigend sei, wenn ich ihre Namen in meinen Schriften verwendete. Er erklärte, dass die Meister diese Möglichkeit bereits besprochen hätten. Sie alle waren sich darin einig, dass ich nach Hunderten von Jahren der Erste sein sollte, der öffentlich über Amarpura sprechen oder schreiben dürfe.

»Aber …«, fügte er hinzu, »es gibt eine Bedingung, die eingehalten werden muss.«

Ich antwortete: »Die genaue Lage Amarpuras darf nicht offenbart werden, *niemandem* gegenüber!«

»Dieses Tal ist ein unverdorbenes Reich, abgeschirmt, um seine seltenen Wirkkräfte zu bewahren«, sagte er. »Es hat sich als großer Vorteil für uns erwiesen, von niemandem gefunden zu werden – es sei denn, wir wünschen es.«

Ich erkundigte mich, ob die Anonymität der hauptsächliche oder einzige Grund für das Sthagmudra sei.

»Es gibt viele Gründe«, sagte er. »Wir benötigen keine Beachtung oder Ruhm für unsere Werke. Die Suche nach Ruhm ist das Bestreben von Narren. Unser Einfluss wird meist unbemerkt empfangen, was ihn durch unsere Anonymität umso kraftvoller macht. Ob wir dafür anerkannt werden oder nicht, unser Wirken ist auf der ganzen Welt fühlbar. Wir wandeln unter den Menschen dieser Welt, hören, inspirieren und verändern den Kern ihrer falschen Auffassungen, doch nur selten wissen sie es. Es ist für einen Hingegebenen, der das Wissen sucht, nicht nötig hierherzukommen. Nur wenn das Wissen durch einen Lehrer der Welt zugänglich gemacht wird, ist das Anerkennen der Quelle dieses Wissens notwendig.«

»Allerdings war es für mich zutiefst beeinflussend und inspirierend, meine direkte Verbindung zu dieser Tradition gefunden zu haben«, sagte ich.

»Ja, Tradition muss geehrt werden«, sagte er. »Eine hingebungsvolle Verbindung zu den Meistern dieser Tradition ist höchst günstig. Aber es ist nicht notwendig, diese Hingabe auf die physische Form zu begrenzen.«

»Ich verstehe voll und ganz, was du sagst«, stimmte ich zu. »Es ist so leicht, in der Reinheit des eigenen Herzens jenes Selbst zu fühlen, das sich so glorreich durch das Leben dieser Meister hier ausdrückt. Ich kann nachvollziehen, wie eine Art von projizierter Trennung entstehen kann, wenn die physische Form die Illusion eines anderen erzeugt. Und doch war ich ungemein dankbar, endlich in deiner Gesellschaft zu sein.«

Meister Rambala lachte melodisch. »Ja«, sagte er, »den Lehrer zu sehen ist reinste Freude für den aufrichtig Hingegebenen. Und wenn die Zeit dafür reif ist, dann treten wir in Erscheinung, aber nicht immer in der üblichen Form. Jedes Wesen braucht eine Antwort, die ihm angemessen ist.«

»Ich habe oft die Präsenz der Meister in meinem Leben gefühlt«, sagte ich. »Ich vermute, das war so, weil ich nie wirklich gezweifelt habe.«

»Glauben ist die machtvollste Verbindung zu den Lehrern. Ohne Glauben ist wenig gewonnen«, sagte er.

»Selbst in meinem weit entfernten Teil der Welt habe ich dauernd euren Einfluss spüren können.«

»Weil du dem Wissenden in dir vertraut hast! Wenn die Skepsis den Verstand beherrscht, werden wir ausgeblendet und sind unsichtbar für den Suchenden. Auch können die Geschenke des Lehrers nicht empfangen werden, wenn die Skepsis regiert. Wer in wahrem Glauben ruht, der kann uns erkennen! Abhishradhati, Aham Asmi – Glaube an die Stille, *Ich bin.* Dieses fundamentale Verständnis ist die Grundlage dafür, uns kennenzulernen, der Weg zu unserer Tür. Der Wissende, der des Meisters Schritte lenkt, ist auch der Eine, der die Hingegebenen mit seiner Gunst segnet.«

»Du sagtest, es gebe viele Gründe für das Sthagmudra, das schützende Siegel, das dieses Tal behütet?«, fragte ich.

»Viele, in der Tat!«, antwortete er. »Doch es ist die ehrgeizige Suche nach Macht, die einen Brunnen am häufigsten vergiftet. Zeit und Erfahrung haben darüber ein unwiderrufliches Zeugnis abgelegt. Traditionen und Religionen sind entstanden und gegangen, doch der Amartya Parampara dauerte fort. Warum glaubst du, dass dem so ist, junger Meister?«

»Weil in vielen dieser Traditionen das Heilige für neue Interpretationen geöffnet wurde – und das lag oft in den Händen der Ehrgeizigen!«, antwortete ich.

Meister Rambala fuhr fort: »Es gibt Menschen, die behaupten würden, dass Schaden verhindert werden könnte, wenn Amarpura der Welt offenbart würde. Doch diese Behauptung stammt nicht von jenen, die in dieser Hinsicht Erfahrung haben; es sind die unangebrachten Argumente von Ahnungslosen. Amarpura würde mit Sicherheit schmerzvolle Ausbeutung erleiden. Das Göttliche lässt sich nicht nieder, wo es der Wahrheit und der Falschheit, dem Licht und der Dunkelheit, der Gier und der Großzügigkeit erlaubt ist, Seite an Seite in Bruderschaft zu leben. In dem Haus, das dem Göttlichen geweiht wurde, kann nur die Wahrheit allein wohnen.«

Er bat mich, mir vorzustellen, was die vom Erlangen der Macht und ewiger Jugend Besessenen wohl tun würden, wenn sie glaubten, die dafür geeigneten Mittel für sich erringen zu können.

Er sagte: »Viele wissen, dass diese Tradition kein Mythos ist. Vor nur wenigen Generationen haben viele der Stämme im Himalaya noch immer Lieder über uns gesungen. Doch vieles hat sich nun verändert. Gegenwärtig regiert das Streben nach Reichtum über die Vernunft. Das menschliche Herz hat den Sieg über die niedrigeren Bestrebungen des Verstandes noch nicht errungen. Seit mehr als tausend Jahren schon ist ein wohlhabender Geheimbund auf der Suche nach Amarpura.«

»Ein Geheimbund – aber warum?«, fragte ich.

»Sie suchen nach Macht«, sagte er. »Doch sie sind nicht die rechtmäßigen Träger von Macht oder Wissen. Sie sind zu großen Teilen von ihrem Verlangen getrieben, in den Besitz des begehrten Lapis Philosophorum zu kommen. Seit langer Zeit verfolgen diese Wesen ihr fragwürdiges Streben, gedrängt von lüsterner Gier und falschen Vorstellungen. Die Art unserer Abgeschiedenheit hat sie auf Abstand gehalten.«

»Lapis Philosophorum – der Stein der Weisen?«

»Sie sind nicht alleine auf der Suche«, erklärte er. »Andere haben gehofft, hier das Wasser des Lebens zu finden. Sie glauben, unsere Fähigkeit, die Herrschaft des Todes zu überwinden, sei lediglich eine alchemistische Leistung.«

»Aber ist es nicht alchemistisch, wenn die Lebensverlängerung mit irgendeiner Form von körperlicher Transformation verbunden ist?«, fragte ich. »Sicherlich gibt es auch eine physiologische Veränderung, eine Umkehr in den biologischen Vorgängen, die sonst den körperlichen Verfall und das Altern verursachen?«

»Die gibt es!«, sagte er. »Eine alchemistische Transformation spielt auf alle Fälle eine Rolle, doch geschieht sie nicht aus den Gründen, die diese Geheimgesellschaften dahinter vermuten. Sowohl spirituell als auch materiell ist das Erlangen der Unsterblichkeit zuallererst ein Wahrheitsprinzip des Hohen Selbst und nicht das Ergebnis davon, Atome zu manipulieren oder das Wasser eines sagenumwobenen lebenserneuernden Quells zu trinken.«

»Ich kann jedoch verstehen, warum Menschen dies glauben«, erwiderte ich. »Besonders was die Wasser des Jungbrunnens anbelangt. Die Geschichte unserer Welt ist voll von Erzählungen, die von der Suche danach berichten. Und hier im Osten gibt es auch jene Schriften, die auf das Trinken von Soma verweisen, dem heiligen Nektar der Götter. Und natürlich gibt es Legenden, die über Amritaka berichten, den Nektar der Unsterblichkeit. Sie könnten sehr leicht mit den Wassern des Lebens in Verbindung gebracht werden – besonders Amritaka.«

»Amritaka *ist* der wahre Jungbrunnen!«, sagte er. »Doch er ist kein Geschenk der Erde oder der Materie, er ist das Blut des Göttlichen. Es fließt nur von oben herab und nur dann, wenn der Korridor zwischen dem Einen Selbst und der physischen Form auf die richtige Weise gereinigt wurde.«

»So suchen sie also weiter nach diesem Ort, weil sie einfach nicht in der Lage sind zu verstehen«, warf ich ein.

»Aaravindha, sie weigern sich zu verstehen. Sie sind zu sehr von ihrem Hunger nach Macht verzehrt. Sie haben kein wirkliches Interesse an Reinigung oder dem höheren Wissen. Sie trachten nur danach, die Glaubenssätze zu bestätigen, die zu ihren ehrgeizigen Ambitionen passen.«

Seit meiner Ankunft im Tal hatte ich oft darüber spekuliert, warum die Amartyas in dieser Region des Himalaya Sanskrit als primäre Sprache gewählt hatten. Auf meine Frage hin erklärte Meister Rambala, dass sie Sanskrit aufgrund seiner Genauigkeit und fein wirkenden Kraft verwendeten.

Er sagte: »Mit keiner anderen Sprache lassen sich auf solch vollkommene Weise die tieferen spirituellen Bedeutungsebenen des großen Wissens beschreiben.«

Er berichtete mir, dass die Amarta in den meisten Geschichten, die einst in dieser Region erzählt worden waren, Xain genannt wurden. Er sagte, das Wort Amarta bedeute prinzipiell dasselbe wie Amartya, Amara und Amrita, die alle mit einem Zustand von ewig währendem Leben in Zusammenhang stehen. Amarta bedeutet schlicht unsterblich, während Amartya die Bedeutung *göttlich* unsterblich trägt. Amara umschreibt eine permanente Form der Unsterblichkeit und verweist auf einen endgültigen und anhaltenden Zustand. Amrita unterscheidet sich davon nur darin, dass es sich auf eine Unsterblichkeit bezieht, die auf das Opfern der niederen Lebensgewohnheiten zurückzuführen ist, mit der Absicht, die sterbliche Form mit Amritaka zu füllen. Amritaka wird wie ein himmlisches Hormon am höchsten Punkt des zentralen Meridians in der Krone des Kopfes abgesondert.

Er erläuterte, dass der Name Xain seinen Ursprung in der chinesischen Tang-Dynastie habe. Anfangs stand er mit den Ba'xain in Verbindung, den legendären »Acht Unsterblichen«. Die Ba'xain-Mythen rankten sich um die Leben von acht großen Meistern, die sich einst auf der Insel Penglai Xiantao versammelt hatten, die vor langer Zeit im Golf von Bohai vor der nordöstlichen Küste Chinas versunken ist. Ich erzählte ihm, dass ich von den Acht Unsterblichen gehört hatte, sie jedoch lediglich als Metapher für die Acht Brokate verstanden hatte – eine innere Neijia-Langlebigkeitspraktik, die aus acht Bewegungsübungen zur Chi-Entwicklung besteht und im Baduanjin Qigong Anwendung findet.

Ein breites Schmunzeln zeigte sich in seinem Gesicht. »Viele glauben heutzutage, dass auch wir, die Tradition des Amartya Parampara, ein Mythos sind. Natürlich hat es auch seine Vorteile, ein Mythos zu sein.«

»Aber vielleicht werden meine Schriften das ändern«, sagte ich und fügte an: »Ich glaube nicht, dass das Wissen dieser Tradition auch nur zwei Menschen auf dieselbe Art berühren wird. Ich denke, die Menschen werden nur glauben oder erkennen, was sie erkennen wollen oder wozu sie bereit sind.«

Er ergriff meine Hände und umschloss sie mit den seinen. »Es ist Teil deines Rufs. Du hast Glück, dein Dharma, das in der Weitergabe des Wissens unserer Tradition liegt, so lebendig fühlen zu können. Du hast seit Langem meinen Segen dafür.«

Ich fragte ihn nach dem Mann, den ich an meinem ersten Morgen mit den Kindern gesehen hatte.

»Ah, Meister Phow Tseng Thak!«, sagte er. »Er erwartet deinen Besuch bereits. Wenn du jetzt gehst, wirst du ihn nahe der Stelle, an der du ihn das letzte Mal gesehen hast, antreffen. Er sitzt dort in Meditation.«

Schon nach einem kurzen Spaziergang auf dem Pfad entlang dem Flussufer fand ich Meister Phow. Genau wie Rambalaji gesagt hatte, ruhte er in friedlicher Meditation nahe der besagten Stelle. Er saß im Schatten eines großen Tulsi-Strauchs auf einer kleinen hölzernen Meditationsbank, die auf einer dicken grünen Decke aus Filz platziert war. Neben ihm schwelte in einer kleinen geschwärzten Keramikschale etwas duftendes Sandelholz. Nun, aus der Nähe, wirkte er viel kleiner, als ich ihn in Erinnerung hatte. Darauf bedacht, ihn nicht zu stören, setzte ich mich geräuschlos auf ein nahegelegenes Stück sandiger Erde, um zu warten. Ich war kurz davor, meine Augen zu schließen und mit ihm zu meditieren, als er sein linkes Auge halb öffnete – die Ruhe in seinem Gesicht verwandelte sich dabei sofort in ein willkommen heißendes Lächeln.

Sein Anblick, eingerahmt vom grünen Wald, beschwor das Gefühl herauf, in einem alten asiatischen Märchen zu sein. Seine Haut war ledrig und mit einer feinen Struktur durchzogen, die an das Craquelémuster von Porzellanglasuren oder Ölgemälden erinnerte. Seine Hände waren knochig-dünn, und seine Haltung schien leicht gebeugt, wie bei einem alten Weisen in seinen späten Siebzigern. Über seinen schmalen Schultern trug er ein dünnes lilafarbenes Tuch. Seine lockere, an den Fußgelenken mit Knöpfen versehene moosgrüne Hose ähnelte dem Kleidungsstil der Männer aus dem letzten Dorf, durch das Amir und ich gekommen waren. Um seinen rundlichen Bauch war ein leuchtend bunter Stoffgürtel zweifach gewickelt, dessen Enden ordentlich mit einer Quaste seitlich an der Hüfte verknotet waren. Sein langes silbergraues Haar und der durchscheinend dünne weiße Bart erinnerten mich an die feinen Dunstschwaden, die sich zur Mitte des Nachmittags hin um die angrenzenden Gipfel sammelten. Die Pupillen seiner Augen waren dunkel, durchdringend und klar. Die nach oben verlaufenden Alterslinien um seine Augen gaben seinem Gesicht einen hellen, freudvollen Ausdruck – das Zeugnis der Natur für ein gut geführtes Leben.

Es kostete mich einiges an Anstrengung, bis ich mich an seinen etwas ausgefallenen Gebrauch der englischen Sprache gewöhnt hatte. Ich erfuhr bald, dass er Französisch, Deutsch, Tibetisch, Mandarin, Awadhi, Thai, Sindhi und Arabisch sprach, aber ungewöhnlicherweise nur sehr wenig Englisch. Dennoch, nach ein paar Minuten, in denen er mich mit seinem Englisch erheiterte, gemischt mit ein paar eingestreuten Worten der anderen Sprachen, war ich in der Lage, das meiste zu verstehen.

Gleich anfangs sagte er mir, ich könne mich glücklich schätzen, das Tal so leicht gefunden zu haben. Er schien mir verdeutlichen zu wollen, dass es nur selten jemand Neuem erlaubt wurde, in das Tal zu kommen. Seine Art war sanft und demütig, liebevoll und großväterlich.

Ich fragte ihn, ob er mir ein wenig von seinem Leben erzählen wolle, worauf er fast entschuldigend anmerkte, sein Leben sei nicht sonderlich ungewöhnlich gewesen. Noch als kleiner Junge hatten seine Eltern einen vielfach verehrten taoistischen Lehrer namens Phong'LeiKham überzeugt, ihn bei sich aufzunehmen. Phong'Lei war ein versierter Meister des Xainzi, eines Systems von Praktiken, das der Tradition der Jadeflöte angehört. Unter Phong'Leis Führung studierte er eine Vielzahl fortgeschrittener innerer und äußerer Kampfkünste und meisterte mit der Zeit eine Reihe taoistischer Langlebigkeitsdisziplinen. Er sagte, er habe sich den Großteil seines Lebens hingebungsvoll nach diesen Praktiken gerichtet.

Phong'Lei hatte ab und an vom Tal der Unsterblichen gesprochen und seinen Schülern gesagt, dass nur dort das höchste Wissen erlernt werden könne. Bisweilen durchlitt sein alter Lehrer jedoch auch Phasen des Zweifels, in denen er offen äußerte, dieses Tal könne nie wirklich gefunden werden oder existiere möglicherweise nicht einmal.

»Was auch immer Phong'Lei dachte«, fügte er an, »ich habe nie meinen Glauben an die Existenz dieses Tals verloren.«

Meister Phow sagte, sein eigener Name sei zu dieser Zeit noch Phuenzi gewesen. Er erzählte, dass er viele hingebungsvolle Schüler gehabt habe, die von weit her gekommen seien, um von ihm zu lernen. Phong'Lei starb im Alter von 116 Jahren. Auch Meister Phow war zu diesem Zeitpunkt schon sehr betagt und hatte bereits ein Alter von 92 Jahren erreicht. Meister Phow sagte, er sei mit den taoistischen Systemen so weit gegangen, wie er es gewollt hatte, war aber noch nicht davon überzeugt, gelernt zu haben, was zu lernen ihm bestimmt war.

Und so traf er eine Entscheidung. Er sagte seinen Anhängern Lebewohl, gab all sein Besitztum auf und machte sich auf den Weg, das sagenumwobene Land der Unsterblichen zu suchen. Zehn Jahre lang wanderte er durch die Berge des Himalaya, jedoch nur mit mäßigem Erfolg. Nur selten traf er auf eine hoffnungserweckende Geschichte oder einen kleinen Hinweis, der ihm neue Inspiration zu schenken vermochte. Im Alter von 102 Jahren war Meister Phow zu schwach geworden, um weiterzugehen.

Er erzählte mir, er habe sich – ohne es zu ahnen – dem Tal auf nur zwei Tagesmärsche Entfernung genähert. An einem friedvollen Ort, den er im Wald gefunden hatte, ließ er sich nieder, um seinen Körper der Erde zu übergeben. Obschon er ganz allein war, schien es ihm passend, frei von der Trauer anderer zu sterben. Er fühlte sich im Frieden und glaubte, ein gutes und wahrhaftiges Leben geführt zu haben. Er hatte niemals absichtlich eine andere Seele verletzt; er lebte als Vegetarier und vertraute beständig in eine höhere Führung. Obwohl sein Atem nur noch flach war und er seine Glieder kaum noch bewegen konnte, vollzog er eine letzte Zeremonie der Dankbarkeit für den Jade-Kaiser. Dann legte er seinen Körper nieder und ließ ihn dem Tode entgegengleiten.

Doch es geschah etwas Wundersames!

Er blickte in die Ferne und rief sich das Folgende in Erinnerung. Nach meinem besten Verständnis und in Anbetracht seiner geringen Beherrschung der englischen Sprache ist dies meine Übersetzung seiner Geschichte:

»Zu einer Kugel zusammengerollt lag ich zwei Tage auf dem Boden des Waldes. Die fünf Lebenselemente hatten sich aus meinem Körper zurückgezogen. Anfangs hatte ich Angst. Die Kälte und die Trockenheit waren gekommen; der Tod war gekommen. Er hielt mein Leben fest in seinem Griff. Ich war in eine unergründliche Dunkelheit gefallen, konnte nicht länger hören, konnte nicht länger sehen. Es gab nichts mehr, an dem ich mich noch hätte festhalten können, ich konnte nur fallen, tiefer und tiefer in die Leere hinein. Nichts existierte jenseits der leeren Schwärze. Es gab keine Töne, keine Gefühle und keine körperlichen Empfindungen. Ich kann nicht sagen, wie lange ich mich darin verloren hatte. Ich hatte keine Gedanken. Doch dann, mit einem Mal, war ich von Dakar Lampa umgeben, einem blendenden Weiß. In diesem Moment wusste ich, dass es vorüber war – ich war gestorben. Ich dachte es nicht, ich wusste es! Da war kein Schmerz und keine Angst. Aber etwas *war* dort, heller selbst als das Licht. Da erblickte ich ihn zum ersten Mal. Das glanzvolle Leuchten war fast zu stark, um es ertragen zu können. Ich konnte mich nicht verstecken, es gab nur meine Essenz, aber keine Form und keinen Ort, an den ich hätte gehen können. Ein blaues Licht kam durch seine Augen zu mir. Und dann wurde mir klar, was er wollte. Er wollte, dass ich mich an mein Leben erinnerte. Sofort fühlte ich meinen Körper wieder. Ein Gefühl der Wärme füllte ihn. Ich hörte einen wunderbaren Klang: Jemand chantete. Mit jedem Wort flutete eine neue Welle von glückseligem blauen Licht durch mein Blut, meine Knochen und die Muskeln meines Körpers.

Mein einziger Gedanke war: Wie kann das sein? Ich bin wieder am Leben! Meine Lunge schnappte nach Luft und sog die Süße des Lebens in sich ein. Bevor ich meine Augen öffnete, erfuhr ich einen großen Segen: Ich sah mich, wie ich wirklich bin. Ich bin nicht derjenige, der in dem alten gebrochenen Körper gestorben war – ich bin der Eine! Die Gesegneten waren gekommen, um dieses Selbst jenseits der Reichweite des Todes zu tragen. Ich war frei! Mein Karma war vergeben. *Was kann dieses Selbst berühren?,* dachte ich. Es ist ewiglich rein. Es kann nicht verfallen oder alt werden. Ich sah, wie mein alter Körper hinter mir lag und mein neuer Körper geheilt war. Ich fühlte nur Liebe für ihn, nur Liebe. Es war kein Schmerz mehr in meinen alten Knochen. Ich war neu.

Ich öffnete meine Augen und sah meine geliebten Gefährten zum ersten Mal. Die wunderschöne Mutter, Nil'Amma Tara, hielt diesen betagten Kopf in ihren Armen wie ein Baby. Rambalajis Hände ruhten auf meiner Brust und wärmten mein Herz.«

Er hielt für einen Moment inne, um eine winzige Träne aus seinem Augenwinkel zu wischen, und sagte dann: »Meister Amir … er war es, der den heiligen Chant des Lebens in mein Ohr geflüstert hatte. Meister Amir ist unvergleichlich. Er ist Vag'Isvara, der Gebieter der geheimen Sprache. Ich wurde stärker und stärker, als er seinen süßen Atem in mein Gehör strömen ließ.

Junger Meister, nur einmal in aller Ewigkeit kann man auf diese Weise vom Tode erwachen«, sagte Meister Phow. »Meine Suche ist nun erfüllt. Aham Kratajata, Aham Sadananad, Aham Premam *(ich bin Dankbarkeit, ich bin ewig währende Glückseligkeit, ich bin Liebe).«*

Ich fragte ihn, wann dies geschehen sei, und er sagte mir, dass es sich im Herbst des Jahres 1949 zugetragen habe. Ich zählte die seither vergangenen 57 Jahre zu seinem damaligen Alter von 102 hinzu und realisierte, dass er in diesem Jahr 159 Jahre alt werden würde.

»War dies der Moment, in dem du die Amartya-Tradition als deine eigene Tradition erkannt hast?«, fragte ich.

Er sagte mir, dass er diese Tradition spät in seinem Leben gefunden habe. Es habe nicht wirklich begonnen, bis er von seinem Glauben an den Tod erweckt worden sei, was vollkommen der mitfühlenden Gnade der Meister zu verdanken sei. »Aus diesem Grund habe ich so lange gelebt, sie haben es ermöglicht«, erklärte er. Und dann sagte er mit sanfter, demutsvoller Stimme: »Ich habe noch nicht alle Unreinheiten hinfortgewaschen, die das klare Licht trüben. Es gibt noch mehr, das ich realisieren muss. Die Meister haben mir die Zeit gewährt, die ich benötige.«

Früh in seinem Leben sei er den Lehren von Meister Phong'Lei gefolgt in der Hoffnung, Meisterschaft über die vitalen Lebensströme zu erlangen und so den Alterungsprozess zu besiegen.

»Aber«, fügte er an, »dieser Weg hat seine Grenzen. Die Mechanismen zu kontrollieren, die das physische Leben aufrechterhalten, ist nicht genug. Es ist auch notwendig, vollständig aus dem Traum zu erwachen. All dies ist ein großer Traum! Du und ich erscheinen nur verschieden, weil diese Körper im Geist Gottes zum Leben erträumt worden sind. Solange da noch Angst ist, sind wir nicht vollständig erwacht. Ich habe viel realisiert, doch es liegt immer noch ein kleiner Schatten auf mir. Er ist sehr schwach, in der Tat, sehr schwach. Doch eine kleine Angst, dass der Tod wiederkehrt, ist noch da.«

Er erzählte, dass Rambalaji ihm offenbart habe, es seien nur noch wenige Jahre, bis er seine Meisterschaft erlangt habe. »Er hat vorausgesehen in meinen Moment«, ergänzte er. »Junger Meister, dafür bin ich unendlich dankbar.«

»Meister Phow, ich würde dir gerne eine persönliche Frage stellen: Würdest du mir verraten, warum du und die anderen mich immer ›Junger Meister‹ nennen?«

»Weil du sehr jung bist! Und du kennst das hohe Wissen. Bevor du hierherkamst, war ich der junge Meister, nun bist du es«, sagte er kichernd. »Ich bin dreimal älter als du – nun ist es anders. Aber … ich bin immer noch recht jung im Vergleich zu den anderen.«

Dann begann er sehr sanft,
Ravisus kleinen Arm mit seinen
großen Händen zu umhüllen.
Überraschenderweise klagte Ravisu nicht
mit einem Wort. Nach einem kurzen
Moment der Stille schloss Rambala seine
Augen und fing an, einen sanften und
lieblichen Chant zu singen. Innerhalb
von Sekunden schloss auch Ravisu seine
Augen und setzte langsam mit einem
engelsgleichen Stimmchen ein.

Meister Rambala

Der Geruch von feuchter Erde und Moos tränkte die Luft, als ich einen weichen, vom Regen durchfeuchteten Pfad zu einer alten Tempelruine hinaufwanderte, die fast unsichtbar unter verschlungenen Weinreben und Gestrüpp verborgen lag. Ein Wäldchen voller Ahornbäume mit weit ausladenden Ästen beschützte sie vor Wind und Wetter. Hätte nicht ein schmaler Weg zu ihren abgenutzten braunen Holztüren gewiesen, hätte ich sie leicht verfehlen können. Ein verflochtenes Knäuel schwarzer schlangenartiger Wurzeln drückte sich durch die fruchtbare dunkle Erde nach oben und ersetzte die ansonsten nur in Bruchstücken vorhandenen Steinstufen, was dem Eingang ein zeitloses, fast märchenhaftes Flair verlieh.

Ich hatte die Ruine am Abend zuvor auf der Suche nach einem Aussichtspunkt zum Betrachten des Sonnenuntergangs gefunden. In dem Augenblick, als ich ihre Türen öffnete, entschied ich mich, diesen Ort als meinen neuen Platz zu erwählen, um zu schreiben, mich zu erinnern und zu meditieren. Ich erfuhr, dass diese Ruinen fast fünftausend Jahre alt und ursprünglich erbaut worden waren, um einen tibetischen Glauben an die höchste Mutter Qomolangma zu ehren, eine Göttin, die gewöhnlich mit dem Mt. Everest in Verbindung gebracht wird. Auch wenn die Außenwände verwittert und ganz und gar mit Flechten und steinspaltenden Kletterpflanzen getarnt waren, schien der Tempel innen überraschend gut erhalten. Die mit Kopfstein gepflasterten Böden sahen gekehrt aus, und fast alle Spinnweben schienen beseitigt. Vermutlich hatte es sich jemand zur Aufgabe gemacht, sich darum zu kümmern. Kurz zuvor war ich einer weise aussehenden alten Frau über den Weg gelaufen, die – in ein Lied versunken – durch den Wald schlenderte und dabei seinen Boden fegte. Die Menschen, die in diesem Tal lebten, pflegten ihre natürliche Umgebung genauso, wie sie es mit ihrem Zuhause taten.

Das Tempelinnere roch modrig – wie feuchte Erde, die mit einem Hauch von verbranntem Weihrauch gewürzt war. Zwei Buddha-ähnliche Gesichter mit länglichen schwarzen Rußflecken waren in die dicke Steinwand des ersten von zwei Räumen gemeißelt. Zwischen den Köpfen stand ein großer Steinaltar auf massiven, runden Pfosten aus Hartholz. Eine Schicht aus rotem und weißem Kerzenwachs füllte die kleinen Vertiefungen seiner mit kleinen Mulden übersäten Oberfläche und verlieh ihm eine subtile Lichtdurchlässigkeit. Dem Tempeleingang gegenüber befand sich ein kleiner eckiger Durchgang, der in einen helleren, sonnenerleuchteten Raum führte. Vielleicht hatte er als Vorhalle gedient, die sich zu einem üppig grün überwucherten Hof hin öffnete. Wo sich einst eine hohe gewölbte Decke gespannt hatte, öffnete sich nun der Himmel. Eine kurze Reihe von Fenstern war in Dreißig-Grad-Winkeln in die Überreste der nach Südwesten ausgerichteten Wand gesetzt. Höchstwahrscheinlich hatte man sie so positioniert, um die wärmende Mittagssonne einfallen zu lassen. Im dunstigen Nachglanz des verdampfenden Regens erzeugten die leuchtenden Strahlen, die durch die Fragmente der Kuppel und durch die Fenster drangen, einen sanften sakralen Hauch von Heiligkeit. Kleine Teile schwebenden Staubs verwandelten sich darin in glitzernde Körnchen von Gold. Am hintersten Ende des Raumes rahmte ein hoher zerbröckelnder Torbogen eine sich weit in die Ferne öffnende Panoramasicht über die südöstlichen Lande des Tals ein.

Ungeachtet der Anzahl an Menschen, die hier lebten, war wenig von ihren Häusern zu sehen. Was von Menschenhand geschaffen war, fügte sich sehr gut in die natürliche Fauna und

Baumlandschaft ein – ein Musterbeispiel für einen bewussten Umgang mit der Umwelt. Ein großer Weihnachtssternbaum in blühender Fülle säumte die Aussicht und stellte eine überreiche Pracht pinkfarbener, fast hutgroßer Blüten zur Schau. Innerhalb des Bogens stand eine in die Jahre gekommene steinerne Bank, bereit, dem gesegneten Betrachter einen perfekten Platz zu bieten, um die Aussicht zu genießen – ein ideales Ambiente für meine spätmorgendliche Meditation.

Ich war für eine ausgedehnte halbe Stunde transzendiert, bevor ich jemandes Blick auf mir spürte. Ich sah mich geschwind um und entdeckte Meister Rambala, der kaum zwei Meter entfernt im Schatten einer großen Nische saß. Irgendwie hatte er es geschafft einzutreten, ohne auch nur ein Geräusch zu machen. Wie ein Kind, das bei einem Streich ertappt wurde, warf er mir ein verspieltes und schelmisches Lächeln zu.

»Und wie nun hast du das gemacht, ohne dass ich es gemerkt habe?«, fragte ich.

Zuerst antwortete er nicht, sondern lächelte nur weiter. Ein sanftes Zwinkern erhellte seine Augen.

Nach einem kurzen Moment der Stille erklärte er mir, er sei absichtlich ruhig geblieben, um die pranischen Strömungen besser beobachten zu können, während sie um meine zwölf Lebenszentren kreisten und sie durchdrangen. Er nannte diese Zentren Dvadazinchakras und sagte, er habe nun gesehen, dass ich meine Meditationstechnik gemeistert hatte. Ich erzählte ihm, dass sie immer noch eine Quelle der Wonne für mich sei, ein inniges Schwelgen, als würde man in einen stärkenden und erneuernden Balsam der Stille eintauchen.

»Zu keiner Zeit fühle ich mich mehr in Frieden, als wenn ich in dieser leuchtenden Stille bin«, sagte ich. »Wenn alles hinwegfällt, ist da nur das Eine. Darin liegt ein unbeschreiblicher, lieblicher Reiz – eine glückselige Präsenz, die jenseits aller Worte ist.«

»In der Tat«, erwiderte er. »Wenn sich das Gewahrsein aus den Begrenzungen des Verstandes löst, gewährt Maheshwari einen leuchtenden Segen.«

Er hatte absichtlich den Begriff Maheshwari gewählt, um die Bedeutung zu betonen. Im Zusammenhang mit der eigenen Göttlichkeit bedeutet Mahesh ›groß‹ und Ishwari ›persönlich‹.

»Ich kann fühlen, wie diese ordnende Kraft durch mich fließt, aber ich kann die Präsenz, von der sie ausgeht, nicht definieren«, sagte ich. »Sie *ist* einfach.«

»Wer kann sagen, was das ist?«, sprach er. »Wie definiert man eine zeitlose höchste Instanz, die in einem unendlichen Reich der Möglichkeiten ein ewigliches Spiel träumt?«

»Ich bin froh, dass du gekommen bist«, sagte ich. »Ich liebe es so sehr, um dich zu sein und dir zuzuhören.« Ich hielt inne, dann sprach ich weiter: »Rambalaji … falls du mir die Gunst erweisen möchtest … Ich habe ein paar Dinge, die ich hoffte, mit dir besprechen zu können. Wie es der Zufall will, geht es dabei um die Meditationen, die ich praktiziere – die Pavanas. Ich bin mir sicher, dass ihr euch dessen gewahr seid, dass ich diese Formen der Meditation lehre?«

»Wir sind uns dessen gewahr. Abgesehen von den paar Malen, an denen du dich unnötig darüber gesorgt hattest, sie zu früh an eilige und zu ehrgeizige Schüler weitergegeben zu haben, hast du es sehr gut gemacht.«

»Du weißt also, worüber ich sprechen möchte?«

»Du warst dir unsicher!«, sagte er. »Finde Frieden damit in deinem Herzen. Es gibt kaum Grund zur Sorge. Es geschieht häufiger, dass ein Saatkorn ein wenig zu früh gesetzt wird. Dies passiert selbst den besten Lehrern. Ein reines Herz handelt oft spontan auf den Impuls hin, das Leiden zu lindern. Darin liegt nichts Fehlerhaftes. Den richtigen Zeitpunkt zu treffen wäre ideal. Aber wenn du etwas zu früh weitergegeben hast, wird es dich trösten zu wissen, dass eine Saat nur aufgehen wird, wenn der Boden fruchtbar ist. Ein Apfel wird nur rot, wenn er lange genug vom Licht der Sonne beschienen wurde. Ein Vogel kann nur fliegen, wenn seine Federn entwickelt genug sind. Und genauso kann auch höchstes spirituelles Wissen nur verstanden werden, wenn der Eingeweihte lernt, auf reine Weise zu hören – das ist Satya Sravanam. Wenn der Cetas, der denkende Verstand, von Asmita Ragas – egoistischen Begierden – befleckt ist, ist die Zeit des Eingeweihten noch nicht gekommen. Damit der Geist von der Saat der Wahrheit genährt werden kann, muss der Weg des Hörens in Demut verwurzelt sein. Das Hören muss rein und empfänglich sein.«

Er fuhr fort: »Ich verstehe, was dich noch beschäftigt. Es ist wahr, dass du Praktiken einführst, die früher als zu fortgeschritten für den gewöhnlichen Hingegebenen angesehen wurden. Folglich werden deine Lehrmethoden außergewöhnlich sein, besonders in dieser gegenwärtigen Zeit, in der die Menschen meinen, alles sei sofort zu haben.«

»Ich bin mir bewusst, dass diese Techniken lange als reines Tempelwissen bewahrt worden sind und nur den am weitesten entwickelten Eingeweihten gelehrt wurden – und dies wahrscheinlich nur unter strengster Anleitung und Führung. Bis zum jetzigen Zeitpunkt war ich nicht in der Lage, intuitiv vollständig zu erfassen, ob es im Einklang mit unserer Tradition steht, diese Techniken offener in der Welt zu lehren. Vorher habe ich eine Reihe der fortgeschrittensten Meditationstechniken gelehrt, die draußen in der Welt verfügbar waren: Achtsamkeit, Mantra, Kriya und so weiter. Und ich konnte beobachten, wie die Menschen sich mit diesen Techniken, je nach ihren Möglichkeiten, entwickelt haben. Aber …«

»Aber du hast erkannt, dass diese Techniken nicht immer ausreichten, dass sie in erster Linie für durchschnittliche, im Leben stehende Menschen gedacht waren, die sich innerhalb von bestimmten, gut handhabbaren Grenzen weiterentwickeln wollen«, führte Meister Rambala meinen Satz zu Ende. »Nur wenige leben lange genug, um den vollen Nutzen dieser Techniken zu erleben. Durch dieses Missverhältnis hast du dich daran erinnert, dass es höher entwickelte Methoden gibt, die weitaus schneller zu Ergebnissen führen.«

»Ja, genau!«, antwortete ich. »Ich wusste, ich musste das Kernwissen finden, die wesentlichen Formen – das hat mich zu den Pavanas geführt. Ich habe diese Techniken durch meine Saumedhika-Sicht entdeckt und daraus die entsprechenden Systeme entwickelt. Jedoch hatte ich die Meister dieser Tradition nicht um Erlaubnis gefragt.«

»Junger Meister, tröste dich mit dem Wissen, dass du all das richtig gehandhabt hast. Du hast es geschafft, die Essenz dieser Methoden sehr genau herauszuarbeiten. Sie sind in jedem Detail exakt. Du hast diese Methoden der einen großen göttlichen Kammer des Wissens entnommen, dem Nabho Gyana Akasha. Das Wissen steht jedem zur Verfügung, der seine Geheimnisse kennt. Dieses Wissen zu finden ist jedoch nur der erste Schritt, denn es braucht eine reine Hand, um es auch vollständig zu erfassen. Wenn dir die Schlüssel gereicht worden sind – und du die Mysterien, die es in sich trägt, fassen konntest –, dann liegen die Geheimnisse des Nabho Gyana Akasha in deiner Obhut. Du musst dieses Wissen dann verwenden, wie du es für angebracht hältst.«

Unentschlossen sagte ich: »Wenn ich auf mein bisheriges Leben zurückblicke und nun auch auf meine früheren Lebenszeiten, dann komme ich nicht umhin, mich zu fragen, ob ich nicht zu viele Fehler gemacht habe. Du sagtest, nur eine reine

Hand kann dieses Wissen erfassen. Gibt es denn irgendetwas *wirklich* Reines im Leben?«

»Das vermag niemand zu sagen. Was dem einen falsch erscheint, mag für andere richtig sein. Worauf es ankommt, ist die Wahrheit – die Wahrheit, um die das Höchste Selbst weiß!«, sprach Meister Rambala.

»Bis jetzt«, sagte ich, »musste ich diese Entscheidungen treffen, ohne dass die Tradition erkennbar an meiner Seite stand. Bitte verstehe mich nicht falsch. Ich habe eure Präsenz mein ganzes Leben lang gefühlt, aber nicht ein Mal habe ich gespürt, dass ein Amartya-Meister mir gesagt hätte, was ich zu tun habe – außer dass ich herkommen sollte. Dies hat auf gewisse Weise eine Art von Unsicherheit in mir erzeugt. Es ist offensichtlich, dass mit dem Anbieten von Techniken dieser Stärke auch Verantwortung einhergeht. Diese Techniken können einen sehr tiefen Einfluss auf den Praktizierenden haben. Ich rang eine ganze Weile damit, wer eingeweiht werden sollte und wer nicht. Einerseits glaube ich ganz tief, dass jeder Mensch das Recht auf alles Wissen hat. Andererseits weiß ich intuitiv ebenso, dass bestimmtes Wissen nicht einfach an jeden weitergegeben werden kann. Die Trennlinie zwischen beiden Richtungen zu finden hat mich vor Rätsel gestellt. Ich habe mich der Aufgabe angenommen und getan, was ich für richtig gehalten habe, aber es gibt dennoch immer eine gewisse Grauzone. Was ich damit sagen möchte, ist, dass ich zwar Wissen und nahezu jede Technik aus dem Nabho Gyana Akasha hervorbringen kann, es aber immer auf einen Augenblick hinausläuft, der menschlichem Ermessen obliegt – eine gedankliche Entscheidung, die darüber bestimmt, wie dieses Wissen verwendet werden soll.«

»In der Tat, das sind berechtigte Bedenken!«, sagte er. »Es gibt Wissen, das von fast jedermann gelehrt und verstanden werden kann. Ganz offensichtlich ist dir das bewusst. Auf der anderen

Seite gibt es ein außergewöhnlich hohes Wissen, Wissen, das diese Welt von den Sternen ererbt hat, Naksatravidya. Diese Stufe des Wissens muss vor denjenigen geschützt werden, die noch nicht bereit sind. Es muss gehütet werden, um sein Überleben zu sichern, damit die traditionelle und zukünftige Weitergabe vom Lehrer an den Schüler auch weiterhin aufrechterhalten werden kann.«

»Was eine fortwährende Obhut erfordert, nicht?«

»Ja!«, antwortete er. »Vor langer Zeit, zu Anbeginn dieses Zeitalters, gewannen weitverbreitete Gier und Ehrgeiz die Oberhand über die Vernunft und den moralisch integren Charakter. Und so haben die großen Meister kollektiv entschieden, das wertvollste und fortgeschrittenste Wissen zu entziehen. Sie taten dies, um es vor dem achtlosen Missbrauch durch die Unbewussten zu schützen. Diese Entscheidung war schwierig, selbst für die großen alten Weisen. Dennoch muss das Wissen zur rechten Zeit seinen Weg zu den Eingeweihten finden, die bereit dafür sind. Die Grauzone besteht darin, dass es keine absolute Regel gibt, die bemessen könnte, wann ein Schüler für den Empfang des Wissens bereit ist. Jeder Schüler ist einzigartig – und so ist auch das Konzept der Eignung und der Bereitschaft immer individuell anzuwenden. Wissen kann leicht kommuniziert werden, nicht aber Weisheit. Unter den Amartya-Meistern hatte ein lang erprobter Grundsatz Verwendung gefunden, um die Eignung eines Eingeweihten abzuwägen: Satya Sravanam – die Fähigkeit, in Demut zu hören – ist das beste Anzeichen dafür, dass die Weisheit beginnt, Einzug zu halten. Sravanam ist die Gabe, jenseits von Asmita – den niederen Begierden des Egos – zu hören. Wo Sravanam Einzug hält, kann die Weisheit Wurzeln schlagen.«

»Dementsprechend also kann fortgeschrittenes Wissen nicht wahllos an die Massen oder Uneingeweihte weitergegeben werden – es bedarf einer größeren Verantwortung!«, sagte ich.

»Du hältst die Schlüssel zur Kammer des Wissens in deinen Händen«, fügte er an. »Du bist nun damit betraut, die Verantwortung für die Fortführung dieses Wissens zu tragen. In der nahen Zukunft wird es in den Händen derer sein, die dieses Wissen von dir erlernt haben, und so wird es weitergeführt. Das ist Parampara, das ist Tradition!«

Meister Rambala fragte, ob ich ihn auf einen Spaziergang zu einem Bereich des Tals begleiten wolle, in dem ein Großteil der Früchte angebaut wurde. Er fügte hinzu, dass er mir gerne etwas zeigen wolle, das mit Sravanam zu tun habe.

Nachdem wir eine lange Treppe hinabgestiegen waren, die in eine steil abfallende Felswand gehauen war, gingen wir unter einer Allee von Lärchen und Pinienbäumen hindurch. Der Baldachin aus grünem Geäst öffnete sich schließlich in ein Gelände hinein, auf dem eine Vielzahl von in Stein gefassten Wasserrinnen in den Waldboden verlegt war. Jede Rinne beförderte einen dünnen Strom von klarem Quellwasser dorthin, wo eine große Vielfalt an Obstbäumen gedieh. Das Terrain war idyllisch angelegt und mit viel Sonnenschein und einem nährstoffreichen, aufnahmefähigen Boden gesegnet. Eine Reihe von stufenweisen Erdwällen schützte die Obsthaine auf den oberen Hängen vor Regenerosionen.

Ein paar Einheimische standen auf Leitern und pflückten Obst, das sie in hölzerne Kübel legten. Kinder saßen fröhlich am Rande des Pfades und aßen sich an den gesammelten Früchten satt. Meister Rambala pflückte eine tiefgelbe Frucht, die er Lakuchi nannte, und reichte sie mir. Sie sah aus wie eine Kreuzung aus einer Tomate und einer Birne. In diesem Hain wuchs eine Reihe anderer Früchte wie Äpfel, gelbe Birnen und Kirschen. Der vorherrschende Duft jedoch stammte von gelben Pflaumen, die überall verstreut auf dem Boden lagen und in der Hitze der spätvormittäglichen Sonne braun gebacken wurden.

Das surrende Geräusch von Käfern und summenden Honigbienen, untermalt vom Vogelgezwitscher, vereinte sich zu einem natürlichen opernhaften Wohlklang inmitten des geschäftigen Treibens der Pflücker. Doch es mischte sich noch etwas anderes darunter, etwas, das weniger gut dazu passte: das Geräusch eines schluchzenden Kindes. Ich folgte dem Weinen zu seinem Ursprung und erblickte alsbald eine junge Mutter, die auf dem tiefhängenden Ast eines großen Baumes saß. Sie hatte ein bescheidenes und hübsches Gesicht und trug ein einfaches blau und weiß gestreiftes baumwollenes Wickeltuch. In ihren Armen wiegte sie einen kleinen Jungen. Sein Köpfchen lehnte an ihrer Schulter, und sein zierlicher Körper schien nahtlos mit ihrer tröstenden Umarmung zu verschmelzen.

Es war offensichtlich, dass etwas nicht stimmte. Selbst aus der Ferne konnte ich erkennen, dass das Gesicht des Jungen von Tränen nass und gerötet war. Eine weiße Mullbinde war um seinen linken Arm gewickelt. Ein agiler junger Mann eilte sofort herüber, um uns zu begrüßen. Während er sein langes Haar sammelte, um es aus seinem Gesicht zu binden, sagte er etwas in einem offenkundig verzweifelten Ton. Nach einem Moment des Zuhörens wandte sich Meister Rambala zu mir und erklärte, dass der kleine Sohn des Mannes versehentlich einen großen Teekessel voll kochenden Wassers vom Herd gezogen und sich dabei schwere Verbrühungen am Arm zugezogen hatte.

Rambala bedeutete der Mutter, den Jungen zu uns zu bringen. Erst als sie sich uns genähert hatte, begann der Junge langsam zu bemerken, was geschah. In dem Moment, als seine Augen Meister Rambala erblickten, wurden sie ganz groß und verrieten seine Bewunderung. Er begann, sich auf dem Arm seiner Mutter hin und her zu winden, und zwang sie so dazu, ihn selbstständig zu Rambalaji laufen zu lassen. Er war ein niedliches Kind mit reinen Gesichtszügen, gerade sechs Jahre alt oder noch ein wenig jünger. So klein, wie er war, mit nacktem Oberkörper, schmalen

Schultern und dem fein geschnittenen Gesichtchen, sah er fast so aus wie ein Elf aus einem Märchen. Es lag Schmerz in seinen tränengefüllten Augen. Aber mehr als der Schmerz oder jede andere Anstrengung in seinem Gesicht hatte ein unverhohlener Ausdruck der Verehrung sich seiner bemächtigt. Seine Mutter kniete sich nieder, um ihm mit den Daumen die Tränen aus den Augen zu wischen, doch er nahm davon keine Notiz. Er war gänzlich absorbiert von seinem Staunen und der Überraschung. Nicht ein einziges Mal wandte er seinen wortlosen starren Blick von Meister Rambala ab.

Meister Rambala ließ sich auf ein Knie fallen und breitete voller Mitgefühl seine Arme aus. Er sagte: »Ravisu, kairankusudebhoyimbai?« Ich vermutete, es bedeutet: »Ravisu, wie fühlst du dich?«

Ravisu trat sofort nach vorne und reichte Meister Rambala wortlos seinen Arm. Er verstand, was der Meister wollte. Nachdem er den Verband vorsichtig begutachtet hatte, band Meister Rambala ihn langsam auf und entfernte ein darum herumgebundenes Stück Stoff, um einen zweiten Verband aus medizinischen Heilblättern offen zu legen. Ich konnte an dem Gesicht des Jungen erkennen, dass er sein Bestes gab, den Schmerz zu unterdrücken, vor allem als Meister Rambala jedes Blatt vorsichtig von seiner Hand und dem Unterarm zupfte. Der Zustand der Verbrennung wurde sofort offensichtlich. Auf Teilen des Unterarms und der Hand hatte sich die Haut geschält und darunter nur wunde Streifen von rotem, mit Blasen überzogenem Fleisch zurückgelassen. Es sah so aus, als würde der Junge für sein Leben mit Narben gezeichnet sein. Ich trat nach vorn, um mich neben Rambala niederzulassen. Er schenkte mir ein gutmütiges Lächeln.

Dann begann er sehr sanft, Ravisus kleinen Arm mit seinen großen Händen zu umfassen. Überraschenderweise klagte Ravisu nicht mit einem Wort. Nach einem kurzen Moment der Stille schloss Rambala seine Augen und fing an, einen sanften und lieblichen Chant zu singen. Innerhalb von Sekunden schloss auch Ravisu seine Augen und setzte langsam mit einem engelsgleichen Stimmchen ein. Als sie gemeinsam sangen, entspannte sich Ravisus Gesichtsausdruck nach und nach und wandelte sich von unterdrücktem Schmerz hin zu sporadischen Momenten des Lächelns. Ich blickte um mich und sah, dass die Menschen, die zuvor auf den Bäumen Früchte gepflückt hatten, nun alle mit geschlossenen Augen auf dem Boden standen. Die Hände hielten sie im Gebetsmudra. Binnen weniger Momente stimmte einer nach dem anderen in das Lied mit ein, und ein unglaublich schöner Chorus von harmonischen Klängen entfaltete sich. Es erstaunte mich, wie lieblich und unverändert Rambalas natürliches Verhalten blieb, während er sang. Kurze Zeit später verklangen seine und des Jungen Stimme langsam. Ravisu, der mit geschlossenen Augen, den Kopf leicht geneigt, nach oben blickte, machte einen erstaunlich friedvollen Eindruck, fast wie ein schlafender Cherub.

Die Menschen um uns herum hörten nun auch auf zu singen. Der Wind blies sanft, die Vögel zwitscherten melodisch, und die Blätter flüsterten weiterhin ihre Waldgeheimnisse. Als Rambala zu guter Letzt die Hände wegnahm, wies die Haut an Ravisus Arm und Hand nicht das geringste Zeichen einer Verbrennung auf. Alles, was blieb, waren ein Hauch von Röte und ein strahlendes Leuchten, das durch das Gesicht des Kindes schien. Der Vater war neben uns auf seine Knie gefallen und begann sofort, Rambala zu danken – wieder und wieder.

Rambala lenkte seine Aufmerksamkeit auf den Vater, stand auf und zog ihn mit sich hoch. Er hielt inne, um ihm direkt in die Augen zu sehen, und streichelte sein dankerfülltes Gesicht mit seinem Handrücken, so wie ein liebevoller Elternteil es tun würde. Als der Vater erneut versuchte, ihm zu danken, gab Rambala ihm mit einer Geste zu verstehen, dass es gut sei. Dann stupste er mich am Arm, und wir gingen leise davon.

Nachdem wir den Hain hinter uns gelassen hatten, sagte ich: »Es war so ein schönes Erlebnis zuzusehen, wie du seinen Arm geheilt hast.«

»War ich es, der seinen Arm geheilt hat, mein Lieber?«, fragte er. »Ich glaube, ich habe dem Jungen nur seinen Weg gewiesen.«

Meister Rambala zeigte auf eine Bank, die zwischen zwei großen Laubbäumen stand. Wir waren umgeben von tiefem Grün und ruhiger Stille. Es ging kaum ein Windhauch. Die Bank war aus dem Holz einer roten Zeder geschnitzt und fast über und über mit einer weichen Moosdecke bewachsen.

»Bitte verrate mir, warum du wolltest, dass ich dies sehe?«, fragte ich.

»Mein Lieber«, antwortete er. »Ich kannte einst jemanden, vor sehr langer Zeit, als er noch ein Kind war, nicht viel älter als Ravisu. Eines Morgens fand ich ihn dort oben sitzen, in diesem alten Tempel.«

»Der Tempel, von dem wir gerade kamen?«

»Ja! Er saß genau dort, wo du heute Morgen gesessen hast. Als ich ihn dort fand, sagte er mir mit einem traurigen Ausdruck in seinem Gesicht, dass er jeden Tag aufwache und ihm bewusst würde, dass er mit einem Engel zusammen gewesen sei. Ich fragte ihn, warum ihn das traurig mache.

Er antwortete: ›*Wenn ich meine Augen öffne und die Welt um mich herum sehe, ist der Engel weg.*‹

Ich fragte ihn, ob er mir ein wenig über den Engel erzählen könne, und er antwortete: ›*Ich weiß nur, dass ich mit einem*

Engel zusammen war, aber ich kann mich an nichts anderes über ihn erinnern.‹

Ich fragte ihn, was er jetzt diesbezüglich unternehmen wolle. Nachdem er lange darüber nachgedacht hatte, sprach er: *›Ich werde hier an dieser Stelle sitzen und meditieren! Bis der Engel wiederkommt.‹*

Ich sagte *›Sehr gut‹* und ließ ihn allein. Am nächsten Morgen kehrte ich zurück und sah, dass der Junge noch immer dort saß. Er hatte die ganze Nacht meditiert. Er war so in seine Meditation vertieft, dass er mich nicht einmal kommen hörte. So schüttelte ich ihn sanft an seinem kleinen Arm, um ihn auf meine Gegenwart aufmerksam zu machen. Als er seine Augen geöffnet hatte, bat ich ihn, mir von seiner Erfahrung zu berichten, und er sagte: *›Als ich aufhörte, auf die Welt zu hören, konnte ich den Engel wieder hören.‹*

Ich fragte ihn, wie es sich angefühlt habe. Er antwortete: *›Ich weiß es nicht, ich konnte ihn nicht fühlen.‹*

Ich erkundigte mich, was er nun unternehmen wolle, und er sagte: *›Ich werde an dieser Stelle sitzen bleiben und weiter meditieren.‹*

Am nächsten Morgen kam ich wieder zurück und fand den Jungen immer noch dort sitzend vor.

Wieder hatte er mich nicht kommen gehört. Doch diesmal war er so tief in seine Meditation versunken, dass er es nicht einmal fühlte, als ich ihn an seinem Arm schüttelte. Und so öffnete ich mit den Fingern seine kleinen Augen. Als er erkannt hatte, dass ich da war, fragte ich ihn nach seiner Erfahrung. Er sagte: *›Als ich aufhörte, auf die Welt um mich herum zu hören, und aufhörte, sie zu fühlen, konnte ich beides: den Engel hören und den Engel spüren.‹* So fragte ich ihn, wie er denn ausgesehen habe. Er sagte: *›Ich weiß es nicht.‹*

Da fragte ich ihn, was er nun tun wolle, und er antwortete: ›*Ich werde hier an dieser Stelle sitzen und meditieren!*‹

Am folgenden Morgen kehrte ich mit etwas Wasser und Essen zurück und sah, dass der Junge immer noch an derselben Stelle saß. Doch nun meditierte er nicht mehr. Seine Augen waren geöffnet und der traurige Blick verschwunden. Ein sanftes, glückseliges Lächeln hatte sich in seinem Gesicht ausgebreitet. Ich wollte wissen, ob er nun seinen Engel sehen könne. Er antwortete: ›*Als ich vollkommen aufhörte, die Welt zu hören und zu fühlen, und auch losließ, sie zu sehen, konnte ich endlich den Engel erblicken.*‹

So fragte ich ihn: ›*Was hast du herausgefunden?*‹, und er sagte: ›*Wenn die Welt gegangen ist, bleibt nur Stille, es gibt nur ein Wesen. Ich habe erkannt, dass ich dieser Engel bin.*‹

Ich sagte: ›*Sehr gut!*‹«

»Deswegen wolltest du, dass ich das sehe!«

»Ja, mein Lieber, ich habe diese Geschichte mit dir geteilt, um dich daran zu erinnern, nicht um dir zu sagen, was Shravanam ist«, sprach er. »So geschah die Heilung von Ravisu. Die Menschen, die hier leben, haben einen starken Glauben daran, dass Gott an allem beteiligt ist, was in ihrem Leben geschieht. Von der Zeit seiner Geburt an war Ravisu eingehüllt in die Wahrheit unserer Existenz. Die äußere Welt hat seine Sichtweise nicht befleckt oder ihm das Vertrauen gestohlen, dass das Göttliche in allem existiert. Seine Eltern haben ihm gesagt, dass ein Mann Gottes kommen werde, um seinen Arm zu heilen, und er nichts zu befürchten habe. Sie sagten ihm auch, dass der Schmerz nur eine Botschaft sei, damit er sich bereit mache. Ravisu hatte keine Zweifel, sein Glaube war stark. Als er mich kommen sah, erblickte er in mir nicht den Mann – er sah nur die Präsenz Gottes, die gekommen war, um ihm zu helfen. Als er mir seinen

Arm überließ, bot er folglich sich selbst dem heilenden Licht des Einen dar. Das Schließen seiner Augen war das Zeichen, dass er die Welt losgelassen hatte, damit er verwandelt werden könne. Als er die Stimme Gottes ein Lied singen hörte vom göttlichen Geliebten, von Hingabe und Ergebenheit an das Vollkommene, stimmte er unschuldig mit ein und öffnete sein kleines Herz der Gnade Gottes. Vom Schmerz zur Glückseligkeit, von der Dunkelheit zum Licht, von der Unwissenheit zur Wahrheit – das ist die Heilung! In dieser äußeren Welt gibt es nur die Unvollkommenheit, in dem Einen jedoch ist nur Vollkommenheit! In seiner Hingabe hatte er diese Einheit – diese Perfektion – realisiert. Damit war seine Heilung gewiss.«

»Und so war es, genau wie bei Kubithas Mutter, Ravisus Glaube, der ihn geheilt hat«, sagte ich.

Ein warmer Aufwind strich über meine Haut, als ich über die Kante der Steilwand nach unten spähte. Der Atmaka, die Regenbogen-Essenz, schien, während wir sprachen, heller geworden zu sein.

Deva'bhag

Unsere menschliche Liebe für die Schönheit ist dieser unbeschreibliche Wahnsinn, den die Seele erweckt, um unseren menschlichen Geist wieder auf seinen rechten Weg zu führen. Wahre Schönheit ist weit mehr als die offensichtlich oberflächliche Art von Schönheit. Sie ist unsere Liebe, deren heller Glanz durch unsere Gefühle strömt; die Wahrheit, die durch unsere Gedanken strahlt; die Freude, die durch unsere Werke scheint. Wenn wir uns vollkommen der Anziehungskraft dieser Art von Schönheit überlassen, dann gleiten wir auf natürliche Weise in einen Fluss der Glückseligkeit, ein Ananda, das uns nach innen ruft. Als ich versuchte, über Meister Amirs Schönheit zu schreiben, kamen mir wieder und wieder die Brotkrümel in den Sinn, die Hänsel und Gretel auf den Pfad gestreut hatten – als Erinnerung, dazu gedacht, den Weg zurück nach Hause zu markieren.

Auf den ersten Blick wird die Aufmerksamkeit des Betrachters immer von Meister Amirs körperlicher Schönheit in den Bann gezogen. Doch wenn man genauer hinsieht, wird schnell offensichtlich, dass seine Schönheit schlicht zu esoterisch und tief ist, um ihr durch eine körperliche Beschreibung Genüge zu tun. Treffender wäre es wohl, auf die betörende Anziehungskraft zu verweisen, die einen versinken lässt in den grenzenlosen Tiefen seiner amethystblauen Augen. Vielleicht liegt es aber auch mehr an der Synchronität all seiner Bewegungen, immer im Einklang mit den ihn umgebenden Elementen der Natur – wie ein kaum spürbarer sanfter Wind, der jedoch mühelos ebenso fähig ist, einen ganzen Wald zu bewegen. Auf welche Weise sie sich auch manifestiert, ist seine Schönheit vor allem eine zutiefst spirituelle

Angelegenheit, etwas, das sich immer von innen heraus bewegt. Sie mag anfänglich durch höchste körperliche Schönheit wahrgenommen werden, doch scheint seine Schönheit auch unvermeidlich immer einen tieferen Sinn zu erwecken.

Mehr als eine Stunde lang hatte ich mich den Berg hinaufgearbeitet und war einem Pfad nachgegangen, dem zu folgen mich Meister Amir gebeten hatte. Er würde sich mir dort für den Nachmittag anschließen. Ich hatte diese Richtung noch nicht erkundet und begrüßte die Aussicht auf ein weiteres Abenteuer. Er sagte, der Trampelpfad würde zu seinem bevorzugten Ausblick über das Tal führen.

Ich fand Meister Amir am grasbewachsenen Wegesrand. Er saß mit gekreuzten Beinen im Schatten eines Baumes mit weit ausladenden Ästen und genoss sichtlich ein besonderes Vergnügen. Die Luft wurde von Vogelgezwitscher erfüllt, und eine kleine Schar Bergfinken wechselte sich darin ab, auf seinem ausgestreckten Arm zu landen. Als er in meine Richtung spähte, war die ansteckende Freude in seinem Gesicht fast greifbar und offenbarte den schmalen Grat zwischen verspielter Unschuld und einem Mann von außergewöhnlicher Meisterschaft. Er brachte eines der weniger bunten Finkenweibchen nah an sein Gesicht heran, strich behutsam über die Federn an seinem Hinterkopf und erhob es zurück in die Lüfte.

Während er aufstand, sagte er mit einem Lächeln: »Es ist noch ein Stück weiter oben. Der Weg ist steil, aber es ist die Anstrengung mehr als wert.«

Und es war steil, eng und tückisch. An manchen Stellen fiel die Talseite des Pfades Hunderte von Metern in die Tiefe ab, bis sie auf den daruntergelegenen Wald traf. Die Luft war lieblicher und kühler so weit oben. Das letzte Stück des Pfades wandelte sich zu einem schmalen Felssims, der praktischerweise durch die natürliche Erosion des Windes und des Wassers in die steile

Felswand gefurcht worden war. Es dauerte nicht lang, bis unser Anstieg flacher wurde und wir eine sanft hügelige Gebirgswiese erreichten.

Die Aussicht war noch dramatischer, als Meister Amir es versprochen hatte: Eindrucksvolle, mit Glimmer durchzogene senkrechte Felsformationen ragten wie die Schuppen eines Drachenschwanzes auf und erstreckten sich von der Wiese den ganzen Weg bis zu den kahlen Gipfeln hinauf. Blaugraue Dunstschwaden rollten wie gigantische Sturzwellen über die hoch gelegenen Bergzinnen. Darunter wanden sich die für uns sichtbaren Bereiche des Tals in Schluchten und schmalen Klammen und formten abgetrennte Enklaven und Wasserbecken. Ein paar turmhohe Wasserfälle fielen von oben herab, einige waren in weißen Dunst gehüllt, andere formten sanfte Doppelregenbögen im hellen Sonnenlicht. Wir saßen in der Sonne und blickten vom feuchten duftenden Gras aus in die Ferne – den Rücken an eine Formation Granitfelsblöcke gedrückt.

Nach nur wenigen Minuten trat ein neugeborenes Rehkitz aus einer kleinen Gruppe vom Wind geformter Pinienbäume hervor, lugte eine Weile neugierig in unsere Richtung und streifte dann zu Amir herüber, um es sich zu seinen Füßen bequem zu machen. Weiter hinten unter den Bäumen graste seine Mutter ohne die geringste Besorgnis weiter. Ich merkte an, dass die Rehe hier untypisch furchtlos, ja fast zahm erschienen.

Meister Amir sagte: »Die Geschöpfe dieser Welt haben wenig Grund, uns zu fürchten, solange wir ihnen nicht durch unsere Absichten Anlass dazu geben. Die Tiere nähern sich uns, wenn sie spüren, dass wir den hartnäckigen menschlichen Drang zu beherrschen abgelegt haben – und sie in uns einen Geist erkennen, der das Leben ehrt.«

»Und vielleicht auch, weil alle Wesen von einem erleuchteten Herzen angezogen werden«, sagte ich.

Er fügte an: »Alle Geschöpfe finden Trost und Geborgenheit zu Füßen des Meisters – das ist wahr. Aber man muss kein Meister sein, um das Vertrauen eines Tieres zu gewinnen. Es gibt wenig, das ein wildes Tier so in den Bann zieht wie die aufrichtigen Tugenden der Akzeptanz und der Anerkennung. Die Absicht, niemandem Schaden zuzufügen, ist die höchste unserer anziehenden Tugenden. Ahimsa, Harmlosigkeit, ist eine Tugend, nach der ein jeder streben kann. Viel zu wenige Menschen auf dieser Welt verstehen, dass das Meistern der Kunst des Ahimsa in direktem Zusammenhang mit der Meisterschaft des Selbst steht. In nicht allzu ferner Zukunft wird eine Zeit kommen, in der die Harmlosigkeit wieder verehrt werden wird. Dann wird selbst der hungrige Tiger keinen Schaden anrichten.«

»Möglicherweise liegt das auch daran, dass Tiere noch immer intuitiv spüren, dass die Menschen dazu bestimmt sind, die Hüter der Erde zu sein – ihre göttlichen Pateneltern«, sagte ich.

»Eine Tatsache, die zu viele vergessen haben!«, antwortete er. »In den ältesten der Amartya Shastras steht geschrieben: *›Das Höchste schenkte dem Mann und der Frau den Atem, damit sie diesen Erdengarten pflegen mögen und über all seine Geschöpfe wachen. Vom Glück gesegnet sind jene, deren Schaffen und Wirken es ist, das Leid zu lindern und zu stillen, denn nur sie sind es, die durch ihre Handlungen Befreiung von dem Leid finden werden, das sie verursacht haben mögen. Ein Pfad der Dunkelheit erwartet jene, die allein für sich selbst leben, doch die Hüter des Lebensgartens werden durch ihre Tugenden in die himmlische Gnade erhoben.‹*«

»Eines Tages würde ich gerne diese Shastras lesen«, sagte ich.

»Aaravindha, du hast sie gelesen – vor langer Zeit!«, antwortete er. »Der Prozess der Wiedergeburt lässt die Erinnerung verblassen, doch was von wesentlicher Bedeutung für dich war, hast du dessen ungeachtet aufgenommen. Du musst sie nicht erneut lesen. Du hast die Wege des Ahimsa realisiert, daher ist der Weg des Nicht-Schadens leicht. Nicht-Schaden, Wahrhaftigkeit und Mitgefühl – Ahimsa, Satya und Karunya: Das sind die drei edlen Tugenden.«

Ich fragte: »Wärst du geneigt, meine Neugierde ein wenig zu stillen? Würdest du mir ein wenig über dein Leben erzählen?«

»Was möchtest du wissen?«, fragte er.

»Alles!«, antwortete ich. »Wann bist du hierhergekommen, woher bist du gekommen, und was hat dich hierhergeführt?«

Für eine Weile blickte Meister Amir nachdenklich in die Ferne. »Eine beachtenswerte Menge an Zeit ist verstrichen!«

»Wie viel Zeit, würdest du sagen, war das?«

»Drei deiner Lebenszeiten habe ich in diesen Bergen verbracht. Aaravindha, ich bin ein sehr alter Mann«, sagte Meister Amir.

Schlagartig wurde mir etwas bewusst. Ich hatte unbeabsichtigt einem sich anpassenden pragmatischen Teil meines Verstandes erlaubt, die Tatsache zu verdrängen, dass ich in Gegenwart eines Meisters saß, der tatsächlich Hunderte von Jahren alt war.

»Manchmal kostet es mich noch Mühe; es ist schwierig, sich deines tatsächlichen Alters gewahr zu bleiben«, sagte ich. »Meine Instinkte rasen beharrlich hin und her, um meine Wahrnehmungen den Umständen anzupassen, an die ich gewöhnt bin. Kaum versehe ich mich, halte ich dich wieder für so jung, wie du aussiehst. Es ist interessant, etwas zu wissen und gleichzeitig zu beobachten, wie der Verstand noch immer automatisch im Hintergrund daran arbeitet, das Bekannte wiederherzustellen. Ich nehme an, eine fokussierte Achtsamkeit und Demut ist der einzige Weg, es zu überwinden.«

»Der rationale Verstand mag ein loyaler Diener sein«, sprach er, »aber in seiner Hingabe an das Vertraute verbindet er oft die falschen Punkte. Wahrnehmungen sind so veränderlich wie Wasser, doch es braucht gewöhnlich Zeit, die automatischen Reaktionen aufzuheben, die unseren mentalen Konstrukten zu eigen sind.

Unsere Umgebung spielt meist eine große Rolle im Aufrechterhalten oder Ändern unserer Sichtweisen. Langsam werden die Strömungen der sich wandelnden Glaubenssätze sie ändern. Wenn die Menschheit zu einer Überzeugung gelangt, dann fordert sie erwartungsgemäß auch, dass sie wahr sein muss. Selbst die Bewussten sind daraufhin gezwungen, sich mit den Ergebnissen dieser Forderungen abzufinden. Diesen regulierenden Effekt nennt man Prajjavritti. Das Leben und der Tod existieren in dieser Welt Seite an Seite. Das ist ein Naturgesetz. Aber dennoch: Genauso wie es einen höheren rationalen Verstand gibt und ein höheres Selbst, so existiert auch eine höhere Form des Lebens, jenseits der Reichweite von Geburt und Zerfall.«

»Diese Einflüsse sind stark«, sagte ich. »Um sich von dieser Voreingenommenheit zu befreien – und unserer Abhängigkeit vom Bekannten –, scheint eine Form von Abgeschiedenheit erforderlich zu sein, ein Rückzug aus der äußeren Welt, der den Geist zu reinigen vermag. Ist es das, was du erfahren hast, als du hierhergekommen bist?«

»Ja, definitiv!«, sagte er. »Das kollektive Prajjavritti hat hier keine Macht. Hat man Teil am Traum der Welt, ist der Träumer höchst anfällig für die vorherrschenden Einflüsse. Zurückgezogenheit und Demut bereiten den Boden für die Veränderung der Wahrnehmung. Es handelt sich jedoch nicht um eine Demut, die jemanden bedeutungslos oder unwert macht. Es muss sich um eine Demut handeln, die alle Möglichkeiten erlaubt. Ein Meister sagte einst: ›*Selig sind die Sanftmütigen, denn sie werden die Erde besitzen.*‹ Das Wort ›die Sanftmütigen‹ ist jedoch ein Übersetzungsfehler. Es sind die Demütigen, die die Erde besitzen werden, denn nur in Demut kann ein Mensch die Wahrheit hören und sich umwenden, um sich zu ändern und zu reifen. Verteidigungshaltungen, Aggressionen und Gewalt sind die Laster der Angstvollen und der Arroganten. Manche sagen, die Demut sei eine Emotion, nicht mehr als ein Produkt der Psyche. Doch dies würde ihr bei Weitem nicht gerecht werden. Es ist die Arroganz, die ein Produkt der Psyche ist; die Demut bewirkt ihre Auflösung. Andere werden sagen, Demut sei Schutzlosigkeit, eine Art von Verletzlichkeit – und sie haben recht. Aber letztendlich ist es genau die Art von Verletzlichkeit, die es vermag, einen Ignoranten in einen Weisen zu verwandeln.«

Ich fragte: »Wie alt warst du, als du hierhergekommen bist?«

»Ich hatte mein fünfzehntes Lebensjahr vollendet.«

»Du warst jung. Meister Rambala hat mir erzählt, dass Tausende von Tauben sich bei deiner Geburt versammelten, um dich willkommen zu heißen. Sie füllten alle Bäume in einem großen Kreis um dein Haus herum – ein Phänomen, das nie zuvor gesehen wurde.«

»Dann weißt du schon ein wenig über mein Leben.«

»Ein bisschen«, erwiderte ich. »Rambala sagte, es war ein Ausdruck göttlichen Willens.

Er sagte mir auch, dass deine Mutter kurz nach deiner Geburt verstorben sei«, fügte ich hinzu.

»Nicht danach, sie starb während meiner Geburt. Manche bezeichnen es als Tragödie, doch das sind die Sichtweisen der Naiven. Es war Svarudha – sie stieg auf einer Woge der Glückseligkeit in die Adityaloka auf, in die solaren Welten. Da war kein Schmerz in ihrem Sterben, nur Parasantosh, göttliche Zufriedenheit – und Shraddha, Glauben. Sie hatte erfüllt, wozu sie geboren worden war.«

Er erzählte mir, seine Mutter sei als Aramäerin auf die Welt gekommen und hätte in derselben Linie gelebt wie der Meister, dem sie zeitlebens gefolgt war: Yehoshua, Sohn der Mariam.

»Dann war sie also Christin«, sagte ich.

»Nein«, erwiderte er. »Sie war eine Jüngerin von Meister Yehoshua. Darin liegt ein deutlicher Unterschied. Aramäer, die der Linie von Yehoshua Meshikha folgten, vertrauten darauf, dass ein jeder von ihnen ein Jünger des Meisters war. Diese aramäische Linie glaubte an die Worte ihres Meisters: ›*Jene von euch, die an die Werke glauben, die ich tue, werden diese ebenso tun. Und viele werden noch größere als diese vollbringen.*‹

Sie bezeichneten sich selbst als Talmidah – nicht als Christen. Die Aramäer waren die Ersten, die das Christentum als Religion anerkannten. Doch der überwiegende Teil der Talmidah, von denen viele in der Türkei und in Persien lebten, entschieden sich, nicht zu akzeptieren, dass ihre Überzeugungen missioniert wurden. Sie dienten ihrem Glauben als freie Gnostiker.«

Als aramäische Frau verhielt sich seine Mutter sehr kontrovers und äußerte sich freimütig. Sie hatte sich entschieden, in der Türkei zu leben, weil dort zur damaligen Zeit mehr Offenheit gegenüber Frauen herrschte als in vielen der eher patriarchalischen Regionen. Als sie noch sehr jung war, hatte sie in ihren Gebeten eine Vielzahl an lebendigen Visionen von Meister Yehoshua und Mutter Mariam erfahren. In einer dieser Erscheinungen offenbarte ihr Meister Yehoshua, dass sie eines Tages einem ägyptischen Athravan, einem zoroastrischen Priester, begegnen und ihn heiraten würde. Der Gedanke zu heiraten beschwerte ihr Herz, denn sie hatte ihr Leben bereits ihrem Lebenszweck verschrieben. Sie glaubte, er liege darin, den Armen, Kranken und Leidenden Linderung zu bringen. Nichtsdestotrotz verliebte sie sich, und die Heirat wurde wahr. Kurz darauf erschien ihr erneut Mutter Mariam und überbrachte ihr die Nachricht, dass ihre Zeit auf Erden fast erfüllt sei. Mariam sagte ihr, dass nur noch eine wichtige Handlung zu vollbringen sei. Ein Jahr darauf wurde sie schwanger. Wenige Tage vor Meister Amirs Geburt erschien ihr Nil'Amma Tara.

In ihrer letzten Vision zeigte Nil'Amma Tara ihr den Körper eines neugeborenen Jungen. Sie sagte ihr, dass sie ihn andernfalls nie gesehen hätte. Und dass kein Grund zur Sorge über sein Wohlergehen bestünde, da sie selbst ihn im Alter von fünfzehn Jahren in ihre Obhut nehmen werde. Sie offenbarte ihr, dass er Maryah von Eloha sei, ein Avatar, und sie über ihn wachen werde, bis er vollends erwachsen sei.

Amirs Vater war in einer Gegend namens Faijum geboren worden. Er zog ins Nildelta nahe Heliopolis und reiste dann weiter nach Kairo. In jungen Jahren lebte er in Alexandria, wo er Mazdaismus studierte und schließlich ehrwürdig zum Athravan geweiht wurde, dem höchsten Rang, den ein Priester dieses Glaubens erlangen konnte. Aufgrund seiner universellen spirituellen Einsichten jedoch wurde er später treffender als konfessionsfreier Seher und Mystiker anerkannt. Dieser Ruf hatte keine Auswirkungen auf seine zoroastrischen Anhänger, versetzte aber zunehmend viele der konservativeren Mitglieder der muslimischen Gemeinden aus der Region in Unruhe. Eine kleine Gruppe radikaler Kleriker betrachtete ihn bald darauf als hochgradig gefährlichen Blasphemisten.

Amirs Vater weigerte sich oft, sich mit den unterdrückenden Wertvorstellungen der herrschenden Religionen abzufinden. Gelegentlich entzog er sich in abweisender Haltung den strengen Kontrollen einiger einflussreicher Kleriker. Dies hatte zur Folge, dass er im Schlaf von den Anhängern dieser Gruppe ermordet wurde, als Amir erst dreizehn Jahre alt war. Der Kleriker, der die Vollstrecker sandte, hatte sich angegriffen gefühlt, als Amirs Vater ihn öffentlich beschuldigt hatte, in seiner Herrschaft zu puritanisch und tyrannisch zu sein.

Verwaist verließ Amir Ägypten direkt danach. Wohin er auch ging, begegneten ihm die Menschen stets mit Güte. Oft gaben sie ihm zu essen und nahmen ihn bei sich auf, bevor er weiterzog. Mit vierzehn ließ er die Zivilisation hinter sich und wanderte ins Himalaya-Gebirge. Nach einem Jahr der Suche traf er auf Nil'Amma Tara, die im Wald meditierte.

Im Alter von achtzehn Jahren hatte er bereits das achtfache Siddhi des Herzlotus, das Ashtamanimat Hridyamboja Siddhi, gemeistert. Er sagte, dieses Siddhi verwandle das menschliche Herz in ein vollkommenes Werkzeug des göttlichen Willens. Er entwickelte sich unter der Anleitung Nil'Amma Taras so meisterhaft in seinen spirituellen Fähigkeiten weiter, dass der Großvater Pitamah ihm schließlich den ehrenvollen und Respekt einflößenden Titel »Mahashaya'atarkyasahasranatha« verlieh. Übersetzt bedeutet er: »Meister der tausend unergründlichen Fähigkeiten.« Als er das Alter von dreiunddreißig Jahren erreicht hatte, erlangte er Amara'samyaksambodhi – die höchste der drei Stufen spiritueller Erleuchtung.

Ich fragte Amir, wie er für die Männer empfinde, die seinen Vater ermordet hatten.

»Als ich in ihre Obhut und Führung kam«, sagte er, »war die erste Wahrheit, mit der Nil'Amma Tara mich segnete, in diesen Worten enthalten: ›*Verehre die Liebe nicht mit einem selbstsüchtigen Wollen oder einem halb verteidigten Herzen, sondern mit deinem ganzen Wesen und Sein. Noch tugendhafter selbst als die Suche nach Erleuchtung ist eine aufrichtige Opfergabe an die Liebe, von all jenem, was in Urteil oder Bitterkeit gesagt oder in Boshaftigkeit oder Zorn getan wurde. Liebe ist die eine Tugend, die von uns allen verlangt wird. Keine größere Wahrheit kann uns geschenkt werden. Ohne die Liebe würden das Leben und sein Sinn enden – denn die Liebe trägt die eigentliche Ursache der Existenz in sich.*‹«

Ich antwortete: »Und in dem Maße, in dem jemand liebt, vergibt er.«

Meister Amir lenkte seinen Blick auf das Tal unter uns und fragte: »Aaravindha, erinnerst du dich an den Morgen, als du von zu Hause aufgebrochen bist, um deine Reise hierher anzutreten?«

»Was genau meinst du?«, fragte ich.

»An jenem Morgen – als du über das Meer geblickt hast, bevor du dein Zuhause verlassen hast –, was hast du da gesehen?«, fragte er.

Nach einem kurzen Moment des Durchforstens meiner Erinnerungen erzählte ich ihm, dass ich mich daran erinnerte, einen Regenbogen über dem Wasser gesehen zu haben. Dies erschien mir ungewöhnlich, da es sich dabei nicht um einen typischen Regenbogen gehandelt hatte. Es war eine helle Säule aus Regenbogenlicht – wie eine Nebensonne, aber tiefer am Himmel, direkt über dem Wasser. Besonders seltsam war, dass an diesem Morgen kein Dunst über dem Ozean hing. Und die Luft war kristallklar.

»Es war eine Segnung, die dir die Meister gewährt hatten«, sagte er. »Für deine Reise. Es war ein Saunimitta, etwas, das du als gutes Omen bezeichnen würdest.«

Während wir weiterredeten, betrachtete ich einen langsam ziehenden sanften Wolkenschleier, der begann, sich um einige der Gipfel zu formen, die in der Ferne lagen. Er erklärte, dass die Menschen in diesen Bergen den Glanz, der aus diesem nebligen Leuchten entsteht, Lotuslicht nennen.

»Wie dein Name, Aaravindha – Lotuslicht«, sagte er.

Amirs Aufmerksamkeit richtete sich erneut auf etwas, das weiter unten im Tal war. Er bat mich, zu einem Bereich zu blicken, den er Deva'bhag nannte. Der Begriff Deva'bhag kann als »Garten der guten Geister« übersetzt werden. Vor dem lilablauen Hintergrund, den ein Teil der steilen Felswände des Tals bildete, stach eine unregelmäßige, gelegentlich unterbrochene weiße Linie hell leuchtend hervor. Es handelte sich um einen schmalen, in Kaskaden herabstürzenden Wasserfall. Kleine Becken hatten sich am Fuße eines jeden Wasserfalls gebildet, aus denen geisterhafte Dämpfe aufstiegen, die das nachmittägliche Sonnenlicht in kleine Regenbogen verwandelten. Er deutete ein wenig weiter in das dichte grüne Gehölz zu einem Ort, der etwa hundert Meter von den Wasserfällen entfernt tiefer im Tal gelegen war.

Er sagte: »Siehst du das ... ein Surahdhanus ... eine andere Art von Regenbogensäule? Dort am Unterlauf des Flusses!«

»Ja!«, antwortete ich. »Ich sehe ihn. Er ist nicht gebogen, sondern so wie der Regenbogen, den ich über dem Wasser gesehen hatte. Er ist heller als die anderen, sein Lichtspektrum ist in den dunklen Bereichen bunter.«

Dann erkannte ich, dass ich etwas gesagt hatte, das keinen Sinn ergab: Es war kein Sonnenlicht im dunkleren Schatten vorhanden. Ein hoher zerklüfteter Gipfel hielt die Sonne ab. Auch gab es keine nahen Nebelfelder oder Wasserfälle. Der Fluss verlief an dieser Stelle langsam und ruhig.

»Dort ist keine Sonne!«, rief ich, kaum meinen Augen trauend. »Wie ist das möglich?«

»Es ist kein gewöhnlicher Regenbogen«, erklärte er.

»Was ist es dann?«

»Es ist nicht!«, sagte er.

»Es ist nicht? Was bedeutet das?«, fragte ich.

»Es ist nicht – wenn etwas nicht da ist, dann ist es nicht.«

»Ist es dann eine Luftspiegelung, irgendeine Form von Illusion?«

»Nein, er ist weder eine Luftspiegelung, noch ist er eine Illusion«, antwortete er.

Ich blickte Amir fragend an. »Sagtest du *er*? Wird diese Lichtsäule von einer Person erzeugt?«

»Ja, aber nicht im herkömmlichen Sinne«, sagte er.

»Nicht im herkömmlichen Sinne? Ich kann dir nicht folgen … Ist es eine sichtbare Aura, die Aura eines Mannes?«

»Es ist nicht seine Aura, es ist sein Praatmaka – das Licht seiner Essenz«, antwortete er.

Ich kniff meine Augenlider zusammen, um es besser fokussieren zu können, und fragte: »So wie ein Dzogchen-Regenbogen-Lichtkörper, ein Ja'lus?«

»Ja, in etwa so«, sagte er.

»In etwa … Also ist es etwas anderes?«, fragte ich.

»Der Regenbogen-Atmaka, den du dort unten siehst, ist das Ergebnis eines Siddhivrddha«, erklärte er. »Ein Siddhivrddha ist eine höchst fortgeschrittene Disziplin, bei der bewusst die fünf Elemente zurückgezogen werden, die dem Leben eine stoffliche Form geben. Auch der menschliche Körper besteht aus diesen Elementen. Durch dieses Siddhivrddha zog er die elementaren Aspekte seines menschlichen Körpers zurück in seine ursprüngliche, nichtmaterielle Essenz.«

»Das ist faszinierend!«, sagte ich. »Wer ist er?«

»Er ist nicht«, sagte er.

»Also gut, dann wer war er?«, fragte ich.

»Ein paar Gurujans, alte Weise, die in den umliegenden Gegenden leben, sind irrtümlicherweise zu dem Schluss gekommen, dies sei – was auch du angenommen hast – ein Ja'lus. Sie glauben, dies sei der Ja'lus von Meister Tshering Moba Mingma. Meister Tshering war ein schamanischer Mystiker aus dem Volk der Sher'wa. Die Menschen, die diese Erscheinung gesehen hatten, haben vor längerer Zeit die Legende verbreitet, dass es sich dabei um ihn handeln müsse. Doch nur wenige haben sie *tatsächlich* gesehen. Dies ist ein seltener Anblick, der hier im Deva'bhag nur zwei oder drei Mal im Jahr erscheint.«

»Die Sher'wa – sind das die Sherpas, die von Tibet nach Nepal ausgewandert sind?«

»Ja«, antwortete er, »sie zogen aus der tibetischen Region Kham nach Süden. Viele ließen sich in Nepal nieder. Meister Tshering kam vor über tausend Jahren auf der Suche nach diesem Tal hierher, während der Regentschaft von Padma Gyalpo.«

»War Padma Gyalpo nicht … Padmasambhava?«, fragte ich.

»Ja, Padma Gyalpo war Padmasambhavas ursprüngliche Inkarnation. Master Tshering brachte eine Form von esoterischem Buddhismus in viele der nahegelegenen Regionen. In seinen späteren Lebensjahren fühlte er den starken Drang, dieses Tal zu finden. Sein plötzlicher Rückzug aus der Welt und seine Anhänger erzeugten ein Mysterium, aus dem heraus die Geschichten ihren Anfang nahmen – Geschichten, die besagten, er habe die Welt heimlich verlassen, um seinen Körper in einen Ja'lus zu transformieren.

Doch dies ist nicht Meister Tshering. Dennoch hat Meister Tshering hier als ergebener Schüler von Großvater Pitamah gelebt. Er hat die letzten Jahre seines Lebens unserer Linie gewidmet. Als Folge dessen lebte er 200 Jahre lang, bevor er in seinem spirituellen Aufstieg den Körper ablegte. Der Atmaka, den du dort unten siehst, ist ein anderer, weniger bekannter Mystiker, der noch zurückgezogener lebte. Durch sein hartnäckiges Praktizieren radikaler Disziplinen hatte er eine fortgeschrittene Ebene seiner Fähigkeiten erreicht. Nur wenige kennen noch seinen wirklichen Namen. Er hieß Meister Khandro Tseh Whang. Er war ein hochintelligenter Bodhana Guru und hatte viele Hundert Jahre, bevor Meister Tshering hierherkam, von diesem Tal Kenntnis erlangt. Meister Khandro war ein indirekter Schüler von Mahasiddha Kukuraja, einem Vorgänger von Garab Dorje. Garab Dorje wiederum war ein zentraler Vorreiter der Dzogchen-Lehren. Im Alter von 86 Jahren zog Meister Garab Dorje die fünf elementaren Emanationen in ihre Essenz zurück, um einen Ja'lus zu erschaffen und von dieser Welt in die himmlischen Reiche aufzusteigen.«

Ich fragte: »Du sagtest, dieser Regenbogenkörper sei etwas Ähnliches wie der Ja'lus in den Lehren des Dzogchen – aber nicht das Gleiche?«

»Die Ähnlichkeit besteht darin, dass Meister Khandro, genauso wie Garab Dorje, durch seine Übungen ebenfalls die Meisterschaft über die fünf ursprünglichen Emanationen erlangt hatte. Auch er zog die fünf ursprünglichen Schichten seines physischen Körpers in ihre Essenz zurück – jedoch nur bis zu dem Punkt, an dem lediglich das Licht seines individuierten Selbst, das Atmaprakash, übrig blieb. Was du dort unten im Schatten sehen kannst, ist seine daraus resultierende Verwirklichung.«

»Und der Unterschied ist …«, fragte ich.

»Meister Khandro folgte den Lehren des Anatman«, sagte er, »dem Glauben, dass alles, was sich mit den fünf Sinnen wahrnehmen lässt, keine Gültigkeit hat und nur das Ungebundene und Unveränderliche real ist. Anatman ist kein Glaube an eine Leere, sondern an ein unbegrenztes und undefinierbares Selbst, eine Art Nicht-Selbst. Anhänger des Anatman-Dogmas glaubten, dass die Befreiung nur erlangt werden könne, wenn alle Aspekte der Form und sogar das Bewusstsein selbst transzendiert werden – und die Existenz in ihren finalen absoluten Zustand gebracht wird. Alles, was von Natur aus vergänglich ist, wird nicht als real angesehen. Meister Khandro hatte sich selbst diszipliniert, um jenen Zustand der letztendlichen Befreiung zu erlangen, und glaubte, dies sei zu erreichen, indem er sich vollständig von allen ursächlichen Formen loslöste.«

»Das klingt sehr ähnlich dem Konzept des Laya Yoga«, sagte ich. »In diesem Konzept der Auflösung wird das menschliche Bewusstsein von allen äußeren Emanationen und Ausdrucksformen zurückgezogen, um den Beobachter in einem absoluten Zustand zur Ruhe zu bringen.«

»Dies ist ein Konzept, dem immer noch viele spirituell Hingegebene auf der ganzen Welt anhängen, besonders im Osten«, sagte er. »Doch es wird selten verstanden. Das falsche Auslegen dieser Überzeugung kann jedoch heftige Folgen nach sich ziehen.«

Ich sagte: »Und das ist nun, was einst Meister Khandro war – dies ist also das Endresultat seiner Anstrengungen.«

»Die Weisheit in seinem Wissen war noch nicht vollständig herangereift«, erklärte er. »Meister Garab Dorje führte das Anatman-Wissen und die damit in Bezug stehenden Tantra-Disziplinen auf die nächsthöhere Ebene. Er entwickelte die Mittel, um Sambhoga Kaya zu entwickeln – einen Ananda Kaya. Die Einladung, die du während deines Retreats von dem Meister erhalten hast, der dir erschienen ist – diese Emanation war ein Beispiel eines Sambhoga Kaya.«

»Du nanntest es auch einen Ananda Kaya – einen Glückseligkeitskörper?«, fragte ich.

»Ja!«, sagte er. »Ein Sambhoga Kaya ist ein Glückseligkeitskörper. Es handelt sich dabei um einen ungebundenen, feinstofflichen Körper, der in einer Vielzahl von verschiedenen Welten existieren kann oder der sich in einigen Fällen, wenn der Bedarf besteht, auch als Lichtkörper in diesem irdischen Reich manifestieren lässt.«

»Ist der Ja'lus das, was ich um Nil'Amma Taras Körper gesehen habe, als ich sie im Wald beim Levitieren beobachtet habe?«, fragte ich.

»Du hast etwas Ähnliches gesehen, den Praatmaka ihres Bhradamara Kaya«, antwortete er.

»Was ist ein Bhradamara Kaya? Diesen Begriff habe ich noch nicht gehört«, fragte ich.

»Es ist der essenzielle unsterbliche Körper, das Amaraprakash – das Unsterblichkeitslicht des grenzenlosen Körpers von Mahat«, erklärte er.

»Ich habe Mahat immer als die Braut Purushas angesehen, der ersten Natur des einen göttlichen Wesens«, sagte ich.

»Ja. Ein paar der Amartya-Ahnen haben Mahat als den Körper der Großen Mutter bezeichnet, denn *Sie* ist die Mutter des Pakrithi – der alleinigen erschaffenden Natur, die in *Ihrem* Schoße das Potenzial trägt, alle Möglichkeiten der Form in den Ausdruck zu bringen. *Sie* schenkt allem Leben. Alle Wesen trinken aus *Ihrer* Quelle und machen das Reich der unendlichen Wahrscheinlichkeiten wirklich. Es gibt nur den einen Bhradamara Kaya.«

»Dann wäre er also dasselbe wie das Devatapratima – das prototypische Abbild von Gott-Göttin, das unsterbliche Hohe Selbst«, sagte ich.

»Mit den Manifestationen fortgeschrittener Siddhis und Siddhivrddhas geht oft das Erscheinen von Regenbogenlicht einher«, antwortete er.

»Geschieht dies, weil fortgeschrittene Siddhis – besonders

jene, bei denen eine Veränderung der Naturgesetze für ihren physischen Ausdruck notwendig ist – sich durch das Feld des Akash in Kraft setzen?«, fragte ich.

»Sehr gut, Aaravindha«, sagte er. »In der Tat, du erinnerst dich. Wenn ein Siddhi durch das Feld des Akash in den Ausdruck gebracht wird, dann werden die vier absteigenden und sich darunter manifestierenden Elemente – Luft, Feuer, Wasser und Erde – auf den ursprünglichsten Ebenen ihres Ausdrucks restrukturiert. Dies kann dazu führen, dass das Phänomen des Regenbogenlichts in Erscheinung tritt. Dieses Phänomen ruht direkt auf dem Feld des Akash, kann jedoch auch im materiellen Reich gesehen werden. Du konntest es durch Nil'Amma Taras Krone aufsteigen sehen. Man nennt dies Surahkirita.«

Ich sagte: »Ein Nimbus von Regenbogenlicht – eine himmlische Krone.«

Er fuhr fort: »Es gibt drei Flüsse des Bewusstseins, die die menschliche Form speisen, erhalten und auflösen.«

»Flüsse?«, fragte ich. »Ströme des Bewusstseins?«

»Wir nennen sie Nadi. Diese Nadi entspringen dem allumfassenden Reich des reinen Gewahrseins, das jenseits der Reichweite des denkenden Verstandes liegt. Sie beginnen im Bhradamara Kaya und bilden die drei zyklischen Speichen im Rad der Zeit: Empfängnis, Erhaltung und Auflösung.«

Ich stand auf, um mich ein wenig zu dehnen und einen besseren Blick auf den Regenbogenkörper zu haben. Ein warmer Aufwind strich über meine Haut, als ich über die Kante der Steilwand nach unten spähte. Der Atmaka, die Regenbogen-Essenz, schien, während wir sprachen, heller geworden zu sein.

Ich drehte meinen Kopf und sprach über meine Schulter: »Das ist spirituelle Physik. Du sprichst über das zentrale Quantenfeld des Bewusstseins, den Ort, an dem die Einheit das mannigfaltige Entstehen der Form berührt.«

Er nickte. »Dies ist elementares Wissen der Amartya-Tradition und ein zentraler Faktor für die Verwirklichung des ewigen Lebens. Die Amartya-Meister wenden Aspekte dieses Wissens entsprechend an, jedoch ist dies nicht auf die Disziplinen begrenzt, die dem Dzogchen zugrunde liegen – und noch weniger hat es mit dem Pfad gemein, den Meister Khandro gewählt hat.«

»Dann gibt es also verschiedene Wege, dieses Lichtkörper-Wissen anzuwenden«, sagte ich.

»Es mag viele Wege geben«, sprach er, »aber es gibt nur eine Methode, um sich über alle Aspekte der Begrenzung hinaus zu erheben, einschließlich der Begrenzung des Nicht-Selbst.«

»Das Konzept des Nicht-Selbst *ist* also begrenzt? Das habe ich schon immer geglaubt«, sagte ich.

»Oh ja«, antwortete er. »Der Amartya Parampara hat dieses Wissen in seiner ältesten und reinsten Form bewahrt. Die Methodiken, die von den frühen Dzogchen entdeckt worden sind, lagen bereits lange zuvor in den Archiven unserer Amartya-Tradition. Dieses Wissen war unserer Welt von den ersten Nakshatra-Meistern überbracht worden. Mahasiddha Kukuraja war es gelungen, einen Teil dieses Wissens zu verstehen, was auf unsere heimliche Beihilfe zurückzuführen ist. Garab Dorje hat das Wissen dann aufgrund seiner Realisation weitergeführt.«

»Nakshatra-Meister?«, fragte ich.

»Die Sternengeborenen, die Eka'Amarta!«

»Sternengeborene?«, wiederholte ich flüsternd zu mir selbst.

»Aaravindha«, sagte er, »das menschliche Leben hat nicht erst hier begonnen – das wusstest du schon immer.«

»Ja, ich glaube, das wusste ich«, sagte ich. »Aber es ist so wunderschön, dich darüber sprechen zu hören. Es fühlt sich für mich so an, als hätte ich mein ganzes Leben lang von den Nakshatras gewusst. Ich habe zahlreiche kurze innere Einblicke auf sie erhaschen können. Das umfassendere Wissen über sie war jedoch gerade außer Reichweite versteckt geblieben, jenseits meines Erinnerungsvermögens. Manchmal kann ich fühlen, wie es dort im innersten Herzen meines Geistes ruht – in der Stille – und auf mich wartet.«

Ein liebevoller und zustimmender Ausdruck breitete sich auf Meister Amirs Gesicht aus – wie bei einem nahen, hilfsbereiten Freund. Er sprach: »Die drei Nadi heißen Devanada, Patinada und Mokshanada, und entsprechend dieser Reihenfolge inspirieren, erhalten oder befreien sie jeweils das Leben.«

»Stehen diese Nadiströme mit den drei primären Randri in Verbindung, den obersten Meridianen in der Schädeldecke?«

»Ja«, antwortete er. »Diese Flüsse erschaffen nicht nur die Grundlage für den Geist, sie halten auch die wesentliche Erfahrung der Realität eines Menschen aufrecht. Mit anderen Worten: Sie binden sie an den zyklischen Strom der Zeit und an alles, was durch die Wahrscheinlichkeiten, die dem Wandel innewohnen, zum Ausdruck kommt oder genommen werden kann.«

»Unsere geheime Nabelschnur zur Großen Mutter Mahat.«

Das Gesicht von Meister Amir erhellte sich mit einem glückseligen Lächeln.

Er sagte: »Meister Khandro hatte sich entschieden, seine Übungen allein auf das Erlangen und das Meistern des Mokshanada hin auszurichten.«

»Anders ausgedrückt«, sagte ich, »fokussierte er sich nur auf den einen Fluss statt auf alle drei. Er verschrieb sich rein dem Ziel, Auflösung und Befreiung zu finden.«

»Ganz genau«, erwiderte er. »Aber um verstehen zu können, warum er diese Richtung gewählt hat, ist es auch notwendig, den fortdauernden Glaubenssatz zu begreifen, der ihn dahin geführt hatte. Meister Khandro vertraute in das einseitige Konzept, dass alle Aspekte des Formgewordenen eine Illusion sind und im Ganzen oder einzeln eine Ursache des Leidens darstellen. Er glaubte, dass nur das Reich der absoluten Zeitlosigkeit – ungebundenes Bewusstsein ohne Form oder Erfahrungsmöglichkeit – real ist. Und dass alles andere nicht viel mehr ist als ein flüchtiger Schimmer einer größeren Wahrheit.«

»Ich sehe das Problem darin!«, sagte ich. »Wenn er der Ansicht war, jeglicher Teil der Schöpfung sei eine Illusion, dann erkannte er nicht vollständig, dass beides – das Leben und seine Quelle – im Grunde eins sind. Er hat nicht zur Gänze verstanden, dass der absolute Zustand des Bewusstseins nie von seinen Teilen getrennt ist. Diese Vorstellung hatte für mich immer Ähnlichkeit mit dem Glauben, die Welle sei weniger real als der Ozean, obwohl doch eigentlich der Ozean zugleich die Welle ist. Seine Ansicht beruhte nur auf einem Gedankenspiel, das nicht als tatsächlich gegeben betrachtet werden sollte. Auch wenn das Leben vergänglich ist, ist es dennoch die Natur des einen zeitlosen Selbst – der Wille des Selbst, der sich durch den Wandel offenbart.«

Meister Amir lächelte anerkennend. »Dieses Verständnis ist der grundlegende Unterschied zwischen jenen, die das ewig währende Leben suchen, und denen, die lediglich Samsara – von dem sie glauben, es sei die Ursache des Leids – entkommen wollen.«

»Durch seine disziplinierten Übungen«, fügte er hinzu, »gelang es Meister Khandro, Nirvana zu etablieren oder – noch treffender ausgedrückt – einen Zustand von aufrechterhaltenem Nirodhyama Samadhi. Nirodhyama ist …«

Ich fiel ihm ins Wort und ergänzte: »Es ist das Stillen aller mentalen Unklarheiten, Gedanken, Neigungen, Gewohnheiten, durch Gewohnheit automatisierter Wahrnehmungen und im Wesentlichen aller Vrittis durch einen Prozess des transzendentalen Loslassens.«

Er neigte den Kopf leicht zur Seite und fuhr fort: »Als er seinen Zustand von Samadhi etabliert hatte, erfuhr er Rtamprajja, was ihm die direkte intuitive Erkenntnis der fünf elementaren Emanationen schenkte. Er war daraufhin in der Lage, sequenziell jede der fünf Emanationen zurückzuziehen. In diesem Zustand von Nirodhyama entzog er die Kräfte, die Erde, Wasser, Feuer und Luft aufrechterhalten. Am Ende versuchte er, den Äther – Akash – in den Mokshanada zurückzuziehen, den Fluss der Auflösung.«

»Du sagtest, die drei Flüsse inspirieren, erhalten und befreien das Leben. Wie es scheint, musste sein Bewusstsein – um den Ja'lus-Körper zu erlangen – die ganze Zeit über in Nirodhyama Samadhi ruhen, wodurch sein individuierter Seinszustand dauerhaft die Quelle des Lebens berührte. Er musste diesen Zustand des Dort-Ruhens fortwährend aufrechterhalten, damit der inspirierende und der erhaltende Nadi vollkommen außer Kraft gesetzt oder zur Ruhe gebracht werden konnten. Zugleich musste er die reine Absicht halten, die fünf Emanationen allein im Mokshanada zu befreien. Alle fünf Elemente bis zum Schluss zurückzuziehen ist eine Meisterleistung, die sehr viel Disziplin erfordert. Doch obwohl es so außergewöhnlich meisterhaft erscheint, fühle ich in meinem Herzen irgendwie eine gewisse Tragik darin. Ich erkenne in dieser Bemühung oder Leistung keine vollkommene Erkenntnis über die Wahrheit unseres Seins.«

Meister Amir antwortete: »Mit seinem Erlangen des Ja'lus ruhte er auf der Oberfläche des Nirodyapralaya. Es gibt wenig über das Nirodyapralaya zu berichten, denn es grenzt an das undefinierbare absolute Reich der unausgesprochenen Möglichkeit. Es stellt ein annäherndes, aber nicht vollkommenes Aufgehen in die große uranfängliche Weite dar. Es liegt ein anfänglicher prächtiger Glanz in der intimen Annäherung und Erkenntnis der wahren Natur des Selbst, die aus dieser endlosen Weite aufsteigt. Doch am Ende ist die Glückseligkeit nicht mehr erfahrbar. Das liegt daran, dass dem Gewahrsein immer noch die Kraft des Nada der Inspiration, des Patinada, zur Verfügung stehen muss. Er jedoch hatte diese Kraft zum Stillstand gebracht. Nirodyapralaya, das vollkommene Stillwerden des Bewusstseins, ist dem Rtambharat Prajja ähnlich – der Weisheit des ausgedehnten Wahrheitsfeldes. Sie existiert zwischen dem absoluten Bewusstsein und den kausalen Impulsen, die das Leben formen. Aber es ist nicht dasselbe, denn es fehlen die essenziellen Lebensimpulse.«

»Nie zuvor habe ich von so etwas gehört«, sagte ich erstaunt. »Du hast erwähnt, dass die Dzogchen den Zustand, den Meister Khandro erzeugt hatte, auf eine höhere Ebene geführt hätten. Sie haben einen Glückseligkeitskörper erschaffen, mit dem sie den Samsara-Begrenzungen dieser Welt entfliehen und dennoch weiterhin existieren konnten. Meister Khandro hingegen hatte nichts erschaffen; er entzog lediglich alles, was war, in die Auflösung, was bedeutet, dass er weder hier noch dort ist. Ganz wie du sagtest: Er ist nicht. Was hat er dann erreicht?«

»Nichts, mein Lieber!«, antwortete Meister Amir. »Wir können nicht vollbringen, was schon immer war, noch können wir erlangen, was bereits ist. Hat er mit seinem Akt der Auflösung vollbracht, wofür er erschaffen worden ist? Ist er als Ergebnis dessen auf irgendeine Weise heiliger geworden? Ist er freier als zuvor? Ist das Selbst nun befriedigt? Wird der ewigliche Akt der Schöpfung nun letztendlich zur Ruhe kommen?«

»Was wird aus ihm werden?«, fragte ich.

»Wenn die richtige Zeit gekommen ist, werden wir ihn erwecken und ihn zurück in den Strom des Lebens führen. Ein göttlicher Wind bringt ihn hierher. Bald schon wird die Sonne aufgehen. Zu diesem Zeitpunkt werden wir ihn freisetzen, damit er das wahre Juwel erkennt – ewig währendes Leben.

Die letzte Transformation, das Erwachen, geschieht in der Freude des Einen für das Spiel, nicht im Streben nach einem Ende. Darin liegt das Geheimnis, dieses göttliche Leben zu leben.«

*In dem Augenblick, als ich begann,
seine Seiten aufzublättern, wusste ich,
dass ich gefunden hatte, wonach
ich auf der Suche gewesen war,
seit ich zum ersten Mal meinen
Fuß auf diese Welt gesetzt hatte.
Nie zuvor hatte ich die verlorenen
Geheimnisse über die Ursprünge der
Menschheit auf so vollkommene
Weise offenbart gesehen.*

Meister Janjuran Guna'sampad Rashanthi

Wunder stehen nur selten im Widerspruch zu den Naturgesetzen. Vielmehr sind Wunder fast immer erklärbare Ereignisse, die nur außergewöhnlich erscheinen, wenn sie mit den gängigen Theorien dessen, was gemeinhin als real oder nicht real erachtet wird, verglichen werden. Wir vergessen zu oft, dass sich unsere Vorstellungen davon, was geschehen kann und was nicht, andauernd erweitern. Eines Tages wird viel, wovon die Welt geglaubt hat, es sei unglaubwürdig, alltäglich sein. Wenn man bedenkt, dass unser menschliches Bewusstsein in einem Quantenfeld der unendlichen Möglichkeit verwurzelt ist, dann spricht alles dafür, dass der einzige wirkliche Unterschied zwischen den alltäglichen Geschehnissen und jenen seltenen und unglaublichen Wundern in der Perspektive liegt, die wir wählen, um sie zu betrachten.

Im Amarpura-Tal waren Ereignisse, die in der äußeren Welt zweifellos als unmöglich angesehen würden, tagtägliche Vorkommnisse. Ich benötigte die ersten Wochen meines Aufenthalts, um mich völlig an den Unterschied zu gewöhnen. In unserem Alltag im Mainstream-Kollektiv ist es in unserer Welt leicht, in einem unbewussten Schlaf zu bleiben und unser Leben in einem Dämmerzustand innerhalb der vorherrschenden gewohnheitsmäßigen Begrenzungen zu verbringen. Begrenzungen, von denen die meisten auf Fakten und Einschränkungen beruhen, die von der leicht zugänglichen pragmatischen Ansicht herrühren: Wenn du es sehen kannst, ist es real – wenn nicht, dann ist es nicht real.

Doch das Sehen führt nicht immer zum Glauben. Viele werden etwas, das nicht in ihre gewohnte Art des Verstehens passt, als unmöglich und deshalb als Illusion betrachten oder als etwas, das durch die Einwirkung höherer Kräfte hervorgerufen wurde, die jenseits der menschlichen Reichweite liegen: ein »Wunder«. Der starrköpfige Realist betrachtet Wunder entweder als Täuschung oder schreibt sie als Tricks von Zauberkünstlern und Betrügern ab. Und obwohl die Menschen sich normalerweise darüber im Klaren sind, dass die Aufführungen nur Bluffs sind, kommen sie dennoch in Scharen zu deren Darbietung – vielleicht insgeheim hoffend, dass irgendein Aspekt ihrer Magie doch wahr sein möge. Könnte es daher sein, dass fast alle Menschen den geheimen Glauben hegen, alles sei möglich, und sich auf irgendeine Weise danach sehnen, diese Freiheit zu finden? Und wenn dem so sein sollte, könnte es dann nicht möglich sein, dass diese Sehnsucht auf einem Funken von Wahrheit beruht?

Nach meiner Ankunft im Tal suchte ich aktiv die Gesellschaft der Meister. Doch ich stellte bald fest, dass ein jeder von ihnen vorhersehbar unvorhersehbar war und sich selten lange an einem Ort aufhielt. Um mit ihnen Schritt zu halten, entschied ich mich, eine effektivere Methode zu finden, sie zu treffen: Ich schloss meine Augen und erlaubte mir, transzendental der Anziehung nachzufühlen, die in diesem Moment am vorherrschendsten war, und ließ sie dann zum Objekt meines Fokus werden. Auf diese Weise erzielte ich viel bessere Ergebnisse. Wenn ich einmal wahrgenommen hatte, wer es war, den ich besuchen sollte, erlaubte ich meinem Wunsch, sich mühelos in dem stillen Feld der inneren Präsenz niederzulassen – als offenes Angebot. Jedes Mal kam kurz darauf der Meister, auf den ich mich zuvor fokussiert hatte, auf einen Besuch vorbei.

Mit Ausnahme des Großvaters Pitamah, der weiterhin ein unverständliches und unvergleichliches Rätsel blieb, erwies sich Meister Janjuran als der am schwierigsten zu fassende aller

Meister. Gelegentlich entdeckte ich ihn, wie er durch den Wald streifte – meist jedoch in einiger Entfernung. Jedes Mal wenn ich hinüberging, um mit ihm zu sprechen, schenkte er mir ein verschmitztes Lächeln und verschwand hinter irgendeinem Baum, Felsblock oder Strauch, hinter dem er sich in Luft aufzulösen schien. Anstatt es persönlich zu nehmen und da ich sein wissendes Lächeln wahrgenommen hatte, erkannte ich schnell, dass es sich dabei um eine Art Spiel handeln musste. Ich entschied mich, meinen Verstand mit der Aufgabe zu betrauen, dem auf den Grund zu gehen.

Sowohl Nil'Amma Tara als auch Meister Rambala hatten erwähnt, dass Meister Janjuran und ich ein Talent gemeinsam hätten – unsere Saumedhika-Fähigkeiten. Meine Intuition verriet mir, dass das Spiel, das er begonnen hatte, mit dieser Wesensverwandtschaft zu tun hatte. Folglich war er der erste Meister, bei dem ich meine neue Theorie des *stillen Angebots* ausprobierte. Nach innen gewandt und ohne die geringste Mühe aufzuwenden, fokussierte ich mich auf meinen Wunsch, ihn zu besuchen. Wie erwartet erschien kaum fünf Minuten später sein Antlitz in meiner inneren Sicht. Im gleichen Moment spürte ich, dass er meinem Besuch bei den Bauwerken an der Steilwand entgegensah, wo wir uns das erste Mal begegnet waren. Diese subtile Art der Verbindungsaufnahme musste zweifellos ein Teil seines Spiels sein. Und so begann ich, meine neue Methode einzusetzen, die ich fortan auch während meines restlichen Aufenthalts erfolgreich nutzte.

Von der Tempelruine hinunter zur Steilwand zu schlendern beinhaltete die angenehme Erfahrung, eine unvermeidbare Dusche in den warmen Tautropfen zu nehmen. Vor Sonnenaufgang hatte ein sanfter Sommerregen den Wald getränkt und die Erde weich und nass hinterlassen. Die vom Wasser schweren Äste hingen tief herab. Hie und da durchbrachen eingerollte fingerartige Farne und runde schwarze Steine mit ihrer schimmernden Oberfläche den verdampfenden Dunst. Sonnenstrahlen, die durch die Zweige der Bäume brachen, kombiniert mit der dunstigen Landschaft, erzeugten ein Gefühl in mir, als würde ich durch einen glitzernden, mit Nebelschwaden durchzogenen Traum gehen.

Als ich den Innenhof an der Steilwand betrat, waren meine Kleider so triefend nass, dass ich das Wasser buchstäblich mit den Händen auswringen konnte. Auf den Haupteingang zusteuernd hielt ich inne, um zu erforschen, was unter den Weinranken, die an der Mauer herabhingen, verborgen war. Stücke des Reliefs fehlten und waren abgebrochen, während andere Bereiche relativ gut erhalten schienen.

Unerwartet wurde ich von einem schwachen und verwunderlichen Summen abgelenkt. Ich versuchte, seinen Ursprung durch genaueres Hinhören zu finden, und bemerkte bald, dass ein beständiger Fluss von kaum hörbarem Geflüster, feine geisterhafte Gesänge, durch die Risse des Gesteins drangen. Sobald ich mein Ohr an den kühlen graublauen Stein presste, verstummten die Gesänge durch meine Berührung augenblicklich. Wenn ich auf Abstand ging und für einige Sekunden vollkommen reglos blieb, kehrten die Töne langsam wieder. Ich wiederholte diese Art des Berührens und Abstandnehmens noch einige Male. Jedes Mal hörten die Töne auf und kamen einige Momente später zurück. Etwas Deva- oder Feenhaftes war ohne Zweifel in diesen Steinen lebendig. Vor ein paar Tagen, als ich Meister Rambala zu den subtilen harmonischen Schwingungen befragt hatte, deren Wirken ich hier im Tal fühlen konnte, merkte er an, dass dies zu einem gewissen Maß auf die Yaksha zurückzuführen sei – wohlwollende Naturgeister. Ich fragte mich nun, ob diese Töne ein Hinweis auf ihre Präsenz waren. Das einzige andere Geräusch war ein gelegentlicher Luftzug, der durch den Haupteingang herein- und hinauswehte.

Pfützen mit warmem Regenwasser hatten sich auf dem ganzen Innenhof gebildet und boten mir eine günstige Gelegenheit, den Schlamm von meinen nackten Füßen zu waschen, bevor ich durch den Eingang trat. Im Inneren angekommen, öffnete sich ein enges Foyer in einen großen Innenraum, der vielleicht zwanzig Meter tief war. In der Wand auf der Eingangsseite, etwas über Augenhöhe, ließ eine Reihe von zehn schmalen Fenstern sanftes milchiges Licht ein, gerade genug, um dem Raum ein unterschwelliges, aber atmosphärisches Leuchten zu verleihen. Im Eingang ragten zwei runde weiße Steinsäulen bis zur ungleichmäßig gemeißelten Decke empor. Am gegenüberliegenden Ende des Raumes standen zwei weitere Säulen zu beiden Seiten einer Treppe aus poliertem Granit, die zu einem kleinen Gang führte. Der Gang teilte sich in zwei entgegengesetzte Richtungen, die zu zwei unterschiedlichen bogenförmigen Holztüren geleiteten. Der Raum war spartanisch. Bis auf ein paar wenige Bänke, die an die Wand der Eingangsseite gerückt waren, gab es kein Dekor oder weitere Möbelstücke. Das einzige Zeugnis von Leben war ein Schwarm kleiner Tauben, von denen einige nervös auf einem hohen schmalen Sims auf und ab trippelten. Durch den Widerhall ihres melodischen Gurrens und das Echo von tropfendem Wasser weiter hinten wirkte der Raum wie eine Höhle.

Meister Janjuran war nirgends zu sehen, und so entschied ich mich, auf der Bank, die der Tür am nächsten stand, auf ihn zu warten. Ich schloss meine Augen und begann mich zu fragen, ob ich seine Nachricht korrekt empfangen hatte – ein Gedanke, der sich jedoch nach nur wenigen Minuten der Stille wieder zerstreute. Der gleiche mysteriöse Klang flüsternder Gesänge, den ich durch die Außenwände vernommen hatte, begann nun gespenstisch durch den Raum zu hallen. Je genauer ich lauschte, umso mehr klang es wie ein flatterndes Wehen, das erfüllt war mit vielschichtigen Lagen gehauchter Mantras. Innerhalb kurzer Zeit war ich vollkommen in die Töne versunken und folgte ihnen weiter und weiter in eine ausgedehnte Tiefe, die den gesamten Raum zu transzendieren schien.

Dann – ein plötzlicher Schock für meine Sinne – erschütterte das gewaltige Echo einer schweren Tür, die knarrend geöffnet wurde, den Frieden. Mein Blick schoss blitzartig in die Richtung, aus der das Geräusch kam.

Am oberen Treppenabsatz strahlte mich ein überdurchschnittlich großer Mann mit einem breiten Grinsen an – es war Meister Janjuran. Er sah ein wenig anders aus als bei unserer ersten Begegnung. Vielleicht lag es nur an meinem Blickwinkel oder am diffusen Licht, doch sein Haar und sein Bart schienen länger zu sein und fielen weiter über seine schmalen Schultern herab. Der zuvor schwache Stich seines Haars ins Rotblonde schien auch stärker zu sein und überwog das Weiß und Grau. Die ausgeprägten Wangenknochen in seinem länglichen, schmalen Gesicht waren ebenfalls weniger auffallend und etwas gepolsterter, was ihn jünger und auf anmutige Weise gut aussehend wirken ließ. Doch das mythische baltische Aussehen, das mich zuvor an den lettischen Zauberer Vanemuine erinnert hatte, war gleichsam immer noch da. Ein dünner roter Seidenmantel mit langen, weiten Ärmeln fiel fließend in sanften und weichen Falten um seinen schlanken Körper. Seine tiefviolette weit geschnittene Hose offenbarte um die Aufschläge eine noch dunklere violette Wasserlinie. *Er muss bereits im Wald gewesen sein,* dachte ich.

Wendig und mit freudiger Ausgelassenheit kam er die Treppe herab, um mich zu begrüßen. Seine Worte klangen dabei entspannt und sanft. »Bitte verzeih mein Zuspätkommen«, sagte er. »Die Morgenluft ist erfrischend und voller Prana. Ein wunderschöner Morgen für einen Spaziergang – wollen wir?«

In dem Augenblick, in dem Meister Janjurans Hände mich willkommen heißend berührten, wurde die Macht seiner inneren Sicht offenkundig. Eine Vision erhellte blitzartig meine Gedanken. Ich sah ihn und mich in einer Art kleinem Pavillon sitzen, umgeben von schwarzstämmigen Ahornbäumen. Zwei Flechtstühle aus Bambus und ein Tisch aus geflochtener Weide, der einen Korb mit Früchten trug, standen in seiner Mitte. Fraglos deutete die wie aus heiterem Himmel gekommene Vision darauf hin, dass er sie mir willentlich kommuniziert hatte.

Er bestätigte mir diese Annahme, indem er sagte: »Einige der Kinder haben einen Tisch für uns hergerichtet, nicht weit von hier auf einer sonnigen Waldwiese. Wir sollten nun gehen. Ich würde sehr gerne noch einen der lieblichen Schätze des Lebens mit dir teilen … auf dem Weg dorthin.«

Anstatt einem ausgetretenen Pfad zu folgen, führte mich Meister Janjuran durch das nasse Unterholz und schien besondere Freude an dem Wasser zu haben, das sich dabei spritzend über uns ergoss. Ein paar Hundert Meter, nachdem wir den Wald betreten hatten, blieb er unvermittelt stehen und hob seine offene Hand in die Luft. Ich nahm an, dass es sich dabei um ein Zeichen handelte, still zu sein. Er drehte seinen Kopf ein wenig, als würde er nach etwas lauschen – ich tat es ihm lautlos gleich. Inmitten von Hunderten sanften Klängen des Waldes nahezu untergehend, hörte ich den bezaubernd schönen Widerhall eines Vogelrufes. Nach einem kurzen Moment der Stille gingen wir weiter. Kaum zwei Minuten später hielt er erneut an und wiederholte sein Stille gebietendes Signal. Seine erhobene Hand, die mich zum Halten aufgefordert hatte, veränderte sich langsam in eine Art Werkzeug des Fühlens. Er drehte langsam die Hand und deutete in die Richtung, aus der zuvor der Vogelruf ertönt war. Sein suchender Ausdruck wandelte sich langsam in ein strahlendes Lächeln, und sein Blick konzentrierte sich hin zu den schattigen blaugrünen Dunstschwaden, die noch immer die weiter entfernt stehenden Bäume verhüllten. Ich bemühte mich zu erkennen, worauf er seinen Blick gerichtet hatte, und entdeckte bald die schwachen, verschwommenen Umrisse eines

Vogels, der aus dem Nebel auf uns zuflog. Er navigierte an der regenschirmartigen Unterseite des verwobenen Astwerks entlang und hatte die Strecke zu uns schnell überwunden. Er verlangsamte seinen Flug, fächerte seine Flügel weit auf und vollführte eine perfekte Tiefluglandung auf einem gebogenen Ahornast über unseren Köpfen.

Es war nicht so sehr der Vogel an sich, sondern der liebliche Glanz von Freude in Meister Janjurans nach oben gewandtem Gesicht, der mich am meisten faszinierte. Seine Augen glühten regelrecht vor glückseliger Freude. Für einen kurzen Moment erkannte ich in diesem hoch entwickelten Meister etwas, das ich auch zuvor schon in den Gesichtern dieser großen Meister gesehen hatte. Es war nicht die stoische Gleichgültigkeit, die die Welt oft mit Meisterschaft verbindet, sondern die herzliche und tiefe Empfindsamkeit eines Kindes.

Der Vogel hatte in etwa die Größe einer gewöhnlichen Krähe, jedoch war nichts Gewöhnliches an seiner dichten daunenweißen Bauchseite und den atemberaubenden tiefschwarzen Flügelfedern, die von persisch-blauen Streifen durchzogen waren, die sichtbar wurden, wenn er den Kopf von einer Seite auf die andere schnellen ließ. Mit seinen winzigen kohlschwarzen Augen studierte er uns so sorgfältig, als wären wir für ihn genauso interessant wie er für uns. Meister Janjuran reagierte, indem er die Augen schloss, mit beiden Zeigefingern seine Lippen berührte und dem Vogel dann liebevoll einen Kuss zuwarf. Dies löste sofort einen kleinen Tanz aus: Der Vogel plusterte die feinen weißen Federn auf seiner birnenförmigen Brust auf und begann, auf und ab zu wippen. Meister Janjuran brach in ein leises Lachen aus und entließ ihn dann mit einer schwungvollen Aufwärtsbewegung seiner Hand. Der Vogel nahm dies als Zeichen und flog zurück in das dunstige Dickicht des Waldes, aus dem er gekommen war.

Auf den Rückzugsort des Vogels deutend sagte er: »Siehst du, Aaravindha, wie ich es versprochen habe: einer der liebenswerten Schätze des Lebens. Er kommt jedes Jahr für ein paar Wochen hierher, um nach seiner Gefährtin zu suchen.«

»Der Ruf, den wir vorhin gehört haben, galt also ihr – seiner Partnerin?«, fragte ich.

»Ja, aber er wird sie hier nicht finden«, antwortete er. »Sie hat diese Welt vor fast sechs Jahren verlassen. Aber das Herz dieses kleinen Kerls ist recht groß. Und eines Tages wird er sie finden – aber wahrscheinlich nicht als Vogel.«

»Die Liebe ist das Band, das uns alle verbindet«, sagte ich.

Er fügte an: »Ungeachtet, welch neues Gesicht oder welch neue Form wir auch annehmen mögen.«

»Du sagtest, er suche Jahr für Jahr erfolglos nach ihr – das mutet ein wenig traurig an.«

»Nein, nein!«, beteuerte er. »Traurigkeit ist eine persönliche Interpretation. Das Herz dieses Kleinen ist erfüllt von Liebe. Du siehst … es liegt nicht am Objekt der Liebe, sondern es ist unsere tiefe Erkenntnis von ihr, die uns Erfüllung schenkt. Wenn das Herz offen ist, welchen Nutzen hat die Traurigkeit dann für uns?«

Ich dachte zurück an die wenigen Male, wo ich ein Familienmitglied oder einen Freund an den Tod verloren hatte, und erinnerte mich dann daran, wie alt diese Meister sein mussten. Sie müssen erlebt haben, wie ihre gesamte Familie und alle Freunde vom Tode davongetragen wurden.

Ich sagte: »Gesegnet zu sein durch die Realisation und das Erkennen der Liebe in unseren Herzen – wäre es nicht eine wundervolle Sache, wenn sich diejenigen, die einen Freund oder ein Familienmitglied verloren haben, daran erinnern würden?«

»Und sie ihre Liebe freudvoll und aus vollem Herzen heraussingen würden«, sagte er mit einem warmen Ton in seiner Stimme. »Wie dieser kleine Vogel, der seine Liebe offen erklärt. Das wäre in der Tat eine herrliche Welt.«

Kurze Zeit später betraten wir einen kleinen Garten – es war genau der Platz, den ich zuvor in meiner Vision gesehen hatte. Der Boden des Pavillons war frisch gefegt und von Laub befreit worden, und die Bambusstühle wurden durch passende kleine rote Seidenkissen geschmückt. Eine Porzellanplatte mit zwei zierlichen weißen Tassen und ein einfacher silberner Krug, aus dem es nach blumigem Kräutertee duftete, erwarteten uns.

»Dies ist ein guter Ort, uns zu erinnern«, sagte er. »Freundschaften schließt man nicht – man erinnert sich an sie!«

Nach einer lockeren Unterhaltung drehte er sich auf eine Weise zu mir, wie es jemand tut, der dabei ist, etwas Bedeutungsvolles zu sagen. »Aaravindha ... wie du weißt, ist dieses Talent, das du und ich haben, ein wenig ungewöhnlich. Selbst in der Art und Weise, wie wir beide es verwenden, gibt es Unterschiede.«

Ich sagte: »Deine Art, es zu gebrauchen, muss an sich schon einzigartig sein, da du ein Amartya Rishi bist. Was den Großteil der Auffassungen in unserer Welt da draußen anbelangt, sollte ein Leben wie deines nicht einmal möglich sein. Zudem habe ich meine Saumedhika-Fähigkeit meist während des direkten Kontakts mit den Menschen angewendet; du hast sie über große Distanzen hinweg eingesetzt. Zweifelsohne hast du sie vollkommen gemeistert. Das Element der Zeit spielt auch eine Rolle. Du nanntest mich ein paar Mal so, wie mich auch die anderen Meister hier nennen: junger Meister. Das muss der erste wirkliche Unterschied sein: Ich bin jung – zumindest im Vergleich zu dir und den anderen. Wenn ich etwas gelernt habe, dann ist es, dass dieses Talent mit der Zeit reift und sich vertieft. Bedenkt man, wie alt du im Vergleich zu mir bist, dann muss ich wie ein Kind erscheinen.«

»Ganz und gar nicht!«, entgegnete er. »Körperlich magst du sehr jung sein, doch wir würden fehlgehen, wenn wir deine Talente an deinem Alter messen würden. Du glaubst, dass ich mein Talent voll gemeistert habe, doch in Wahrheit ist es nicht möglich, es in seiner Gänze zu realisieren. Es gibt keine Grenze oder ein Ende seiner Reichweite – obgleich ich viele Jahre benötigt habe, es dorthin zu entwickeln, wo es jetzt ist: Einhundertzweiundzwanzig Jahre, um genau zu sein.«

»Einhundertzweiundzwanzig – ich muss dir sagen, dass allein diese Tatsache mich demütig werden lässt«, sagte ich.

»In meinem Fall war die Zeit notwendig«, ergänzte er.

Ein Moment der Stille folgte, währenddessen ich beobachtete, wie sein Gesicht nachdenklicher wurde.

Er sagte: »Dir ist bereits bewusst: Zu viele Menschen glauben, dass es für sie unmöglich sei zu erreichen, was der Meister erreicht hat. Zweifellos hast du diesen Zug bei einigen deiner Eingeweihten gesehen. Zu oft herrscht der falsche Glaube an die Trennung. Zu lange wurde die dunkle Lüge durch die Doktrin von ein paar irreführenden Religionen aufrechterhalten. Ihr Dogma, das verkündet, es gäbe nur ein Kind Gottes, das allein göttlicher Abstammung sei – während der gewöhnliche Mensch einzig von sterblicher Herkunft sei. Folglich ist der Mensch einem falschen Glaubenssatz unterworfen, der ihn begrenzt. Kein wahrhaft erleuchteter Meister hat dies je behauptet, noch hat je ein wahrer Meister erklärt, dass seine Errungenschaft jenseits der Reichweite derer sei, die nachfolgen werden. Alle Wesen sind Kinder göttlicher Abstammung. Irgendetwas anderes zu sagen hält nur diese Lüge weiter aufrecht – die größte Lüge, die jemals ausgesprochen wurde.«

»Die größte Lüge, die jemals ausgesprochen wurde – das ist eine deutliche Aussage«, sagte ich.

Er erwiderte: »Welch größere Dunkelheit kann dem Herzen eines Menschen auferlegt werden, als ihn von der Wahrheit seiner Existenz abzutrennen?«

»Ich schätze es wirklich, dass du das sagst«, antwortete ich. »Ich fühle ganz genauso, hatte aber oft das Gefühl, meine Ansicht ein wenig zu hitzig zu vertreten.«

»Gemeinsam werden wir diese Lüge nun verändern«, sagte er neckend.

»Würdest du mir noch ein wenig mehr über die Unterschiede erzählen, die du erwähnt hattest – zwischen deiner Art, Saumedhika zu verwenden, und meiner?«, fragte ich.

»Auch wenn sie nun mein ist und ich sie verwenden kann, wie es mir angebracht erscheint«, antwortete er, »war sie ursprünglich eine Fähigkeit, die ich erlernen musste oder, besser gesagt, erinnern musste, denn Drishti Saumedhika ist etwas, das allen Wesen innewohnt. Doch im Gegensatz zu dir wurde ich nicht mit der bereits entwickelten Fähigkeit geboren – und eine erlernte Fähigkeit ist anders als ein angeborenes Talent.«

»Darüber würde ich gerne mehr erfahren«, sagte ich. »Ich habe nach Wegen gesucht, anderen diese Fähigkeit beizubringen, habe aber bisher noch nicht die richtigen Techniken gefunden. Sie scheint aus mindestens fünf Siddhis zu bestehen. Wie hast du sie erlernt?«

»Ich habe die anfänglichen Möglichkeiten dazu entdeckt, als ich noch sehr jung war – ein junger Meister«, sagte er scherzend. »Ich war in einen abgelegenen Ambara'mandira eingeladen worden, einen Sonnentempel, der nicht weit von hier in einen Berg hineingebaut wurde. Ein Sramana aus edlem Hause hatte vor langer Zeit beschlossen, den Sommer dort zu verbringen. Es war sein Geburtsrecht, über die zahlreich angesammelten alten Schriften zu verfügen, die dort in den Archiven lagerten. Er kannte mich gut – ich hatte einen Teil meiner Kindheit mit ihm verbracht. Während dieser Zeit entwickelte er eine Aufgeschlossenheit meinem brennenden Verlangen gegenüber, meinen spirituellen Weg zu erwecken. Er gewährte mir daraufhin ein sehr seltenes Privileg: Ich erhielt Zugang zu den geheimsten Schriften des Mandiras. Beim Stöbern in den Archiven entdeckte ich ein sehr dickes und uraltes Buch, das mit einem in Gold gebundenen Umschlag versiegelt war. Es war vor Tausenden von Jahren von einem vollkommenen Amartya-Meister geschrieben worden. Sein Name zu dieser Zeit war Mahattara Amamriprabhu, obwohl er in der Vergangenheit viele andere Namen getragen hatte. Ich bin mir sicher, du hast dir über ihn bereits deine Gedanken gemacht.«

Er deutete auf den Berg, von dem Meister Amir gesagt hatte, der Pitamah lebe dort.

»Wirklich?«, fragte ich. »Der Großvater Pitamah hat das Buch geschrieben? Wenn er es vor Tausenden von Jahren verfasst hat, wie alt ist er dann?«

»Sehr alt … älter, als es in Worte gefasst werden kann. Sein genaues Alter ist unbekannt. Er lässt niemanden sein wahres Alter wissen oder den Ort, wo er geboren wurde. Obgleich … Ambadevi – Nil'Amma Tara – könnte es wissen. Sie weiß viele Dinge.«

Er begann zu erzählen: »In dem Augenblick, als ich begann, seine Seiten aufzublättern, wusste ich, dass ich gefunden hatte, wonach ich auf der Suche gewesen war, seit ich zum ersten Mal meinen Fuß auf diese Welt gesetzt hatte. Nie zuvor hatte ich die verlorenen Geheimnisse über die Ursprünge der Menschheit auf so vollkommene Weise offenbart gesehen. Ich verbrachte Tage damit, es zu lesen, und war völlig unfähig, zu essen oder zu schlafen. Alles, was ich tun konnte, war Seite für Seite zu studieren. Mein Lieber, ich habe in diesen endlosen Texten die ältesten spirituellen Praktiken entdeckt, die unserer Tradition bekannt sind.«

Er rückte seinen Stuhl zurecht und beugte sich leicht nach vorne. »Aaravindha, ich werde dir nun ein kleines Geheimnis verraten. Eines, das ich noch nie preisgegeben habe. Dieses Buch enthielt keine gewöhnlichen Schriften – in den Worten war Aidha.«

»Aidha?«

»Aidha ist sehr selten ... sehr selten. Es ist eine leuchtende Kraft, die in die Buchstaben eingebettet wurde, um eine direkte Erkenntnis des darin enthaltenen Wissens auszulösen.«

Ich fragte: »Ich bin mir nicht sicher, ob ich richtig verstehe. Sagtest du, die Worte seien leuchtend gewesen und hätten an sich eine Kraft besessen?«

»Ich sage mehr als das«, sagte er. »Sie strahlten ein Wissen schenkendes Licht aus, während man sie las. Aidha trägt ein Bhavana Bashkaravac in sich, ein übertragendes Licht, das die Essenz des geschriebenen Wortes direkt übermittelt. Aidha ist dazu gedacht, durch den oberflächlichen Verstand des Lesers bis zur Quelle seines Seins zu dringen, um einen Prozess auszulösen, der die reine und unmittelbare Erfahrung des Wissens ermöglicht.«

»Der Großvater Pitamah hat das verfasst?«, fragte ich.

»Ja, das Aidha wurde dort durch die Macht seines erleuchteten Willens hineingewoben. Diese Heilige Schrift enthüllte das lebendige Wahrheitslicht. Es hat mir nicht nur das heiligste und am meisten geschützte Wissen unserer Tradition offenbart, es ermöglichte mir auch seine direkte Erfahrung. Die Shakti-Prajja, die durch diese Worte flammte, vernichtete alle verschleiernden Schatten in meinem Geist, bis auch der letzte Glaubenssatz überwunden war, der mich zuvor begrenzt hatte. Von da an stützte ich mich nicht mehr auf das, was ich im Außen sah oder hörte. Mit meinem klaren Geist hörte ich das erwachende Tosen des gesamten Ek'Akshara, genau so, wie es die alten meisterhaften Sramana Rishis einst taten. Daraufhin wusste ich, dass jegliches Wissen gefunden werden kann. Es ist alles innerhalb der kausalen Struktur dieses Ek'Akshara enthalten, dem Brüllen des Löwen.«

»Meinst du mit Ek'Akshara die ursprünglichen Sanskrit-Schriftzeichen?«, fragte ich.

»Oh, Aaravindha, es war weit größer als nur die Kombination dieser Schriftzeichen! Es war der reine Klang unseres Ursprungs, der Befehl des höchsten Einen – so gewaltig wie Donnerhall, der Urgesang, mit dem verglichen Sanskrit nur ein blasser Schatten ist. Ich war so überwältigt von dieser Erfahrung, dass ich sogleich willig mein gesamtes Sein in die Hände des großen Meisters Pitamah legte. Lodernd in diesen alten Pergamenten, fand ich meinen wahren Weg, der mich auch hierher, ihm zu Füßen, geführt hatte. Du siehst also, junger Meister, durch die Gnade des Mahattara Amamriprabhu konnte ich erlangen, wovon man mir zuvor erklärt hatte, es sei unmöglich.«

Während er sprach, sah ich in Meister Janjuran etwas, das mir bis jetzt nicht aufgefallen war: etwas erhaben Strahlendes, das sich – immer noch undefinierbar – in der Atmosphäre um uns herum formte. Es war ein schwach flackerndes verzerrtes Licht, ähnlich einer Luftspiegelung.

Er fragte: »Junger Meister, verstehst du die wahre Bedeutung von Darshan?«

»Ich glaube, es ist das Offenbaren der Präsenz des höchsten Einen durch einen schicksalhaften Moment, der zur Einweihung eines anderen dient. Es steht in Zusammenhang mit einer verstärkten Enthüllung der Göttlichkeit eines Menschen, um einen erleuchteten Augenblick herbeizuführen.«

»Ja, ganz genau!«, sagte er. »Kennst du auch die Bedeutung von Drishti – seine authentische Bedeutung?«

»Ich denke, es könnte unterschiedliche Bedeutungen in den verschiedenen Traditionen des Ostens haben. Aber von dem, was ich von Meister Amir darüber gehört habe, bezieht sich die Bedeutung in der Amartya-Tradition auf eine Kraft der Erkenntnis, die reines Wissen offenbart. Genauer gesagt ist es die zielgerichtete Fähigkeit, auf transzendentale Weise eine direkte Erfahrung des Wahrheitswissens in sein Gewahrsein zu ziehen. Dies kann Wissen über ein Ereignis, eine Person oder eine mögliche Erfahrung sein.«

Ich spürte, wie sein fester Blick sich vertiefte und intensivierte. Dann tippte er mit seinem Zeigefinger unerwartet auf die Krone meines Kopfes. In diesem Moment schoss ein Lichtstoß durch meinen gesamten Körper. Meine Gedanken drehten sich für einen Augenblick. Während ich versuchte, meinen Fokus wiederzuerlangen, hörte ich ihn sprechen: »Drishti Saumedhika ist das Mittel, Darshan der höchsten Ordnung zu realisieren.«

Seine unerwartete Berührung hatte etwas in Gang gesetzt, das sich von selbst zu beschleunigen schien, ungeachtet meines Versuchs, mich wieder im Moment zu fokussieren. Es hatte eine anomale Wirkung auf meine Wahrnehmungen und verursachte ein Gefühl in mir, als sei ich plötzlich aus meinen normalen intellektuellen Grenzen hinausgeschoben. Mein lineares Zeitgefühl begann zunehmend, in Fragmente zu zerbrechen, die mich dazu brachten, wie ein Echo zwischen meinen Gedanken und einem unbegrenzten Gefühl von Ausdehnung hin und her zu schwanken. Ein stark anwachsendes Gefühl, aus meinem physischen Körper in die Freiheit gezogen zu werden, überwältigte schnell jedes Gefühl des Festhaltenwollens. Warum dies geschah, konnte ich immer noch nicht begreifen. Anfänglich dachte ich, Meister Janjuran hätte vielleicht das Spiel erneut begonnen, das er zuvor mit mir gespielt hatte – jedoch auf einer viel tieferen Ebene. Ein wissendes Lächeln hatte von seinem Gesicht Besitz ergriffen. Er drückte schnell seine Hände aneinander und öffnete sie wieder, indem er seine Handflächen in meine Richtung drehte. In diesem Augenschlick schien es, als würde der Raum um uns herum und zwischen uns wie Spiegelglas zersplittern.

Er flüsterte: »Erinnere dich, Aaravindha, *Sie* gab dir dieses Atisiddhi, damit du *Sie* finden kannst.«

Was auch immer Meister Janjuran gerade initiiert hatte, es verstärkte sich zu schnell, als dass mein Verstand dem hätte folgen können. Ich hörte ihn sagen: »Lass los – erinnere dich!« Ich glitt in eine mühelose Selbstvergessenheit. Mein Atem begann, aus meinem Körper zu strömen, und mit ihm jegliches Gefühl von physischer Begrenzung. Bald verlor mein Körper seinen festen Zustand und wurde daraufhin völlig reglos – ich war jenseits seiner Reichweite geglitten. Und dennoch fühlte sich mein Gewahrsein freier und lebendiger an als je zuvor. Wer ich einen Moment zuvor noch gewesen war, erschien weit weg und klein.

Meine kostbarsten und tiefstgehenden Meditationen habe ich erlebt, wenn ich die Wahrnehmung meiner Umgebung vollkommen losgelassen hatte und mich transzendental von einer makellosen Stille eingehüllt fand. Meist folgten daraufhin schubartige Wallungen strömenden Glückseligkeitslichts. Diese Erfahrung jedoch unterschied sich davon. Mein Gewahrsein schwebte frei in irgendeiner größeren inneren Tiefe – nicht in meinem begrenzten Selbst, sondern in einem Reich, in dem mein Sehen, Fühlen und Hören vollkommen frei von ihren einengenden

Grenzen waren, was mein Gewahrsein in geradezu jede Richtung gleichzeitig öffnete. Ob meine Augen offen oder geschlossen waren, machte nicht länger einen Unterschied. Die einzig bleibenden Objekte meines Gewahrseins waren nun Meister Janjuran und eine vollkommene Verfügbarkeit meines unbegrenzten Gewahrseins.

Ein sanftes bläulich weißes Licht, ähnlich wie das Blau, das ich um Nil'Amma Tara gesehen hatte, begann, auf der Haut seines Gesichts und seiner Hände zu schimmern. Ein sanftes nach oben steigendes Regenbogenlicht erhellte den Raum über seiner Krone. Innerhalb von Sekunden schien uns das Licht miteinander zu verweben und fegte uns in einer aufsteigenden Spirale der Intensität hinweg nach oben. Das Gefühl, in einer sich bewegenden Spirale zu sein, erweckte die immer stärker werdende Empfindung, tiefer und tiefer in eine innere Weite gezogen zu werden, die an das Unendliche zu grenzen schien. Von irgendwo weit her spürte ich, wie mein Verstand versuchte, mich zu erreichen.

Einen Moment später, der genauso eine Ewigkeit gedauert haben könnte, mündete alles in einer absoluten Stille. Ich war die Stille – ohne Form, Gedanken oder Definition. Alles, was von mir blieb, war ein sich zart regendes Verlangen. Doch dieses Verlangen war nicht lediglich ein menschliches Verlangen. Es wurde bald größer und größer und wuchs zu einem großartigen und allgegenwärtigen Verlangen heran. Es war ein Verlangen, das größer war, als ich es mir je hätte vorstellen können – ein Verlangen älter als die Zeit selbst. Es war ein reines und unbeflecktes Verlangen, zu sein und gleichzeitig zu wissen. Wie ein großer sich formender Sturm dehnte es sich aus, um die Stille, die ich war, zu füllen und zu verzehren und dann in einem freigesetzten Tosen hervorzubersten, das sich anfühlte, als würden Tausende Wellen des Ozeans gleichzeitig brechen. Mein ganzes Sein war mit einem Mal überwältigt von diesem alles verschlingenden Donnerhall. Ich beobachtete, so wie die Stille beobachtet, während der Donnerhall sich in Tausende von wellenförmigen Strahlen gliederte. Sie alle waren mit dem Licht der Glückseligkeit angefüllt und strömten durch mich hindurch und aus mir hervor in alle Richtungen.

Mir war danach, die Glückseligkeit hinauszulachen, aber meine Erfahrung war einfach zu ausgedehnt dafür. Doch dann hörte ich irgendwo in der Ferne meinen Körper lachen. Das brüllende Tosen begann, sich zu legen, und ich fand mich in einem Regen von Licht stehend wieder, in dem jeder Tropfen einen reinen Ton herauszusingen schien. Sie existierten einzeln und doch in Harmonie mit allen anderen Tönen. Ich war mehr der Raum, der all dies hielt, als der Wahrnehmende darin. Bald wurde selbst der Raum, der beobachtete, von einem Glühen erfasst. Als ich mich an die Welt erinnerte, sah ich sogleich alle Wesen in mir und jeden denkenden Geist in meinem Geist. Gleichzeitig sah ich mich als Säugling, Kind, Erwachsenen und alten Mann. Ich sah meine Freunde, meine Familie und eine endlose Reihe vergangener Leben. Dann hörte ich die zuvor gesprochenen Worte Meister Janjurans durch mich hindurchhallen: *»Erinnere dich, Aaravindha,* Sie *gab dir dieses Atisiddhi, damit du* Sie *finden kannst.«*

Dieser kurze Augenblick der Reflexion gab mir ein Gefühl der Lokalisierung, einen Platz, von dem aus ich schaute und der mir wiederum ermöglichte, mich auf etwas zu fokussieren, das sich in meinem Gewahrsein formte. Ich sah, wie die Hände des Großvaters Pitamah die Aidha-Worte des Lichts schrieben, die Meister Janjuran im Sonnentempel gefunden hatte. Was Meister Janjuran in diesen Worten gesehen hatte, sah nun auch ich, und was er erfahren hatte, wusste nun auch ich. Er und ich wurden ein und dasselbe, ein einzelner Strahl goldenen Lichts, der unter einem tausendflammigen Lotus ruhte, der leuchtender und leuchtender wurde. Wieder hörte ich Meister Janjurans Stimme: *»Erinnere dich.«*

Dann, mit einem Mal, war alles vorbei – nur vollkommene Stille blieb. So vollkommen, dass ich mich in einem einfachen und reinen Gewahrsein des Seins wiederfand. Es war nicht die Art von Stille, die man sich vielleicht als Geräuschlosigkeit vorstellen würde. Es war eine vollkommene und alles umfassende Stille. Meine Glückseligkeit war an diesem Ort vollkommen. Und doch konnte man es nicht wirklich als einen Ort bezeichnen – es war eine vollendete Präsenz.

Zeit wurde nun irrelevant, doch in einem Moment der Selbsterkenntnis fühlte ich, wie sich alles zu regen begann, so als würde das Unermessliche zum Leben erwachen. Eine Welle lief durch das Unbewegliche. Ich fühlte, wie ein sanfter und göttlicher Atem mich umhüllte.

Der wundersamste Augenblick meines Lebens war gekommen: Ich wurde mit dem Anblick *Ihrer* unsagbaren Herrlichkeit gesegnet. Ich wurde von der Gnade beschenkt, das Unaussprechliche zu sehen. Ich fühlte, wie mein Körper in einer nun winzigen Welt, irgendwo weit weg, vor Freude weinte. Meine Seele jedoch wurde in dieser göttlichen Umarmung so hell erleuchtet wie eine Sonne. Die Welle in der Stille hatte mich erfasst und an ein geheiligtes Ufer getragen. Nun sah ich *Ihre* blaue Lotuswelt vor mir liegen. Nichts kann die Tiefe der leuchtenden Brillanz und die vollendete Liebe beschreiben, die *Ihre* Gegenwart offenbarte.

Auf diesen Augenblick zurückblickend, könnte ich nur versuchen, dir von *Ihrer* Liebe zu erzählen, von *Ihrer* Pracht und *Ihrer* Schönheit. Doch in Wahrheit fehlt mir die Stimme, die *Sie* wahrhaftig beschreiben könnte. Ich kann die Worte dazu einfach nicht finden. Wir können *Sie* nur kennen, wenn wir willig sind, uns selbst zu opfern, indem wir uns vollständig in *Ihre* Liebe hineinfallen lassen.

Ich kann nicht genau sagen, wie lange ich dort verweilte. Doch schließlich entdeckte ich meinen Verstand wieder, der auf mich wartete. Aber ich war im Strom *Ihres* Flusses geschwommen und konnte nicht mehr zu dem zurückkehren, was einst gewesen war.

Ich blickte hinüber in Meister Janjurans lächelndes Gesicht – nun war sein Spiel vollendet.

Ich traute meinen Augen nicht – ich blickte direkt durch die Stelle hindurch, an der zuvor seine Hände gewesen waren, und sah den Sand und die Kieselsteine darunter.

Eine sternenhelle Geschichte

In der Hoffnung, vertrauter mit der vorangegangenen Abfolge der Amartya-Meister zu werden, bat ich Meister Rambala, mir einen Einblick in die legendäre Geschichte des Amartya Parampara zu geben.

In unseren vergangenen Gesprächen war mir aufgefallen, dass es bestimmte Themen gab, an denen Meister Rambala ganz besondere Freude hatte. Eine erhobene Augenbraue und ein neues Leuchten in seinen Augen verrieten mir, dass dieses Thema eines seiner Lieblingsgebiete sein könnte.

Er sagte: »Aspekte der am weitesten zurückliegenden Geschichte des Parampara liegen bis heute selbst für uns im Verborgenen. Nur der Großvater Pitamah trägt immer noch das Wissen über die fernste Vergangenheit unserer Tradition in sich. Der Amartya Parampara ist von größerer Tiefe, als tausend gelehrte Stimmen es überbringen könnten, und größer als alles, was durch hundert pflichtbewusste Leben aufgenommen werden könnte. Unsere Vorfahren haben sein Wissen vom Lehrer an den Schüler durch eine endlose Linie weitergegeben, eine Linie, die über alle bekannten Zeitrahmen hinausgeht. Der Parampara würdigt die ultimative Wahrheit unserer Existenz. Jenen, die mit der Fähigkeit zu hören gesegnet sind, vermacht er einen unerschöpflichen und unvergleichlichen Grad an Weisheit. Er schenkt eine Herrlichkeit, die in dieser und in jeder höheren Welt unübertroffen ist. Der Parampara wurde von unseren Amartya-Vorfahren *Ashirya Hemasutraka* genannt – die unbezwingbare Linie, die den Acarya unserer Tradition mit den schwer zu erfassenden Nakshatra Amaragana verbindet, den ursprünglichen Architekten dieser Welt.«

»Du erwähnst nun zum zweiten Mal die Nakshatra«, sagte ich, »die Sternengeborenen. Doch dieses Mal hast du sie anders bezeichnet – als Amaragana, die Architekten der Welt. Ich denke, du meinst damit nicht dieselben Sternenwesen, die einige der Maya-Ältesten als ihre Sternenahnen ansehen, oder doch? Oder die Sirius-Sternenverbindung, über die der nordafrikanische Stamm der Dogon berichtet hat?«

»Nein«, sagte er, »diese Anschauungen meine ich nicht.« Er legte seine Hand auf meine Schulter und fuhr fort: »Was ich jedoch dazu sagen möchte, ist, dass der Tanusmrti, unser biologisches Gedächtnis – man könnte es auch genetischen Code nennen – bei allen Menschen sowohl außerirdisch als auch irdisch ist. Er ist eine Mischung aus beidem. Das wissen wir seit Tausenden von Jahren. Dieser außerirdische Einfluss kam jedoch erst später – lange nach der Ankunft der Nakshatra.«

»Bedeutet dies, dass die heutigen Menschen alle von den Nakshatra abstammen – wir demnach in Wirklichkeit Nakshatra sind?«

»Nein, mein Lieber, ganz so ist es nicht«, erklärte er. »Nicht alle, die physische Körper bewohnen, stammen aus der Linie der Nakshatra Amaragana. Viele hier sind Bhaumya – Erdgeborene. Die Bhaumya haben sich gemeinsam mit der Erde entwickelt.« Er wandte den Blick zum Himmel und sagte: »Es gibt aber auch andere. Es gibt auch noch jene, die aus früheren Welten hierhergekommen sind. Einige dieser Welten existieren noch, andere nicht.«

»Kamen jene, die auf diese Erde migriert sind, ursprünglich als physische Wesen oder als nichtphysische Wesen hierher? Kamen sie in menschlicher Gestalt oder in einem Astralkörper?«

Er zog die Augenbraue hoch und erwiderte: »Hmm … Astralkörper? Der korrekte Begriff hierfür wäre *Khasharirin*

Deha. Astralkörper ist eine theosophische Bezeichnung. Das Wort *astral* ist mit dem Begriff *ätherisch* sinnverwandt; *ätherisch* kann jedoch passender als *Akasha* bezeichnet werden. Khasharirin Deha ist die Form des Akasha. Wenn wir also über die ätherische Grundlage des menschlichen Körpers sprechen, wäre der treffendste Begriff *Khasharirin Deha.*«

Er fügte an: »Ein paar von jenen, die hierherkamen, taten dies in ihrem physischen Körper, den man *Bhautika Deha* nennt. Vor langer Zeit sind einige der Wesen – die eine ähnliche menschliche Form hatten wie die Körper, die wir heute bewohnen – hierhergekommen und vermischten ihren Tanusmrti, ihren außerirdischen genetischen Code, mit den Tanusmrti der Nakshatra-Nachkommen, die bereits hier waren.«

Er fuhr fort: »Vor dieser Vermischung hatten sich die Bhaumya-Seelen durch eine Reihe aufsteigender tierischer Verkörperungen weiterentwickelt – wir bezeichnen dies als Brahanta-Bhaumya-viyakta-Aufstieg. Die Bhaumya hatten dadurch letztendlich ihre höheren menschlichen Inkarnationen erreicht. Die Bhaumya-Wesen neigen mehr als alle anderen Bewohner, die auf diese Welt gekommen sind, dazu, eine spirituelle Verbindung zur Erde als Mutter zu fühlen. Dies lässt sich auf das Erbe ihres Erdgeborenen Tanusmrti zurückführen, das sie bei der Erfüllung ihrer lebensnotwendigen Bedürfnisse mehr leitet als jede rationale Form der Logik. Für jene, die durch die Bhaumya-Linie aufgestiegen sind, erweist sich diese Verwandtschaft zur Erde als ein sehr tiefes Aufeinander-Angewiesensein.«

Was er über die Bhaumya und ihre Verwandtschaft zur Erde sagte, warf eine ganze Reihe neuer Fragen auf, besonders, als ich an die vielen indigenen Kulturen weltweit dachte, die mit den Seelen der Tiere kommunizieren und die natürlichen Prozesse der Erde vielen der wechselnden Theorien über die himmlischen Reiche vorzuziehen scheinen.

Er fuhr fort: »Es ist jedoch nicht mehr möglich, rein als Bhaumya geboren zu werden. Der außerirdische Tanusmrti wurde mit der Zeit weltweit in die gesamte Menschheit integriert.«

»Der ursprüngliche Aufstieg ihrer Seele oder ihres Geistes bewegte sich also von den Tieren zu den Affen, dann weiter zum Urmenschen und machte schließlich einen Sprung zum gegenwärtigen Menschen?«, fragte ich.

»Ja, aber nur zum Teil!«, antwortete er. »Es gibt noch eine weitere Unterscheidung, der man Beachtung schenken muss. Dieser menschliche Körper – in seinem grundlegenden Zustand – hat sich nicht aus dem Menschenaffen oder aus dem Urmenschen heraus entwickelt. Tiere, Affen, Menschenaffen und die Körper der Urmenschen waren, was sie waren, und sind noch immer, was sie waren. Der menschliche Körper ist weitaus älter – er ist ein Anunirdesha. Ein Anunirdesha ist ein zeitloses Vorbild. Es existierte auf ähnliche Weise in vielen Welten, sogar bereits, als diese Welt noch nicht einmal eine Ansammlung von elementarem Sternenstaub war. Der Urmensch ist schon seit Langem ausgestorben. Er war ein Versuch genetischer Manipulation, der den Prüfungen der Zeit nicht standhalten konnte. Die abschließende Phase des Brahanta-Bhaumyaviyakta-Aufstiegs – der Aufstieg der Bhaumya durch ihre tierischen Formen – war nicht abgeschlossen, bis sie die menschliche Form erlangt hatten, wie sie auch heute ist.«

»Das nenne ich ein kontroverses Konzept für Anthropologen!«, sagte ich. »Es scheint, dass die moderne Welt eisern geteilt ist in evolutionsorientierte Wissenschaftler und bibeltreue Theologen, die der Ansicht sind, der Mensch sei von Gott erschaffen worden.«

»Alles und jedes Wesen ist göttlicher Herkunft«, sprach er. »Doch diese Tatsache sollte unsere Wissenschaften nicht in Abrede stellen. Siehst du, mein Lieber, der menschliche Körper evolviert nicht – er passt sich an. So wie die Erde und unsere Umwelt sich an die wechselnden Jahreszeiten anpassen oder an Erdveränderungen. Er akklimatisiert sich entsprechend den Umweltbedingungen und passt sich von Generation zu Generation an die sich natürlich regulierenden Zustände der Erde an.

Über dieses Thema haben sich diese engstirnigen Darwinisten und Biophysiker endlos den Kopf zerbrochen. Dabei ist es wirklich sehr einfach. Die Evolution des Seelen-Selbst und der Prozess der physischen Anpassung sind nicht das Gleiche! Es ist das sich selbst bewusste Gewahrsein, das diese Materie bewohnt und einem evolutionären Pfad folgt. Der menschliche Körper ist nicht mehr als ein anpassungsfähiges Gefäß – ein körperlicher Torweg für das Bewusstsein. Er ist nicht mehr als eine Zweckmäßigkeit, die einen lokalen Bezugspunkt schafft. Das unbestimmbare Selbst, das diese Form bewohnt, ist in Wirklichkeit immer frei und kann gleichzeitig in und jenseits seiner Begrenzung existieren. Es ist diese Freiheit, die ihm ermöglicht, sich in Richtung eines größeren Bewusstseins hin zu entwickeln, in welchem Gefäß es sich auch immer wiederfinden mag. Was sich entwickelt, ist der Aufstieg der Seele aus der Begrenzung in die Freiheit – von der Dunkelheit in die Klarheit. Ein Musikliebhaber mag sagen: ›Oh, deine Violine hat sich großartig entwickelt, sie klingt viel besser als zuvor.‹ In Wahrheit hat sich aber der Musiker entwickelt, nicht die Violine.«

»Ich bin zutiefst dankbar für deine Worte«, sagte ich. »Du bestätigst so viele meiner Überzeugungen.«

Er antwortete: »Mein Lieber, ich vermute, du wolltest eigentlich fragen, ob dieser Körper die Schöpfung einer höheren außerirdischen Intelligenz ist oder ob es sich dabei um eine Manifestation des Göttlichen handelt.«

»Ja! Danke«, sagte ich, »genau das ist es.«

»Ursprünglich war es eine göttliche Manifestation«, sagte er. »Später wurde diese von außerirdischem Tanusmrti beeinflusst – ich kann später noch mehr darüber erzählen. Zuerst lass mich dir deine anfängliche Frage vollständig beantworten. Die Maya waren keine Nachfahren der Nakshatra; sie waren ein Beispiel für reine Bhaumya, Erdgeborene. Vor mehr als fünftausend Jahren und erneut vor dreitausend Jahren wurden sie kurzzeitig von einer außerirdischen Rasse beherrscht, die als Kabuvil bekannt war. Kabuvil besuchten die Erde aus einer anderen Welt. Sie wurden vom Volk der Maya sowohl respektiert als auch gefürchtet, denn die Kabuvil waren von unterschiedlichem Gemüt: Ein Teil der Kabuvil zeigte sich mitfühlend und gütig, der andere außergewöhnlich grausam.«

»Und die Dogon?«

»Das Volk von den Felsen des Niger-Flusses?«, fragte er.

»Ich glaube, ja«, antwortete ich. »Ich weiß nicht viel über den Niger und die dortigen Felsen, da ich noch nicht dort war. Ich habe nur erfahren, dass der afrikanische Dogon-Stamm entweder in Niger oder Mali lebte und durch den Glauben seiner Ahnen irgendeine Verbindung zur Sternenkonstellation des Sirius hat.«

»Die Ureinwohner des Dogon-Stammes wurden einst mit wohlwollenden Besuchern gesegnet, den Nommo Pashei«, berichtete er. »Die Nommo Pashei waren aquatische Meister vom Silberwasser-Planeten aus dem Lubdhaka-Sternenhaufen, der Sternenkonstellation des Sirius. Sie verließen das Wasser nur selten und kommunizierten mit den Ältesten des Dogon-Stammes von den Ufern eines vom Niger gebildeten Sees. Ihre zarte blaugraue Haut, ähnlich der Haut von Meeressäugetieren, war nicht dafür geeignet, der trockenen Luft dieser Region ausgesetzt zu werden. Im Vergleich zu den Dogon-Ureinwohnern waren die Nommo Pashei sehr klein. Sie wurden in etwa so groß wie ein achtjähriges Kind und maßen nur wenig mehr als einen Meter.«

»Das ist wirklich mehr als faszinierend!«, sagte ich. »Aber als du von den Nakshatra Amaragana erzählt hast, hast du dich nicht auf eine bestimmte Art von Wesen bezogen, eine außerirdische Rasse wie die Kabuvil oder die Nommo – oder doch?«

Meister Rambala brach in ein Lachen aus. »Nein, nein, mein Lieber, das sind die Außerirdischen – zwei Spezies von Weltraumvölkern, an denen unsere konventionelle Welt so besessen interessiert ist. Der außerirdische Einfluss kam erst später, lange nach der Ankunft der Nakshatra.«

»Ich muss gestehen, dass der außerirdische Einfluss auch mich fasziniert. Und wenn man die anhaltende Aufregung um UFO-Sichtungen bedenkt, dann scheinen wir immer noch Besuch zu bekommen.«

»Wir werden andauernd und oft besucht«, sagte er. »Jedoch sollte die Menschheit in diesen Angelegenheiten vorsichtiger sein. Viele, die uns hier besuchen, tun dies nicht in edlen Absichten. Es gibt jene, die sich entschlossen haben, nicht in die Entwicklung der Menschheit einzugreifen, doch es gibt auch solche, die notorisch hinterlistig und gefährlich für die Menschen sind. Sie haben es stark darauf abgesehen, die Herrschaft über diese Welt zu erlangen. Wir sind uns schon seit Langem dieser unmoralischen Wesen gewahr.«

»Und die …«

»Ja, die Nakshatra!«, unterbrach er. »Die menschliche Form ist ein physischer Ausdruck göttlicher Prinzipien, die dieser Erde vermacht wurden. Sie ist der körperliche Ausdruck des Göttlichen im Menschen – eine einfachere Nachbildung der größeren grundlegenden Struktur der höchsten kreativen Intelligenz.«

»Also ist dieser Körper im Prinzip das Abbild Gottes, der Devatapratima? Das prototypische Abbild, das ein Fraktal unseres größeren Selbst repräsentiert?«, fragte ich.

»Ja«, sagte er. »Jedoch wird er immer zu einem gewissen Grad durch seinen Bewohner und die Anpassungen an die Beschaffenheit seiner materiellen Umgebung verändert.«

Ich stand auf, um meinen Körper zu bewegen und mich zu dehnen. Wir hatten seit dem Sonnenaufgang hier zusammen am Ufer eines flachen Baches gesessen, einem Ort, der sich schnell zu meinem Lieblingsplatz entwickelt hatte. Hier gab es nicht die sagenhafte Aussicht auf ferne Wasserfälle, wie sie mir Amir gezeigt hatte, als ich Zeuge des Regenbogenphänomens geworden war. Nur wenig, das ich im Leben gesehen hatte, konnte sich mit der Schönheit dort messen. Aber ich verband dieses Bachufer inzwischen mit einer Reihe von Gesprächen, die Meister Rambala und ich in den letzten Wochen hier geführt hatten.

Das Wasser rann gemächlich vorbei und bewegte die dünnen Riedgrashalme, die in der Mitte des Baches wuchsen, in einem sanften rhythmischen Wiegen. Die winzigen Halme, die durch die Oberfläche des Wassers ragten, erzeugten seidig fließende Wellen, die sich weiter flussabwärts kreuzten und wie Diamanten in der Sonne glitzerten. Ich streckte meine Arme gen Himmel, nahm einen langsamen, tiefen Atemzug der frischen Morgenluft und beugte mich dann nach unten, um ein paar kleine flache Steine auszuwählen. Ich ließ einen davon flach und schnell über die ruhige Wasseroberfläche hüpfen.

»Aha, fünf Sprünge«, stellte ich fest, während ich mich wieder zurück zu Meister Rambala wandte.

Er blickte mich mit einem liebevollen Lächeln an. In diesem innigen Moment wirkte es mehr wie das beseelte Geschenk eines vertrauten Freundes als das eines wachsamen Meisters.

Ich sagte: »Eines ist mir noch nicht ganz klar – wenn der menschliche Körper nicht durch einen außerirdischen Kontakt hierhergekommen ist, wie genau ist er dann in unsere Welt gekommen?«

Meister Rambala drückte seine Handflächen zusammen und berührte nachdenklich mit seinen Fingerspitzen die Lippen. Er wartete dreißig lange Sekunden und sprach: »Ich vermute, du kennst die Antwort, Aaravindha. Aber ich werde sie dir dennoch geben. Dieser Körper ist ein Traum. Der höchste Wille hält die Kräfte dieses Traums aufrecht. Wir können ihn mit unseren Sinnen erkunden und sagen *›nein, nein, das ist kein Traum – ich kann ihn fühlen, sehen und riechen‹*. Aber unsere Sinne sind ebenso ein Teil dieses Traums. Und demnach stehen sie in Übereinstimmung mit dem Willen des großen Träumenden, was diese anscheinend physische Erfahrung sehr real wirken lässt. Doch in Wahrheit ist das, was du vor dir siehst, nicht das, was es zu sein scheint.«

Er winkte mich vom Ufer des Baches zu sich und bat, ich möge mich direkt vor ihn hinsetzen. Als ich saß, sagte er: »Mein Lieber, lass es mich dir zeigen.«

Er streckte beide Hände aus und hielt sie mit den Handflächen nach oben ruhig in der Luft.

Er sagte: »Nun möchte ich, dass du ganz genau auf meine Hände schaust. Bleib ganz still und zwinkere nicht mit den Augen oder wende deinen Blick ab!«

Ich stimmte zu, indem ich sagte: »Ich werde mein Bestes geben.«

Ein paar Sekunden verstrichen, und ich begann, mich zu fragen, was er mich wohl sehen lassen wollte. Ich entspannte meine Augen und fühlte keinerlei Anstrengung. Doch als aus den Sekunden Minuten wurden, setzte ich an, um zu fragen, nach was ich Ausschau halten sollte. Bevor ich jedoch ein Wort sagen konnte, hielt er mich mit einem schnellen »Schhhh!« auf.

Sofort veränderte sich die Farbe seiner Hände in einen sanften himmelblauen Ton, und dann lösten sie sich augenblicklich vollständig auf. Ich traute meinen Augen nicht – ich blickte direkt durch die Stelle hindurch, an der zuvor seine Hände gewesen waren, und sah den Sand und die Kieselsteine darunter. Selbst seine Handgelenke schienen vollkommen unsichtbar. Sie waren so undeutlich geworden, dass ich sie nicht länger ausmachen konnte. Ich blickte auf und sah, dass Meister Rambala seine Augen geschlossen hatte und in ein glückseliges Lächeln versunken war. In dem Moment, als ich zurück zu seinen Händen blickte, waren sie nicht mehr transparent.

Während ich nach einer plausiblen Erklärung für das suchte, wovon ich soeben Zeuge geworden war, sprach er: »Siehst du, mein Lieber, dieser Körper ist nicht, was er scheint.«

Ich starrte verwundert zu ihm auf. »Unglaublich!«, rief ich aus.

Gerade wollte ich sagen: *»Ich habe so etwas noch nie gesehen!«*, als mir blitzartig meine ursprüngliche Vision des Meisters in meinem Zelt in den Sinn kam, der mir die Einladung hierherzukommen überbracht hatte. Und dann erinnerte ich mich an das Erscheinen von Meister Amir in meinem Zimmer, als ich noch ein Kind war. Diese Ereignisse beruhten wahrscheinlich auf etwas, das dem sehr ähnlich war, was Meister Rambala gerade getan hatte.

Er unterbrach meinen plötzlichen Gedankenstrom, indem er sagte: »Unsere Wahrnehmung der materiellen Form – in diesem Falle deiner und meiner Wahrnehmung meiner Hände – wird fortwährend durch ein bestehendes Übereinkommen zwischen deinen und meinen mentalen Arrangements aufrechterhalten und dem alleinigen Willen, der die fünf Ströme unserer Sinneswahrnehmung einleitet, erhält und auflöst.«

Er hob einen Finger, um mich an der Stirn zu berühren, und

sagte daraufhin: »Es gibt ein Auge über dem Auge des Verstandes. Alle fühlenden Wesen haben Teil an den Wahrnehmungen, die durch dieses Auge hervorkommen. In diesem Devadipa Caksu, diesem Auge, vereinen sich jene Ströme, um unsere gemeinsamen Sinneserfahrungen zu erschaffen.«

Ich fragte: »Geschieht dies im Sadayathana Chakra, oberhalb des Ajna Chakra – dem wahren dritten Auge?«

»Das ist richtig«, sagte er. »Dieses Auge ruht auf einem schlafenden Grund aus Shakyata.«

Ich fiel ihm ins Wort: »Shakyata?«

»Shakyata ist reines Potenzial«, erklärte er. »Es wird einzig durch das niemals sterbende Verlangen des Hohen Selbst *zu sein* in den Ausdruck erweckt. Doch dies ist kein menschliches Begehren, mein Lieber. Es ist ein Daivika Kama.«

»Ein göttliches Verlangen?«

Er nickte und fügte an: »Eines, das im innersten Sitz des Bewusstseins aller Wesen gleichsam geteilt wird. Es ist der Wille zu sein, der als zentrale Antriebskraft fungiert und das latente Potenzial in den Ausdruck zieht, der zu unserem Erfahren des Lebens wird. Doch in Wahrheit sind diese Wahrnehmungen nur Potenzial. Shakyata erscheint nur real, wenn es in das Prajjabodha aufgenommen wurde.«

»Wenn es von unserem reinen Gewahrsein berührt wurde«, ergänzte er.

»Prajjabodha, reines Gewahrsein, ist also unsere primäre Manifestationskraft«, sagte ich. »Und diese Ebene von reinem und losgelöstem Gewahrsein ruht jenseits unseres individuierten Bewusstseins. Dadurch ist es nicht auf eine Person begrenzt. Im Grunde wird es von allen Wesen gleichzeitig geteilt.«

»Ja«, sagte er, »und darin liegt die Antwort auf deine Frage. Ein materielles Objekt ist nicht einfach nur ein statisches Gebilde. Es wird durch einen dynamischen Strom gemeinsam geteilter, sich entfaltender Wahrnehmungsabläufe aufrechterhalten, die sich zyklisch innerhalb eines unbegrenzten Feldes von Shakyata-Potenzial durch das reine Gewahrsein bewegen. Was durch Prajjabodha möglich gemacht wird, kommt in den Ausdruck und kehrt dann wieder zu seiner Quelle zurück. Diese Zyklen geben dem Verstand ein sinnliches Erlebnis von Zeit – eine Bewegung, die das Erfahren des Lebens vorantreibt. Im Prinzip ist jeder Zyklus ein neuer, sich entfaltender Moment. Dem Verstand erscheint dies wie ein vorwärtsdrängender Strom von Kontinuität und Veränderung.«

»Und wir erfahren den Verlauf des Lebens«, sagte ich. »Wir sehen, hören, fühlen und so fort. Ich glaube, ich erkenne, worauf du hinauswillst.«

Meister Rambala neigte seinen Kopf leicht zur Seite und wartete.

Ich formte meine Antwort: »Alle materiellen Wahrnehmungen werden, in ihren embryonalen uranfänglichen Stadien, von dem einen allem zugrunde liegenden göttlichen Willen gelenkt. Dieser höchste Wille ist die verbindende Kraft des Lebens, die all das einleitet, erhält und zu sich selbst zurückruft, was in den manifesten Ausdruck gebracht wurde. Ruht unser Gewahrsein transzendental im Devadipa Caksu, ist es sogar möglich, die drei Phasen der sich entfaltenden Evolution – die Zyklen, die unsere Erfahrung des Lebens tragen – zeitweilig aufzuheben, denn das Devadipa Caksu, das Auge über dem Verstand, bildet die Schnittstelle zwischen Shakyata und unserer sich entfaltenden Wahrnehmung des Lebens.

Durch dein Beispiel, deine Hände unsichtbar zu machen, und durch deine Worte hast du demonstriert, dass es gänzlich möglich ist, unsere gemeinsam geteilte Erfahrung der Realität zu verändern. Sogar unser Erleben von Zeit kann sich durch das Aufheben eines Teils oder des gesamten Zyklus verändern.«

Ich hielt inne, um das Glitzern in seinen Augen zu deuten. »Das ist, was du eben getan hast, nicht?«, fragte ich. »Gerade eben, als deine Hände verschwanden, hast du einen Wahrnehmungszyklus aufgehalten oder unterbrochen!«

Er lächelte bestätigend. »Du siehst, mein Lieber, das Bewusstsein ist wie ein Fluss, der seine Quelle *im* Meer hat und sich darin formt. Er muss wiederholt zu seiner Essenz *im* Meer zurückkehren. Dies ist so, damit das Leben weitergehen kann. Jede Wahrnehmung, die durch den Geist strömt, ist an dieses Gesetz gebunden.«

»Dann lass mich raten, warum du mir das gezeigt hast«, sagte ich.

»Ja?«

Ich blickte zu Boden und machte eine Pause, um die richtigen Worte zu finden. »Dadurch dass du das mit deinen Händen gemacht hast«, sagte ich, »habe ich es wirklich verstanden. Nicht nur theoretisch, sondern auch ganz konkret.«

Er nickte.

Ich fuhr fort: »Wenn es möglich ist, die sich entfaltenden Evolutionen der Wahrnehmung zu beschränken, dann ist es ebenso möglich, unsere physische Erfahrung der Realität zu verändern – nicht nur indem man die Zyklen zurückhält oder in sie eingreift, sondern auch indem man andere oder neue Wahrnehmungen manifestiert! Was ich erläutern möchte, ist die Möglichkeit, eine neue Absicht in die fünf Ströme einzubringen, die in einer Wahrnehmung resultieren würde, die zuvor nicht da gewesen ist. Dies würde bedeuten, dass der menschliche Körper selbst in diese Realität hineingeträumt werden kann. Der einzige wirkliche Grund, warum dies nicht fortwährend in unserem Leben oder durch die Hände eines Meisters geschieht – dies soll kein Wortwitz sein –, liegt an den unterschiedlichen Ebenen des Gewahrseins. Der Unterschied liegt darin, ob eine Wahrnehmung direkt ist oder reflektiv. Nun verstehe ich, was du mit den Worten meintest, die Nakshatra Amaragana seien göttliche Architekten.«

»Verstehst du, Aaravindha«, sagte er, »die Antwort auf deine Frage ist weitaus interessanter als alles, was jegliche Außerirdische, die möglicherweise hierherkommen, in unserer Vorstellung erwecken könnten.«

»Und das ist noch gelinde gesagt«, unterbrach ich.

»Die lange und langsame Reise der Bhaumya veränderte sich signifikant, als die Mutter-Taras aus den höheren Welten herabstiegen, um den ersten menschlichen Wesen das Leben zu schenken. Es fand ein großer Bewusstseinssprung statt.«

Ich horchte gebannt auf und fragte: »Die Mutter Taras?«

»Ja, die Matra'Taras.«

»Ich glaube nicht, dass du von den einundzwanzig buddhistischen Taras oder den Manifestationen der Bodhisattva Taras sprichst, oder doch?«, fragte ich.

»Die Matra'Taras sind dem auf gewisse Weise ähnlich – ja«, sagte er. »Aber die buddhistischen Taras, die du erwähnt hast, sind nicht die Dvadashamatarka Taras, auf die ich mich gerade beziehe. Die buddhistischen Taras, die metaphorischen Vajrayana und tantrischen Taras, waren für die dem Göttlichen ergebenen Mönche und Nonnen ein großer Segen. Sie haben vielen Acaryas gute Ideale zur Verfügung gestellt, um ihre inneren und äußeren Tugenden zu verwirklichen – insbesondere die Tugend des Maitri, die Eigenschaften wie Mitgefühl, Freundlichkeit und Güte beinhaltet.«

»Dvadashamatarka?«, fragte ich.

»Die zwölf Taras der Entstehung«, antwortete er. »Dvadashamatarka lässt sich mit ›die Zwölf Heiligen Mütter‹ übersetzen. Jedes Jahr, kurz nach der Sommersonnenwende, versammelt sich eine Gruppe von zwölf erleuchteten Frauen in einem heiligen Mataragrha. Es ist der ursprüngliche Ort, an dem die ersten Menschen das Licht der Welt erblickten. Schon seit langer Zeit wird der Tempel geschützt, er liegt nicht weit von hier an einem verborgenen Ort in den Bergen. Jede dieser erleuchteten Frauen hat einen der Sitze inne, der jeweils eine der zwölf ursprünglichen Matra'Taras ehrt. Diese Ehrung der Matra'Taras findet jedes Jahr statt, und dies seit unzählbar vielen Jahrhunderten. Nil'Amma Tara, unsere geliebte Mahamatra, hält den höchsten Sitz inne. Sie ist die gesegnete Maughda, die lebende Gnade von Adilokajanani, der ersten Mutter. Schon lange, bevor ich geboren wurde, hatte sie diese Position inne. Dieser zeremonielle Tag des Tara Purnamasa findet am ersten Vollmond nach der Sommersonnenwende statt.«

Eine Reihe exotischer Vorstellungen von kunstvoll gestalteten imaginären Stätten strömte unerwartet durch meinen Geist. Ich fragte: »Rambalaji, du sagtest, dieser Tempel existiere hier in der Nähe in den Bergen?«

»Ja, mein Lieber«, sprach er. »Er steht in einem geheimen Krater innerhalb eines schneebedeckten Gipfels, der nur für eine kurze Zeit im Sommer zugänglich ist. Er liegt auf einem machtvollen Devasthan.«

»Einem Erdkraftort?«

»Einem der machtvollsten. Er fungiert als Verbindung zwischen den Himmeln und der Erde. Bevor die gegenwärtige menschliche Rasse entstand, wurde dieser Tempel erschaffen. Er kann von jenen, die nicht reinen Herzens sind, weder gefunden noch gesehen werden. Er befindet sich in der Nähe dieses Tals, sehr weit oben in den Bergen dort in der Ferne.« Er erhob zwei Finger und deutete auf den Horizont, direkt unterhalb der noch immer aufsteigenden Sonne.

»Vor dieser menschlichen Rasse? Das muss eine faszinierende Geschichte sein«, sagte ich. »Wäre es für mich möglich, dorthin zu reisen und ihn zu besuchen?«

»Oh nein, mein Lieber«, antwortete er. »Kein Mann darf jemals seinen Fuß in das Matrachakra setzen. Nur Frauen von größter Reinheit sind in der Lage, es zu betreten. In seinem Herzen ruht ein Hohlraum mit einer bedeutenden Geburtsstätte: die Svarsvayoni-Kammer. Dies ist kein Ort für einen Mann.«

»Schade – ich hätte es zu gerne gesehen.«

Er lachte in sich hinein. »Vielleicht ... wenn du noch einmal als Frau inkarnierst.«

»Wenn die Menschheit noch nicht da war, wer hat den Tempel dann gebaut?«, fragte ich. »Aufgrund dessen, was du vorher gesagt hast, vermute ich, dass die Matra'Taras hierhergekommen sind, um den Samen der Menschheit zu setzen. Aber ... wer hat dann den Weg dafür bereitet?«

»Eine sehr scharfsinnige Frage, Aaravindha«, antwortete er. »Die Shubhrasura, die Weißen Geistwesen, haben den Tempel gebaut. Sie waren Wesen von außergewöhnlicher Intelligenz und moralischer Tiefe – wahre Hierophanten der Weisheit.«

»Sind das die legendären riesenhaften Menschen?«, erkundigte ich mich.

»Die riesenhaften Menschen?«, fragte er.

»Ja, die Sah'Re – die Rasse, die uns auf dieser Welt vorausging«, sagte ich.

»Vor dieser nun zu Ende gehenden Epoche von vierundzwanzigtausend Jahren war dies einer der Namen, unter denen die Weißen Geistwesen bekannt gewesen sind. Die Weißen Geister waren unsere solaren Urväter, die geweihten hingegebenen Jünger der Nakshatra Amaragana. Die indischen vedischen Legenden erwähnen sie als Aditya. Vor den Veden wurden ihre weiblichen Pendants als Schützerinnen des Pratibhakirana verehrt, des Strahls der Weissagung. Diese weiblichen Ebenbilder der Shubhrasura nannte man Sahrama. Sie wurden die ersten Shalisah und Stririshis dieser Welt.«

»Ich weiß, was ein Stririshi ist: ein weiblicher Seher. Aber ich kenne das Wort Shalisah nicht«, sagte ich.

»Das ist ein uralter Name für die Wächter – die einstigen unvergleichbaren Hüter des Lebens«, erklärte er. »Diese Sahrama Shalisah waren jene, die durch ihre vollkommene Weisheit und ihre höchsten Einsichten die Dvadashamatarka auf diese Welt gerufen hatten, die Entstehungstaras. Mehr als alles andere verehrten sie die blaue Taramati, die erste Mutter Tara der großen Sonne.«

»Mit dir über dieses Wissen zu sprechen fühlt sich so an, als würde eine Welt mit alten Erinnerungen in mich hineinströmen«, gestand ich. »Seit ich denken kann, hat sich so vieles, von dem du jetzt sprichst, stückchenweise seinen Weg in meinen Verstand hineingebahnt. Dies entfacht eine neue Wertschätzung für alles, was ich bisher erfahren habe. Ich kann dir gar nicht sagen, wie dankbar ich mich in meinem Herzen gerade fühle.«

Er lächelte anerkennend. »Ein großer Teil unserer alten Geschichte ist dieser Welt verloren gegangen.«

»Wenn man bedenkt, dass Sanskrit erst ein paar Tausend Jahre vor Christus erschaffen wurde«, sagte ich, »komme ich nicht umhin, mich zu fragen, was wohl die ursprünglichen Namen dieser alten Wesen gewesen sind.«

»Fürwahr«, sagte er. »Es gab eine Sprache, die ohnegleichen war, eine Daivika-Sprache. Man könnte sie auch als engelhaft bezeichnen. Sie wurde der Welt vor ungefähr zwölftausend Jahren entzogen. Ihr Alphabet ist viel größer als das einer jeden anderen antiken oder modernen Sprache. Es beinhaltet einen Tonumfang von einhundertvierundvierzig aufsteigenden Phonemen, die die Geheimnisse in sich tragen, die direkt den Klängen der Schöpfung entnommen sind.«

»So wie die Phonem-Bijas in den Überlieferungen der Mantra-Lehre?«, fragte ich.

Ein neues Lächeln erschien auf Meister Rambalas Gesicht. »Ja, fast so.«

»Dann ist es wahr, dass diese aufsteigenden Phoneme in unsere menschliche Struktur hineincodiert sind?«, fragte ich.

»Es gibt einhundertvierundvierzigtausend pranische Bewegungen im menschlichen Körper«, antwortete er. »Jeweils tausend dieser Bewegungen haben einen übergeordneten Wert, der durch eine einzige Tonsilbe repräsentiert wird. Diese einhundertvierundvierzig Bewegungen besitzen einen alphanumerischen Wert, der in zwölf Unterbereiche von Klangwissen aufgeteilt werden kann. Jeder dieser Bereiche könnte als möglicher Schlüssel dienen, die Manifestationen vom Göttlichen hin zum Materiellen zu erschaffen. Sanskrit ist nicht mehr als ein Schatten dieser weitaus höher entwickelten Sprache.«

»Ich kann nachvollziehen, warum man begonnen hatte, sie geheim zu halten«, sagte ich.

Er fuhr fort: »Eine breite und Respekt einflößende machtvolle Wissenschaft ist in diese Sprache eingebettet. Vor langer Zeit wurde das Für und Wider erwogen und schlussendlich entschieden, dass sie zu heilig sei, um sie achtlos den Uneingeweihten preiszugeben. Es ist kein ungewöhnliches Vorgehen, eine solche

Art von Wissenschaft den Blicken der Allgemeinheit zu entziehen. Aus diesem Grund sind so viele Wissensarchive in geheimen Einsiedeleien auf der ganzen Welt versteckt. Diese Wissenschaft kann jenen, die in der Lage sind, sie zu meistern, große Macht gewähren. Wir leben in einer zwiegespaltenen Welt. Dieses Wissen wird nicht nur von jenen gesucht, die sich für das Wohl der Menschheit einsetzen. Nun wird diese Sprache nur noch in den Amartya-Tempeln gesprochen – nur wenige Auserwählte kennen sie noch.«

»Kannst du sie oder gebrauchst du sie?«, fragte ich.

»Wir sind dieser Sprache mächtig«, sagte er. »Sie ist die zentralste und auch am meisten geehrte Sprache der Amartya-Tradition. Aber um sie zu beherrschen, muss man sie nicht sprechen.«

»Das habe ich vermutet«, sagte ich. »Es scheint mir nicht nur eine auf Reflexion beruhende und hörbare Sprache zu sein.«

»Das ist richtig«, bestätigte er.

»Ich glaube, ich habe sie schon oft vernommen«, sagte ich. »Nicht mit meinen Ohren, sondern in einem direkteren Erkennen, hauptsächlich während meiner tieferen Meditationspraktiken. Ich war in der Lage, sie mit pulsierenden Schüben von Glückseligkeit in Zusammenhang zu bringen, was mir ein Gefühl der Wertschätzung für ihre Lebendigkeit schenkte.«

»Ja, durch Drishti«, sagte er, »Saumedhika Drishti!«

»Rambalaji, da gibt es noch etwas, von dem ich hoffte, es mit dir besprechen zu können«, sagte ich. »Manchmal habe ich das Gefühl, dass noch andere Amartya-Meister hier im Tal leben. Ich kann nicht genau sagen, warum ich dies so empfinde. Ich weiß, dass sie nicht wirklich hier sind. Aber ich bin mir gewahr, dass viele andere Meister in der Vergangenheit hier gelebt haben. Zeitweise überkommt mich das Gefühl, dass ihre Präsenz noch nicht gänzlich verschwunden ist. Ich kann sie selbst jetzt fühlen, ganz besonders, wenn wir über die Vergangenheit sprechen. Was ich wahrnehme, ist mehr als nur ein Eindruck, nicht wahr?«

»Die Schritte eines jeden Meisters, der hier lebte, zieren dauerhaft diesen Erdboden«, sprach er. »Wenn wir vom Parampara sprechen, der niemals endenden Tradition, dann wollen wir damit andeuten, dass die Macht jedes vorherigen Meisters, der die Flamme des Wissens dieser Abstammungslinie getragen hat, noch immer dem Amara'acarya oder jedem zukünftigen Meister zur Verfügung steht.«

»Und das ist es, was ich gefühlt habe.«

»Es gab eine Zeit, in der sechzehn Amara Devata hier gelebt haben«, ergänzte er. »Während der letzten Jahrhunderte jedoch haben alle – außer jenen, die gegenwärtig noch hier sind – ihre irdischen Formen in den Beisetzungshöhlen unserer Ahnen zur Ruhe gelegt. Bis zum heutigen Tage ruhen ihre Körper dort in stiller und friedlicher Klarheit, unversehrt vom Verfall der Zeit. Jeder Körper ruht dort in dem Zustand, in dem er verlassen worden ist – Seite an Seite mit einigen Körpern der Sah'Re, die ihren Körper vor vielen Tausenden von Jahren dort abgelegt haben.«

»Habe ich dich richtig verstanden?«, fragte ich. »Sagtest du, ihre Körper seien immer noch dort – intakt – und ruhten neben den Körpern der alten Sah'Re? Hier im Tal? Ich hatte tatsächlich nicht die geringste Ahnung, dass diese Höhlen existieren.«

»Nein, mein Lieber, nicht hier«, sagte er. »Sie sind ein ganzes Stück von diesem Tal entfernt.«

»Aber im Himalaya?«, fragte ich.

»Ja«, antwortete er. »Aber wie du durch deine Reise weißt, ist der Himalaya sehr groß. Es gibt noch etliche Geheimnisse, die in diesen Bergen verborgen liegen.«

»Was mich am meisten fasziniert, ist, dass du gesagt hast, sie unterlägen nicht dem Verfall«, sagte ich. »Vor allem wenn man bedenkt, dass die Sah'Re noch nicht einmal aus diesem Zeitalter stammen – sie müssen demnach Zehntausende von Jahren alt sein.«

»Körperlicher Verfall ist der gewöhnliche Weg für fast alle Kreaturen nach dem Tod«, sagte er. »Außerhalb der Amartya-Meisterschaft sind die Wesen auf dieser Existenzebene daran gebunden, innerhalb der Wandlungen der Triguna zu leben.«

»Sattva, Rajas und Tamas«, ergänzte ich.

Er fuhr fort: »Den wenigen Meistern, die den Schatten des Todes besiegt haben, eröffnet sich eine andere Möglichkeit. Wenn sie sich dazu entschließen, ihren Körper abzulegen, wird Rajas – das Feuer, das das Leben antreibt – besänftigt. Wenn der Einfluss von Rajas erlischt, dann wird auch der Verfall durch Tamas verhindert. Es bleibt dann nur die erhaltende Qualität von Sattva übrig. Ein Körper, der im Lichte von Sattva erhalten wird, bleibt rein – frei von den Schäden des Alterns oder des Verfalls. Du siehst, mein Lieber, was auch immer der Wahrnehmende in dem jeweiligen Körper als Gesetz der Existenz akzeptiert hat, dem gleicht sich auch der menschliche Körper an.«

»Ist der Mangel an Verfall in den Körpern, die in den Beisetzungshöhlen ruhen, etwas Ähnliches wie die Definition von Unverweslichkeit, die die katholische Kirche den Heiligen zuschreibt, deren Körper nach dem Tod nicht verfallen? So wie bei Theresa von Avila, Pater Pio und Klara von Assisi? Und natürlich Paramahamsa Yogananda, dessen Körper die ersten zwanzig Tage nach seinem Tode keinerlei Anzeichen des Verfalls zeigte.«

»Diese Art der Unverweslichkeit wird auch in Goa am Körper des heiligen Franz Xaver beobachtet«, sagte er. »Tatsächlich gibt es viele unbekannte Gräber auf der ganzen Welt, in denen Körper liegen, auf die eine solche Beschreibung zutrifft. Doch obwohl der Verfall bei manchen dieser Körper verringert ist, zeigen dennoch alle von ihnen verschiedene Abstufungen der Verwesung. Die Körper hier jedoch, die sich in den Beisetzungshöhlen befinden, tun dies nicht!«

Nach meiner Zeit mit Meister Janjuran, während der wir uns in neue Tiefen der Saumedhika hinein aufgemacht hatten, sensibilisierte sich mein Gewahrsein von nahezu allem zusehends. Ich nahm nun immerwährend kleine Veränderungen in der Luft um mich herum wahr. Ich fühlte, wenn Menschen an mich dachten, und spürte selbst, wenn ein kleiner Vogel oder ein kleines Tier mich von einem versteckten Platz in den Bäumen oder dem Dickicht aus beobachtete. Doch mehr als alles andere konnte ich fühlen, wenn einer oder mehrere der Meister, die hier lebten, mich zu sprechen wünschten. Genau das spürte ich jetzt. Ich stand auf, um mich umzublicken, und sah nun, dass ich mich nicht getäuscht hatte. Meister Amir kam von weiter flussaufwärts zu uns, wobei er barfuß auf der anderen Uferseite durch das Wasser watete. Seine Sandalen baumelten in seiner linken Hand, und er lächelte mich freudig an.

Ich fragte mich, ob ich mich jemals an den plötzlichen Schub von Energie gewöhnen würde, der in solchen Momenten, in denen ich ihn unverhofft erblickte, durch meine Adern strömte. Ich kann es nur mit dem Gefühl vergleichen, das auftreten würde, wenn ich einen großen Engel aus den Wolken herabsteigen sähe. In seiner Aura lag so viel Macht – Shakti. Sie schien alles um ihn herum zu beeinflussen.

Nachdem er uns begrüßt hatte, watete er auf unsere Flussseite und setzte sich neben Meister Rambala. Er teilte ein paar Worte auf Sanskrit mit ihm – zu schnell, als dass ich sie übersetzen oder ihnen hätte folgen können. Alles, was ich aus dem, was er sagte, schließen konnte, war, dass es mit Großvater Pitamah, irgendeiner Art von Zeremonie und mir zu tun hatte. Gleichzeitig hielten beide in ihrem Sprechen inne und blickten zu mir. Für einen Moment war ich ein wenig perplex und nicht sicher, was sie zu mir sagen würden.

»Was?«, fragte ich und fühlte mich ein wenig unbeholfen.

Meister Amir gab Meister Rambala mit einem Kopfnicken zu verstehen, dass er es mir erzählen solle.

»Du weißt wahrscheinlich schon, dass wir mit dem Großvater Pitamah in Kontakt waren in dem Anliegen, dir einen Besuch zu gewähren«, sagte Meister Rambala. »Heute hat er dir seine Einladung ausgesprochen.«

»Das ist unglaublich!«, sagte ich. »Ich hatte mir wenig Hoffnung gemacht, ihn zu sehen, nachdem ich so viel über seine zurückgezogene Wesensart gehört hatte.«

Meister Amir ergänzte: »Diese Einladung ist etwas sehr Seltenes. Der Großvater hat seit einer sehr langen Zeit keine anderen Besucher empfangen als die Amartya-Meister, die hier in diesem Tal leben.«

Ich fühlte, wie mein Herz zu rasen begann, und tat mein Bestes, es nicht zu zeigen. Ich war mir sicher, dass mein Gesicht ein wenig errötet war. Zweifellos sah ich genau so überrascht aus, wie ich mich fühlte.

Amir fuhr fort: »Junger Meister, es wird eine Upayana stattfinden, eine Einweihung, die notwendig ist, um dich auf deinen Besuch vorzubereiten.«

»Eine Einweihung?«, fragte ich. »Wie eine Dikshana?«

»Es ist ein wenig mehr als das«, sagte Meister Amir. »Wenn der Großvater dich empfängt, dann schenkt er dir auch seine fortwährenden Segnungen. Wenn du hierfür den Ruf verspürst, dann werden wir die Einweihung in die Wege leiten.«

»Du kennst meine Antwort bereits«, sagte ich.

Er lachte. »Das tue ich – aber diese Herangehensweise ist nun mal Tradition.«

Die folgende Stunde unterhielten wir drei uns genauer über den Einweihungsprozess. Doch Teile davon wurden mit Bedacht vage gehalten.

Die zwei Tage des Wartens vergingen schneller als erwartet. Die Stunde nahte. Der Klang eines Muschelhorns erschallte irgendwo in den fernen Bergen, um das Einbrechen der Nacht anzukündigen. Es ertönte jeden Abend um diese Zeit, doch aus irgendeinem Grund schien es mich dieses Mal ganz besonders an ein vergangenes Leben zu erinnern. Seinem klagenden Ton folgte ein rituelles Abendgebet, das wie eine eindringliche übernatürliche Intonation widerhallte, die so zeitlos war wie das Tal, von dem sie nun Besitz ergriffen hatte. Der Mond, bereit, den Himmel für sich zu beanspruchen, glühte in einem intensiven Korallenrosa und war wie ein märchenhaftes Ei tief im dunstigen Horizont zwischen zwei ebenso rosafarbenen schneebedeckten Gipfeln eingebettet.

Während ich mich draußen aufgehalten hatte, waren eine lange weiße Kurta und dazu passende Hosen mit engen Beinen für mich zurückgelassen worden. Beides hing kunstvoll gefaltet über einem improvisierten Bambuskleiderbügel neben meinem Bett. Eine warme, süß duftende Brise wehte durch den Wald und versprach einen milden Abend und zweifellos einen weiteren wunderschönen Glühwürmchentanz. Die wärmeren Nächte schienen sie hier in größerer Zahl hervorzulocken. Mein Haar war vom Bad in meinem Lieblingswasserfall immer noch feucht. Ich beendete meine Rasur, bei der ich die restliche Rasiercreme aufbrauchte, und wischte sorgfältig alle verbliebenen Spuren aus meinem Gesicht. Ich ließ meinen Rasierer in die Waschschüssel fallen, zog mein neues Hemd über Kopf und Schultern und tauschte meine khakifarbenen Shorts gegen die Hose. Dann schlüpfte ich in mein einziges Paar Sandalen und lehnte mich zurück an die geflochtene Wand hinter meinem Bett.

Nostalgische Gefühle und Dankbarkeit wetteiferten in meinem Herzen um den vorrangigen Platz. Ich sah mich selbst am Rande meines Lebens stehen, eine Art imaginäre Linie beobachtend, die ich dabei war zu überschreiten – eine Linie, nach der ich insgeheim, wie es schien, eine Ewigkeit gesucht hatte. Mein Inneres ergründend, blickte ich in einen kleinen hölzernen Handspiegel und dachte darüber nach, wie es wohl sein würde, durch die Hände dieser großen Meister zeremoniell eingeweiht zu werden. Ich war mir sicher, dass ich die Welt nicht mehr mit denselben Augen sehen würde, wenn diese Nacht zu Ende ging. Alles war dabei, sich zu verändern – unwiderruflich.

Mein Sinnieren wurde jäh durch das Knirschen von Schritten beendet, die den Weg herabkamen. Ich sprang auf, um sie zu begrüßen, bevor sie die Türe erreichten. Genau wie Meister Rambala es angekündigt hatte, waren zwei Hotre – Kuru-Priester – gekommen, um mich an den Ort meiner Einweihung zu eskortieren. Er hatte sie Devarha-Hotre genannt. Ich nahm an, es bedeutete, dass sie einem hohen spirituellen Orden angehörten. Beide Männer hatten eine ähnliche Statur, waren durchschnittlich groß, schlank und gut aussehend, wahrscheinlich Mitte dreißig. Zudem hatten beide einen kurzen schwarzen Bart, lange zurückgebundene Zöpfe, dunkelbraune asiatische Augen und eine reine sonnengebräunte Haut. Auch waren sie gleich gekleidet – eindeutig zeremoniell – und trugen lange silbergraue, fast bodenlange Roben mit violetten spitz zulaufenden Ausschnitten.

Sie müssen Brüder sein, dachte ich, während ich sie näher kommen sah. Jedenfalls sahen sie so aus. Ich legte meine Handflächen aneinander, verbeugte mich leicht und trat nach vorn, um sie mit einem universellen Namaste-Gruß zu begrüßen.

Meister Amir hatte erwähnt, dass er sie um ihre Anwesenheit und Teilnahme an der Zeremonie gebeten hatte, um diese zu lernen. Es handelte sich um eine Zeremonie, die seit Hunderten von Jahren nicht mehr ausgeführt worden war. Er hatte mir erzählt, dass sie den letzten Nachkommen eines abgeschieden lebenden Clans angehörten, der sich vor etwa 3000 Jahren von den vedischen Kuru-Stämmen abgespalten hatte. Anstatt sich dem größeren Stamm anzuschließen, der sich in Uttar Pradesh niederließ, wanderte dieser Clan nach Norden ins Himalaya-Gebirge und lebte mit der Zeit offenbar genauso zurückgezogen und geheimnisvoll wie die Hochgebirgswinde.

Für nahezu eine ganze Stunde wanderten wir schweigend im Mondlicht. Gelegentlich deuteten einer oder beide Männer in eine Richtung, um einen abzweigenden Pfad einzuschlagen, doch sie blieben weiterhin schweigsam. Einem merklich weniger begangenen Pfad folgend verließen wir bald das Haupttal durch einen engen Spalt, der direkt zu einem massiven Felshang führte. Wir wanderten den Hang hinauf zu einer bassinartigen Wiesenmulde, die unberührt vom Licht des Mondes im Schatten einer felsigen Steilwand lag. Irgendwo auf diesem Berg verband ein besonderer Devasthan, ein heiliger Kraftort, die Erde mit den Himmeln über uns. Amir hatte gesagt, es gebe auf unserer Welt nur eine Handvoll Erdpunkte, die derart kraftvoll seien, und ein jeder von ihnen würde seit langer Zeit vor den Uneingeweihten verborgen gehalten.

Innerhalb weniger Minuten hatten wir die Wiese durchquert und stiegen über steile, übereinander in den Stein gehauene Serpentinen am Fuße des Berges hinauf. Am Eingang einer zerfallenen alten Behausung am Felshang wurde der Pfad ebener. Die Ruine setzte sich aus einem halben Dutzend brüchiger Bauten zusammen, die direkt in die senkrecht aufragende Steinwand geschlagen waren. Die vordersten Gebäude wirkten zum Großteil eingefallen und offenbarten eine Reihe von Innenkammern, die angefüllt mit herabgefallenem Geröll waren. Die noch immer greifbaren Erinnerungen an ein lange vergessenes Volk erzeugten eine geisterhafte Atmosphäre. Nachdem wir die Ruinen durchquert hatten, folgten wir einem engen Durchgang zu einem gigantischen überhängenden Felsvorsprung, unter dem eine Höhle mit tief hängender Decke lag. Am anderen Ende der Höhle traten wir in einen runden Raum, umschlossen von Wänden aus großen gemeißelten Steinquadern. Die Wände streckten sich dem offenen Himmel entgegen wie bei einem tiefen Ziehbrunnen.

Ich war froh, dass die Kuru-Brüder kein Englisch sprachen, obgleich es auch sein konnte, dass sie schlichtweg die Anweisung hatten, nicht mit mir zu sprechen. Ich brauchte die Zeit, um nachzudenken und hineinzuspüren in das Gefühl, das in Anbetracht dessen, was mich wohl erwarten würde, in mir aufstieg. Wir betraten das Zentrum des Berges, indem wir durch ein kleines rundes Zugangsloch schlüpften, das gerade groß genug war, um eine Person nach der anderen hindurchzulassen. Im Inneren weitete sich der Raum bald in einen Tunnel hinein. Wir stiegen eine steil abfallende Treppe hinab, die sich erneut so unangenehm verjüngte, dass wir auch einzeln hintereinandergehend kaum hindurchpassten. Vorsichtig darauf bedacht, nicht zu fallen, tastete ich mich in der Dunkelheit an der Wand entlang, bis wir nach ungefähr fünfzig Metern in der Lage waren, einem stärker werdenden Leuchten zu folgen, das uns von irgendwo weiter vorne entgegenschien.

Unser Weg hierher erschien mir wie eine archetypische Metapher für die Reise des Lebens: ein steiler Anstieg, eine Passage, die immer tiefer nach innen führte, und schließlich ein Wegstück, das jeder für sich gehen musste, bis der Weg sich endlich am tiefsten und unbekanntesten Punkt dem lockenden fernen Licht zu nach oben wendete.

Das Leuchten erwies sich als ein von Kerzen beleuchteter Abschnitt des Tunnels. Die Luft fühlte sich deutlich kühler an und roch so alt wie die Zeit selbst. Schwarze Kohlezeichnungen von Falken, Rehen, Tigern und miteinander interagierenden Menschen waren auf den Wänden verteilt, die meisten jedoch zur völligen Unkenntlichkeit verblichen.

Wir drückten eine letzte Türe auf. Die steinerne Schwelle, der dicke Holztürrahmen und die massiven hölzernen Türen waren mit kunstvollen Schnitzereien von antiken hieroglyphenartigen Symbolen verziert. Wir traten über die Türschwelle und betraten eine große Halle, die in bernsteinfarbenes Licht getaucht war und mindestens zwanzig Meter maß. Die Wände wölbten sich nach außen und waren fast zwei Stockwerke hoch. Ihre ungewöhnliche Form ließ jeden unserer Töne verstärkt zurückhallen. Darüber begradigten sich die Wände und stiegen steil nach oben auf zu den Sternen. Die Form der Halle erinnerte mich an eine kleinere Version der Schwalbenhöhle in Mexiko.

Schätzungsweise ein Dutzend dicke weiße Kerzen waren in gleichmäßigem Abstand rundherum in grob in die Wand gemeißelten Nischen aufgestellt. Der Boden war vollständig mit weißem Sand bedeckt, der im sanften Kerzenlicht teilweise golden schimmerte. An der gegenüberliegenden Seite des Raumes, teilweise verhüllt in blaue Schatten, warteten bereits Meister Amir, Meister Rambala, Meister Janjuran und Nil'Amma Tara. Sie saßen ein jeder in Stille mit gekreuzten Beinen auf einzelnen abgeflachten Steinblöcken.

Die schweren hölzernen Türen fielen hinter mir mit einem lauten Klirren in ihr verrostetes Schloss. Die Kuru-Brüder trennten sich wie geübte Wächter und nahmen ihre Position an der Wand zu beiden Seiten des Eingangs ein. Der Raum fiel in Stille. Mit Ausnahme meines Atemgeräusches und dem gelegentlichen Knistern einer Kerze war nichts zu hören.

Und dann bemerkte ich es: einen sanften Sog nach oben – wie ein Wind, aber dennoch war es anders als ein Wind. Es begann in meinen Beinen, breitete sich dann durch meinen gesamten Körper nach oben hin aus bis durch die Krone des Kopfes und hinterließ ein Gefühl, als würde ich buchstäblich gleich vom Boden abheben. Nach einem kurzen Moment des Schwindels entspannte ich mich in dieses Gefühl hinein und wandelte es dadurch in ein sanftes Gefühl von Schwerelosigkeit.

Dies war eines der wenigen Male in meinem Leben, in denen ich diese Art von Verletzlichkeit fühlte. Gleichzeitig empfand ich sie als große Erleichterung. Meister Rambala hatte nur wenig über den eigentlichen Verlauf der Einweihung gesagt. Er hatte sich hauptsächlich darauf fokussiert, dass sie auf Wunsch des Großvaters Pitamah ausgeführt würde und es notwendig für mich sei, sie zu erhalten, bevor ich ihn persönlich besuchen könne.

Nachdem uns Meister Amir an jenem Tag am Flussufer wieder verlassen hatte, hatte Meister Rambala gesagt: »Dies wird eine höchst verheißungsvolle Einweihung.«

Er erklärte, es handele sich dabei im Prinzip um eine Amarta Savitra'upayana – eine Initiation, die mich bereit machen sollte für den fortwährenden Fluss von Radhas – Segnungen – des Großvaters und mich mit ihm verbinden würde. Sie würde mich auch enger mit den alten Parampara-Meistern verbinden. Dies würde mir Anschluss an die Segnungen der gesamten Linie gewähren. Er sagte mir auch, dass einiges davon unangenehm sein könne, da es mich sowohl energetisch als auch physisch verändern werde.

Ich witzelte: »Eine übersinnliche Operation.«

Was mich etwas nervös machte, war, dass er nicht lachte.

»Selbst für jemanden, der mit den Schüben von befreiter Shakti gut vertraut ist, die die Psyche reinigen«, sagte er, »ist es schwierig, die Intensität von Großvater Pitamahs direkter Nähe zu ertragen. Selbst ein kurzer Blick, der durch seine Augen strömt, ist zutiefst lebensverändernd.«

Er sagte mir, dass das Hervorströmen von Vibhuta – der Macht in der Aura des Großvaters – so stark sei, dass diese Vorbereitung für notwendig erachtet werde, um den letzten meiner ungenutzten Caksu Nadi zu öffnen. Die Caksu Nadi sind Meridiane des inneren Auges.

Als er mir diese Dinge erläuterte, fühlte ich mich nicht besorgt oder beunruhigt, sondern ich fand die Vorstellung, diesen Prozess zu durchlaufen, anziehend und sogar aufregend. Doch nun, da der Augenblick gekommen war, fühlte ich mich insgeheim beklommen, nicht so sehr auf eine angstvolle Weise, sondern mit dem wachsenden Gefühl, unbekanntem Terrain entgegenzusehen.

Meister Rambala hatte gesagt, dass mich dies verändern werde. Im Ton seiner Stimme lag etwas, das zu sagen schien, es sei mehr, als ich – bis es zu Ende war – verstehen könne. Er unterstrich, dass einige Meridiane, die anderen Traditionen unbekannt seien, nun unter ihrer Führung aktiviert und zu ihrer vollen Entfaltung gebracht würden. Er hatte hinzugefügt, dass es zu gewagt sei, diese speziellen Meridiane selbst zu öffnen, da dies eine Vielzahl von Gefahren berge. Der Prozess verstärke den Fluss von Shaktidadatyam, was, wie er sagte, mit der Sensibilisierung des menschlichen Geistes für den göttlichen Willen zu tun hatte.

Nach dem Teilen der Saumedhika-Erfahrung mit Meister Janjuran hatte ich angenommen, dass die Meridiane meines inneren Auges bereits geklärt seien. Ich fühlte keine der mich zuvor bindenden Begrenzungen mehr. Und so hatte ich keine wirkliche Vorstellung davon, wohin mich dieser neue Schritt tragen würde.

Ich fragte Rambala, ob auch der Großvater Pitamah bei der Einweihung dabei sein würde. Er sagte: »Das wird er, aber in körperlicher Gestalt wirst du ihn erst später sehen. Wenn du nach der Einweihung wieder in der Lage bist zu schlafen, wird dir die Wegbeschreibung zu seinem Zuhause gegeben. Deine Fähigkeit zu schlafen wird ein angemessenes Zeichen dafür sein, dass sich die Integrationsphase, die der Prozedur folgt, stabilisiert hat. In der Zwischenzeit wirst du stark erhöhte Sinneswahrnehmungen haben. Höchstwahrscheinlich wirst du den Ruf eines helleren und höchst anziehenden Lichts spüren, das so anziehend für dich sein kann, dass du sehr wohl jegliches Interesse daran verlieren könntest, in dieser Welt zu sein. Es kann sein, dass du dich gerufen fühlst, diese Welt zu verlassen, um in die höheren Welten aufzusteigen. Aber dies wird vorübergehen.«

Er fuhr fort und erklärte mir, dass ich während dieser Zeit kein Essen begehren würde, kein Wasser und keinen Schlaf, da der verbliebene Kontakt zum Nisprana Amritham mich erhalten und nähren werde. Als ich fragte, was Nisprana Amritham sei, sagte er mir, dass wir von einer externen Lebenskraft abhängig seien, um unser Leben zu erhalten, eine Art von Prana. Wir nähmen sie durch Nahrung, Wasser, Luft und so weiter auf. Dies sei die überwiegende lebenserhaltende Kraft, auf die alle Wesen angewiesen seien. Doch es gebe auch einen inneren Brunnen von Lebenskraft, der das Leben unbegrenzt aufrechterhalten könne. Es sei die Urquelle, aus der alles Leben stamme: Nisprana Amritham.

Nun stand ich, still, tief im Inneren dieses gewaltigen und massiven Berges, und die mysteriöse Zeremonie war dabei zu beginnen. Das erste Geräusch, das sich in der Stille erhob, waren Meister Rambalas sachte Fußschritte im Sand. Er hielt vor einem zentral platzierten rundlichen und oben abgeflachten Sitzstein inne und bedeutete mir schweigend, nach vorne zu kommen. Ich ging halb um den Sitz herum und ließ mich mit gekreuzten Beinen nieder. Die Priester-Brüder traten vor und trugen jeweils ein Paar dreistufiger Öllampen, die den Arati-Lampen ähnelten, die die Brahmanen an den Ufern des Ganges in Varanasi verwendeten. Vorsichtig platzierten sie die Lampen zu beiden Seiten von Meister Rambala auf zwei Steinsockeln, die im Sand verankert waren. Nil'Amma Tara schritt nach vorne und stellte sich direkt hinter mich. Danach näherten sich mir Meister Janjuran und Meister Amir, um links und rechts an meiner Seite zu stehen.

Für eine endlos lange Minute verblieb nur Stille in der Luft. Die Meister schlossen ihre Augen. Ich schloss die meinen ebenfalls und ließ mich so innig wie möglich in das Zentrum des Moments gleiten.

Ich fragte mich, was die Etikette in diesem Fall wohl gebieten würde – sollte ich anklopfen oder einfach die Türe öffnen und eintreten? Da erklangen die Worte »komm herein« so klar und eindeutig in meinem Geist, als wären sie ausgesprochen worden.

Auf dem Weg zum Haus des Großvaters

Ich erwachte und war plötzlich allein. Ich blickte auf zu den Sternen. Mein Kopf ruhte auf einem kleinen, mit runden Kieselsteinchen gefüllten Kissen. Ich lag auf einer kühlen Steinplatte, eingebettet in zwei dicke wattierte Wolldecken. Für einen kurzen Moment fragte ich mich, wie ich hierhergekommen war. Doch dann erinnerte ich mich daran, dass ich gegen Ende der Einweihung in einen so ausgedehnten Zustand von glückseligem Gewahrsein eingegangen war, dass ich jeden Bezug zu Zeit und Raum verloren hatte.

Der Mond war schon lange untergegangen, und dem Dämmerlicht am Horizont nach zu urteilen war es weniger als eine Stunde bis zum Sonnenaufgang. Auf der anderen Seite einer tiefen Schlucht, vielleicht 700 Meter oder mehr Luftlinie entfernt, flackerte ein kleines Lagerfeuer hell vor einer dunklen Bergseite. Obwohl es ziemlich weit weg war, leuchtete das Feuer hell genug, um die Umrisse zweier stehender Personen anzudeuten. *Möglicherweise die Kuru-Brüder,* dachte ich.

Ich befand mich in einer Höhenlage irgendwo oberhalb des Tals. Die Luft war hier kälter und dünner, die Umgebung karg. Die einzig auffallenden Formen stellten die wenigen Felsfindlinge dar, die willkürlich verteilt um mich herum auf der steinigen Erde lagen. Obwohl das Licht noch dämmrig und schwach war, konnte ich erkennen, wo meine Einweihung tief im Inneren des Devasthan-Berges stattgefunden hatte. Weiter weg am entfernteren Horizont erkannte ich die indigoblaue Silhouette der Berge, die das Tal umgaben.

Ich hatte keine Erinnerung daran, hier hochgeklettert zu sein – es ergab keinen Sinn. Doch im Augenblick erschien es mir auch nicht wirklich wichtig. Mich erfüllte ein tiefer Frieden unter dem offenen Himmel.

Während der Einweihung war ich auf irgendeine Weise in eine goldene Glückseligkeit getragen worden, die so intensiv wirkte, dass ich jegliches Körpergewahrsein verloren hatte. Ich wurde in meinem Gewahrsein so ausgedehnt, dass es sich jeglicher Beschreibung entzieht. Als die Wogen der Glückseligkeit sich schließlich legten und nur noch Stille blieb, war meine erste Sinneserfahrung das Öffnen meiner Augen hin zu den glitzernden Sternen über mir.

Ich habe keine Vorstellung davon, wie lange die Einweihung gedauert haben mag, aber es müssen Stunden gewesen sein. Auf eine unerklärliche Weise fühlte es sich jedoch an, als wären ganze Lebenszeiten vergangen. Der Prozess war viel durchdringender gewesen, als ich es erwartet hatte, und zeitweise sogar schmerzhaft. Am Anfang wurde der Druck so eindringlich intensiv, dass ich dachte, mein Schädel würde buchstäblich in zwei Hälften zerspringen oder explodieren. Doch jedes Mal fluteten die Wellen der Glückseligkeit erneut über mein Gewahrsein. Sie erfüllten mich mit einem schimmernden Balsam weißen Lichts, das heller war als alles, was ich bisher für möglich gehalten hatte – es war wie das Licht tausend brennender weißer Sonnen.

Meister Rambala hatte mir gesagt, die Einzelheiten des Verfahrens dürften niemals leichtfertig irgendjemandem offenbart werden. Als ich seine Worte hörte, wurde mir bewusst, dass ich die vertraulichen Details dessen wahrscheinlich als gut gehütetes Geheimnis bewahren würde.

Wie eine langsame Flutwelle brandete das morgendliche Dämmerlicht über den Himmel und ergriff Besitz vom nächtlichen Firmament. Ich erkannte nun, dass ich mich auf einem hohen Felsvorsprung befand, der horizontal aus einer Steilwand ragte. Der Vorsprung fiel steil fast fünfzig Meter bis zu einem gemäßigter absteigenden Hügel darunter ab. Von einer kleinen Lichtung ging ein Trampelpfad zu einem Areal, auf dem Felsbrocken lagen, die so groß wie Häuser waren. Hinter mir, mit rostigen Metallhalterungen und in die Jahre gekommenen Seilen an der Felswand befestigt, führte eine verwitterte Holzleiter über eine Distanz von zehn Metern nach oben auf einen zweiten Vorsprung, der vor einer kleinen höhlenartigen Einbuchtung lag.

Bei meiner ersten körperlichen Bemühung fühlte sich mein Körper fast zu schwer an, um ihn bewegen zu können. Verglichen mit meinem bei Weitem bevorzugten schwerelosen Zustand von ausgedehntem Gewahrsein fühlte er sich so plump und schwer an wie eine Bleistatue. Dennoch unternahm ich die Anstrengung. Ich warf mir die gefaltete Decke über die Schulter, klemmte mir das Kissen unter den Arm und stieg vorsichtig die Leiter hinauf.

Neben dem Höhleneingang fand ich eine Stofftasche vor, die mit zimtgewürzten Reisbällchen und einer Auswahl von Früchten bestückt war. Neben der Tasche stand eine kleine Milchflasche aus Zinnblech, die mit süßer Milch gefüllt war, auf der eine dünne Schicht Ghee schwamm. Daneben stand ein verkorkter, mit Wasser gefüllter Flaschenkürbis. Im gegenwärtigen Moment übten allerdings weder die Nahrungsmittel noch das Wasser einen Reiz auf mich aus.

Meister Rambala hatte gesagt: *»Als Folge der Upayana wirst du sehr wahrscheinlich keinen oder nur wenig Hunger oder Durst verspüren.«* Er hatte recht: Die Vorstellung, etwas zu essen oder zu trinken, erschien abstoßend und roh.

Im Augenblick wollte ich nur eines: mich hinsetzen und meine Augen schließen, um zu den freieren und ausgedehnteren

Zuständen in meinem Inneren zurückzukehren. Ein glatter Sitzstein war im hinteren Teil der Höhle aufgestellt worden. Ich faltete meine Decke zu einem Polster, platzierte mein Kissen darunter, um die Bequemlichkeit zu erhöhen, und machte es mir gemütlich. Die Höhle lag gerade so hoch, dass sie mir eine gute Aussicht auf das Tal unter mir ließ. Sie war aber dennoch tief genug, um meinen Körper vor der über den Himmel wandernden Sonne zu schützen. Federleichte weiße Dunstschleier hatten sich zusammengezogen und bedeckten das Tal, was das Gefühl erzeugte, in einer anderen Welt über den Wolken zu schweben.

Ich war allein, aber ich fühlte mich nicht allein. Die Amartya-Meister, die zu irgendeiner Zeit und aus ihren eigenen Gründen genau hier an dieser Stelle gesessen hatten, hatten einen unleugbaren Eindruck hinterlassen. Wenn ich meine Augen schloss, erweiterte sich mein Gewahrsein augenblicklich so gewaltig, dass die ganze Welt nicht mehr als ein winziges blaues Juwel zu sein schien, das in meinen inneren Strömungen grenzenloser Glückseligkeit schwebte.

Wieder und wieder verlor ich das Gewahrsein meines Körpers und verschwand zeitweise vollständig in den lichten weißen Wellen. Und jedes Mal fand ich mich unerbittlich in meinen Körper zurückgekehrt wieder, verdrossen darüber, mich mit meiner physischen Schwere abfinden zu müssen. Wann immer ich meine Augen öffnete, hatte sich die Welt ein wenig mehr verändert. Sie schien durchscheinender und durchscheinender zu werden, bis sie mit einem Mal in lauter leuchtende Partikel zersprang. Wenn sich meine Sicht in diesen Anblick verlor, teilten sich mitunter die Partikel und erlaubten mir, zwischen ihnen hindurchzugleiten, um etwas anderes zu berühren – etwas Erhabeneres.

Genau in jenen Momenten erlebte ich auch eine der größten Herausforderungen in meinem Leben. In jenem weniger definierten Raum vernahm ich einen verlockenden Ruf, der so machtvoll war, dass er mich gänzlich verteidigungslos machte. Es handelte sich nicht um einen angsterweckenden Ruf – er wirkte vielmehr glückselig-ekstatisch. Auch wenn er nicht durch Worte hörbar war, erschien er dennoch ergreifend melodisch, so als wäre ich zeitweise inmitten einer großen Halle himmlischer Echos. Jedes Mal wenn ich mich dem hingab, entstand ein tieferer und stärkerer aufwärtsstrebender Sog, der meine Wirbelsäule wiederholt dazu brachte, sich durchzubiegen und zu erbeben. Lichtblitze schossen durch meine innere Sicht.

Die Herausforderung zeigte sich zunächst als starkes Gefühl. Es brachte mich dazu, immer weniger willens zu sein, in meinem Körper zu bleiben. Mir war bewusst, dass ich hierhergebracht worden war, um mich zu akklimatisieren. Meister Rambala hatte mir gesagt, ich würde ein paar Tage brauchen, um mich zurück in einen stabileren Bewusstseinszustand zu begeben. Aber ich wollte nur noch weiter in die Tiefe fliegen, um im Ozean der süßen Glückseligkeit zu ertrinken.

Die nächsten drei Tage schlief ich weder, noch aß oder trank ich. Ich blickte fortwährend in die reine Kraft, die in mich hineinströmte wie ein goldener Regen, der von oben herabfiel. Und dann kam die letzte Prüfung, die die intensiven Gefühle der Verzückung eines lang ersehnten Nachhausekommens mit sich brachte. In diesem Moment wusste ich, dass ich die Tore zu den oberen Welten passiert hatte – die Welt der aufgestiegenen Unsterblichen. Ich hatte mein wahres solares Zuhause gefunden. Ich hatte nur noch ein einziges Verlangen: meinen Körper loszulassen.

Doch dann hielt mich etwas zurück. In dem Augenblick, als ich es fühlte, begann die Sehnsucht zu schwinden. An ihrer Stelle fühlte ich einen plötzlicher Schub von Liebe, die eine zuvor unbekannte Kammer in meinem Herzen aufbrach. Ich hörte mich selbst sagen: *Ich bin! Ich bin all das, was ich je gesucht habe.* Doch diese Erkenntnis war nicht lediglich ein Gedanke, ein Konzept oder eine Hoffnung – es war real. Dann, für einen kurzen Moment, sah ich das Gesicht des Großvaters mit vor Liebe strahlenden Augen. Ich hörte, wie er meine Worte beantwortete: *»Diese Liebe ist die Heimat aller Herzen.«*

Gleichzeitig hörte ich das unausgesprochene sehnsuchtsvolle Flüstern in den Herzen all meiner Freunde, meiner Schüler, der Menschen, denen ich noch nicht begegnet war, und der Menschen, die ich vielleicht nie kennenlernen würde. Dann fühlte ich überall um mich herum die mich einhüllende Unterstützung der Amartya-Meister – der Meister der Vergangenheit und der Meister der Gegenwart. Eine neue Tiefe des Friedens durchflutete mich. Langsam fühlte sich mein Körper nicht mehr so grob an, die Welt um mich herum verlor ihre Schwere, und meine irdischen Sinne kehrten wieder. In dieser dritten Nacht in der Höhle nippte ich ein wenig von dem Wasser in der Kürbisflasche und ließ meinen Körper einschlafen.

Als die Sonne in den morgendlichen Himmel stieg, wusste ich, bevor ich meine Augen öffnete, dass Meister Amir vor dem Höhleneingang stand. Er strahlte mich mit seinem mir nun sehr vertrauten Lächeln an, das ich so lieben gelernt hatte.

Ich war aufrecht sitzend in meiner Meditation eingeschlafen. Anfänglich gelang es mir nur langsam und mühevoll, meine Beine zu strecken, aber mit ein bisschen Anstrengung stand ich bald. Nach Meister Amirs inniger Umarmung kletterten wir die Leiter hinab zu der Stelle, wo ich drei Nächte zuvor erstmals erwacht war. Eine dicke Strickleiter mit Hartholzsprossen lag auf dem steinernen Tisch. Wir trugen das schwere Bündel aus Seilen und Holz an den Rand des Felsvorsprungs, befestigten das Ende der Leiter an zwei rostigen Stahlhaken, die in den Stein geschlagen waren, und ließen sie Stück für Stück hinab, bis sie auf den Boden darunter reichte. Ich blickte hinüber zu Meister Amir mit einer Frage im Sinn: *Wie bist du mitsamt dieser Leiter hier hochgekommen?*

Er lachte herzhaft, dann brach auch ich in Lachen aus – es fühlte sich so wunderbar an, in seiner Gesellschaft zu sein, und es gab keine Notwendigkeit für ihn, mir zu antworten.

Das Licht der Sonne schien, als würde es zwischen den dicken, ausladenden Bäumen an- und ausgeknipst, während ich stetig höher kletterte. Großvater Pitamahs Heim in den Bergen hatte sehr viel näher gewirkt, als es sich nun beim tatsächlichen Hingehen herausstellte. Ich hatte grob geschätzt, dass es mich nur ungefähr eine Stunde kosten würde, um dorthin zu gelangen; nun wanderte ich beinahe schon zwei Stunden. Die zusätzliche Zeit machte mir nichts aus. Sie gab mir mehr Raum, darüber nachzudenken, was ich wirklich sagen oder fragen sollte, wenn ich dort anlangen würde. Als ich im Tal angekommen war, hatte ich zuerst versucht, so viel wie möglich über ihn zu erfahren. Jeder der Meister hatte mir etwas Einzigartiges und Ehrfurchterweckendes über ihn erzählt. Doch zu meiner Bestürzung erfuhr ich auch, dass er nur sehr selten Besucher empfing. Seit Generationen war kein Besucher von außerhalb des Amarpura-Tals eingeladen worden, ihn zu sehen. Meine Hoffnung darauf, dieses rätselhafte Wesen zu besuchen, war so gering geworden, dass ich sie fast aufgegeben hatte. Doch nun war ich auf dem Weg, genau das zu tun.

Die Upayana-Einweihung hatte die einzige Voraussetzung dargestellt, und die akzeptierte ich bereitwillig. Nun, vier Tage später, scheute ich mich noch immer davor, zu essen oder zu trinken, und wenn ich meine Augen schloss, durchfluteten immer noch pulsierende Schübe von Glückseligkeit meinen gesamten Körper. Obgleich sowohl Meister Rambala als auch Meister Amir zuversichtlich schienen, was meine Gewöhnung an die neuen Umstände betraf, so war ich dennoch ab und an etwas aus dem Gleichgewicht gebracht und hielt gelegentlich auf meinem Weg inne, weil ich unerwartete Verschiebungen in meiner gewohnten Art zu sehen wahrnahm. Gelegentlich machte ich die Erfahrung, dass materielle Objekte transparent waren und mein Zeitempfinden periodische Lücken aufwies. Hin und wieder wurde meine Umgebung unglaublich klar, fast mikroskopisch nah, und zu anderen Zeiten schien sie wie in weiter Ferne.

Meine Wanderung begann eher einfach; die ersten Pfade waren alle mühelos zu bewältigen. Doch als ich den zentralen Bereich des Tals verlassen hatte, wurde es weitaus anspruchsvoller. Pfade wurden seltener und verloren sich oftmals im Gesträuch. Ich verließ mich hauptsächlich auf den hoch aufragenden Gipfel von Großvater Pitamahs Berg als Referenzpunkt für meine Orientierung. Das Durchqueren einer weiten Strecke von Dornengestrüpp und festem Dickicht erwies sich als mehr denn mühsam und schwierig. Zudem barg es ein gewisses Maß an Ungewissheit darüber, was außer Sichtweite unter dem Laubwerk verborgen sein mochte. Einmal schreckte ich eine kleine grüne Schlange auf, die sich auf einem schulterhohen Zweig in der Sonne gewärmt hatte. Hätte sie nicht gezischt, als ich mich näherte, wäre ich unter Umständen direkt mit dem Kopf in sie hineingelaufen. Ein anderes Mal musste ich mich blitzschnell vor einer großen Ansammlung riesiger Spinnen in Sicherheit bringen, die sich von den Zweigen herabfallen ließen, als sie gestört wurden. Die größte Überraschung war jedoch, als ich beinahe über ein großes, schlafendes Bergwildschwein stolperte, das glücklicherweise grunzend und quiekend vor Angst von dannen lief, statt mich wütend anzugreifen.

Leichter wurde es, als ich schließlich einen seichten Bachlauf fand, dem ich folgen konnte. Von dort aus wanderte ich durch ein Wäldchen vitaler harzender Pinien, die die Luft mit ihrem duftenden Aroma erfüllten. Ich stieß auf ein großes labyrinthartiges Feld elefantengroßer Steinfindlinge, die so dicht und in so großer Anzahl beisammenlagen, dass es nahezu unmöglich schien, weiter als zwanzig Meter vorauszuschauen. Ich folgte einem schmalen Pfad, der sich in einen kleinen Wiesengrund schlängelte. Die Erde war dort feuchter aufgrund des kühlenden Schattens, den eine hohe, die Sonne verdeckende Felsenspitze warf, und einer kleinen Quelle, die im Zentrum des Wiesengrunds emporsprudelte. Am anderen Ende der Wiese stieg der Pfad wieder in Richtung eines letzten kleinen Wäldchens hin an. In den darübergelegenen Hügeln führte ein weiter entfernter Teil des Weges in einer Reihe von steilen Serpentinen zu einem v-förmigen Einschnitt, der hoch oben zwischen den beiden am nächsten angrenzenden Bergen eingekeilt war. Ich wusste, dass es dort sein musste – dies war der Ort, an dem der Großvater mich erwartete.

Meister Rambala hatte mir erzählt, dass mich in diesem Abschnitt des Tals eine Apsarapala aufhalten würde. Er sagte, ich würde ihre Erlaubnis benötigen weiterzugehen. Was er mir berichtete, überraschte mich. Es schien nicht so abwegig, dass ich eine Erlaubnis benötigte oder dass jemand den Eingang zum Bereich des Großvaters bewachte, was mich jedoch überraschte, war die Erwähnung einer Apsarapala. Meinem Verständnis nach war eine Apsara ein mythisches weibliches Wesen, das oft im hinduistischen oder buddhistischen Brauchtum vorkommt. Ich hatte gelesen, dass Apsaras himmlische junge Frauen waren, die in europäischen Mythen oft als Wasser- oder Himmelsnymphen bezeichnet wurden. Sowohl im Osten als auch dem Westen werden sie meist als Verführerinnen dargestellt – außergewöhnlich schön und mit übernatürlichen Fähigkeiten ausgestattet.

Als ich scherzend Meister Rambala fragte, ob er tatsächlich eine mythische Apsara meinte, blickte er mich von der Seite an. »Mythen sind Märchen«, erklärte er. »Niemand, der hier auf dieser Erde lebt, würde als mythisches Wesen durchgehen. Wenn sie lediglich ein Fabelwesen wäre, dann wäre sie nicht real. Sie ist eine Amarastri Samrakshin – eine weibliche Wächterin, die hingegeben einzig dem Willen des Pitamah dient.«

Ich fragte auf eine ernsthaftere Weise: »Sie hat also die Möglichkeit, mir den Zutritt zu verwehren, wenn sie dies möchte?«

»Ja«, antwortete er. »Sie mag nicht so erscheinen, wie du dir einen Wächter vorstellst. Aber sie ist dennoch ein mächtiger Samrakshin. Wenn sie zu dem Schluss käme, du seiest unwürdig, dann würde sie dich nicht passieren lassen. Die Welt nimmt an, Macht hätte etwas mit roher Kraft zu tun. Sie benötigt keine körperliche Stärke, um jemandem den Zutritt zu verwehren, sie würde andere Methoden einsetzen.«

»Andere Methoden?«, fragte ich.

»Sie würde dich ablenken«, sagte er, »deine Sinne betören. Nur wenige auf dieser Welt haben die Stärke, der zauberhaften Anziehungskraft einer Amarastri zu widerstehen.«

Ich blickte ihn verwundert an.

»Mach dir keine Sorgen, junger Meister, du bist eingeladen worden«, sagte er. »Halte einfach die Reinheit deiner Absicht aufrecht – mehr bedarf es nicht.«

Ein kurzes Stück weiter im Wald kam ich auf eine runde Lichtung, in deren Mitte eine kleine Hütte stand. Zwei grasende Zwergziegen erhoben ihre Köpfe aus dem kniehohen Gras einer mit Gänseblümchen bedeckten Wiese und sprangen ausgelassen meckernd wie ein Duo aufgeregter Kinder auf mich zu. Die Hütte war gebaut wie eine asiatische Märchen-Matha und bestand gänzlich aus aufgeschichteten Steinen und von Hand gespaltenen Holzbalken. Die eine Hälfte der Hütte stand an Land, die andere Hälfte ragte auf Steinsäulen gestützt über einen kristallklaren Teich mit Seerosen. Ein schmaler Steg aus Holzplanken umgab die Wasserseite der Hütte. Eine flache schwimmende Brücke verband den Steg mit einer kleinen grasbedeckten Insel in der Mitte des Teiches.

In der Mitte der Brücke saß eine atemberaubend schöne junge Frau, die einen Fuß ins Wasser getaucht hielt. Sie schien durch meine Ankunft nicht beunruhigt und winkte mich mit einer lässigen Geste ihrer Hand zu sich. Als ich näher kam, bedeutete sie mir, mich neben sie zu setzen. Aus der Nähe sah sie sogar noch eindrucksvoller aus. Sie war spärlich mit einem einfachen weißen Sari bekleidet. Ihr langes glänzendes schwarzes Haar hing lose geflochten über eine Schulter. Ihre Haut war kupferfarben gebräunt und makellos, und ihre Augen leuchteten wie dunkle, perfekt geformte Juwelen.

Ich wollte gerade ansetzen, mich vorzustellen, als sie eine Hand erhob und meine Lippen bedeckte. Ihre sanften Finger rochen zart nach Jasmin und dem fruchtbaren Duft des Waldes. Sie lächelte mit einem Hauch von Schüchternheit und bewegte ihren Kopf leicht von Seite zu Seite. Ich blieb still.

Sie zog einen kleinen Holzeimer heran, löste eine Kelle, die an dessen Seite befestigt war, und schöpfte für mich damit ein paar Schlückchen Wasser. Das Wasser hatte einen blumigen Geschmack und erweckte in mir die angenehme Erinnerung an eine Heckenkirsche, die entlang unserem Haus wuchs, als ich ein Kind war.

Ich begann, ihr zu danken, aber wieder stoppte sie mich, indem sie geschwind einen Finger an ihre Lippen legte. Ein bezauberndes Zwinkern, das sich hypnotisch und anziehend anfühlte, leuchtete in ihren Augen auf. Es brachte mich dazu, intuitiv wegzublicken. Als ich erneut zu ihr sah, blickte sie mich mit dem Lächeln eines unschuldigen Kindes an. Nach einer langen stillen Pause, während der sie mich auf irgendetwas hin zu überprüfen schien, reichte sie mir ihre Hand und führte mich ans Ende des Stegs zur anderen Seite ihres Hauses. Sie erhob meine Hand mit der ihren, um auf einen steilen Pfad zu deuten, der sich den Berg hinaufwand. Ich blickte noch einmal zu ihr, um festzustellen, ob sie noch etwas sagen wollte. Sie nickte nur.

Erst als ich gut außerhalb ihrer Sichtweite war, wurde mir bewusst, wie seltsam verzaubernd diese wenigen Augenblicke gewesen waren – als wäre ich gerade durch einen schönen Traum gegangen –, und dann fragte ich mich, ob sich all das wirklich zugetragen hatte.

Für die nächste halbe Stunde wurde der Aufstieg beträchtlich steiler und stellte jeden Muskel in meinen Beinen auf die Probe. Die Umgebung wandelte sich dabei Stück um Stück von üppigem Grün zu einer kargen Hochgebirgslandschaft. Dann, nach einer letzten Biegung, kam eine Mauer aus Steinblöcken in Sicht, die fast doppelt so hoch war wie ich. Ein großes Fachwerktor wurde von großen Holzkeilen offen gehalten und lud zum Eintreten ein. Ich kletterte eine abgenutzte Steintreppe hinauf, die mich durch das Tor in einen terrassenartigen Innenhof führte. Dieser lag, wie ich nun erkannte, genau so weit oben, wie die Mauern hoch waren, die ich gerade passiert hatte.

Der Ausblick hinter mir war gigantisch. Er erstreckte sich über das gesamte Tal und darüber hinaus. Am anderen Ende des Hofes ragten zwei wuchtige Felsen aus der Erde und bildeten eine gewaltige Barriere vor der nächsthöheren Ebene. Zwischen ihnen befand sich eine offen stehende Doppeltür, die den einzigen Durchgang darstellte, um weiter nach oben zu gelangen. Ich folgte einer langen Wendeltreppe, die unter überhängenden, von der Witterung teils abgebrochenen Weinstöcken hinaufführte. Ungeachtet der vielen abgebrochenen Reben blühte der Wein vor dem blauen Mittagshimmel in leuchtendem Rot. Die Stufen endeten auf einem Treppenabsatz vor dem Haupteingang des Tempels. Neben dem Eingangstor befand sich eine große eiserne Tempelglocke mit einer Inschrift, die ich nicht entziffern konnte. Die Front des Tempels war gänzlich aus dem Holz massiver uralter Bäume gezimmert. Ein schweres, aufwendig geschnitztes Dach fiel abrupt ab und erstreckte sich dann in einem sanft geformten Schwung über das Ende der Mauern hinaus.

Ich fragte mich, was die Etikette in diesem Fall wohl gebieten würde – *sollte ich anklopfen oder einfach die Türe öffnen und eintreten?* Da erklangen die Worte *»komm herein«* so klar und eindeutig in meinem Geist, als wären sie ausgesprochen worden. Ich drückte die dicken hölzernen Türen auf und trat in ein Foyer. Eine weitere Doppeltür lag vor mir. Die Luft war geschwängert vom schweren Duft von Amberharz und Sandelholz. Ich setzte meinen Rucksack ab, zog meine Schuhe aus und hielt dann inne, um mein Herzklopfen zu beruhigen und mich zu sammeln.

Seit ich die Hütte am Fuße des Berges verlassen hatte, fühlte ich eine tiefer werdende Stille in der Atmosphäre. Jeder Schritt, den ich gegangen war, hatte sich zunehmend geheiligter angefühlt. Doch hier, an der Türschwelle zu Großvater Pitamah, nahm mir das Gefühl der Heiligkeit fast den Atem. Es gab nichts augenscheinlich Besonderes, das es so heilig hätte erscheinen lassen – keine sakrale Kunst an den Wänden, Statuen, Altäre oder etwas anderes Sichtbares. Das, was ich wahrnahm, war rein ein Gefühl – jedoch ein sehr tief greifendes Gefühl. Ich drückte die Doppeltür auf, die mit abblätternder roter Farbe gestrichen war, tauchte unter dem niedrigen Türrahmen hindurch und trat in einen großen Raum mit hohem Deckengewölbe ein.

Er nahm einen tiefen Atemzug
und atmete langsam wieder aus.
»Ghatayate Mrityu – ich habe den Tod
sterben lassen. Er ist für jemanden,
dem das Ewigliche gehört,
nicht von Nutzen.«

Pitamah

In der Mitte des Raumes war die sanfte Silhouette eines sitzenden Mannes zu erkennen. Tageslicht fiel von oben und hinter ihm durch zwei wellige Glasfenster. Das weiche Licht entfachte ein Leuchten in seinem langen, sich ausdünnenden weißen Haar und erhellte eine bereits mit bloßem Auge wahrnehmbare bläulich weiße Aura, die sich um seinen Körper herum abzeichnete.

Er saß mit geschlossenen Augen und leicht nach oben gewandtem Gesicht da – so still, dass er erschien, als wäre er in der Zeit eingefroren. Kirchenglockengroße verzierte Metallschalen, bis zum Rand gefüllt mit von Asche bedecktem Sand und großen brennenden Räucherkegeln darin, standen zu beiden Seiten des Eingangs und erfüllten den Raum mit einem dünnen Rauchschleier, der tief und unbewegt in der Luft hing. Getreu seinem Namen wirkte sein friedvolles und stilles Gesicht ausgesprochen großväterlich. Seine Augen wurden von buschigen weißen Brauen gekrönt, und ein ebenso voller weißer Bart fiel in einer seidigen Welle auf seine Brust hinab.

Er trug eine leichte sandfarbene Weste über einem elfenbeinfarbenen Hemd, das aussah, als entstammte es der Mode einer vergangenen Epoche. Eine weiche, gleichfalls elfenbeinfarbene Decke mit feinen Goldstickereien war über seine Beine gelegt. Auf einem einfachen Holztisch zu seiner Seite stand ein goldener Kelch, daneben lag ein polierter, mit floralen Schnitzereien verzierter beinweißer Spazierstock. Ein beeindruckender handflächengroßer Opal diente ihm als Knauf.

Ich war dabei abzuwägen, ob ich mich geradewegs auf die hölzerne Bank setzen sollte, die in geringer Entfernung vor ihm stand, als ich vernahm: »Ciramitra, komm näher.«

Ich zögerte kurz. *Waren meine Sinne immer noch dabei, sich anzupassen?*, fragte ich mich. Er hatte weder seine Lippen noch einen einzigen anderen Muskel bewegt. Er saß so still und gelassen da wie eine Statue.

Nein, dachte ich, *ich habe ihn definitiv gehört.* Er hatte die Botschaft durch Gedankenübertragung übermittelt. Es gab dafür einfach keine andere Erklärung. Ich setzte mich auf die Bank, zog meine Fußgelenke näher und kreuzte meine Beine.

Sobald ich zur Ruhe gekommen war, legte sich eine seltsame Empfindung über mich, die sich in mir ausbreitete wie eine Flut warmen Sonnenlichts, die jede Zelle meines Körpers durchdrang. Die feinen Haare auf meinen Armen und meinem Nacken stellten sich auf, als wäre eine Form von Aufladung in der Luft.

Als ich ihn dort sitzend betrachtete – regungslos und still –, fragte ich mich, wie es wohl sein mochte, so alt zu sein. Die Meister hatten erzählt, es sei dieser Mann gewesen, den sie nun Großvater nannten, der einst vor so langer Zeit in dieses Tal gekommen war, um Amarpura zu begründen.

Er senkte seinen Kopf, um sich mir zuzuwenden, hielt die Augen aber weiterhin geschlossen. In einer sanften, jedoch leicht gebrochenen Stimme sagte er: »Sahapathin … es ist wahr, … ich bin sehr alt.«

Er nahm einen tiefen Atemzug und atmete langsam wieder aus. »Ghatayate Mrityu – ich habe den Tod sterben lassen. Er ist für jemanden, dem das Ewigliche gehört, nicht von Nutzen.«

»Danke«, sagte ich, »danke, dass ich hierherkommen durfte. Ich weiß, dass nur wenigen diese Möglichkeit geschenkt wird.«

Er neigte seinen Kopf leicht. »Und warum würde jemand wählen, einen alten Mann wie mich zu besuchen? So weit entfernt in diesen Bergen?«

Ich antwortete: »Ich kenne nicht all meine Gründe – noch nicht. Ich bin einem Gefühl gefolgt, einem starken Gefühl … Ich weiß nur, dass ich dich sehen musste.«

»Du hättest mich leicht sehen können, ohne hierherzukommen«, sprach er. »Wenn du genau schaust, kannst du mich in den Augen eines jeden lebenden Wesens erblicken. Und wenn du mich dort nicht finden kannst, dann blicke zum Wind, den Gewässern und in die Erde. Meh Priyatma, sprich nur meinen Namen, und ich bin da.«

Er lächelte leicht. »Aber nun, da du diesen alten Mann siehst – siehst du mich *nicht* wirklich.«

»Großvater, ich bin gekommen, um dich in deiner wahren Natur zu erblicken«, sagte ich. »Nicht als alten Mann, sondern so, wie du wirklich bist.«

»Ah ha, ja – wie ich wirklich bin«, flüsterte er.

»Ich glaube, wenn ich dich wirklich sehen könnte, würde ich durch dich mehr von mir sehen«, sagte ich. »Und … ich könnte eine ewig lange Zeit der Suche nach dir beenden. Aber nun, wo ich hier bin, erkenne ich, dass ich dich nicht *nur* um meiner selbst willen besuchen wollte, sondern für all jene, die ich liebe und noch lieben werde.«

»Ein ehrenwertes Streben«, antwortete er. »Aufrichtigen Herzens für sich selbst zu bitten ist in der Tat weise – doch zum Nutzen anderer zu bitten ist sowohl weise als auch edelmütig. Sahapathin, ich werde dir noch offenbaren, was du suchst – doch um wahrhaft zu empfangen, musst du dich zuerst selbst hingeben und *nichts* werden.«

»Ich habe nicht das Verlangen, jemand zu sein«, antwortete ich. »Ich habe diese Suche schon vor langer Zeit aufgegeben. Ich sehe keinen Wert darin, einer illusorischen Fantasie nachzujagen.«

Erneut vertiefte der Anflug eines Lächelns die Grübchen in seinen Wangen. »Meh Priyatma, in Demut findet man das Tor zum Wissen, durch Aufrichtigkeit befreit man sich von den Kräften, die einen binden. Du hast wohl gesagt, was ich zu hören wünschte.«

Wir teilten einen Moment tiefer Stille.

Er sprach: »Ich nehme dein Ersuchen an – nun siehe zu mir und erblicke mich, wie ich bin!«

Er öffnete langsam seine Augen. Ein sanftes Glänzen leuchtete für einen kurzen Moment in der dunklen Mitte seiner Augen auf. Und dann erblickte ich dort noch etwas anderes, etwas, das ich nicht erwartet hatte. Kaum sichtbare Lichtfäden entströmten den Winkeln seiner Augen – ähnlich den Strahlenkränzen, die sich manchmal um glänzende Gegenstände formen, wenn man sie durch feuchte Augen verschwommen wahrnimmt.

In dem Moment, in dem sich seine Augen auf meine richteten, traf mich ein Schub unsagbar intensiven weißen Lichts so tiefdringend, dass ich fast rückwärts von der Bank geworfen worden wäre. Erschrocken schossen meine Arme instinktiv nach außen zu den Seiten der Bank, um mich zu stabilisieren. Ich hörte, wie mein Herz zu pochen begann und Blut durch meine Adern rauschte. Dann brach ein fast unerträglich lautes Donnern wie eine riesige Ozeanwelle durch meinen Kopf. Es fühlte sich an, als ob die Luft aus meiner Lunge gesogen worden wäre. Ich rang darum, mich wieder zu sammeln, doch es war vergeblich. Die intensive weiße Helligkeit hatte mich momentan für alles außerhalb dieses gleißenden Lichts erblinden lassen.

Wie ein Wirbelwind durchflutete innerhalb weniger Sekunden eine Empfindung meinen Körper und brachte einen Strom anschwellender Klänge mit sich: ein Widerhall himmlischer Glocken, verschiedene Tonlagen klirrender Klangspiele und ein Chor tiefer Gesänge, gefolgt vom Raunen tausender betender Menschen. Gerade als ich dachte, die Klänge seien zu viel, um sie ertragen zu können, hörten sie auf, und die weiße Lichtfülle verblasste und hinterließ ein sanftes Gefühl außergewöhnlicher Leichtigkeit. Aber nun konnte ich meinen Körper nicht mehr spüren und hatte auch kein richtiges Gefühl mehr dafür, wo ich mich befand. Auf irgendeine Weise schwebte ich frei in einem kobaltblauen Firmament voll schimmernder Sterne. Es war, als wäre ich hinaus in die Weiten des Universums gestoßen worden. Dann sah ich, wie sein Gesicht erschien – erst war es nur schwach, doch kurz darauf nahm es aus dem Blauen heraus Form an wie ein Geist. In den bodenlosen Tiefen seines unbeirrbaren Blicks erkannte ich mein Spiegelbild und sah meine Augen in den seinen. Und in diesen Augen nahm ich eine endlose Abfolge von Gesichtern und schließlich Menschen in jeglicher Form wahr: die Föten von Ungeborenen, Neugeborene, spielende Kinder und schließlich lachende und weinende Männer und Frauen.

Ich hörte den Großvater sagen: »Meh Priyatma, nun sieh hinter dich!«

Ich fühlte einen plötzlichen Impuls, mich umzudrehen, und sah augenblicklich einen unheilvollen dunklen Himmel vor mir. Unter ihm befand sich eine graue und hoffnungslose Landschaft. Als die Szene deutlicher wurde, sah ich, dass sie mit Millionen von leblosen Körpern angefüllt war – Bergen von Leichen, die sich weiter erstreckten, als das Auge reichte.

Ich hörte ihn sagen: »Ciramitra, du wirst mich dort nicht finden. Nun sieh zu deinem Herzen.«

Ich tat, worum er mich gebeten hatte, und öffnete mich widerstandslos, um zu empfangen, was auf mich warten mochte. Zuerst kam eine überwältigende Woge von Schmerz über mich – unerträglichem Schmerz. Dann fühlte ich die Welt in ihrer Gesamtheit, so als ruhte sie in meinem Herzen, gemeinsam mit den vielen Klagen all derer, die litten: der Kranken, der Sterbenden, der Armen und der Unterdrückten. Je mehr ich dort erblickte, umso mehr wuchs der Schmerz. Schließlich blieb nur ein Gefühl übrig, das noch stärker war als der Schmerz: das tiefe Verlangen danach, jenen Leidenden die Hand zu reichen und irgendeine Form der Linderung anbieten zu können.

»Meh Priyatma, nun komme zu mir«, sprach er.

Sofort schien sich vor mir eine andere Welt zu öffnen. Ich sah eine große Halle, so groß wie eine eigene Welt in sich selbst. In ihr meditierten Tausende, möglicherweise Zehntausende Mönche. Sie alle saßen Seite an Seite und wiegten sich langsam und im Einklang in spiralförmigen Bewegungen. Ich kann nicht sagen, warum, aber es fühlte sich unvorstellbar real an. Plötzlich fand ich mich unter ihnen sitzend wieder. Ich blickte um mich und erkannte, dass ich umgeben war von Hunderten der vorangegangenen Amartya-Meister: von vielen, an die ich mich nun erinnerte, und vielen, an die ich mich nicht erinnerte. Der Strom von Bildern wurde daraufhin so schnell, dass ich anfing, jeglichen Bezug zu verlieren.

Ich schloss die Augen und rief mir ins Gedächtnis zurück, was der Großvater gesagt hatte: *»Ich werde dir vielleicht noch offenbaren, was du suchst. Doch um wahrhaft zu empfangen, musst du dich zuerst selbst hingeben und nichts werden.«*

Losgelöst von jeglichem wirklichen oder spürbaren Körpergewahrsein gab ich mich vollkommen einem tiefer werdenden Gefühl von Dankbarkeit und Ehrerbietung hin. Es dauerte nicht lange, und ich war völlig in der stillen Präsenz einer reinen und bedingungslosen Liebe versunken. Langsam erschien sein Gesicht erneut, leuchtend mit einer unbeschreiblichen Zärtlichkeit. Dann wurde sein Gesicht zu meinem, und schließlich konnte ich die beiden nicht mehr voneinander unterscheiden. Ich erlebte das Gefühl des Einsseins, das so erhebend war, dass es nicht mit Worten zu beschreiben ist.

Ich weiß nicht, wie viel Zeit vergangen war, während das Universum durch mich hindurch zu atmen schien. Nach und nach begann ich, meinen Körper wieder zu spüren, und nahm nun den Duft von Weihrauch wahr. Zuerst sah ich den Raum um mich herum unscharf, wie durch einen Schleier, doch nach einer kurzen Weile klärte sich mein Blick, und ich konnte ihn wieder sehen – den alten Mann. Er strahlte dieselbe großväterliche Güte und dasselbe Mitgefühl aus, die ich schon bei meiner Ankunft in seinem Gesicht wahrgenommen hatte.

Ich konnte mich nicht sofort genügend erden, um zu spüren, ob ich tatsächlich wieder örtlich gebunden war – ich versuchte es auch gar nicht wirklich. Mein Körper fühlte sich formlos an, meine Gedanken waren kaum vorhanden und schwerelos. Meine Wahrnehmungen dehnten sich in praktisch alle Richtungen aus. Es war ein exquisites Gefühl, und ich wäre darin gerne für eine lange Zeit verblieben. Nun verstand ich, warum die Meister mich durch die Einweihung hatten gehen lassen. Ich hatte keine Ahnung gehabt, wie wahrhaft intensiv und tiefgehend es in seiner Gegenwart sein würde.

Mit sanfter Stimme sagte er: »Meh Priyatma, erlaube deinem Gewahrsein, mit dem meinen zu verschmelzen, und wir werden das Herz unseres Parampara als *Eines* betreten.«

Es ist nicht möglich, adäquat in geschriebenen Worten den wahren Inhalt dessen zu vermitteln, was er mir sodann offenbarte. Ich empfing es nicht in der vorhersehbaren linearen Art des Hörens, die dem Verstand zu eigen ist. Im besten Falle könnte ich sagen, dass seine Absichtsimpulse zu meinen Erkenntnissen wurden und dass sich diese Erkenntnisse in Visionen wandelten.

Viele meiner vorherigen Erkenntnisse, neue in Staunen versetzende Ereignisse und eine Reihe unbeantworteter Fragen – die länger, als ich zurückdenken konnte, halb vergessen im Dunkeln geblieben waren – fanden nun Erfüllung. Ich erkannte erneut: Gott zu finden ist dasselbe wie sein wahres Selbst zu finden. Um das Feinsinnige und Erhabene zu realisieren und zu den reinen Landen zu erwachen, die in unserem spirituellen Herzen auf uns warten, müssen wir uns mehr als alles andere wahrhaftig nach unserer verlorenen und vergessenen Göttlichkeit sehnen. Wir müssen uns vor schmerzlicher Sehnsucht nach ihr fast verzehren. Nur in dieser völligen Hingabe und Empfänglichkeit können wir das zu uns zurückrufen, was wir verloren haben. Wir alle sind die Erben einer machtvollen und manifestierenden Dynamik, die uns erlaubt, unser Leben entweder zu einem verheißungsvollen höheren Licht hin zu träumen oder hin zu einer niedrigeren Dunkelheit. Und weil wir einen freien Willen besitzen, können wir die uns gegebene Zeit auch leicht damit vergeuden, nach Dingen zu streben, die uns am Ende nie anhaltende Erfüllung schenken werden.

Wir können den Forderungen und Doktrinen unserer Gesellschaft entsprechen, indem wir vor der Herausforderung weglaufen, die sie darstellen. Dies tun wir entweder, indem wir uns in einer Welt der Bedeutungslosigkeit verstecken oder aktiv nach einer Rolle, Vermögen, Ruhm oder Ansehen streben. Oder wir können *nichts* werden – wir können die Anstrengung aufgeben, jemand sein zu wollen, der wir glauben, sein zu müssen. Wir können bereitwillig unseren unstillbaren Hunger nach dem verlockenden Schillern der vergänglichen Dinge wandeln und anstelle dessen lernen, auf die gleiche Weise zu hören, wie ein reiner Moment nach dem nächsten lauscht. Wir können zu unserer natürlichen, angeborenen Demut zurückkehren und uns für den urältesten Grund aller Gründe öffnen: dem Erwachen aus dem Traum der Schatten.

Der erste Schritt, der in Richtung eines wahren Erwachens führt, ist – vor allem anderen –, still zu sein. Doch wie so oft sieht der Verstand das Naheliegende nicht, den Pfad der Stille, der in jedem Augenblick in seinen Händen ruht, denn der menschliche Intellekt hat sich fast immer dem antreibenden Streben der Begierde verschrieben. Für den vom Ego beherrschten Verstand bedeutet die Stille Langeweile. Für den Erleuchteten jedoch ist die Stille die offene Tür zum Möglichen – und die wahre Quelle von allem.

Ich weiß nun, der Pitamah wird auf ewig durch meine Augen blicken. Und genauso, wie er gesagt hatte, weiß ich, dass ich ihn durch die Augen anderer zu mir blicken sehen werde. Dem Großvater gegenüberzusitzen hatte bewirkt, dass unsere Formen und unsere Getrenntheit vollkommen irrelevant wurden. Ich wusste, er ist der *eine* Lehrer, das lebendige Licht in unser aller Herzen. Je mehr ich losließ, umso mehr wurde mir gegeben. Bald schwebten wir wie ein einziger Schwan durch die klaren Himmel, die sich zwischen den oberen Welten ausdehnen.

Auf den Himmel zeigend hatte Amir einst gesagt: »Um frei wie der Schwan zu fliegen, muss man zuerst lernen, so still zu sein wie der Raum zwischen den Sternen.«

Nun hatte ich in dieser freieren Welt über dem Verstand entdeckt, wie die Meister in unzählige andere Welten kommen und gehen konnten.

Als ich alles in mich aufnahm, was ich halten konnte, sprach der Großvater: »Diese große Weite scheinbar unzähliger Reiche ist nur eine von einer unendlichen Anzahl an Möglichkeiten.«

In seiner mysteriösen Kunst zu kommunizieren, jenseits des Gebrauchs von Worten, übermittelte er mir, dass am höchsten

Punkt unserer aufsteigenden Existenz das große Blaue Reich ist, die Mahaloka. Die Mahaloka ist der wahre Ursprung aller sich kaskadenhaft nach unten entfaltenden Lokas. Direkt unter ihr ruht die goldene Sarvaga Loka, unter der wiederum die sieben Welten von Mahat liegen – die Vyarthi. Ich erinnere mich, dass ich bereits als Kind von einer großen blauen Welt über uns geträumt habe. Nun war ich – zusammen mit dem Großvater – in der Lage, sie in ihrer atemberaubenden Schönheit zu sehen. Es war keine irdische Schönheit, sondern eine spirituelle Schönheit – eine Saundari, eine Schönheit, die allein der Seele innewohnt.

Er teilte mir mit, dass hier auf dem Gipfel des Bewusstseins, der Mahaloka, das Zuhause der ersten Mutter sei – Anma. Der Sitz von Anma ist das »Blaue Juwel« des ewiglichen Himmels, Nil'Ambaramani – die Quelle aller Ordnung, die den linearen Ausdruck von Akasha und den vielen darin gehaltenen Universen ermöglicht. Dieses Blaue Juwel ist die »Eine Spirituelle Sonne«, der große uranfängliche Schoß, aus dem die Allmöglichkeit emporsteigt. In ihm reifen alle Dimensionen, alle Universen und alle Realitäten heran, bevor sie geboren werden.

Auf einem zwölfblättrigen blauen Lotusthron – dem Indambaran Padmasimha – ist Anma auf ewig mit dem *Einen* Vater vereint, Maha'Purusha. *Er* herrscht als göttliches Gesetz, und *Sie* träumt den ewiglichen Traum.

Der Großvater offenbarte, dass dieses Reich nicht das Ende aller Dinge ist, noch ist es der Ort aller Anfänge. Unser Universum ist lediglich ein Indivaradala – ein Blatt – *Ihres* Lotusthrons. Elf weitere Universen nennt *Sie* ihr Eigen. Und auch diese stellen noch nicht das volle Ausmaß dessen dar, was existiert. Denn selbst diese große Mahaloka ist nur ein kleines schwimmendes Schmuckstück, das in einem unermesslichen Ozean treibt, der angefüllt ist mit einer endlosen Zahl weiterer Lotusblüten.

Als es erschien, als hätte er mir alles gezeigt, was ich aufzunehmen vermochte, und sich mein Besuch bei ihm dem Ende zuneigte, fragte ich: »Großvater, ich hatte dir gesagt, dass ich dich auch für all jene aufsuche, die ich liebe und noch lieben werde. Was soll ich ihnen von dir berichten, wenn ich sie sehe?«

Er antwortete: »Erzähle ihnen sehr wenig über mich, denn ich bin nicht definierbar. Sage ihnen, dass ich nicht hier bin, sondern überall. Dann sage ihnen, dass es besser ist, im Leben nichts zu sein, als danach zu streben, etwas zu sein. Gib ihnen den Rat, ihre unnützen Bestrebungen aufzugeben und das zu akzeptieren, was ihnen gegeben ist. Wie können Blinde wissen, was sie wollen? Ist es nicht eher so, dass die Große Mutter – in ihrer unsterblichen Liebe – *Ihrem* Kinde unendlich viel mehr geben würde, als dieses es sich in seinem begrenzten Streben jemals vorstellen könnte? Empfange in Dankbarkeit, was dir gegeben ist, und die Himmel werden sich öffnen.«

Er fuhr fort: »Zeige ihnen, dass sie keine negativen Gedanken füreinander hegen sollen. Alle Vorwürfe für falsches Handeln können nur dem unreinen Verstand angelastet werden. Unterhalb der Machenschaften unreiner Absichten ist dasselbe Selbst, das in Allem lebt. Ist es möglich, dieses Selbst zu verurteilen, ohne den Einen zu verurteilen? Wenn man diese einfache Wahrheit erkennt, fällt das Vergeben leicht, und Mitgefühl kann endlich Einzug halten und den Hass ersetzen. Und dann wird auch das Böse, das jemand vielleicht anrichten würde, nicht mehr geschehen.

Sage ihnen, Meh Priyatma, um aus der Dunkelheit der Ignoranz zu erwachen, muss man erst lernen, still zu sein. Dann muss man in Stille warten, bis der große Wille die Seele erweckt, sich zu bewegen. Lerne von der Großen Mutter, die in der Erde lebt. Sieh, wie *Ihre* Ozeane dem Himmel lauschen und sich dann vollkommen seinem Ruf ergeben. Sieh, wie *Ihre* Blumen der Sonne lauschen und dann mühelos erblühen, um ihre versteckte Herrlichkeit zu offenbaren. *Sie* gibt sich *selbst* willig hin – ewiglich. In Stille wartet *Sie,* und wenn ein Bedürfnis entsteht, bewegt sich die *Eine* Mutter, um dem Leben Erfüllung zu schenken. Höre auf diese Weise, bevor ein Wort gesprochen wird oder eine Handlung erfolgt.

Bitte sie, sich immer daran zu erinnern: Das Ziel dieses großen und edlen Pfades ist nicht einfach – den Suchenden über die Schatten der Illusion hinwegzuerheben oder ihn aus der fehlgeleiteten Suche des sich selbst irreführenden Verstandes zu befreien. Auch ist das Ziel dieses Lebens nicht, sein Leben zu verlieren, indem man es Gott zuliebe aufgibt. Welchen Nutzen hat Gott von solch törichten Opfern? Wenn es etwas zu opfern gilt, dann ist es der Schatten, der den Verstand verschleiert und ihn dem höheren Willen gegenüber blind macht. Das ist alles! Das wahre Ziel dieses Pfades ist es, den Weg zu öffnen für das Licht und die Macht des Wahrheitsbewusstseins, um ein Leben in Meisterschaft hervorzubringen. Das Ziel ist, die fehlgeleiteten Wege des selbstsüchtigen Verstandes durch den wahren Willen des Selbst zu ersetzen, der sowohl für den einen als auch für die vielen arbeitet. Auf dass es diesen Körper und Geist transformiere und sich nur Göttlichkeit hier auf Erden manifestieren möge.

Und sage ihnen auch dies, Meh Priyatma: Wenn du beschließt, mich zu suchen, dann suche zuerst dich selbst. Wenn du nicht still sitzen kannst, dann suche nah und fern, so lange, bis du jede Möglichkeit ausgeschöpft hast. Dann setze dich hin und betrete die Stille. Lege danach deine trivialen Wünsche nieder und wende dein Ohr dem stillen Meer in deinem Inneren zu. Gib jede Bemühung auf für die auf dich wartenden Ströme der Glückseligkeit – sie werden gewiss dort sein. Und bald schon wirst du sehen: Es ist meine Hand, die in deiner liegt, um dich nach Hause zu führen, und deine Hand in meiner, die Zufriedenheit bringt.«

Indem er mir erlaubte, ihn wahrhaftig zu sehen, offenbarte Großvater Pitamah mir die Reichweite seiner unbegrenzten Sicht. Als Folge dessen war ich in der Lage, ihn auf eine Weise wahrzunehmen, die ich nicht für möglich gehalten hätte. Dies war ein Meister, dem niemand gleichkam, den ich je getroffen hatte – ein wahrhaft glorreiches Wesen urväterlicher Größe. In unserer zeitgenössischen Welt, in der alles mit dem Verstand erklärt und unerbittlich an bestehenden Grenzen festgehalten wird, ist seine Existenz natürlich unmöglich. Und dennoch – hier ist er.

Glossar

Sanskritbegriff	*Deutsche Bedeutung*
Abhishradhati	Im Glauben stehend
Acarya	Spiritueller Führer oder Lehrer
Adilokajanani	Das Reich der ersten Mutter
Aditya	Bezieht sich auf die Göttlichkeit der Sonne
Adityaloka	Das Reich oder die Ebene der Sonne
Agni	Eine frühe vedische Gottheit, die oft mit heiligen Ritualen assoziiert wird und die sich im Hinduismus später zu einer Verkörperung des dreigesichtigen Gottes des Feuers wandelte
Aham Asmi	Ich bin das
Aham Kratajata, Aham Sadananad, Aham Premam	Ich bin Dankbarkeit; ich bin ewig währende Glückseligkeit; ich bin Liebe
Ahimsa	Harmlosigkeit, Nicht-Schaden
Aidha	Ein Glanz oder Strahlen von Shakti, das seinem Empfänger einen Wissensabschnitt aus einer gesegneten heiligen Schrift auf direkte Weise überträgt
Aikatmaya	Das Auge der Einheit
Akash	Das Feld, auf dem der Raum auf Quantenebene existiert; der spirituelle Äther, der die Bausteine der Schöpfung in sich trägt

Amara	Unsterblich, unvergänglich
Amara	Ein Zustand der fortwährenden Unsterblichkeit
Amara'acarya	Ein spiritueller Lehrer aus der Amartya-Tradition
Amara'manushya	Ein unsterbliches Wesen
Amara'samyaksambodhi	Höchste der drei Stufen spiritueller Erleuchtung
Amaraprakash	Licht der Unsterblichkeit
Amarastri Samrakshin	Eine weibliche Wächterin, die über einen heiligen Ort oder ein heiliges Wesen wacht
Amarpura	Das Reich der Unsterblichen; das entlegene Tal der Amartya-Meister
Amarta	Unsterblich
Amarta Savitra Upayana	Hohe Einweihung, die den Eingeweihten mit den Segnungen der gesamten Linie der Parampara-Meister verbindet
Amartya	Ein Wesen von seltener und außergewöhnlicher Größe, das die Unausweichlichkeit des körperlichen Verfalls oder Todes überwunden hat
Amartya	Göttlich unsterblich
Amartya Parampara	Die niemals endende Amartya-Tradition
Ambadevi	Göttliche Mutter
Ambara'mandira	Tempel der Sonne
Amrita	Unsterblichkeit, die entsteht, weil die niederen Lebensgewohnheiten und Muster aufgegeben wurden und die sterbliche Form mit Amritaka erfüllt wird
Amritaka	Der Nektar der Unsterblichkeit
Amritavapu	Die unsterbliche Form
Ananda	Glückseligkeit

Ananda Kaya	Glückseligkeitskörper
Anandabhajin	Die eigene Verbindung zu einem Fluss der Glückseligkeit
Anma	Der allererste Name, der der Mutter-Göttin einst gegeben wurde
Anunir Desha	Das zeitlose Reich, in dem alle Dinge ihren Ursprung haben
Anupalala Maantrik	Eine außergewöhnlich machtvolle und dunkle dämonische Kreatur, die nach dem Licht von unschuldigen Kindern giert, besonders von Kindern, die der Welt etwas von spirituellem Wert zu schenken haben
Apadev	Eine esoterische Bezeichnung für einen Dämon
Apsarapala	Ein schönes mythisches weibliches Wesen, das halb Mensch und halb Gottheit ist und gelegentlich in hinduistischen oder buddhistischen Schriften Erwähnung findet. In der frühen europäischen Mythologie lassen sich Apsarapala am ehesten mit himmlischen Nymphen oder Wassernymphen vergleichen.
Apunya	Unrein; kann sich auf unreines oder ungelöstes Karma beziehen
Ashirya Hemasutraka	Der goldene Faden, der die schwer zu erfassenden Nakshatra Amaragana mit den ersten Avatar Acaryas verbindet, die die Amartya-Tradition geformt haben
Ashtamanimat Hridyamboja Siddhi	Die acht gesegneten übernatürlichen Fähigkeiten/Kräfte des Herzlotus
Asmita	Egoismus
Atisiddhi	Besonders fortgeschrittenes Siddhi, das nicht leicht erlangt werden kann
Atmaka	Die essenzielle Natur

Atmaprakash	Licht des Hohen Selbst
Atmasampradha	Sich selbst mit allem vollkommen dem Göttlichen hingeben
Atmasani	Ein heiliger Wind, der die Erde segnet und mit dem Atem Gottes in Verbindung steht
Avatar	Ein weit fortgeschrittenes Wesen, das die höchste Stufe der spirituellen Erleuchtung erlangt hat und auf dieser Welt inkarniert, um verlorenes Wissen wiederzubringen oder das Leid zu lindern
Baba	Ein hinduistischer Begriff, der oft als Synonym des Begriffs Sadhu verwendet wird und einen heiligen Mann bezeichnet
Bhaumya	Die Erdgeborenen
Bhautika Deha	Der physische Körper
Bhavana Bashkaravac	Eine Übertragung von Shakti, die die Essenz des geschriebenen Wortes direkt übermittelt
Bhradamara Kaya	Sinotibetischer Begriff für den unsterblichen Körper
Bhuvanandaka	Ein religiöses Sinnbild des ätherischen Kosmos; symbolisches Weltenei
Bhuvar Loka	Die erste astrale Ebene über unserer physischen irdischen Ebene
Bija	Klangsaaten, die transformierende Einflüsse in sich tragen, wenn sie transzendental in der Meditationspraktik verwendet werden
Brahanta Bhaumya-viyakta	Die Entwicklung der Bhaumya-Seelen durch eine Reihe aufsteigender tierischer Verkörperungen
Caksu Nadi	Meridiane des Auges

Ciramitra	»Lieber«, liebevolle Bezeichnung für einen Freund
Ciri	Schleier
Ciri Grantha	Ein energetischer verschleiernder Knoten
Daivika	Göttlich
Daivika Kama	Ein göttlich erzeugtes Verlangen oder Anziehung
Daivikabhasa	Sprache der Schöpfungsgötter oder Engel, die aus 144 Phonemen besteht, die auf drei Ebenen der Schöpfung existieren
Dakar Lampa	Das weiße Licht nach dem Tod
Dardura Siddhi	Eine Form der Levitation, die oft mit unkontrollierten Froschhüpfern in die Luft beginnt
Darshan	Das Offenbaren der Präsenz der Wahrheit oder des Göttlichen durch einen schicksalhaften Moment, insbesondere in Form einer Einweihung
Deva	Weibliche Gottheit, Göttin
Deva'bhag	Garten der Gottheiten oder Engel
Devadipa Caksu	Auch als Divyacaksu, das dritte Auge, bekannt, das über dem Auge des Verstandes liegt
Devaheti	Eine göttliche Macht, die Illusion oder das Böse vernichtet
Devanada	Der erste der drei primären Randri an der Schädeldecke; die göttliche Öffnung
Devarha Hotre	Ein geweihter Priester
Devasthan	Ein Erdkraftort, der als Schnittstelle zwischen den Himmeln und der Erde fungiert
Devata	Gottheit

Devatapratima	Das göttliche Abbild, das als Blaupause für den prototypischen Menschen dient
Devayana	Der Segen auf dem spirituellen Weg zu sein. Der Begriff kann auch eine Person bezeichnen, die der spirituelle Weg ist – ein(e) große(r) spirituelle(r) Führer(in)
Devayuga	Eine antike mytische Epoche Asiens, die eine Zeit beschreibt, in der Götter auf der Erde wandelten
Devodyana	Ein Wald, in dem göttliche Geister leben
Dharman	Die göttlich beabsichtigte Ordnung in allem, der ursprünglich gedachte Ausdruck des Lebens und Seins
Dikshana	Eine spirituelle Segnung, die dem Schüler oder Hingegebenen von einem erleuchteten Lehrer gewährt wird
Drishti Saumedhika	Ein alter Begriff für eine seltene, vierfache Seherfähigkeit, die dem Seher oft angeboren ist, aber in sehr seltenen Fällen auch durch fortgeschrittene disziplinierte Techniken erlernt werden kann. Drishti wird oft mit Blicktechniken verwechselt, die in Yoga-Praktiken angewendet werden. Es handelt sich bei Drishti jedoch um eine Fähigkeit, Wissen, durch die Kultivierung von transzendentalem Gewahrsein, direkt aus einem Ereignis oder Objekt der Wahrnehmung zu gewinnen.
Dvadashamatarka Taras	Die zwölf Mutter-Taras
Dvadazinchakras	System der 12 Chakras
Ek'Akshara	Die Gesamtheit der unzerstörbaren Schöpfungstöne
Eka'Amarta	Der Eine Große Unsterbliche

Ganesh	Der Sohn Shivas und Parvathis; eine elefantenköpfige Gottheit, die im Hinduismus verehrt wird.
Ganga	Der Ganges-Fluss
Ghasso	Östliches Gebetsmudra, das durch das Zusammenhalten der Handflächen mit nach oben zeigenden Fingern eingenommen wird und manchmal als ehrerbietende Begrüßung verwendet wird
Ghat	Stufen, die in ein heiliges Gewässer hinunterführen, zumeist einen heiligen Fluss, wie den Ganges oder Jamuna
Ghatayate Mrityu	Dem Tod ein Ende setzen
Grivagantha	Eine kleine Glocke, die Bergponys umgebunden wird, um sie zu segnen und sie in hörbarer Reichweite zu halten
Guna	Eine Qualität, die der Vorwärtsbewegung der Zeit innewohnt
Gurujan	Ein natürlicher, geborener Lehrer
Hridyagrantha	Ein Knoten im Herzen, der aus Widerständen besteht und einen Menschen darin blockiert, seine höhere Natur voll zu manifestieren
Indambaran Padmasimha	Der blaue zwölfblättrige Löwinnen-Lotus, vom dem nur ein Blatt unser gesamtes Universum repräsentiert. Er wird als Löwinnen-Lotus bezeichnet, da er die Schöpfung durch ein machtvolles Brüllen oder Tosen hervorbringt – das große Pranava AUM.
Indivaradala	Ein Blatt des zwölfblättrigen Lotus
Ja'lus	Regenbogenkörper

Jagadakash	Astrale Weite, die unsere physische Welt umgibt und stark von den kollektiven Verdrängungen oder dem kollektiven Unbewussten beeinflusst wird
Jalaplavana Kalpa	Eine lange vergangene Zeit, die mit der großen Flut in Zusammenhang steht
Kalapurvinasa Siddhi	Die übernatürliche Fähigkeit, die Grenzen der Zeit zu transzendieren
Karma	Handlung. Karma steht in direktem Zusammenhang mit den Erkenntnissen, die wir entweder als Weisheit in unser Gewahrsein integrieren, oder der Anhäufung von Erinnerungsassoziationen, die wir bewusst oder unbewusst als fehlgeschlagene Momente des Verstehens speichern.
Karunya	Mitgefühl
Kasharirin Deha	Der Astralkörper
Kavach	Eine Segnung aus einer Vielzahl von Mantras, die gemeinsam eine energetische Schutzrüstung um den Körper und den Geist bilden
Kriya	Eine vorbereitende Reinigungsübung, die oft mit auf Atem basierender Meditation oder Pranayamas in Verbindung steht
Laghima	Echtes und fortgeschrittenes Siddhi der Levitation
Lakuchi	Gelbe Frucht aus dem Himalaya, die aussieht wie eine Mischung aus Tomate und Birne
Lila	Göttliches Spiel
Maantrik	Siehe Anupalala Maantrik
Maha'Purusha	Der Eine Große oder das Höchste Wesen

Mahaloka	Das große Blaue Reich, das Zuhause von Anma, der Einen Mutter-Göttin. Die Mahaloka ist der Ursprung aller sich kaskadenhaft nach unten entfaltenden Lokas. Direkt unter ihr ruht die goldene Sarvaga Loka, unter der wiederum die sieben Welten von Mahat liegen – die Vyarthi.
Mahamatra	Die Große Mutter
Mahapandita	Ein großer Gelehrter
Mahashaya	Ein Titel, der einer Person von hohem spirituellem Stand verliehen wird
Mahashaya'atarkyasahasranatha	Meister der tausend unergründlichen Fähigkeiten
Mahat	Bezieht sich auf die Schöpfungsgöttin, die Pakriti, die physische Natur des Lebens, hervorbringt
Mahattara Amamriprabhu	Ein ehrerbietender Name für den Großvater Pitamah, den ältesten der heiligen Amartya-Meister
Maheshwari	Ein religiöser Begriff für die persönliche Verbindung zu einem bestimmten Gott. Zeitweise dient er auch als Bezeichnung für ein aus Rajasthan stammendes Volk.
Maitri	Eines der zwölf Attribute der spirituellen Sonne, bekannt als »Der Freund in der Sonne«. Steht manchmal auch in Verbindung mit dem indischen Mitra oder dem persischen Mithra oder dem christlichen Erzengel Michael.
Mala	Eine Meditations-(Hals-)Kette, die meist aus 108 Perlen besteht und einem Rosenkranz ähnelt
Manociri	Mentaler Nebel oder Schleier

Mantra	Ein heiliger stimmlicher Ausdruck, der oft in Zeremonien oder Meditationspraktiken Anwendung findet. Mantra besteht aus Bija-Phonemen, die als zentrales Objekt des Fokus eingesetzt werden.
Mataragrha	Der ursprüngliche Geburtsort der menschlichen Rasse
Matra'Taras	Die matriarchischen Göttinnen, die das Leben auf der Erde hervorgebracht haben
Matrachakra	Der machtvollste weibliche Devasthan, Erdkraftort, der Welt. Er liegt versteckt hoch im Himalaya.
Maughda	Die Gnade der Ersten Mutter
Maya	Ein Begriff, der sich auf die verschleiernde Kraft im Bewusstsein bezieht, die die größere Wahrheit unserer Existenz versteckt, aber ebenso unsere Reise durch das Leben ermöglicht
Mayanabhas	Der destruktive Sturm, der sich als eine Art von energetischem Regen in Bereichen des ätherischen Körpers, der unsere Erde umgibt, ansammelt
Meh Priyatma	Mein Lieber, mein Geliebter
Mokshanada	Der dritte der drei primären Randri an der Schädeldecke; die Öffnung der Befreiung
Mrityu	Tod
Mundhum	Eine schamanische Tradition im Himalaya
Nabho Gyana Akasha	Das große ätherische Gewölbe des Wissens
Nadi	Meridian

Naksatravidya	Wissen, das von den Sterngeborenen geerbt wurde
Nakshatra	Ein sterngeborenes Wesen, dessen Seelen-Selbst auf die Erde migriert ist
Nakshatra Amaragana	Die ursprünglichen Architekten dieser Welt
Namaste	Eine Grußformel, Begrüßung
Nil'Ambaramani	Der blaue Juwelenthron von Anma und die Quelle aller Ordnung, die den linearen Ausdruck des Akash-Bereichs und der vielen darin enthaltenen Universen ermöglicht. Dieses Nil'Ambaramani, das blaue Juwel, ist die »Eine Spirituelle Sonne«, um die herum unser Universum geformt ist, und ebenso der große uranfängliche Schoß, aus dem die Allmöglichkeit emporsteigt. In ihm reifen alle Dimensionen, alle Universen und alle Realitäten heran, bevor sie geboren werden.
Nirodhyama	Der transzendentale Prozess des Loslassens hinein in die vollkommene Stille
Nirodyapralaya	Das vollkommene Stillen aller Gedanken
Nisiddhi	Eine übernatürliche Fähigkeit, die zur Verteidigung oder als abwehrender Einfluss dient
Nisprana Amritham	Der göttliche Nektar, der herabfließt, um ein höchst fortgeschrittenes Wesen während eines Zustands der transzendentalen Atemlosigkeit zu nähren und zu erhalten. Der Amritham tritt durch den Bereich der Medulla Oblongata in den Körper ein, um die Zellen mit einer erhaltenden Lebenskraft von reinstem Ursprung zu nähren.

Olmo Lungring	Ein verborgenes physisches Reich aus den Schriften der tibetischen Bönpo-Tradition, in dem die ursprünglichen Schöpfungsgötter leben
Pakrithi	Natur oder Materie
Parampara	Niemals endend
Parasantosh	Das Erlangthaben von göttlicher Zufriedenheit
Pariksha	Feuerprobe
Patinada	Der zweite der drei primären Randri an der Schädeldecke; die Öffnung des Herrn
Pavana	Eine Meditationspraktik aus der Amartya-Tradition, die in mehreren fortgeschrittenen Einweihungsstufen weitergegeben wird. Vermutlich handelt es sich bei den Pavanas um die weltweit spirituell förderlichste Form der Meditation.
Pishaacha	Dämon
Pitaji	Ein liebevolles Wort für »Vater« – lieber Vater
Praatmaka	Licht des Seelen-Selbst
Prajjabodha	Reines Gewahrsein
Prajjavritti	Eine mystische Wahrnehmung, die von oben kommt
Pramoksha	Eine erlösende Befreiung
Prana	Wesentliche Lebensenergie
Pranayama	Kontrolle der Lebensenergie durch verschiedene Atemtechniken
Prasada	Nahrung für die Seele, ein Segen
Prathibaya	Ein Zustand, bei dem Herz und Verstand in gemeinsamer Ausrichtung sind

Pratibhakirana	Ein leuchtender Strahl, der manchmal in zutiefst spirituellen Zeremonien erweckt wird, um einen besonderen Zweck zu befeuern
Prem Tattva'vit	Bekräftigt oder drückt die Reinheit der Liebe aus, die dem Licht des Hohen Selbst treu ist
Puja	Gebetsrituale, die häufig in heiligen Zeremonien oder Verehrungen verwendet werden
Punya	Rein. Kann sich auf reines oder durch Erkenntnis gelöstes Karma beziehen.
Punyabhu	Die reine Erde, die nie durch Gewalt oder unreine Handlungen geschändet wurde
Qomolangma	Einer der ältesten sinotibetischen Namen für die Göttin des Universums; es ist ebenso der spirituelle Name des Mt. Everest.
Radhas	Ein Akt der Güte oder das Gewähren einer Fähigkeit oder eines Geschenks
Rajas	Das kinetische oder energetische Guna
Randra	Eine leichte Mulde im Schädel, die als Ansatzpunkt eines Meridians dient. Im Besonderen wird dieser Begriff benutzt, um die von oben herabfließende reine Lebenskraft zu bezeichnen.
Rasa Siddha	Eine übernatürliche Fähigkeit, die auf grundlegenden Frequenzen im transzendentalen Bewusstsein beruht
Rishi	Ein Seher. Der Begriff Rishi wurde erstmalig verwendet, um die Seher zu bezeichnen, die die ursprünglichen vedischen Texte verfassten.
Rtamprajja	Präsenz der Wahrheit

Sadayathana Chakra	Sadayathana lässt sich übersetzen mit »sechs Sprösslinge«, was sich auf die feine Kommunikation der lebensorientierten Intuition mit ihren fünf zugehörigen Kräften der kognitiven Sinne bezieht. Es befindet sich etwas über dem Ajna Chakra.
Sadhu	Ein spiritueller Asket oder heiliger Mann, der, ähnlich wie Babas, häufig safranfarbene Gewänder, lange Dreadlocks und zeremonielle Asche auf dem Körper trägt
Sahapathin	Ein Reisender auf dem heiligen Pfad
Samadhi	Die Vereinigung verschiedener Attribute unseres menschlichen Bewusstseins in einer wahren Realisation der Einheit
Sambhoga Kaya	Körper des Entzückens oder der Freude
Sampradya	Bezeichnet die Weitergabe von Wissen durch die fortgeführten Reihen einer spirituellen Tradition
Samsara	Das Rad der Geburt, des Lebens, des Todes und der Wiedergeburt
Samtanomaya	Das von allen Menschen geteilte kollektive Unbewusste
Samyaksambodhi	Ein wahrer Zustand befreiter Erleuchtung
Sarvavyapin	Allgegenwärtigkeit
Sattva	Das reine Guna
Satya	Wahrhaftigkeit, Reinheit
Satya Sravanam	Die Fähigkeit, auf reine Weise und ohne Widerstand zu hören

Sah'Re	Die hochgewachsenen weißen Meister, die Hierophanten der Weisheit, die die Rasse geführt haben, die vor uns die Erde bewohnte. Andere Namen waren Aditya, Shubhrasura. Sie waren die ursprünglichen Nachfahren der Sonne.
Saumedhika	Siehe Drishti Saumedhika
Saunimitta	Ein Führung gewährendes oder bestätigendes Omen
Sahrama	Das weibliche Pendant zu den männlichen Sah'Re-Meistern
Shakti	Energie, Macht, Stärke
Shaktidadatyam	Das Darbringen des eigenen Willens an eine höhere Macht
Shakyata	Potenzial, Möglichkeit
Shalisah	Die himmlischen weiblichen Beobachter von einst und unübertroffenen Hüter des Lebens auf der Erde
Shambala	Leuchtende ätherische Stadt des inneren Bewusstseins aus der buddhistischen Kalachakra-Tradition
Shangri-La	Legendäres Reich, das im tibetischen Teil des Himalaya verborgen vermutet wird
Sharmavarutha	Ein schützender Segen, der von einem großen Meister gewährt wird. Es ähnelt einem Kavach, hat jedoch länger Bestand.
Shastra	Alte Schriften oder Sammlungen spirituellen Wissens
Shobha	Gnade, Schönheit oder Pracht
Shraddha	Glaube
Shraddhaya	Nach innen gerichteter Glaube
Shravanam	Eine reine und achtsame Form des inneren Hörens nach Bedeutung und Richtung

Shubhrasura	Ein anderer Name für die hochgewachsenen weißhaarigen Meister der »Zeit davor«, die Sah'Re
Shudarshan	Ein göttliches Werkzeug, das die Illusion oder das Böse vernichtet
Siddha	Ein spirituell fortgeschrittener Mensch, der ein hohes Maß an geistiger Reinheit erlangt hat und verschiedene innere Disziplinen gemeistert hat
Siddhi	Eine vervollkommnete Fähigkeit, die oft in Zusammenhang mit übernatürlichen Kräften steht
Siddhiprasada	Eine Gnade, die einem als Segnung durch eine übernatürliche Macht zuteilwird
Siddhivrddha	Ein Siddhivrddha ist eine höchst fortgeschrittene Disziplin, bei der bewusst die fünf das Leben manifestierenden Elemente, aus denen der menschliche Körper besteht, zurückgezogen werden
Siva Lingam	Der religiöse und ikonische Phallus des Gottes Siva, der oft in Siva geweihten Tempeln zu finden ist
Siva/Shiva	Die dritte Position der hinduistischen Götter-Trinität. Die anderen Positionen halten Brahma und Vishnu. Vishnu ist der Hauptgott im Shivaismus. Er trägt sowohl wohlwollende als auch angsteinflößende Attribute in sich.
Sramana	Eine alte östliche, nichtvedische religiöse Tradition, die vor und parallel zur vedischen Periode existierte

Sthagmudra	Eine schützende Versiegelung, die einem Gegenstand oder Ort auferlegt wird, um zu verhindern, dass er gefunden oder betreten wird. Es bedarf eines Wesens von großer Meisterschaft, um so ein Siegel zu erschaffen und aufrechtzuerhalten.
Stri'guru	Eine weibliche spirituelle Lehrerin
Stririshi	Seherin
Sundari	Authentische Schönheit
Surahdhanus	Regenbogensäule
Surahkirita	Ein Heiligenschein oder Nimbus aus Regenbogenlicht
Surya	Einer der ältesten Sanskritbegriffe für die Sonne als göttliches Wesen
Suryaparavara	Nachfahren der spirituellen Sonne
Svarsvayoni	Der himmlische Geburtsschoß, der in die Höhlen des Matrachakras hineinstrukturiert ist
Svarudha	Selbstverwirklicht
Swagata	Willkommen
Tamas	Das zerstörende oder auflösende Guna
Tanpura	Ein indisches Instrument, das mit seinem dröhnenden Ton dazu gedacht ist, tragende Klänge für andere Musikinstrumente zu erzeugen
Tanusmrti	Die genetische Linie
Tara Purnamasa	Vollmondzeremonie, in der die zwölf Taras geehrt werden
Taramati	Die hochgeachtete höchste Tara
Tiryodaka	Heiliges Wasser
Triguna	Die drei Qualitäten Sattvika, Rajasika und Tamasika, die als die drei Speichen des Rads der Zeit fungieren

Udana Gaman	Eine Levitationspraktik, die sich eines wichtigen aufsteigenden Stromes von Lebensenergie aus dem Meridiannetzwerk des Körpers bedient
Uparipitri	Eine Levitationspraktik
Upayana	Eine spirituelle oder religiöse Einweihung
Vag'Ishvara	Gottheit des heiligen Wortes oder der Schöpfungstöne
Varita	Ein gebräuchlicherer Begriff für Staghmudra
Varman	Ein Heiligtum, eine heilige Zufluchtsstätte; ein schützender Segen, der durch den Willen eines Avatars gespendet wurde
Vasana	Das Unbewusste
Vayu	Jeder der fünf Winde oder Ströme der Lebenskraft, die die Funktionen des Geistes und des Körpers aufrechterhalten. Die fünf Vayus sind: Prana, Apana, Samana, Vyana und Udana.
Vayu Gaman	Siehe Udana Gaman
Vibutha	Vibutha ist ein Wort mit mehr als einer Bedeutung. In der Regel bezeichnet es heilige Asche, die auf die Stirn hinduistischer Gläubiger aufgebracht wird. Weiterhin beschreibt es die Segnungen durch ein übernatürliches Ereignis oder eine wundersame Manifestation.
Vina	Ein Saiteninstrument, das einer Sitar ähnelt, aber nur vier Saiten hat
Vritti	Verzerrungen, Bewegungen in einem klaren Geist, die entweder wahre oder falsche Wahrnehmungen erzeugen

Xain	Ein alter Begriff für »Unsterblichkeit« in einer Mischung von sinotibetisch und chinesisch
Yaksha	Wohlwollende Naturgeister
Yatrakama Vasaya	Ein Siddhi, eine übernatürliche Fähigkeit, die eine energetische Projektion oder physische Bilokation ermöglicht

Adressen

Mehr Informationen zu Aaravindha und der Amartya-Tradition:
www.aaravindha.com
www.sambodha.org

Kontakt für Informationen zu Seminaren und Veranstaltungen von Aaravindha und von ihm ausgebildeten Sambodha-Lehrern:
info@sambodha.org